RÓMULO E. DURÓN

HONDURAS LITERARIA TOMO II

ERANDIQUE
LITERATURA

HONDURAS LITERARIA
ESCRITORES EN PROSA TOMO II
RÓMULO E. DURÓN

©Colección Erandique
Supervisión Editorial: Óscar Flores López
Diseño de portada: Andrea Rodríguez
Administración: Tesla Rodas y Jessica Cordero
Director Ejecutivo: José Azcona Bocock

Segunda Edición
Tegucigalpa, Honduras—Octubre de 2024

HAY SEGUNDAS PARTES QUE SÍ SON BUENAS

Este es el segundo tomo de una recopilación realizada por Rómulo E. Durón con los escritos de grandes personajes hondureños, entre ellos, generales, sabios, pensadores, investigadores, políticos y oradores.

El primer tomo inicia con el Acta de Independencia redactada por el sabio José Cecilio del Valle y concluye en los 1880's. El segundo tomo comienza con Mis Ideas de Céleo Arias, publicada en 1887 y finaliza con un artículo de Eduardo Martínez López, nacido Ojojona.

Los libros de Honduras Literaria I y II fueron esfuerzos hermosos plasmados en más de ochocientas páginas con algunos de los mejores escritos y discursos de Francisco Morazán, Dionisio de Herrera, José Trinidad Reyes, León Alvarado, Francisco Cruz, Álvaro Contreras, Marco Aurelio Soto, Ramón Rosa, Jeremías Cisneros, Policarpo Bonilla y Alberto Membreño, entre otros.

Es, sin ninguna duda, material de estudio para colegios y universidades. También para empresarios, clase política, académicos, investigadores y todo aquel que guste de la buena lectura.

Bellos son los relatos que Céleo Arias y Marco Aurelio Soto realizan del general Cabañas; así como el de Ramón Rosa sobre Morazán. Aquí se rompe aquello de que nunca las segundas partes fueron buenas.

Hemos respetado el estilo original en el que fue escrito, incluyendo acentuación que hoy ya no utilizamos.

Agradecemos la generosidad del Maestro Gabriel Zaldívar al autorizarnos el uso de su pintura Morazán y las vivanderas (propiedad del Banco Central de Honduras), para la portada.

Con Honduras Literaria I y II queremos rendir homenajes a todos las plumas que aparecen en ambos tomos; y también a don Rómulo E. Durón, por su dedicación, esfuerzo y generosidad para inmortalizar innumerables piezas literarias, sin importar las ideologías de aquellos que las escribieron. Honduras Literaria, escritores en prosa, son dos... ¡Librazos!

ÓSCAR FLORES LÓPEZ
EDITOR COLECCIÓN ERANDIQUE

2

CÉLEO ARIAS

Nació don Céleo Arias el de febrero de 1835 en Goascorán, pueblo próximo a la frontera de El Salvador. Sus padres fueron don Juan Ángel Arias y doña Juana López.

Muerto su padre trágicamente en las inmediaciones de Quelepa en 1847, se separó de su familia que había quedado reducida á la mayor pobreza, y se dirigió a Comayagüela, en donde, para ganarse la subsistencia, se puso al servicio de un artesano.

Arias podía disponer de algunos ratos para estudiar, y así logró asistir durante dos años á la clase de Gramática Latina en la Universidad de Tegucigalpa.

Después se trasladó a Comayagua, y allí concluyó sus estudios de Latín en el Colegio Tridentino.

Luego se dedicó al estudio del Derecho Civil y del Derecho Canónico, y en pocos años, recibió el diploma de Abogado. En el año de 1862 estuvo publicando un periódico liberal, en el que colaboraba su amigo y correligionario Álvaro Contreras. En 1865 figuró como Diputado por el departamento de Comayagua, á la Asamblea Constituyente que dictó el 28 de septiembre de ese año, la cuarta Constitución de la República de Honduras.

El General don José María Medina lo llamó al Ministerio del Interior el 4 de abril de 1871; pero no pudiendo marchar de acuerdo con él por sus opuestas ideas, el señor Arias se retiró del Ministerio y se puso a la cabeza de la oposición.

Pronto se vio en la necesidad de salir de Honduras. Dirigióse a El Salvador, y allí encontró en el Mariscal González un fuerte apoyo para derrocar la Administración del General Medina. El señor Arias, bajo estos auspicios, inauguró su gobierno en Candelaria, el 12 de mayo de 1872.

Los conservadores vencidos en Guatemala el año de 1871, prepararon una contrarrevolución. Apareció en el litoral del Norte de Honduras el vapor "Sherman", y los expedicionarios que en él venían pretendieron tomar posesión del puerto de Omoa: pero la pequeña fuerza que había en el castillo los derrotó, mediante una hábil maniobra, y los hizo reembarcarse precipita lamente el 7 de agosto de

1873. Por otra parte, los expedicionarios que habían penetrado por Puerto Cortés hasta San Pedro Sula salieron al Chamelecón al encuentro del General Solares, que mandaba 600 guatemaltecos, y fueron derrotados por este jefe el 9 de agosto.

Pero si estaba dominada la intentona del Norte, el orden y la tranquilidad no reinaban en el interior del país. Opoteca se había pronunciado contra el Gobierno, y habían seguido su ejemplo otros pueblos. Don Ponciano Leiva entonces pasó a Guatemala, manifestó a Barrios que Arias estaba desprestigiado, y logró que se celebrase el tratado de Chingo, por el cual se comprometieron Barrios y González a elevarlo al poder en Honduras. Así, los ejércitos que los Presidente de Guatemala y El Salvador habían enviado en auxilio de Arias contra la invasión del Norte, recibieron orden de avanzar a la ciudad de Comayagua y ponerle sitio. Arias hizo una vigorosa resistencia; pero fue inútil y capituló el 13 de enero de 1874.

Durante la agitada Administración del señor Arias, no fue posible hacer otra cosa que proveer á la defensa del país amenazado interior y exteriormente. Apenas hubo tiempo para elaborar una nueva Constitución que firmó la Asamblea el 23 de diciembre de 1873 y que mandó promulgar el señor Arias el 25 del mismo. Pero esta constitución nunca estuvo en vigor.

El señor Arias emigró a Guatemala, y volvió a Honduras en la Administración del Doctor don Marco A. Soto. Fue uno de los individuos de la Asamblea que dictó la Constitución de 1º de noviembre de 1880. El proyecto de ésta fué formulado por una comisión compuesta por los señores Arias, Gómez, Zúniga y Bográn. Los dos primeros propusieron la adopción del sistema bicamarista, y los dos últimos hicieron voto particular en defensa del sistema unicamarista, que fue el que por fin prevaleció.

El General don Luis Bográn tomó posesión de la Presidencia de la República el 30 de noviembre de 1883. Cuando estaba para concluir su período, se empeñó en ser reelecto. El partido liberal le opuso como candidato al señor Arias, y pidió a éste que aceptase la candidatura y diese a conocer el programa que adoptaría en el caso de ser favorecido por el voto popular, Entonces el señor Arias publicó el luminoso manifiesto intitulado **MIS IDEAS,** que se verá en seguida. Pero la lucha era desigual. El poder contaba con todos los medios de acción

4

y no dejó ninguno sin aprovechar. La oposición sólo contaba con la firmeza de sus convicciones, y en tales circunstancias no es extraño que haya sido vencida.

El señor Arias falleció en Comayagua el 28 de mayo de 1890, cuando se preparaba por su amigo y correligionario el Doctor don Policarpo Bonilla, una nueva organización del partido liberal. Triunfante con la última revolución este partido, en cuya jefatura sucedió el Doctor Bonilla al señor Arias, la memoria de este eminente ciudadano ha sido objeto de grandes y merecidos homenajes.

MIS IDEAS

Desde que el Congreso Legislativo emitió el decreto de convocatoria a elecciones de Presidente de la República para el período de 1887-1891, muchos de mis compatriotas vienen insinuándome el pensamientos de proclamarme candidato para aquel alto puesto. Notabilidades políticas de los demás Estados de Centro América simpatizan con esa idea y la juzgan conveniente y oportuna.

Entre aquellos y estas figuras sujetos honorables que, o no conozco personalmente, o no había tenido antes la honra de sus relaciones. En lo general porque ni esperaba que tal pensamiento tuviese el eco y la propaganda que se nota en los pueblos, ni me he creído apto para el ejercicio del Poder, cuyas delicadas funciones son incompatibles con los hábitos de retraimiento político que he contraído en más de una década de aislamiento y de exclusiva consagración a los cuidados de mi familia y a las tranquilas labores de la tierra.

Pero se insiste en mi llamamiento y se hace sonar mi nombre como candidato presidencial en todos los departamentos de la República, a la vez que, en cartas privadas, como en el folleto de mi verdadero amigo el señor Licenciado don Policarpo Bonilla, dado a luz el 30 del mes pasado, y especialmente en la proclamación de Tegucigalpa que circula impresa con fecha 1º del corriente, bajo respetables y numerosas firmas, se me excita a la aceptación y á que explane mis ideas. No podría, pues, prolongar mi silencio, sin faltar a los respetos y a los miramientos que debo a mis conciudadanos y amigos, y sin contrariar mis antecedentes y mis sentimientos de patriotismo, único resorte de mi vida pública.

Mucho se equivoca cualquiera que me atribuya vulgar ambición de mando. Sé por experiencia propia y por las enseñanzas de la historia, que el cargo de Gobernante Supremo en este país es un verdadero sacrificio para el hombre de bien, que en su penoso camino casi siempre recoge por recompensa, amarguras, decepciones e inconsecuencias. No sórdidos cálculos que envilecen, ni personalidades odiosas, ni la vanidad de los fatuos pueden ser móvil y halago para quien admira y tiene por modelo la pureza de manos, la elevación de propósitos y la modestia republicana de los próceres de la patria Dionisio Herrera, Francisco Barrundia y Trinidad Cabañas.

Fenomenal sería el triunfo de mi candidatura, como lo es ya mi proclamación verdaderamente espontánea: y provechosa lección sería, además, para los que no creen en los prodigios de la voluntad libre y en la fuerza moral de la opinión pública, a veces incontrastable en épocas definidas. No obstante, acepto los honores de mi candidatura proclamada, dentro de los límites del derecho y de la propaganda pacífica y decente, que son y han sido en todos tiempos el distintivo y la norma de mis amigos políticos. Fuera de la ley en nada pienso, ni nada aceptaría.

Al hacer esta franca declaratoria, debo ante todo protestar que mi preferente y anhelada aspiración, es llegar á ver restablecida la patria centroamericana. Todos nuestros esfuerzos de perfeccionamiento: todos nuestros sacrificios, por grandes y generosos que parezcan, serán más o menos estériles y traducides como formas veladas de pequeñez y egoísmo, mientras insensatos sigamos sin rumbo en el naufragio de los unionistas nacionales del malhadado y tenebroso año de 1839.

Hecha esa protesta que tranquiliza mi conciencia patriótica y que desde luego me liga en compromiso solemne con mis correligionarios de Centro América, debo también, para corresponder a las distintas excitaciones, hacer conocer una vez más a mis conciudadanos mi credo político, y mis aspiraciones concretas como hombre público, sin que baste hallarse algunas de ellas en nuestra Constitución y leyes, ya que me propongo presentar en síntesis y á grandes rasgos un sistema de gobierno definido; trazar un cuadro de administración pública en la región ideológica, como punto de partida al terreno de los hechos que reclaman los progresos y conquistas de la época, y las peculiaridades y conveniencias de Honduras. Así no podrá acusárseme de inconsecuencia, ni hacerse nadie ilusiones de que yo pudiera prestarme como agente de otras ideas y menos como instrumento de personalidades y de pasiones indignas.

***

Por origen y por convicción filosófica, profeso ideas liberales en su significación genuina; y quiero, en consecuencia:

La unidad de fuero, sin más excepción que para los militares en campaña:

La seguridad individual, afianzada especialmente por la garantía del *Habeas corpus*, debidamente reglamentada, para que en ningún caso resulte ilusorio:

La abolición absoluta de la pena de muerte y la supresión inmediata de los cadalsos políticos:

La abolición de la tortura, de los palos ó flagelaciones; de las penas perpetuas é indefinidas, y de las infamantes:

La garantía de la propiedad en todas sus formas:

La libre manifestación del pensamiento por la palabra ó por la prensa, sin otra responsabilidad que la de calumnia, deducida ante el Jurado:

La libertad de reunión y de asociación:

La libertad de locomoción:

La libertad de enseñanza:

La libertad industrial y comercial:

La libertad de cultos y la independencia entre la Iglesia y el Estado:

La igualdad civil y política:

La universalidad del sufragio:

La autonomía del Municipio y la consiguiente independencia de las Municipalidades:

La limitación racional de periodo para el presidente de la República:

La prohibición de reelección presidencial, de Diputados y Magistrados; ó sea la alternabilidad de ciudadanos en el ejercicio de los Supremos Poderes:

La absoluta independencia de los Poderes Legislativo. Ejecutivo y Judicial, en términos que el Ejecutivo no se convierta en legislador, ni invada bajo ninguna forma el santuario de los Tribunales de Justicia.

En suma, aspiro á ver en práctica todos los principios que constituyen la República Democrática y las verdades secundarias que derivan de su naturaleza, bajo un Gobierno respetable, de regularidad y de progreso.

***

Entre estas verdades consecuenciales quisiera primordialmente; La paz interior, ó sea la armonía entre el pueblo y el Gobierno, que sólo engendra una política sensata, exenta de extralimitaciones, de violencias y amenazas; política de justicia, de equidad y de garantías para todos los habitantes de la República:

La paz exterior basada en el respeto y en la estricta observancia del Derecho Internacional:

La amistad estrecha y de familia con las Repúblicas hermanas, procurando la identidad ó la mayor asimilación posible de los principios políticos, adoptados por sus Gobiernos, bajo las condiciones imprescindibles de la Democracia y de la República:

El respeto a la Constitución y a las leyes:

La efectiva responsabilidad de los empleados en todos los ramos de administración:

El nombramiento de Diputados al Congreso Legislativo, de presidente de la República y de Magistrados para la Suprema Corte de Justicia, por elección popular; de Magistrados para las Cortes de por ele Apelaciones y de Jueces de 1ª Instancia, por la Corte Suprema, y de Jueces de Paz, por las Cortes de Apelaciones, propuestos en ternas por los Jueces de 1ª Instancia:

La votación directa y por cédulas secretas en las elecciones populares en un solo día en todos los Municipios de la República, mediante división de cantones ó mesas electorales, y el escrutinio de votos por ministros de fe, ante selecto Comité de Ciudadanos:

La prohibición de paradas ó ejercicios militares de los milicianos ciudadanos, en el día señalado para elecciones populares:

La destitución y castigo como prevaricadores á los que, ejerciendo autoridad en el orden civil, en el político y en el militar, impongan, amenacen ó influyan directa ó indirectamente para inclinar la rotación en las elecciones populares:

La decidida protección de la instrucción pública, mediante Universidades centrales para estudios profesionales de ambos sexos, y Colegios de enseñanza secundaria, igualmente para los dos sexos en las Capitales de departamento; escuelas superiores departamentales, escuelas primarias en todos los Municipios, subvencionadas por el Gobierno, cuando no basten sus fondos; escuelas de artes y oficios, y lecciones nocturnas a los artesanos, agricultores e industriales adultos:

El celo, la pureza, la economía y la equidad en el manejo é inversión del Tesoro Nacional:

El afianzamiento del crédito nacional en el interior y su restablecimiento en el exterior:

La subordinación del Presupuesto General de Gastos à los ingresos del Erario:

La formación de una caja de ahorros y de reserva para acometer empresas de manifiesta utilidad general, y para hacer frente a los gastos en circunstancias anormales ó extraordinarias:

La exclusiva administración de los caudales públicos por empleados subalternos de hacienda, bajo reglas ó preceptos fijos é inalterables á voluntad del Gobierno, y sin otra dependencia que de la ley:

La negación de contratas ruinosas para el Erario Nacional:

La persecución y el castigo de los agiotistas: o La supresión absoluta de contribuciones directas sobre el capital y de las prestaciones personales, sustituyéndolas con impuestos indirectos y con rentas determinadas y cedidas á beneficio de los Municipios:

La conclusión del camino de hierro interoceánico y la construcción de ramales á los departamentos:

La apertura de vías fluviales, carreteras y de herradura:

La protección y fomento de la inmigración: El establecimiento de colonias en nuestros desiertos, al favor de contratas y de concesiones liberales: La reforma de las leyes militares sustantivas y adjetivas, en sentido liberal:

La supresión del Estado Mayor General en tiempo de paz, y la reducción de las guarniciones al número de plazas que basten para guardar el orden:

La estricta observancia de las exenciones de aquellos que por su edad están fuera de la organización de las milicias:

La admisión obligatoria de las renuncias que hiciesen de sus despachos los oficiales y Jefes del ejército, que por su edad, o por otras excusas ó impedimentos legales, están fuera de la organización militar; Y el establecimiento de un Diario costeado por el Gobierno, órgano de la oposición legal, que ilustre, discuta y objete las providencias, los actos y las extralimitaciones de los poderes públicos.

***

Tal es, en compendio, mi ideal político y administrativo. He allí mi rojismo, el rojismo de todos los de mi escuela, cuya bandera triunfa en Centro América. Verlo implantado bajo un sistema seguro que inspire fe y confianza a todos los hondureños, es mi ardiente aspiración. Para empresa tan colosal y difícil en un país donde hay que romper con preocupaciones, con precedentes contrarios, con hábitos arraigados de inercia é indolencia, necesario es que el Gobernante lleve a los puestos públicos, personalidades conspicuas y homogéneas, y que se rodea de ciudadanos de antecedentes honrosos, de hombres de luces y de voluntad firme en la senda del bien.

Comprendo que no sería yo quien pudiera tanto, si el sufragio de, mis conciudadanos me llamaran al ejercicio del poder; pero en todo caso presidirían mis actos la buena fe y la honradez y daría pruebas de perseverancia, de firmeza, de desprendimiento y de patriotismo, como las daré, en todo tiempo, de consecuencia personal y política a mis compatriotas, que me honran con su proclamación, cualquiera que sea el resultado de la elección popular.

Comayagua. San Isidro, 23 de julio de 1887.

EL GENERAL TRINIDAD CABAÑAS

Nació en Comayagua el año de 1805, y falleció en la misma ciudad en enero de 1871. Fueron sus legítimos padres don José María Cabañas y doña Juana Fiallos, de origen español.

Su índole suave y su educación fina y esmerada, lo hacían personalmente simpático aun para sus mayores adversarios políticos. Enemigos personales, jamás los tuvo aquel hombre hidalgo obsecuente y bondadoso.

Comenzó su carrera militar el año de 1827, como soldado raso. Tuvo á más honra empuñar la carabina que la espada, contra los reaccionarios de aquella época. Entonces, por otra parte, no se había relajado la carrera militar, confiriendo grados indebidos por favoritismos ó por contemplaciones de otra naturaleza que amenguan más todavía.

Su alistamiento en la bandera liberal fue como sigue: Sitiada la capital del Estado, Comayagua, por fuerzas de Guatemala, al mando de don Justo Milla, jefe expedicionario de la oligarquía chapina, el ilustre patricio don Dionisio Herrera, jefe Supremo de Honduras, sostenía en persona la plaza, al frente de un puñado de soldados, la abnegación y el valor que sólo se hallan en los hombres del partido liberal, entre los cuales descollaba la gran figura de Herrera. El padre de Trinidad Cabañas era ya anciano. Ardía en su pecho la llama del patriotismo é iluminaban su cerebro las ideas de libertad en la República Democrática. Llamó a su presencia á sus tres hijos varones: Trinidad, Urbano y Gregorio: les habló de patria y de honor. Los conjuró a que se prestasen hasta el sacrificio, en defensa de la buena causa, y se apresuró a presentarse con ellos ante el Jefe Supremo. "Señor, le dijo: el peso de mis años no me permite acompañaros en este campo de batalla; pero aquí tenéis mis tres hijos, dispuestos a derramar su sangre al pie de la bandera que defendéis".

Desde ese día el joven Trinidad Cabañas se hizo notable por su entusiasmo y por su valor. Pedía y ocupaba siempre los puestos avanzados y de mayor peligro. Largo sería enumerar sus actos de arrojo en aquel sitio memorable. Rendida la plaza por traición infame de un godo de apellido Fernández, Cabañas no quiso presenciar la humillación de Honduras y las ruinas de Comayagua reducida à cenizas. Partió para San Salvador en cuya plaza se defendía la misma bandera que acababa de sucumbir en Honduras, sitiada también por ejércitos de la aristocracia de Guatemala. Prolongado, más que el de Comayagua, fue aquel asedio. Los valientes que defendían la plaza nunca desmayaron ni perdieron la fe como no la pierde jamás el partido liberal en el triunfo definitivo de su causa. Por fin les saludó la aurora. El General Morazán, llegado como ángel de salvación, se presentó a la espalda de las tropas oligárquicas, con una bizarra división hondureña: la contra sitió, les intimó rendición y las hizo capitular a su voluntad. El General Morazán entró a la plaza, libertada, bajo un trueno de aplausos y victoriano por el puñado de héroes que lo habían sostenido. Desde entonces Trinidad Cabañas, elevado ya al grado de Teniente-Coronel, fue el compañero inseparable del General Morazán en sus triunfos y desgracias. Hizo bajo sus órdenes la campaña de Guatemala, que dio en tierra con la oligarquía, inaugurándose la década brillante de 1829-1839, periodo único de escuela que en Centro América ha tenido la República Democrática, en su sentido radical.

Vino la reacción de 1840 con su cortejo de frailes, al grito feroz de los salvajes de Mataquescuintla, mandados por el bárbaro Carrera. La salida del General Morazán de la plaza de Guatemala, estrechado por enormes y compactas masas de indios brutales, ofreció ocasión á Cabañas para mostrarse, como se mostró, digno de la fama que siempre siguió a su nombre inmortal. Era ya General de División y segundo jefe del General Morazán. Dada por éste la orden, el General Cabañas, al frente de una columna de valientes salvadoreños y texiguats, cayó sobre las masas de salvajes y tropas organizadas que los nobles y los frailes les habían agregado: rompió las líneas que estrechaban la plaza y circunvalaban la ciudad; y abriéndose paso con espada en mano, dejó libre brecha para que saliese el General Morazán con su Estado Mayor y las reliquias del ejército federal que, en los paroxismos de la República, había movilizado el General Morazán de San Salvador sobre Guatemala.

Nada pudo hacer ya el Genio centroamericano para salvar las instituciones.

Los traidores hicieron de la patria los jirones que aún se conservan para baldón de los Estados. La historia nos presenta al héroe con la amargura de las decepciones, largándose a extranjeras playas, acompañado de una pléyade brillante de sabios y guerreros, entre los cuales figuraba el legendario Trinidad Cabañas. Después de dos años de ostracismo, el General Morazán y los suyos tornaron á Centro América. Sabemos y cómo el General Morazán fue proclamado presidente de Costa Rica, y la alarma que esto trajo al conservatismo. dominante en Centro América. Sabemos los esfuerzos del héroe centroamericano y sus medidas preparatorias, en aquel Estado, para organizar la República. Sabemos el fin trágico que tuvo en San José de Costa Rica con todos sus episodios. Lo que la historia no nos ha contado es el papel heroico que tocó al General Cabañas en la estupenda cuanto maravillosa salida del General Morazán de la plaza de San José, estrechada como con un círculo de hierro, por todo un pueblo sublevado.

Helo aquí: Después de tres días de combate desesperado, en que se había inundado de sangre las calles; perdiendo la vida jefes tan notables como el valiente General Lazo; herido ya el mismo General Morazán y perdida toda esperanza de someter a los sublevados, dióse la orden de romper las líneas del sitio que las componían fuertes columnas de tropas salinas de los cuarteles insurrectos y masas informes que afluían de todos los departamentos, colocados en grupo desde el centro hasta los arrabales de la ciudad. El General Cabañas, como en la memorable salida de Guatemala, se puso al frente de una pequeña guardia que había quedado al General Morazán y se abrió paso de un modo portentoso al través de la metralla enemiga, rompiendo con su espada cuerdas obstructoras colocadas de balcón á balcón en las calles principales, hasta llegar fuera de la ciudad, donde no había ya fuerzas que combatir. Allí hizo alto; y á la llegada del General Morazán, el intrépido Cabañas ocupó la retaguardia para contener y rechazar las partidas de tropa enemiga que venían en persecución. El General Morazán acompañado de los Generales Saravia y Villaseñor, llegó a Cartago con la mira de esperar al General Cabañas. Todos conocemos la traición de que allí fue víctima el grande hombre. Cabañas, siguiendo instrucciones de su jefe, á quien suponía en marcha, se dirigió al puerto de Matina, donde esperaba encontrarlo. Antes de llegar al puerto tuvo la fatal nueva de la captura de Morazán. Desde ese instante, ya no pensó en su persona, sino en la suerte de su digno jefe y amigo. Disuelve la escolta que aun llevaba, y resignado a una muerte segura, corre a San José, se presenta voluntario prisionero, pide y suplica con insistencia se le conceda la honra, para él la más gloriosa, de morir en el cadalso al lado del General Morazán. Los verdugos no se lo conceden, respetan su vida y le otorgan en seguida libertad. El que estas líneas escriben oyó varias veces de sus propios labios referir este pasaje por demás doloroso, derramando lágrimas que revelaban lo que pasaba en aquel corazón magnánimo. Después de la catástrofe de San José, el General Cabañas y demás amigos del General Morazán, que le sobrevivieron, quedaron con el sobrenombre de **coquimbos,** proscritos de Centro América. Al fin les fue concedido asilarse en Nicaragua, país culto y esencialmente democrático. Siguiéronse las reclamaciones de los gobiernos reaccionarios, especialmente de Honduras y El Salvador, regidos por los corifeos Ferrera y Malespín. El Gobierno de Nicaragua, por convicciones propias y siguiendo los sentimientos de aquel pueblo humanitario, rechazó las bárbaras demandas de extradición, y aceptó la guerra. Ejércitos aliados de El Salvador y Honduras, al mando en jefe de Francisco Malespín, presidente de El Salvador, invadieron a aquel Estado, y pusieron sitio formal a la plaza de León. Inauditos fueron los horrores que allí se cometieron por los jefes aliados. Guardiola, comandante de las fuerzas de Honduras, no fue menos feroz que el bárbaro Malespín. La plaza sucumbió. Los jefes prisioneres fueron decapitados. La ciudad saqueada y entregada a las llamas. El General Cabañas, el General Barrios y algunos otros jefes y oficiales, lograron evadirse y salvarse de la carnicería de Malespín. Salieron de la plaza casi sin dirección elegida. No tenían medio como embarcarse para salir de Centro América; y proscritos de todos los Estados, no podían buscar ni hallar asilo en ninguno de ellos. La necesidad de buscar una ruta cualquiera los llevó a la costa del Sur, con la mira de ocultarse en sus bosques, mientras se les pre- sentaba una embarcación cualquiera, para surcar los mares en nueva peregrinación. Hacían el camino en disfraz, y en el tránsito fueron informados de la exasperación del pueblo salvadoreño contra Malespín, a quien deseaba cerrar las puertas. Barrios y Cabañas, con tales precedentes, se resolvieron a dirigirse a El Salvador, penetrando hasta San Miguel, donde contaban con grandes simpatías y prestigios personales y políticos. El pueblo los recibió alborozado y ellos supieron aprovechar su entusiasmo. El General Cabañas no mentía nunca, en tanto que el General Barrios era capaz de ese artificio para llegar a un fin; y no tuvo embarazo para asegurar en público al vicepresidente don Joaquín Eufracio Guzmán, encargado del Poder, que Malespín había sufrido completa derrota en León; y acatado y siguiendo, decía, la opinión del pueblo salvadoreño era llegado el momento de desconocer su oprobioso gobierno. Guzmán vacilaba; el General Cabañas guardaba silencio respecto a la supuesta derrota de Malespín, y las pasiones populares se desencadenaban contra los pocos partidarios y familiares del odioso presidente. La revolución estalla incontrastable, y el vicepresidente Guzmán, *relis nolis*, desconoce el Poder de Malespín.

Refugióse éste en Honduras buscando a su correligionario y amigo Ferrera. Siguiéronse reclamaciones con pretextos especiosos y amenazas insultantes y provocativas del Gobierno de Honduras contra el de El Salvador, de donde surgió la expedición armada que, al mando del General Cabañas, vino a fracasar en Comayagua, el 2 de junio de 1845.

Los serviles de Honduras, harto desacreditados en Centro América y cargando el odio del país, decaían ya visiblemente. Ferrera fue reelegido presidente del Estado, en el ocaso de su vida pública: renunció ó vióse precisado á renunciar del mando, y vino á sucederle el Dr. don Juan Lindo, de la antigua escuela conservadora; pero culto y astuto, se puso en contacto con los jefes más conspicuos del partido liberal centroamericano, y con marcada habilidad, sacó del escenario á los serviles. Jauregui, Ferrera, Chávez y Guardiola, próceres del partido reaccionario en Honduras, vivieron en el destierro que Lindo los impuso, durante su Administración. Lógico era que al Doctor Lindo sucediera un Gobierno liberal ya que dejaba abierto un abismo entre él y los cachurecos de Honduras. El. partido liberal, vuelto á la vida después de sus proscripciones del 39 al 47, trajo al poder, por elección popular, al preclaro General Cabañas, al terminar el período del señor Lindo.

Vida humilde y sin aspiraciones de mando llevaba el General Cabañas en San Miguel, República de El Salvador. Allí le halló la comisión que el Congreso de Honduras nombró para que pusiese en sus manos el decreto de su elección presidencial, y para que lo excitase a ponerse en camino, viniendo desde luego á tomar posesión del alto puesto á que lo llamaba el pueblo hondureño. Su ilustre amigo, el inolvidable León Alvarado, presidía la honrosa comisión. Victoria moral fue para ella, obtener la aceptación del General Cabañas. Este, sin bienes de fortuna que jamás persiguió, por no caber en su ideal riquezas materiales, pasó por un extremo para proporcionarse recursos y poder venir a Honduras: aceptó el numerario, valor de las alhajas y propiedades de su esposa, que ella, su digna compañera, vendió espontáneamente.

Así vino a colocarse al frente del Gobierno de Honduras este hombre virtuoso y respetable. Su aparición victoriada por el partido liberal de Centro América, despertó las iras de los conservadores y arrancó un grito de alarma en la nobleza de Guatemala que, contrita, besaba el caite de Carrera.

Consecuente con sus ideas, uno de sus primeros pasos fue dado en pos de la reconstrucción de la patria de Morazán. Convocó, al efecto, un Congreso centroamericano; y en 1853 vimos representados en Tegucigalpa, al Salvador, Honduras y Nicaragua. La mala fe y la falsía fueron el alma de aquella Asamblea. Los Gobiernos de Nicaragua y El Salvador eran separatistas Sólo el General Cabañas quería sinceramente la unión. Fiel entre los infieles metido, lo traicionaban hasta en su Gabinete.

Aquella tentativa patriótica no dio otro resultado que la guerra sin tregua que al Gobierno del General Cabañas hicieron los nobles de Guatemala, despertando para ello el odio de banderilla y la ferocidad de Carrera. El General Cabañas sucumbió después de prolongada y digna lucha, con fuerza y elementos desiguales; y en 1855 le sucedió en el poder don Santos Guardiola, el proscrito de Lindo y la resurrección encarnada del cachurequismo de Honduras.

El General Cabañas solicitó y obtuvo asilo en El Salvador, tornando á la vida humilde, casi en la indigencia, separado de la política y de toda ocupación pública hasta 1862. No obstante, la altura a que en los últimos años había llegado su antiguo camarada y hermano político don Gerardo Barrios, presidente de El Salvador, prefería la pobreza y el aislamiento á empañar la pureza de su nombre, acercándose a Barrios en aquella época en que, real y aparentemente, se le vio en buena inteligencia con Carrera.

Vino al fin la ruptura entre esos jefes de dos bandos esencialmente antagónicos. Barrios hizo llamamiento al partido liberal; y en breve se encontraron frente a frente, retados a muerte, los dos partidos eternamente enemigos. Para el General Cabañas había llegado el momento. Olvidando justos resentimientos con el General Barrios, roló á los campos de batalla a la primera insinuación. Los rayos de su espada victoriosa iluminaron el campamento de Coatepeque; y, a haber seguido su consejo, el General Barrios habría hecho ondear el pabellón de la patria centroamericana, si aprovechándose del tiempo, persigue al vencido Carrera hasta Guatemala. Faltó en Barrios la mirada política y la audacia militar que elevaron a Morazán después de la batalla de Gualcho, pedestal de su gloria. La inercia de Barrios en Coatepeque, después del espléndido triunfo, vigorizó la no temblorosa de sus enemigos y alentó á los traidores que más tarde cavarían su tumba. No pasó mucho tiempo sin que lo comprobase don Santiago González, el Judas de Santa Ana. Su traición inaudita trajo la perdición de Barrios y la prolongada noche tenebrosa en que pasó Centro América. El General Cabañas se hallaba en Santa Ana cuando González cometió su gran crimen, habiéndole ofrecido éste el mando en jefe de las armas con tal que desconociese al Gobierno de Barrios. El inmaculado Cabañas le enrostró infamia; y acompañado del leal y pudoroso General Rafael Osorio, desfiló con la División de éste en presencia del traidor, y fue a incorporarse a su jefe en la plaza de San Salvador.

Al favor de la traición de González, guatemalteco de origen, y tocado astutamente por los nobles de su país, Carrera invadió de nuevo El Salvador, penetrando impune hasta la capital, a la que puso formal sitio.

El General Cabañas acompañó á Barrios hasta los momentos de suprema prueba. Evacuada la paz por orden de Barrios, el General Cabañas en la salida, se colocó a la retaguardia, haciendo alto de tiempo en tiempo para detener y rechazar las fuerzas enemigas que iban en persecución. El General Barrios, después de muchos días de admirables evoluciones en presencia de sus perseguidores, pudo al fin embarcarse en el puerto de La Unión, y al General Cabañas fue permitido, más tarde, volver á su retiro llamado "Llamayal".

Allí se hallaba cuando el General Barrios le anunció de Sur América su regreso al país. Para apoyarlo, proyectó entonces y puso en obra una revolución en San Miguel contra el Gobierno de Dueñas que Carrera había impuesto al pueblo salvadoreño. Sin más que un chilillo en la mano, se dirigió solo al cuartel de aquella ciudad, donde fue aclamado, reconocido y respetado como jefe sin resistencia ni contrariedad alguna. Esto pasaba por la noche; al amanecer tenía más de seiscientos voluntarios que volaron a ponerse bajo sus órdenes. El comercio, sin excitación suya, puso a su disposición cuantiosa suma de dinero para los gastos militares. Su objeto primordial era proteger a Barrios en su desembarque; y, al efecto, se dirigió a La Unión con sus voluntarios, devolviendo antes al comercio de San Miguel, el dinero que le había aprontado. "Si Barrios llega —decía— él trae los fondos para la revolución; si no llega, no necesito plata, porque mi movimiento de armas terminará". La historia de nuestra revolución no presenta igual pureza de manos y de leal franqueza.

El General Barrios no llegó; la naturaleza le fue adversa y un rayo en desecha tempestad dejó inmóvil el bajel que lo conducía a las playas de La Unión. El General Cabañas, entretanto, fue seguido y atacado en el puerto por numerosa fuerza del Gobierno Dueñas. Hizo en aquella jornada prodigios de valor, hasta arrojarse con revólver en mano sobre una de las trincheras que ya ocupaba el enemigo, en cuyo acto una bala le fracturó el brazo izquierdo, haciéndole soltar inconsciente la brida del caballo en que montaba. Desbocado éste, en consecuencia, salió con dirección á la playa del mar, á donde el General llegó ya desmayado; y, sin su conocimiento, fue conducido por algunos amigos á bordo de un buque francés, anclado en aquellas playas.

Así terminó ese episodio desgraciado. Barrios, indefenso y sin actitud hostil para Nicaragua, fue capturado por el Gobierno Martínez en aguas de aquella República y entregado bárbaramente á sus verdugos, quienes lo hicieron morir en el patíbulo.

El General Cabañas pasó a Costa Rica, de donde vino a Honduras en 1867. Siempre el mismo: sin recursos, casi en la miseria, se resignó á vivir la vida del leñador en las inmediaciones de Comayagua. Las aguas del Selguapa fueron testigo mudo de la humildad de aquella encarnación de la virtud.

Allí, acompañado de su inteligente esposa, pasó los últimos días de su vida aquel hombre extraordinario, tanto más grande cuanto más lo persiguió el infortunio. Bajó al sepulcro al rayar la aurora radiante del 71, llorado por sus amigos y respetado por sus adversarios políticos. Desapareció cuando se abría para Centro América nuevo horizonte. ¡Compensaciones de la vida! No presenció el derrumbamiento de la teocracia reinante en la tenebrosa noche de los treinta años, contra la cual había derramado su sangre generosa: pero, en cambio, no ha sentido los sinsabores de la inconsecuencia política que nos aleja de la patria de sus ensueños.

¡Repúblico ilustre! ¡Honor de la América! ¿Quién como tú podrá decir: "Pasé por la tierra sin llevar a la eternidad la sombra del mal en mi conciencia"?

Comayagua, septiembre, 1888.

MARCO AURELIO SOTO

Nació en Tegucigalpa, el 13 de noviembre de 1846. Fue su padre el Doctor don Máximo Soto. Comenzó sus estudios en la Universidad de Honduras, y en 1857 se trasladó a Guatemala a continuarlos, hasta obtener el título de Abogado.

Cuando estalló la revolución de 1871, de la cual fue activo propagandista, ya el señor Soto había sido secretario de la Sociedad Económica, Síndico del Consulado de Comercio y secretario de la Legación de Honduras que desempeñaba su padre.

Triunfante la revolución, entró a desempeñar altos puestos en el nuevo Gobierno. De Subsecretario de Gobernación pasó a ministro del Interior, de Negocios Eclesiásticos, de Relaciones Exteriores y de Instrucción Pública.

Mientras tanto, en Honduras había grandes conmociones. Se le propuso la Presidencia de este país y la aceptó confiando en el apoyo moral y material que le prestaron los Gobiernos de Guatemala y El Salvador. Dirigióse, pues, á Honduras y el 27 de agosto de 1876 inauguró su Administración en el puerto de Amapala. En poco tiempo ahogó la anarquía, restableció el orden y aseguró la tranquilidad.

Su labor gubernativa fue vasta y fecunda. Apoyado en el artículo, 26, inciso 4º. de la Constitución de 1865 y con la autorización necesaria del Congreso, dictó los Códigos Civil, Penal, de Procedimientos, de Comercio y de Minería, cuya elaboración había confiado a los Doctores don Adolfo Zúñiga y don Carlos Alberto Uclés y Licenciado don Jerónimo Zelaya. En esta legislación se establecieron importantes reformas como la absoluta libertad de testar, la prohibición de censos, fideicomisos y toda clase de vinculaciones y el matrimonio civil, que primero se dejó a la voluntad de los contrayentes y después fue obligatorio. Una ley especial suprimió los diezmos. Se extinguió el fuero eclesiástico, se secularizaron los bienes de manos muertas, se estableció el cementerio laico, se implantó la enseñanza laica y se organizó nuevamente la Universidad bajo un sistema amplio y en armonía con los últimos progresos de la enseñanza. Se dictó el Código Penal Militar, la Ley de Tribunales, la Ordenanza y la Ley de Organización Militar; se consolidó la deuda pública, y se crearon los medios de amortizarla; se emitió el Código de Aduanas; se fundó la Biblioteca

Nacional y la Dirección de Estadística; se mandó organizar el Archivo Nacional; se creó el Hospital General de la República; se estableció un buen servicio de correos y, por la primera vez en la República, el de telégrafos: se construyó gran parte de la carretera al Sur; se estableció la Casa de Moneda, se fundó la Tipografía Nacional y se llevaron á cabo otras muchas importantes mejoras.

El Doctor Soto convocó una Asamblea Constituyente. Esta dictó la Constitución de 1° de noviembre de 1880, que estuvo en vigor hasta el 1° de enero de 1895 en que comenzó a regir la emitida el 14 de octubre de 1894 por la Asamblea que convocó el Doctor don Policarpo Bonilla.

El Doctor Soto, salió de Honduras en mayo de 1883, dejando el poder depositado en el Consejo de ministros, formado por los señores General don Enrique Gutiérrez, General don Luis Bográn y Doctor don Rafael Alvarado Manzano; y el 2 de agosto del mismo año envió su renuncia desde San Francisco de California. El Congreso aceptó su renuncia en el mes de octubre siguiente. El Doctor Soto es socio de la Real Academia de la Historia con honorario de la Real Academia de la Lengua.

Actualmente tiene fijada su residencia en París.

PROYECTO DE AMORTIZACIÓN

de la deuda interior de la República

El decreto de 12 de septiembre de 1876 suspendió el pago de la deuda interior de la República. Los fundamentos de tal disposición están evidentemente justificados a los ojos de todos los hondureños.

Pero ese decreto no puede regir perpetua ni indefinidamente. Eso sería decretar la bancarrota: eso sería resolver el problema a lo Dantón, que dijo a la Asamblea de Francia: "La mejor manera de arreglar esas cuentas es quemar sus registros".

El mismo decreto de 12 de septiembre, en su último artículo, dice: "La presente ley es de carácter transitorio, debiendo limitarse sus efectos al tiempo que sea necesario para que el Gobierno reforme el sistema rentístico del país, y dé el arreglo consiguiente à la deuda interior del Estado".

Tiempo es ya de que el Gobierno cumpla ese compromiso: la justicia y la conveniencia pública de consuno lo demandan.

El arreglo de la deuda interior relaciona muy directa e íntimamente con la fortuna particular, con la riqueza pública y con el *crédito,* ese mágico *poder,* nacido en nuestros tiempos para unirse con la prensa, el vapor y la electricidad, y hacer juntos los admirables y gigantescos progresos del siglo XIX.

Es de justicia que el Estado pague lo que debe al ciudadano: la riqueza pública se forma de la riqueza particular: si esta mengua o se aniquila, aquélla no puede tener vida. El Gobierno que no paga sus deudas arruina a sus acreedores, que son miembros de la sociedad, cuyos altos destinos debe guardar, se deshonra, mata su porvenir y su crédito, y se pues, viviendo en bancarrota, nada tiene que esperar del crédito.

Aunque por desgracia la práctica esté en contra, los Gobiernos deben esforzarse en maneja en manejar la Hacienda Pública, como los particulares manejan su hacienda privada: ambas requieren las mismas seguridades, la misma exactitud en el cumplimiento de los compromisos: la buena fe es la base de los contratos: la prenda material y moral que dan los Gobiernos y los individuos para asegurar el pago de sus deudas es lo que forma crédito público: la prenda material, que consiste en la posesión de capitales, puede a veces faltar, y el crédito mantenerse, con sólo las prendas morales que la constituyen la buena fe, la voluntad decidida de satisfacer los compromisos; pero sin la prenda moral, jamás subsistirá el crédito.

Razones tan convincentes demuestran hasta la evidencia la necesidad que hay de arreglar la deuda interior como base de crédito. Todas las naciones del mundo procuran pagar sus deudas para mantener su crédito y subvenir, por medio de éste, a las necesidades extraordinarias que ocasiona un estado excepcional, o para invertir cuantiosas sumas en obras materiales de inmensa utilidad.

Diferentes sistemas se conocen para el arreglo de las deudas públicas. Varias naciones de Europa han consolidado sus deudas, y las han convertido en rentas perpetuas, pagando un interés de un tres, de un cuatro, o de un cinco por ciento, y señalando en el presupuesto una cantidad euros de a precio corriente para que los Gobiernos compren su propia deuda al precio corriente. Otros países han convertido su deuda en papel moneda, de circulación forzosa que los Gobiernos amortizan según les conviene. En otras partes se ha convertido la deuda reconociendo un interés anual, y designado una cantidad para la amortización, que se verifica por medio de sorteos.

En donde abunda el capital, como en Francia e Inglaterra, en donde el interés corriente es de un de un tres por ciento al año: en donde los Gobiernos son ricos y puntuales en el pago de en el pago de sus deudas, y en donde los habitantes del país son acomodados, y emplean su dinero en comprar el papel de la deuda del Gobierno, para constituirse una renta, el sistema de consolidación puede ser bueno, aunque á simple vista se nota el gravamen que resulta de tener que destinar enormes sumas ¡todos los años! para pagar solo los intereses de la deuda. ¡Suprímase de los presupuestos esa partida de intereses, y entonces ¡qué inmensas cantidades inmensas sobrarían! ¡cuántas rebajas podrían hacerse en los impuestos que gravitan sobre el pobre pueblo! ¡cuánto dinero podría invertirse en caminos de hierro, canales, puentes, instrucción pública y en obras de beneficencia!

Aparte de estas consideraciones, creo que el sistema de consolidación y conversión de la deuda en renta no es aplicable en un país como el nuestro, en donde no hay capitales, en donde nadie busca la renta, en donde no hay seguridad en el pago de los intereses, y en donde el Gobierno, hasta el presente, no ha dado ninguna clase de garantías. Mas si fuera posible, entre nosotros, ese sistema, no sería practicable. Suponiendo que nuestra deuda interior sea de un millón á millón y medio de pesos, y que señaláramos á la deuda consolidada el premio de un tres por ciento anual, que sería el mínimum, tendríamos que destinar, cada año, al pago solo de premios, treinta mil pesos á cuarenta y cinco mil, si la deuda fuese de un millón quinientos mil pesos. Mas, como, entre nosotros, el interés de tres por ciento anual, es muy bajo, porque, siendo escaso el capital, los préstamos se hacen hasta el cuatro por ciento mensual, tendríamos que fijar un interés de un doce por ciento, para poner algún halago a los acreedores, y para que algo valiese en el mercado el papel de la deuda. Entonces habría que fijar en el presupuesto, para el servicio de la deuda interior, ciento veinte mil pesos, si fuese un millón, y ciento ochenta si fuese un millón y medio. Estas enormes cifras, que equivalen á más de una tercera parte de los ingresos públicos, demuestran que es impracticable la conversión en renta perpetua de la deuda nacional, y que sería gravar el tesoro, todos los años indefinidamente, con una erogación cuantiosísima. Y como entre nosotros no hay mercado, ni cotizaciones, á pesar de fijarse el interés de doce por ciento al año, los papeles de la deuda no correrían como un valor.

El sistema de convertir la deuda en papel moneda de circulación forzosa tampoco sería practicable entre nosotros. Demasiado obvias son las razones que me asisten para afirmar esto. Aquí no se desconoce la circulación de papeles representativos de valores: ni aun los *pagarés* y *quédanes* circulan en nuestro comercio, y como no hay bancos, ni se conocen lo que es el *crédito,* el papel que emitiera el Gobierno no correría a ningún precio.

El último de los sistemas que hemos expuesto, el de la conversión de la deuda, con goce de interés y amortización, por sorteos, tampoco es aplicable. Ya hemos visto que el pago solo de intereses consumiría sumas considerables. El tesoro sí puede destinar una cantidad anual para amortizar parte de su deuda, pero, si se hiciera por sorteos, pocos serían los beneficiados.

También podía destinar sumas anuales para comprar la deuda á un *bajo precio,* pero esto sería ocasionado á arbitrariedades, y tal sistema se resentiría de inmoralidad, porque no es justo que el mismo Gobierno compre al cinco ó diez por exento sus créditos pasivos, que representan sumas que él ha recibido efectivamente por su valor intrínseco. Si así se procediera, el Gobierno haría, ni más ni menos, lo mismo que hacen los quebrados fraudulentos, que compran sus créditos después de la bancarrota, y aparecen luego más ricos que sus acreedores, que son sus víctimas.

Yo no he encontrado ningún sistema de amortización que esté puesto en práctica en alguna parte, ó siquiera indicado como una teoría, que sea aplicable entre nosotros, que cuadre con nuestras circunstancias, con la deficiencia de nuestros recursos. Se me ha ocurrido una idea, que la creo posible, practicable, y exponerla es el objeto de estas desaliñadas líneas.

Tomo la deuda interior del país tal como existe. El Gobierno no debe hacer distinción entre las deudas: debe reconocer todas las de los Gobiernos anteriores, con tal de que sean legitimas, porque el primer deber de un Gobierno es respetar los compromisos y promesas que han hecho los precedentes, pues no se contrata con tal ó cual Administración, sino con el Estado, que siempre es el mismo. No importa que se hayan cometido fraudes, ó que haya habido favoritismos en el reconocimiento de muchos créditos: la mayoría de nuestra deuda la forman esos préstamos forzosos que ultrajan la ciencia económica, que violan hasta el idioma, y que son los más tiránicos, onerosos y des iguales de todos los impuestos. Nuestros hacendistas, talvez obligados por la fuerza fatal de las circunstancias, han realizado aquellas sátiras de Voltaire: "Los financieros sostienen al Estado, como la cuerda al ahorcado".

Calculo la deuda pública en un millón de pesos, y lo más en millón y medio: estas cifras son las que me han servido para mis cálculos. Ahora veamos cuál es el estado de nuestra hacienda. Su presente es todavía dificultoso: su buen porvenir es infalible, dadas las circunstancias favorables de la paz y de que se siga constantemente trabajando en el arreglo y cuidado de las rentas, en la "economía", que es la fuente de la riqueza, de la independencia y de la libertad del individuo y de los pueblos.

Sentadas estas bases, diremos que lo posible es pagar poco a poco, contando siempre con el aumento sucesivo de los ingresos. La amortización debe ser gradual y únicamente del capital: no podemos pagar intereses. De esa suerte, si anualmente amortizamos un uno por ciento progresivo, pujaremos toda la deuda integra en trece años siete meses y días. La forma está explicada, con todos sus detalles, en el documento número 1°. Pero, amortizando un uno por ciento anual progresivo, tal vez se juzgarán crecidas las cantidades anuales destinadas á la amortización, y se me dirá, que es necesario fijarse en las necesidades de un Gobierno, ya previstas ó imprevistas, y en las grandes obras de progreso material que necesita el país para desarrollarse, las cuales sólo se hacen con dinero. Si estas consideraciones tuviesen fuerza, entonces podría hacerse la amortización á razón de un medio por ciento anual progresivo, según se ve detalladamente en el documento número 2°. Hecha de esta manera la amortización, la deuda se pagará en diez y nueve años, seis meses: la diferencia es de seis años con el sistema anterior, de amortizar el uno por ciento anual.

Muy posible me parece amortizar la deuda de la manera expuesta. Como se ve, las cantidades que deben destinarse para la amortización son relativamente pequeñas y tienen un aumento muy gradual. Dentro de un año, los ingresos nacionales, sin duda alguna, llegarán á un millón de pesos: calculados nuestros gastos, y dejando buenas sumas para invertirlas en fomento, todavía podían destinarse, sin gran sacrificio, cien mil pesos para la amortización de la deuda. ¿Cómo, pues, no podría hacerse esto, dentro de diez y siete, diez y ocho y diez y nueve años, tiempo en que, con fundadas esperanzas debemos creer que nuestras rentas tendrán un aumento considerabilísimo, y que, aunque los gastos crezcan, doscientos o trescientos mil pesos serán entonces sumas insignificantes? El Gobierno actual, en medio de sus dificultades, ha amortizado más de cien mil pesos de la deuda, en el año y medio trascurrido desde su inauguración: esto prueba que mis cálculos están muy lejos de ser exagerados.

La posibilidad, pues, de pagar anualmente las cantidades que so fijan para la amortización de la deuda, no puede ponerse en duda, y haciéndose en esta forma la amortización, cada acreedor recibirá anualmente parte del pago de su crédito. Mil y mil combinaciones pueden hacerse para llevar á cabo la amortización anual si los sobrantes no alcanzaren para ésta, pueden subirse en un tanto por ciento todos los impuestos, y admitirse el pago en cupones de la deuda, y h este tenor, nunca dejaría de ocurrirse algún medio de pagar de la manera más insensible.

Los acreedores que hoy tienen en nada sus papeles, porque se han cotizado y cotizan al cinco y diez por ciento, tendrían constituida una renta anual, y al fin serían pagados en totalidad. Pagando el Gobierno con exactitud y establecida la confianza, cierto estoy de que los papeles de la deuda serian un valor efectivo, con los cuales podrían verificarse transacciones. Se crearía un valor de un millón y medio de pesos, que hoy no existe, y se haría justicia.

En los cálculos que he hecho, y que se acompañan, he puesto lo que necesitaríamos para pagar intereses é más de la amortización: las cifras que resultan me convencen de que, al menos durante cinco 6 diez años, no es posible atender al mismo tiempo a los intereses y a la amortización: las rentas no dan para una y otra cosa: tal vez más tarde podrán pagarse también los intereses. Este documento saldrá en el próximo número.

Si este pensamiento fuere aceptable, para llevarlo a práctica, sería necesaria lo siguiente:

1. Dar unidad, absoluta unidad a la deuda, emitiendo un decreto para convertirla toda en un solo papel, bajo la pena de no reconocerse como crédito contra el vertido. La conversión debe verificarse en seis meses, de enero à junio próximo: desde este mes debe comenzar el primer año para la amortización, el cual vencerá en junio de 1878, [1] época en que debe hacerse la primera amortización. Los vales de la deuda interior convertida deben ser de á cien pesos caula uno: al verificarse la conversión, las cantidades que no lleguen a cien pesos quedarán en beneficio del Estado. Los vales tendrán la forma, poco más o modelo adjunto. (Corre impreso en hoja suelta).

2. Dar un decreto, designando las cantidades anuales fijan para la amortización, las cuales deben ser en la proporción de un que se uno, é un medio por ciento, según lo que se escoja, sobre la cantidad total que res resulte ser la deuda interior de la República. La amortización

---

[1] La amortización puede comenzarse el 19 de enero de 1878.

se verificará de la de siguiente manera: Del 30 de junio de cada año, en adelante, se admitirán en pago de todo el dinero efectivo, los cupones a los todos impuestos, como de la deuda convertida que correspondan ano respectivo. Este sistema de pago de la amortización es sencillo y expedito no necesita gravarse el tesoro con los gastos de una oficina de amortización, y el acreedor no tiene otro trabajo que cortar el cupón que corresponde, y echarlo a la circulación como dinero efectivo. [2]

Tal es el pensamiento y el modo de llevarlo a práctica, que me parece más parece más aceptable para la amortización de nuestra deuda. Me que lo que le encontrado establecido en el país. Amortizar la deuda, admitiendo un cuarenta ò un sesenta por ciento, en el pago de los derechos de introducción, da por resultado, quitar al Gobierno los pocos recursos con que cuenta, beneficiar simplemente al comercio, y obligar a los legítimos acreedores á que pasen por las horcas caudinas de los comerciantes, que compran los papeles de la deuda baratísimos, hasta con desprecio, ó haciendo valer el favor ó la compasión.

Del mejor modo que se pueda urge arreglar la deuda. No importa que estemos en bancarrota; la Inglaterra lo estaba en el reinado del último Estuardo, y sin embargo, de su bancarrota nació su crédito, y ese crédito perfeccionado por el genio de Pitt, mantiene siempre a un alto precio la deuda más grande dos ánimo, arreglemos nuestra deuda nosotros seamos pequeños, cobremos de las naciones del mundo. Aunque y amorticémosla a medida de nuestras fuerzas. Objeto es este importantísimo.

¡Ojalá yo encontrara otra idea mejor que la que propongo! Consultaré a mis amigos, y estoy dispuesto a aceptar el proyecto que más conduzca á la creación de las bases en que ha de asentarse nuestro crédito. Sin Hacienda Pública no puede existir país, no podemos tener patria. Sin crédito, no podemos trabajar por el engrandecimiento, por la civilización de Honduras: no podemos preparar à esta nación, tan llena de elementos, tan privilegiada por la naturaleza, madre de un

---

[2] Para evitar más el agio es necesario establecer también que todas las oficinas de Hacienda deben cambiar por dinero los cupones. Estos serán admisibles también en la compra de cualquiera especie fiscal ó pago que haya que hacerse al Tesoro Público, hecho de esta manera.

pueblo inteligente, noble y valeroso, el porvenir de ventura y gloria que yo ansío ver realizado, y que todos mis compatriotas ambicionan.

Tegucigalpa, diciembre 3 de 1877.

SANTA LUCÍA, FELIPE II Y EL VALLE DE LOS ÁNGELES

El que tenga la dicha de salir de Tegucigalpa y quiera pasar alegres días y noches apacibles, que se encamine hacia el Oriente, suba la empinada cuesta de la "Mololoa", llegue á Santa Lucía, y vaya á reposar al pintoresco Valle de los Ángeles.

El camino está de vericuetos, á lleno, pero se recorre y robles y divirtiendo la vista con los horizontes que impregnados de faldeando las lomas, entre bosques de pinos y álamos, luz se divisan a lo lejos. Apenas remonta la cumbre de la "Mololoa", el paisaje cambia, la naturaleza es más bella y la atmósfera más pura y ligera. En la cima de la cuesta y donde hay una tosca cruz, que ha poco tiempo puso un devoto anciano, se ve por última vez a Tegucigalpa y a poco andar se presenta Santa Lucía, como de sorpresa, casi enfrente, porque las dos cumbres tienen poca diferencia de altura. Siguiendo más adelante, como a tres millas de Santa Lucía, a la derecha del camino, encuéntrase una gran peña sobre un montón de piedras hacinadas, cubierta de verde musgo y retorcidos cactus. Encima de la peña hay una pequeña cruz de madera pintada de azul. Siempre sucede que al ver en nuestros caminos un rimero de piedras y sobrecogidos de terror, por una cruz nos sentimos esa es la señal con que se designan los fatídicos lugares que han sido teatro de criminales escenas, de horrendos asesinatos.

Bajo esta impresión preguntamos á nuestros compañeros de viaje qué significaba aquella cruz; su respuesta nos disipó la sombra que había pasado por nuestro espíritu. Aquella cruz es el símbolo de una tradición; aquella cruz, que hasta hoy veneran las gentes sencillas, y ante la cual, religiosamente, se descubren y arrodillan, guarda una leyenda de los tiempos coloniales, tan explotados por viejas y embaucadores.

Pero sigamos adelante, que andando un poco nos espera otra agradable sorpresa: la vista de Santa Lucía al descender la cuesta y bajar a la quebrada del Perrillo. Este histórico y pintoresco pueblo está situado en la cima de la montaña; así es que desde aquel lugar se le ve como nido blanquecino que cuelga de la más alta rama de un árbol corpulento. Sólo un minero, o un conde feudal de aquellos que buscaban los lugares donde anidan las águilas para hacer sus castillos, podía fijar una mirada en aquel sitio tan elevado y escabroso. El pueblo parece desordenado anfiteatro, cuyas gradas las forman hileras de casas todas de techos rojos y blanquísimas paredes. De día, cando el sol alumbra aquel paisaje, la vista de Santa Lucía en la cumbre, rodeada de verdes pinares, dominando aquellas sinuosidades, es interesante; y no lo es menos en la noche cuando de cada puerta y de cada ventana, salen rayos de luz que en conjunto semejan á iluminado altar en noche de jueves santo. Santa Lucía es uno de los de minerales primeramente explotados por los españoles, y de los más ricos República. La cuchilla de tierra que se levanta al lado izquierdo de la iglesia del pueblo, la producido muchos millares de pesos, y no hay duda de que por todos aquellos cerros se encuentran ricas vetas de plata. Hoy ese mineral apenas se trabaja, aunque siempre da buenas ganancias.

La temperatura de Santa Lucia es fresca, pero no pareja. Las flores se producen con profusión: es donde se cultivan el rosado clavel y las moradas carboneras, que tanto aprecian las bellas de Tegucigalpa. Pero lo que hay de más hermoso y sorprendente en aquel lugar es contemplar la caída del sol. Ver cómo desciende el astro del día sobre aquel inmenso horizonte de luz y de colores, que cambia de tintes desde el rojo y encendido arrebol hasta el oscuro azul del crepúsculo es verdaderamente bello y encantador. El espectáculo se hace más interesante en esas tardes de mayo, cuando la luz del sol que cae se refleja en inmenso arcoíris, levantado sobre los altos montes que encierran a Santa Lucia.

Es de noche; ha llegado el momento propicio para las consejas: preguntamos ahora cuál es la tradición de la cruz, para referirla á nuestros lectores, diciéndoles con el poeta:

> "El pueblo me la contó
> Y yo, al pueblo se la cuento,
> Y, pues la historia no invento,
> Responda el pueblo y no yo".

Españoles de pura raza poblaron á Santa Lucía. Así lo atestiguan las tradiciones históricas y el tipo dominante de sus actuales pobladores. No se conserva memoria de las familias que vinieron a habitar y a enriquecerse en este mineral. Solamente en la iglesia se. encontraba, hasta hace poco, cerca del confesionario, una lápida de madera, donde estaba grabada, con muchos adornos de escultura, la siguiente inscripción:

"Aquí está sepultada Sofia Isabel Barba, mujer que fue de Diego Mejía. Murió a 25 de julio de 1598 años, á los 24 años de su edad. Rueguen a Dios por su ánima con la oración del pater noster".

¡Una lápida! ¡He aquí el solo vestigio que ha dejado el tiempo de aquella colonia española! El signo de la muerte, es decir, de la nada, es lo único que queda en la vida. ¡Qué irrisión!

Aunque es cierto que nuestros inmensos y riquísimos minerales no están más que cateados, también lo, que los españoles sacaron de nuestro suelo casi todas las riquezas someras que encerraba. Los cerros de Santa Lucia muestran vestigios antiguos de grandes trabajadores. Hay datos de que en tiempos de los españoles se sacó de este mineral más de un millón de marcos de plata. Solo en el año de 1739 se mandaron a la casa nacional de moneda de Guatemala, 35.159 marcos 5 onzas que, regulados por la ínfima ley de once dineros y medio, como lo hicieron entonces, ascendió su producto á 302.217.40. Tal suma fue principalmente sacada de la antigua Alcaldía de Tegucigalpa.

¡Qué tantos millones extraerían, que es de fuma notoria que una sola vez regalaron los santa lucías á un rey de las Españas 500.000 duros! Dícese que el Monarca agradecido, correspondió tan magnífico presente enviándoles de regalo un Crucificado, un cáliz de plata sobredorado, un incensario, una palmatoria y unos candeleros del mismo metal. En aquella época tal regalo era digno de un rey bondadoso y no tenía precio para los creyentes de entonces. Es cierto que un cualquiera podía comprometerse á hacer un obsequio más espléndido que el que hizo el Rey, mediante el medio millón concebido, pero el que una Majestad de aquellos tiempos se dignase corresponder un presente que le hicieran sus vasallos, era cosa de gran valía, cosa de Pero ¿quién fue el Monarca espléndido que hizo ese regalo? No se conserva memoria de él. Tratando de averiguarlo,

35

nosotros hemos examinado los objetos que aún existen del regio presente: empezamos por el Cristo, creyendo que una obra de arte española conservaría el nombre de su autor y la fecha en que se hizo. En seguida examinamos el incensario cuyo trabajo revela el adelanto de aquella época en esta clase de trabajos; no encontramos más grabados en él, que la corona real y las armas españolas. Vanas parecían nuestras pesquisas, hasta que descubrimos en el pie del cáliz, pésimamente grabada en forma circular, la inscripción siguiente:

"ESTE CÁLIZ DIÓ EL R DON FHELIPE NORS ANRA SESOR DE
LAS MERCE—MONESTERO 1594".

Felipe II, décimo quinto rey de Castilla y de León y cuarto de las Indias, era el que gobernaba en 1594; por consiguiente, fue en los postreros años de su reinado que el sucesor de Carlos I de España y V de Alemania hizo a Santa Lucía el regalo de que nos ocupamos.

La sombría figura de aquel Monarca, se alzó entonces ante nosotros, y nos hizo recordar aquellas estrofas del gran Quintana, en que tan bien pinta al siniestro Felipe II, cuando dice en su Oda al panteón del Escorial:

"¿Quién soy? iba á decir cuando á otra parte
Alzarse vi una sombra, cuyo aspecto
De odio á un tiempo y horror me estremecía.
El insaciable y velador cuidado,
Las sospecha alevosa, el negro encono,
De aquella frente pálida y odiosa
Hicieron siempre abominable trono.
La aleve hipocresía
En sed de sangre de dominio ardiendo
En sus ojos de víbora lucia;
El rostro enjuto y míseras facciones
De su carácter vil eran señales
Y blanca y pobre barba las cubría
Cual yerba ponzoñosa entre arenales".

A pesar del largo tiempo transcurrido y de multitud de investigaciones, Felipe II es todavía un enigma para la historia. El príncipe de los modernos historiadores españoles, cuando principia el relato de la época de ese Monarca, dice estas notables palabras: "Llegamos a uno de los períodos de nuestra historia que han alcanzado más cele- bridad entre nacionales y extranjeros, y de los que excitan más la curiosidad pública. Y siendo para nosotros evidente que este reinado estuvo lejos de llevar ventaja ni en interés ni en grandeza a los de los reyes católicos y Carlos V que le precedieron, en cuyo tiempo se realizaron los descubrimientos más portentosos, las más ricas y vistas conquistas, los tan heroicos y gloriosos hechos de armas, las reformas y mudanzas políticas de más trascendencia e influjo en la condición social y en el porvenir de la nación española, creemos poder atribuir aquella singularidad al carácter especial no bien definido, ni fácilmente definible de Monarca. De aquí los encontrados y opuestos juicios que, desde su época a la nuestra, han seguido haciéndose del hijo y heredero de Carlos de Austria.

Nació Felipe II en Valladolid el año de 1527. Sucedió a su padre en el trono de Nápoles y Sicilia en 1554, en el de los Países Bajos en 1555, y en el de España en 1556. Su largo reinado es un contraste de grandezas y de crueldades, de glorias y de crímenes. Era un político astuto: su carácter era frío, impasible ya en la próspera como en la adversa fortuna. El triunfo de Lepanto fue celebrado con júbilo por los países que componían la liga. Felipe II estaba en el Escorial rezando las vísperas de todos los Santos en el coro bajo de la iglesia provisional cuando don Pedro Manuel le comunicó la fausta noticia: Felipe no se inmutó siquiera, continuó su rezo con impasible serenidad hasta que se acabaron las vísperas. Allí también estaba cuando le comunicaron la pérdida de la Armada invencible, pero Felipe II siempre sereno, no dijo más que estas palabras: "Yo no envié mis buques a combatir con las tempestades, sino con los ingleses". conocía profundamente à los hombres, y poseía altas dotes administrativas. Era menos, mucho menos que su padre el famoso Carlos V; pero fue más, mucho más que sus descendientes. ¡Carlos I el Grande y Carlos II el Hechizado: he aquí el principio y el fin de la dinastía austriaca: la epopeya acabando en sainete! Juan Bautista de

El alma de Carlos V no la heredó Felipe II; fue vaciada en su hijo natural don Juan de Austria, que murió a los 33 años, víctima probablemente de su celoso hermano. El fanatismo de Felipe II rayó en barbarie: parece que el fin de su vida era ahoga en sangre II à todos los herejes. Acostumbraba a decir: Prefiero perder los súbditos a gobernar sobre herejes. El duque de Alba y la Inquisición servían admirablemente a sus designios. En sus dominios había 312.000 sacerdotes seculares; 200.000 eclesiásticos del orden medio y 400.000 frailes. ¡Qué horror!

Ese sombrío Monarca ha dejado escrito su nombre con inmensas charcas de sangre, y se le acusa de crímenes horribles, tales como la muerte de su hijo el príncipe don Carlos, y de su esposa la bella Isabel de Valois. Refiriéndose a estas víctimas, dice Quintana:

> "Entre sus manos frías
> Se miraba la copa envenenada,
> Que terminó sus días,
> Y el príncipe en las suyas agitando
> Un sangriento dogal, con faz terrible
> A su bárbaro padre atormentaba".

Siempre que se recuerden las sangrientas ejecuciones de Aragón, Flandes y Portugal, y los nombres de Lanuza, Juan de Austria, Horn y Egmont, será justamente escarnecida la memoria de Felipe II. Siempre que se recuerde al Duque de Alba que estableció el consejo de los Tumultos 6 sea el Tribunal de la sangre; al Duque de Alba al dar cuenta al rey de la toma de la heroica Harlem, le decía he escrito á don Fadrique no me deje hombre á vida y de los alemanes las cabezas, no puede menos de execrarse la memoria de tales monstruos. A Juan de Lanuza lo mandó matar Felipe II con esta simple orden: Prenderéis a don Juan de Lanuza, y hacedle luego cortar la cabeza. Con razón dice Cabrera que su risa y su cuchilla eran afines. Al pie de la letra cumplía la máxima de José II, de que el fuego de in rebelión solo puede apagarse con sangre

Escobedo fue otra víctima inmolada por él; lo mandó a asesinar en las calles de Madrid. Este suceso nos trae a la memoria a Antonio

Pérez y a Ana de Mendoza, que tan importante papel desempeñaron en esa época terrible.

La princesa de Éboli fue amada por Felipe II apasionadamente. Era tuerta, pero su belleza, su carácter y demás prendas morales, la hacían encantadora. El dulcísimo Arolas, refiriéndose al defecto de 19 11 la hermosa princesa, dice con inimitable gracia y delicada gentileza:

> "Un párpado levantado
> Mostraba negra pupila,
> Que con su fuego aniquila
> Cuanto una vez ha mirado;
> Y el otro cubre, caído,
> Como renda bien hechora
> La pupila matadora
> Que cerrada se ha dormido".

Antonio Pérez, ministro de Felipe II, era ciegamente amado doña Ana. Sus amores llegaron hasta el descaro, tanto que una vez fueron cogidos infraganti por Escobedo. Como éste era secretario de don Juan de Austria, Antonio Pérez para deshacerse de él, explotó tal circunstancia, hasta que obtuvo del Monarca orden terminante para matarlo, como mejor le pareciese. Cuando Felipe II averiguó la mala pasada que le habían jugado su querida y su ministro, se ensañó contra la princesa, la mandó prender y trasladar á la fortaleza de Pinto.

La bella prisionera continuaba profundamente enamorada de Antonio Pérez, y Felipe II profundamente enamorado de la bella prisionera; le ofreció la libertad, volverla á sus Estados y á su gracia siempre que le diese palabra de caballero (así se la pidió siendo señora) de no continuar más, ni jamás sus relaciones con Antonio Pérez: aquella le contestó de una manera poco satisfactoria, tornando por eso el celoso Monarca, como dijo Pérez, á dormirse en su letargia de venganza y desconfianza a naturales.

Darán eterno lustre al reinado de Felipe II los nombres del vencedor de Lepanto, de Santa Cruz, Farnecio, Cervantes, Herrera, Mariana, Fray Luis de Granada y Fray Luis de León. De este ser, que duramente perseguido por su traducción en romance del "Cantar de los Cantares" y por la cual estuvo en las cárceles de la Inquisición cinco años, era tal su virtud que nunca se le oyó exhalar la menor que. Catedrático de Sagrada Escritura cuando le prendieron, el día en que recuperó la libertad y volvió á sus explicaciones, para demostrar su entero olvido de lo pasado, empezó con estas palabras: "Decíamos ayer"… Esta frase ha sido calificada de sublime por los literatos.

No puede omitirse hablar del Escorial al tratarse de Felipe II. En memoria de la batalla de San Quintín, que tuvo lugar el 10 de agosto de 1557, Felipe II hizo el voto de elevar al Dios de los ejércitos un templo magnífico y suntuoso. Cumplió su voto, y levantó el Escorial, bajo la advocación de San Lorenzo. Llámase á este monumento la octava maravilla del mundo; su construcción duró diez y nueve años; fue empezada en 1563 por el arquitecto Juan Bautista de Toledo, y concluida en 1582 por su discípulo el célebre Juan de Herrera. En el Escorial dejó Felipe II impreso su, carácter, un espíritu su y su genio adusto y religioso.

En ese espléndido monasterio, templo y palacio, murió Felipe II á los 71 años. Aguardó la muerte con rostro sereno y expiró tranquilamente, como si fuera insensible hasta en esos últimos y supremos instantes, y esto que, como dice Lafuente, con dificultad príncipe alguno, habrá sufrido al dejar esta vida de peregrinación enfermedades más horribles, padecimientos más crueles, dolores más agudos, tormentos más vivos y situación más angustiosa y miserable. Antes de morir expresó una gran verdad. Llamó a su hijo, y al verlo exclamó: "He querido, hijo mío, que os hallarais presente en este acto, para que veáis en qué para todo".

Al principio de un reinado Felipe II quiso e intentó casarse con Isabel de Inglaterra; al requerirla le manifestó que contaba con la dispensa del Papa. Ella contestó: que pensaba estar sin casarse, porque tenía mucho escrúpulo en lo de la dispensa del Papa. La imaginación no puede idear los sucesos que habrían tenido lugar en el mundo que ase do con la unión de esos célebres tipos, y los monstruos a quienes hubieran dado vida. ¡Felipe II unido a Isabel de Inglaterra, la, sino a María Estuardo, a los diez y ocho años de tenerla en dura prisión, sólo porque era más hermosa! La Providencia no quiso que tal matrimonio se efectuase, librando así a la tierra de tan abominable pavorosa unión.

Pero quédense los muertos en sus sepulcros, y volvamos nosotros a nuestro cuento.

¿Cuál es la tradición de la cruz que encontramos en el camino? Hela aquí: objetos regalados por Felipe II á Santa Lu como hemos dicho, un Cristo que à la verdad es una regular, era obra de escultura. Tal imagen como venida de rey, cobró desde su llegada gran celebridad y de por fuerza tenía que ser milagrosa. Los prodigios que el Cristo hacía esparcieron la fama por todos los ámbitos de la provincia, y aún más allá, pues se cuenta que hasta do de México han venido en romería. Los enfermos que curó, los náufragos que salvó, etc., etc., venían ellos á sus deudos a visitar al Señor, trayéndole pingües ofrendas El Cristo de Santa Lucía, era dueño de haciendas y de cuantiosos bienes de fortuna: tal vez en sus buenos en sus 100 mil duros. En la iglesia del pueblo se conservan muchas estampas y amuletos que forman los trofeos del Señor. Hay un atril de plata donde hemos visto estación: "Devoción de Nicolás Navas-Año de 1799". El tal Navas, según se cuenta, regaló al Señor tan valioso mueble, porque debido esta inscripción a ser devoto del Cristo, se encontró una mina riquísima, cuya fama y nombre se conserva todavía.

Imagen de tanto valor y de tanto poder para hacer milagros, era natural que despertase vehementes deseos de poseerla. Inspirados en ese interés, dícese que los vecinos de Tegucigalpa (ellos habían de ser) dieron en la treta de traerse a la ciudad el Cristo de Santa Lucía. Pusieron mano a la obra y comenzaron trayendo prestada la imagen con la buena intención de quedarse con ella la vez menos pensada.

Fueron al fin a poner en práctica su premeditado plan, y alegres venían ya, y como en triunfo, sin saber la mala jugada que les prepa raba el Cristo. Una legua próximamente había andado cuando tuvieron que pararse; el Cristo se había vuelto tan inmensamente pesado, que no podían moverlo: sólo tomaba su natural peso cuando retrocedían con él. En la imposibilidad de llenar sus deseos, los conductores mohinos tuvieron que volver el Cristo á su lugar. Los de Santa Lucía contentos con el amor que les demostraba el santo, y del chasco que habían sufrido los Tegucigalpenses, hacinaron en el sitio de la milagrosa hazaña, un montón de piedras, y en su cima pusieron In Cruz que de tiempo en tiempo renovada, se encuentra hasta hoy en el lugar que ya hemos dicho.

Tal es la tradición y no tenemos más que añadir, sino que la fe en el Cristo de Santa Lucia se conserva viva en nuestros pueblos y que sus milagros pasan de boca en boca como verdades inconcusas que no necesitan demostraciones.

La noche se pasa muy bien en Santa Lucía y más cuando uno es huésped de Hermenegildo Díaz que tan amablemente hace los honores de su casa. Las mañanas generalmente son frías y destempladas, pero al salir el sol, bien puede emprenderse de nuevo el camino. La montaña que divide á Santa Lucía del Valle de los Ángeles, es la más agria y elevada del camino, pero apenas se fija uno en esto, yendo distraído con la vista en aquellos espléndidos panoramas. Toda la montaña está cubierta de pinares corpulentos y gallardísimos: los más viejos cubiertos de cenicientas parásitas, parecen aquellos gigantes de los cuentos orientales que arrastran sus largas barbas y luengos cabellos empapades en la nieve de los tiempos. El aire que se respira en aquellas alturas es purísimo y está impregnado del olor penetrante y resinoso de los pinares. El viento, ya sea fuerte ó sosegado, forma al pasar entre el follaje de esos bosques seculares, lo que nosotros llamamos, las armonías de la montaña. Tanta belleza hace que aquel camino, que cruza por elevadas cimas y al borde de profundos despeñaderos, se pase casi sin sentirlo y con el espíritu enajenado.

Al descender la montaña se divisa el pueblo y casi todo el Valle de los Ángeles. La vista se recrea en aquella naturaleza espléndida y sonriente. El panorama es encantador; vastos horizontes se confunden ó se desvanecen entre el verde oscuro de lejanos pinares y el zafirino azul de un cielo limpio, sereno y brillante. El Valle es bastante extenso y está rodeado de hermosas montadas. Es El pueblo lo forma en su mayor parte una larga calle. Desde la altura se ven las casas blancas y coquetas entre bosques de altos y corpulentos naranjos, que en la primavera perfuman el Valle con el delicioso aroma de sus azahares.

El Valle de los Ángeles se llamó en otro tiempo el "Cimarrón", feo nombre que hizo célebre en sus villancicos la fácil y volteriana musa de nuestro inolvidable padre Reyes. Tal es el poder del genio:
por donde pasa deja rayos de luz inextinguibles. Un obispo fue el que dio á ese lugar el nombre que hoy lleva de Valle de los Ángeles. Si los hubiera no dudamos que habitarían aquella mansión deliciosa

para vagar a su placer entre aquellos poéticos bosques de pinares, y por aquellas verdes campiñas cruzadas en todas direcciones por corrientes cristalinas y bulliciosas.

El clima del Valle de los Ángeles y sus aguas, son notables. Allí se goza de una temperatura pareja: fresca y constante brisa bate a todas horas cargadas de perfumes y oxígeno. El agua es pura, clara, y sumamente agradable. La quebrada del agua Dulce nace á poca distancia de la población, de dos vertientes, y pasa límpida por un lecho de arenas doradas. Bañarse en ellas es uno de los más gratos placeres que pueden disfrutarse en el Valle de los Ángeles: la frescura de aquella agua es deleitosa, tiene un no sé qué de particular que la hace à todas horas agradable y convidadora.

Pobre aldea era el Valle hará 19 años. Un incidente casual fue el que la sacó de la oscuridad, y el origen de la importancia que hoy tiene. Un niño hijo de un labrador, que estaba haciendo sus siembras en la montaña de la Marranera, jugaba cierto día fabricando una pequeña casa: para clavar uno de los horconcitos, el niño hizo un hoyo, de donde sacó unas piedras que llevó á su padre diciendo con sorpresa infantil: "Me he hallado una mina". El padre una vez que vino al "Cimarrón" trajo las piedras y se las mostró á cierto conocedor de metales, quien después de examinadas, le dijo: "Nada vale esto", y las arrojó al camino, preguntando simplemente dónde habían sido encontradas.

El inteligente fue después al lugar de donde procedían dichas piedras y sacó una cantidad de brozas cuyo ensayo lo dio magníficos le resultados: entonces denunció la mina. Tras ese descubrimiento vinieron otros, habiendo sido algunos verdaderamente notables y productivos; pero debe consignarse que el pequeño Lippershey del Cimarrón, ni su padre recibieron beneficio alguno de la riqueza cuyo descubrimiento ocasionaron. ¡Qué caprichos tiene la fortuna!

El Valle de los Ángeles puede ser el asiento de una gran ciudad. Su clima es tan sano, que allí son raras las enfermedades y sí muy comunes los casos de longevidad: no es extraño ver ancianos de 80 ó 100 años todavía con toda la fuerza de la virilidad. Ahí se duerme deliciosamente, mecido y besado por esas imágenes transparentes y vaporosas que los ángeles del sueño derraman en la mente, como para hacernos esperar un mundo mejor. Un hijo de los Estados Unidos estaba sentado en la puerta de su casa en una noche de luna, aspirando de su casa en una noche de lana, aquel aire vivificante, y contemplando aquel cielo diáfano y sereno: de pronto, como si respondiera a una pregunta interior, exclamó. "Si Dios me diera el poder de hacer el mejor clima del mundo, yo no podría hacerlo mejor que éste".

A todos los extranjeros que han visitado el Valle de los Ángeles hemos oído hacer entusiastas elogios de su atmosfera y de sus bellezas naturales. El agua puede llevarse para riego por todas partes y como el clima es tan favorable, aquella tierra puede producir las flores y las frutas todas de las zonas templadas. El terreno es extenso y casi plano; así es que como hemos dicho ya, puede asentarse en el Valle una población feliz, rica y próspera. A este lugar dotado tan pródigamente por la naturaleza, debe estarle reservado un gran destino en lo porvenir.

En el Valle de los Ángeles todo sonríe, todo respira vida y placer; nosotros tenemos por él inmensa gratitud. Allí hemos pasado días de satisfacción y contento en casa de Alberto Smith, caballero amable, obsequiosísimo, y tipo del verdadero trabajador. Cuando se tiene la fortuna que nosotros tuvimos, de estar en compañía de amigos del corazón y de la idea, de talentos floridos y artistas entusiastas. no puede desearse más, la dicha es completa.

Nosotros solo recordamos haber pasado días tan gratos allá en la antigua capital de Guatemala; en aquella tierra de encantos, guardada por inmensos volcanes; en aquella ciudad de las ruinas y de las tradiciones, sembrada de carmines floridos y arrullada por los murmurios melancólicos del Pensativo…; ¡Oh memoria, memoria, qué bien mereces aquel apóstrofe de la Avellaneda!

¿Serás del alma eterna compañera
Tenaz memoria de veloz ventura?
Si el bien pasó cual ráfaga ligera,
¿Por qué el recuerdo inalterable dura?

¡Oh memoria, memoria, tú eres como la vida, que el hombre ignora todavía, si es un bien ó un mal! ¡Miseria humana!

Tegucigalpa: marzo-1881.

CABAÑITAS

I

El paisaje del Cerro de Hule es el más pintoresco que se contempla en esta antigua ciudad, á la que los aborígenes dieron el significativo nombre de Teguzgalpa ó sea Cerro de Plata. Desde el gracioso corredor, que mira al río, de la casa histórica que habitamos, se domina la perspectiva que se extiende hacia el lado del Sur, y que acaba en el frío Cerro de Hule, último término del horizonte visible de los hijos de este pueblo. ¡Cuántos viven y morirán sin traspasar los estrechos lindes de ese horizonte!

Aparte el llano del Potrero, lo demás es terreno quebrado, que va elevándose gradualmente. Vecina al Cerro de Hule corre una pequeña cordillera de cerritos, truncados atajos. Esos conos decapitados parece que forman la corte del hermoso Cerro de Hule. Tal fenómeno no puede tener otro origen que una revolución geológica. La constitución mineral, agria y montañosa del país, es un indicio de montañosa La que el territorio hondureño, aunque no aparecen en él volcanes, ni aun extintos, fue teatro de terribles sacudidas plutónicas; pero esto debe haber ocurrido en épocas muy lejanas, porque no se encuentran rastros recientes de volcánicas erupciones.

El panorama siempre es lindísimo. Los juegos de colores que, en suaves y varios tintes, doran la cumbre del Cerro al nacer el día y a las melancólicas horas del crepúsculo de la tarde, sólo puede formarlos el mágico pincel de la naturaleza, la Luz, expresión, vida y alegría del universo. Cuando la tempestad se desencadena, el Cerro de Hule tiene un aspecto sañudo, envuelto en negras nubes, erizado de rayos, y alumbrado por relámpagos. ¡Qué bello es contemplarlo así, y escuchar al mismo tiempo el estruendo del Río Grande, hinchado y majestuoso arrastra, para estrellarlos contra los arcos del puente, los árboles de la montaña, descuajados por su fuerza devastadora! Las verdes y corpulentas ceibas, que se levantan á lo largo de la margen izquierda del río, se estremecen y se inclinan al paso triunfal de su embravecido señor. En las noches primaverales, el Cerro de Hule es una gigantesca sombra coronada de refulgentes estrellas. Alumbrado por la amarillenta luz de la luna, en las altas horas de la noche, cuando apenas se vislumbra una que otra fosforescente luz de moribundo fogón, y apenas se oye ladrar al perro soñoliento, y correr, mansamente, las linfas murmuradoras del río, el cuadro es triste y convida á la meditación. Entonces los intrincados problemas de la vida y de nuestro destino se presentan como aterradoras esfinges, y tras inútil batalla, el alma desfallece, impotente, rendida y desconsolada, porque no puede penetrar los grandes y profundos misterios de la creación.

El Cerro de Hule es el campo de guerra de los vientos Sur y Norte: ahí libran sus combates enfurecidos y bramadores. De la cumbre, en los días serenos, se divisan la hermosa Bahía de Fonseca, y la inmensa llanura líquida, el mar, el abismo sin fondo, el desierto espantoso, la barrera infranqueable para los antiguos; y para los modernos el mundo. maravilloso que la ciencia ha sondeado hasta en sus senos más profundos, el centro de vida poblado de admirables organismos, lleno de tesoros, exuberante en bellezas y armonías, y el lazo más estrecho de unión entre los pueblos. Grande es el mar, pero está sobre él algo más grande todavía, algo sublime, el espacio infinito y eterno; así como sobre las miserias de la vida, sobre la desconsoladora realidad, están el ideal divino y las aspiraciones inmortales del linaje humano.

Al poniente del Cerro de Hule, está situado, entre pinares, el pequeño pueblo de Ojojona, de fresco clima, de aguas deliciosas, de casas blancas y vista pintoresca. Ahí nació Demetrio Aguilar, hará cuarenta años el 22 de este diciembre: ahí nació ese hijo del pueblo, héroe modesto del episodio que, en estas pobres páginas, nos proponemos relatar.

II

Inocente González, dómine de Ojojona en aquella época, dio a Demetrio Aguilar, cuando estaba en la escuela, el sobrenombre de *CABAÑITAS*, a causa de su carácter inquieto y peleador, y de su pequeña estatura. Después de haber aprendí la cartilla de San Juan y el Ripalda, se dedicó Aguilar al oficio de herrero. Su honradez y laboriosidad, conquistárosle el afecto del vecindario; pero no fue generalmente conocido sino hasta el año de 1873, en que se verificó el suceso que verdaderamente lo ha hecho acreedor al sobrenombre honroso de *CABAÑITAS.*

Aciagos años fueron para la República los de 1872 y 1873: una época terrible en nuestra dolorosa historia. La guerra civil encendía todos los ámbitos del país con su flamígera tea: las pasiones infernales desencadenadas, sembraban por todas partes el exterminio y el espanto: los genios del mal revoloteaban en el oscuro horizonte, como fatídicas aves nocturnas: y, entretanto, la patria se retorcía de dolor, y en vano, con lágrimas en los ojos, demandaba piedad a sus ingratos hijos, y a su implacable y cruelísimo destino.

¡Qué triste es recordar las épocas sombrías de nuestra historia nacional, Pero reflexionemos, ¡siquiera sea de paso! ¿Sucede algo en la vida de los pueblos que sea el resulta lo ineludible de sus virtudes ó de sus errores? ¿Hay desgracias que no puedan explicarse por la conducta buena ó mala de los hombres? No: la historia, enseña la lógica de los hechos y su encadenamiento necesario: la semilla que se siembra es la que germina: los infortunios son la consecuencia de las faltas de cordura y de patriotismo. El que siembra cientos recogerá tempestades. Los hombres son los culpables. Sólo la patria, aunque mártir, es siempre inocente. ¡Bendita sea la patria!

III

El vandalismo más odioso y desenfrenado asolaba, en la época á que nos referimos, los departamentos del Sur de la República. Gavillas de bandidas asaltaban los indefensos pueblos saciando en ellos sus instintos feroces y criminales. Aquello era la anarquía, arrastrando al país, precipitadamente, al primitivo estado de barbarie.

Ojojona, como todas las demás poblaciones, vivía temblando, amagada por diversas partidas de facciones. Pueblo honrado y laborioso, era el blanco de las irás de todos los malvados.

Demetrio Aguilar, ó sea CABAÑITAS, como le dicen pueblo, y como nosotros seguiremos nombrándole, desempeñaba en 1873 el Juzgado de Paz. Por esto, mortalmente lo odiaban los bandidos.

¡Difícil tarea la de impartir justicia en aquellas épocas turbulentas! Temis avergonzada se remonta al cielo, cuando la fiebre del crimen se apodera del espíritu de los hombres, y se enciende la guerra civil, y corre a torrentes la sangre de hermanos.

Había pasado ya el día de Ceniza: era como el 27 de febrero. Aunque llenos de pavor, los ojojonas estaban de fiesta, ocupados en mandar su santo Patrón, San Sebastián, á recibir a Santiago, Patrón de Lepaterique, como de antiguo tienen de hacerlo por religiosa usanza. Ojojona y Lepaterique no interrumpían su fiesta de amistad, á de aquella situación en que soplaban vientos encontrados, y pesar en que todo era odios y discordias.

Los pueblos de Ojojona y Lepaterique tienen una fiesta tradicional cuyo origen se ha perdido en la noche de los tiempos. Lo probable es que esos pueblos indígenas, deben haberse profesado, en época lejana, mortal enemiga y que, cansados de luchar, y a favor tal vez de alguna buena inspiración piadosa, hicieron pacto de concordia y unión, y lo simbolizaron con la festividad que vamos a describir, pidiendo se nos perdonó esta digresión, acaso inoportuna.

Aquellos pueblos, como hemos manifestado, se hallan, por la tradición, unidos para celebrar la fiesta de sus Patrones: el primero celebra San Sebastián, en febrero, y el segundo, al Apóstol Santiago, en agosto. Tu mes antes del tiempo de la celebración se reúnen el vecindario y la Municipalidad a tratar de la fiesta y de la invitación. Unánimes resuelven estar todos listos con las limosnas y servicios personales que sean necesarios. Acto continuo escriben una nota al pueblo amigo, en términos muy amables y corteses, rogándole se sirva asistir á la festividad, trayendo consigo la imagen con las correspondientes insignias de adoración, y las demás diversiones acostumbradas. Ese billete, como ellos le nombran, lo firman todos los concurrentes y lo lleva una comisión compuesta de seis ó siete personas. Juntas llegan éstas al pueblo convidado, donde de toda ceremonia las notables. En pie, y antes de darse las manos, el más avisado de la comisión, dirige el siguiente discurso, cuando es Lepaterique el que celebra la fiesta: "Hé, pues, señores Alcaldes, Regidores y Mayordomos del Señor San Sebastián, los hijos del Señor Santiago mandan el billete á convidar á los amados hijos de nuestro Padre San Sebastián, para hacer unidos los dos pueblos, la santísima función que nuestros padres nos dejaron para servir á Dios nuestro Señor. Hé, pues, nosotros, como Embajadores, ponemos el billete en manos de su honradas personas; y rogamos á esos divinos Patrones que nos den licencia de llegar á aquel día dichoso, sin que sus personas pongan ninguna dificultad; yo quien nos juntó en este lugar de Dios, nos junte también en el reino de los cielos".

El Municipio convidado recibe el billete, y en el mismo estilo contesta por él un saludador: así llaman y a la persona anciana que eligen para tal fin. Concluida la ceremonia, se dan todas las manos muy contentas, y llevan á los embajadores, tambor. pitos, etc., á la casa que les tienen preparada para hospedarlos.

La Municipalidad invitada, en la misma forma y términos, contesta aceptando el billete de invitación. Mientras se llega el tiempo señalado, ambos pueblos están preparándose: el uno para marchar con el Patrón, insignias, etc., y el otro para recibir dignamente a su convidado.

El pueblo que convida manda el jueves, precisamente, al caporal y cargadores a traer al Patrón del pueblo convidado. Es tos llegan el viernes en la mañana a cierto lugar, desde donde se divisa el pueblo de Ojojona: allí queman cohetes, hasta que les contesta la Municipalidad de la misma manera, lo cual significa que no hay embarazo para que llegue la comitiva, que se compone del caporal, cargadores, de hombres, mujeres y muchachos de todas edades, que p en alegre grupo, y echando a volar infinidad de cohetes, llegan a don de los esperan la Municipalidad y junta de vecinos. El caporal, puesto en pie, dirige un *salutatorio,* á estilo del que hemos antes copiado.

Como a las once ó doce del día siguiente, el caporal y cargadores, y la Municipalidad y acompañamiento notable, parten con el Patrón, encajonado, al son atronador de recámaras, cohetes y repiques. Como a las cinco ó seis de la tarde, entran a la demarcación del pueblo convidador: en el lugar donde ponen una casita para colocar al Patrón lugar que viene, se halla la Municipalidad acompañada de lucida con el objeto de recibir al que llega. En pie la que recibe, dirige un, *salutatorio,* y la recibida otro, por medio del consabido saludador. Al concluir los discursos tocan las cajas y pitos de uno y otro pueblo, se saludan afablemente, se estrechan las manos, y no faltan quienes se den abrazos. Allí pasan toda la noche, distraídos con la música, en alegre compañía.

Al amanecer, después del chocolate, que obsequia el caporal, se dirigen al lugar que le nombran la Cofradía ó Recibimiento, donde está ya la Municipalidad que hace los honores, dispuesta a recibir en brazos al Patrón. Descansan al pie de una cruz, que hay en aquel lugar, y allí vuelven a dirigirse las dos Municipalidades sus acostumbrados *salutatorios.*

Continúan la marcha hasta el rancho del chilate, en donde se obsequia esta bebida a todos los acompañantes. Desde ese lugar ya van unidos los dos pueblos, y crece el alborozo hasta llegar a la Iglesia de Lepaterique, donde colocan al Patrón San Sebastián.

Al día siguiente las municipalidades y mayordomos, se ocupan en componer los Patrones colocándolos en andas. Como alta cortesía, la municipalidad de Ojojona adorna al Patrón de Lepaterique, y la de éste al de aquel pueblo. Compuestas las imágenes, las echan al atrio: cada pueblo rodea la suya, y en esa disposición, por medio à de personas expertas, las imágenes hacen ademanes de salutación y de recibimiento. Los estandartes y banderas también se saludan. En seguida ponen al par las dos imágenes y se dirigen otros salutatorios. Hecho lo cual, vuelven a colocar á los Patrones en la parte superior de la iglesia.

En la noche del sábado los mayordomos obsequian al pueblo convidado y á la mayor parte del convidador con refrescos y viandas. Después de esto viene el baile de moros i cristianos. Los primeros se visten con turbantes, llenos de listones y adornos churriguerescos que les cuelgan de la cabeza á las espaldas: los segundos llevan sólo un pañuelo debajo del sombrero, con las puntas echadas hacia atrás. Todos se arman de garrotes con los que ejecutan las partes del baile que los músicos tocan en las cajas y pitos. En el baile de Santiago, figura éste montado á caballo: dos negros enmascarados lo atacan, y, aunque con gran trabajo, Santiago se les escapa lo lazan y aparentan que tratan de venderlo, b monta á caballo y les da golpes, con una vejiga soplada, hasta rendir á los moros. Este acto es el que más aplauden los espectadores, porque significa el triunfo de los cristianos. Dichos pueblos tienen su especial baile, con el que mutuamente se obsequian cuando se visitan.

El domingo y lunes lo pasan celebrando la función de Iglesia: el martes se divierten con el juego de cañas, que ejecutan individuos montados de uno y otro pueblo: el miércoles corren gallos, ¿y es el día? de más alborozo, por las despedidas: el jueves regresan con la imagen visitante, casi en la misma forma, y pronunciando siempre sus consagradas salutaciones.

Con la celebración de esta festividad, los pueblos de Ojojona y Lepaterique se han mantenido siempre unidos, pero es de notarse que no obstante esa fraternidad, es rarísimo ver un enlace matrimonial entre los individuos de uno y otro pueblo. Sus vecinos se dan el tratamiento de paisanos, amigos y compadres. Ellos creen que á la devoción de sus Patronos deben su estado de moralidad, el no haberse mezclado en ninguna de las facciones pasadas, y la salvación providencial de Ojojona, el memorable 27 de febrero de 1873, en que fue invadida por una partida de facinerosos.

Nosotros creemos estar en el secreto, y que el verdadero salvador de Ojojona en esa ocasión, fue *CABAÑITAS* que supo cumplir con su deber, heroicamente.

IV

El 27 de febrero, como hemos dicho, Ojojona estaba de fiesta. En todas las escenas de la vida el placer a dura un instante: el fondo sobre que pasan nuestros días es oscuro y sombrío: el alimento del alma es el dolor. La fiesta se tornó en tragedia para los vecinos de Ojojona.

Diego Capón y Sancho García, capitaneaban una partida de facciosos, y habían jurado que entrarían á saco aquel pacífico pueblo. Los nombres de esos capitanes infundían terror, y justamente.

CABAÑITAS estaba en su casa, situada á orillas del pueblo hacia el lado de Santa Ana. Se ocupaba en componer unos machetes de labor. De improviso llega su tía, Francisca Aguilar, despavorida, temblando, y le dice: "La Municipalidad está presa en el Cabildo por los bandidos; huye, te buscan para asesinarte".

En efecto, una partida había llegado, y á estilo de algunos generales, fingiendo ser la descubierta de una gran fuerza, pedía 500 raciones. Apresó á los municipales, y estaba dueña del pueblo.

CABAÑITAS respondió a su tía: "No puedo irme, soy Juez, debo correr la misma suerte de mis compañeros". ¡Nobilísima respuesta! Toma su revolver, y en camiseta como estaba, cual valeroso gladiador, se ciñe al cinto una vieja daga de rifle, y con el bastón de autoridad en la mano izquierda, sale de la casa y se dirige al Cabildo. Encuentra en el camino a Francisco Banegas, a Luis González, y a un tal Funes que iban huyendo: los detiene y les pide auxilio. Obedecen, a pesar del miedo, porque Cabañitas tiene la voz de mando, y lo siguen. Al desembocar en la plaza, descubre a los principales bandidos recostados sobre sus cabalgaduras, al mismo tiempo vuelve la vista atrás y se encuentra solo: los individuos que lo acompañaban habían huido, creyendo la muerte segura. No obstante, el esforzado ánimo de *CABAÑITAS* no se amedrenta. Con voz clara y enérgica les grita: ¿Qué andan haciendo Uds., bandidos? Al verlo, éstos se montan, preparan sus rifles y le hacen fuego. Después se desmontan, creyéndolo víctima, y corren a atacarlo. Sancho García estaba armado de un revólver, Diego Capón, de espada; y otro negrito colochón muy guapo, cuyo nombre no se supo, tenía una daga y un rifle. Cercan a *CABAÑITAS*, y se traba encarnizada lucha: sólo se oye el ruido de terribles golpes, sólo se ve brotar la sangre, y abrirse tajos en la viva carne. *CABAÑITAS* recibe en el brazo izquierda tres balazos y cuatro machetazos, una puñalada en medio del pecho, una herida en la nariz, otro machetazo de á geme en la espalda, e innumerables golpes y heridas en la cabeza. Pero aun así, despedazado, tinto en sangre, heroico, se sostiene en pie. Al fin, Diego Capón cae mortalmente herido y al verlo en tierra, huyen todos los demás bandidos. Viendo terminado el combate, volvieron los del auxilio, echándola de guapos, como hacen muchos, cuando no había ya peligro. En la persecución fue muerto Sancho, y Juan Norberto mató al valiente negrito. Diego Capón murió á las pocas horas.

En tanto, *CABAÑITAS*, sin sentido, casi expirante, se recuesta en un escaño que estaba en el corredor de una casa próxima. Lo creían muerto. Pero los compañeros de Cabañitas estaban libres, y la población á salvo del saqueo y de la sangrienta saturnal que aquella noche preparaban los terribles facciosos. Para esto, había bastado que hubiese un hombre de honor que cumpliera con su deber. Tal es la justa gloria de *CABAÑITAS*.

Nuestro héroe fue traído a Tegucigalpa, donde lo volvieron a la vida el empeño y cuidados de nuestro amigo Francisco Cáceres, joven apreciable por las dotes de su inteligencia y de su corazón. Curado que fue, *CABAÑITAS* regreso a su pueblo a continuar sirviendo la judicatura de Paz.

Nosotros hemos tenido en nuestra sala, a nuestro lado, á *CABAÑITAS*, y al oírle referir con amable sencillez, esto episodio de su vida, nos hemos sentido llenos de aprecio y de entusiasmo por ese modesto y valeroso hijo del pueblo.

V

La hazaña de *CABAÑITAS,* que hemos relacionado, la juzgamos digna del gran Cabañas.

Este nombre inmortal trae à nuestra mente gratos recuerdos de las gloriosas épocas en que se batallaba por la libertad, tristes memorias de grandes caracteres que so fueron de la tierra para fijarse como fúlgidas estrellas en el cielo de la patria. ¡Qué gran figura la del General Cabañas! Honrado, modesto, noble, generoso, caballero sin tacha y sin miedo, a estilo de los de la Edad Media. He aquí las cualidades universalmente reconocidas, reconocidas hasta por el ogro Carrera, en el héroe de mil combates; en el firme sostén de las grandes ideas que surgieron desde la proclamación de la independencia hasta el año de 1839, en el mantenedor ilustro de la bandera nacional, hecha jirones por el bando conservador de Centro América. En Cabañas se observa un fenómeno rarísimo. Pocas glorias ciegas de la fuerza, abandona hasta a los héroes cuando la victoria se desencadena de su espada, triunfadora. Cabañas excitaba el mismo entusiasmo ya vencedor, ya vencido. Nuestro gran poeta Reyes marcó esta circunstancia en un magnífico verso: "Laurel de vencedor lleva aun vencido". Así le decía en una a composición notable: frase está muy más espiritual y elegante quedas célebre del glorioso vencido que tan en boga estuvo aplicada al Mariscal de Mac-Mahon.

El fenómeno que notamos tiene su explicación, a nuestro entender. Los pueblos recibían á Cabañas con arcos triunfales demostraciones de júbilo, aunque entrara derrotado, porque él siempre triunfaba, siempre vencía a todos en personal valor. Los pueblos recibían de esa manera á Cabañas, porque, aunque la suerte le fuese adversa, ésta era impotente, nada podía hacer contra las ideas que aquel representaba; es decir CONTRA LA LIBERTAD Y CONTRA LA NACIONALIDAD DE CENTROAMÉRICA. Las reacciones todas y los tiranos todos del mundo no pueden destruir la libertad, que es la vida del hombre, ni el destino de los pueblos decretado por la Providencia.

Cabañas en su última época, casi siempre fue derrotado. ¿Por qué, cuando en todo combate peleaba como todo un héroe? Cabañas perdía las batallas por la misma razón que Napoleón perdió en Waterloo; porque luchaba contra el cumplimiento de una ley histórica. La reacción tenía que venir fatalmente, pues el mundo marcha de acción reacción, pero siempre progresando.

La historia conservará el nombre de Cabañas como uno de los más puros y esclarecidos de los hijos de Centro América. Su memoria vivirá eternamente para ejemplo de consecuencia, de lealtad y de valor legendario.

El nombre de nuestro *CABAÑITAS* también debe vivir mientras haya quien, como nosotros, haga alto aprecio de los hechos heroicos que, sin esperar recompensa, llevan a cabo los humildes hijos del pueblo.

¡Inescrutable es el destino! Tal vez *CABAÑITAS* pudo haber sido un Cabañas, si hubiera tenido teatro. El pensamiento se abisma al reflexionar sobre los caprichos de la suerte. ¡Cuántos hijos del pueblo, teniendo en sí el poder de hacer grandes cosas, viven ignorados y mueren sin dejar más rastro en su vida, que una cruz! ¡Cuántos genios descenderán á la tumba desconocidos!; ¡Cuántas virtudes vivirán latentes como la chispa en el pedernal! Pero ¿quién sabe si esas almas viajeras pasarán á otros astros á brillar con la luz es propia, y que aquí no difundió sus resplandores? ¿Quién lo sabe?

El espíritu humano necesita adecuadas condiciones para desarrollarse. Por esto la enseñanza obligatoria, que proporciona á todas las clases sociales los medios de educar sus facultades, cambiará la faz del universo. Y si no, véase esa gran República donde el sastre y el leñador suben por los méritos de su educación, hasta la presidencia, ¡puesto eminente donde están equiparados con las soberbias testas coronadas de la vieja Europa!

Tal vez *CABAÑITAS* con escuela habría desarrollado las dotes de un gran General. Hasta nos lo hacen presumir su temperamento sanguíneo, su ojo pequeño, vivo y dominante, sombreado por espesa ceja, y su cabello negro y recio.

Nosotros lo que podemos afirmar es que, el 27 de febrero de 1873, se comportó como un héroe, y que la historia, si recoge de estas líneas el oscuro nombre de *CABAÑITAS*, dirá que en esa fecha cumplió como bueno con su deber, elevándose a las alturas sublimes del sacrificio que no pide ni espera recompensa. Así la historia lo hará justicia, ejerciendo su bello destino de glorificar el deber cumplido, el DEBER que en lo porvenir será la única ley, la única religión de la humanidad.

Tegucigalpa: diciembre de 1881.

¿DESEMBARCÓ

Cristóbal Colón en tierra firme del Continente Americano?

Valle de Ángeles: 27 de junio de 1882.

Señor don José Milla Guatemala.

Muy estimado don Pepe: —Aprovecho gustoso la oportunidad que me presenta el viaje a esa República de mi amigo y secretario, el señor Palma, para enviar a Ud. mis más afectuosos recuerdos, y hacerle una consulta histórica, que espero me resuelva, con su acostumbra da benevolencia.

Tenía el proyecto de crear un departamento en el litoral de la costa de Trujillo y ponerle este nombre, cuando comencé á leer su magnífica "Historia de las América Central", y me fijé en el párrafo 14 de agosto que se encuentra en la página 4., que dice así: "Continuando la navegación tocó la escuadrilla en tierra firme, el domingo 14 de agosto y habiendo desembarcado el Almirante con algunos de los que lo acompañaban, asistieron á la misa que se celebró aquel día por primera vez en el suelo centroamericano. Suceso digno de recordación, pues era el principio del establecimiento del nuevo culto que iba a sustituir a la falsa y sangrienta religión que por tantos siglos había dominado en esta sección del Nuevo Mundo. Aquel lugar que se llamó entonces punta de Caxinas es el mismo donde se estableció después el puerto de Trujillo.

En la excelente obra de Squier, reputado por gran americanista y anticuario, había también leído estas palabras: "En Honduras fue donde primero puso los pies Colón en el continente de América". Así dice en el capítulo IV sus "Apuntamientos sobre Centro América".

Las respetables autoridades de Ud. y de Mr. Squier, me sugirieron la idea de bautizar al nuevo departamento con el nombre de Colón, como un testimonio de gratitud a la memoria de este grande hombre, y para fijar el interesante recuerdo histórico del lugar donde había puesto por primera vez sus pies en el Continente americano el inmortal descubridor del Nuevo Mundo. La obra de Ud. ha creado en mí afición decidida a los estudios de nuestra antigua historia, y los he

56

abrazado con entusiasmo. En varios autores que he leído, no he encontrado el fundamento en que Ud., se apoya para decir, que el Almirante desembarcó en punta de Caxinas; y he aquí de donde han dimanado mis dudas sobre el particular, y la consulta que ahora me permito hacerle.

Colón, en su carta a los Reyes de España, en que les refiere cuanto lo aconteció en su cuarto y último viaje, no hace ninguna referencia á su desembarco en punta de Caxinas, y ni aun mienta este nombre. Diego de Porras en su relación datada á 7 de noviembre de 1504, después de relatar el descubrimiento de la Guanaja, dice: "De esta isla pareció otra tierra muy alta y cercana (la costa de Trujillo), fue á ella por el Sur; estará de esta isla diez leguas: de aquí so tomó un indio para llevar por lengua a esta tierra grande e este dijo algunos nombres de provincia de esta tierra: tomó puerto al cual nombró el Almirante la punta de Caxinas (punta Castilla y puerto hoy de Trujillo)". Este relator tampoco habla del desembarco de Colón en ese lugar. Al pasar por allí estaba el Almirante en situación tan lastimosa que lo obligaba hasta mandar desde su lecho de dolor el derrotero.

Él mismo dice: "Yo había adolecido y llegado fartas veces a la muerte. De una camarilla, que yo mandé hacer sobre cubierta, mandaba la vía". Razón es esta para creer que Colón no estaba entonces para desembarcos.

Herrera, en el capítulo 6°., década 1ª., dice: "Salió domingo á 14 de agosto el Adelantado con mucha gente de los navíos á oír misa, etc., etc.". Nada dice del Almirante.

Washington Irving, en el capítulo 2.°, Libro 4., dice: "Al salir de Guanaja tomó al Sur para tierra firme y pocas horas de navegación, descubrió un cabo a que puso el nombre de Caxinas por esta cubierto de árboles frutales llamados así por los indios. En la actualidad se conoce con el nombre de Cabo de Honduras. En él desembarcó el Adelantado el domingo 14 de agosto con los capitanes y muchos marinos para oír misa, que se celebró solemnemente bajo los árboles de la costa, según la piadosa costumbre del Almirante, cuando las circunstancias lo permitían. El 17 desembarcó el Adelantado de nuevo en un río a quince millas del punto anterior, etc., asegura el desembarco fan. Etc. Etc". Irving asegura el desembarco del Adelantado, pero no del Almirante.

El Conde Roselly de Lorgues, en su obra titulada "Historia de la vida y viajes de Colón", dice en el capítulo 2°. del libro 4°. tomo 1.°:

"Desde la isla de Guanaja dirigióse el Almirante al Sur en busca de la tierra firme. Descubrió la cerca de un cabo cubierto de árboles que producían una especie de manzanas de hueso esponjoso, que los indígenas llamaban Caxinas, cuyo nombre siguió dándole. Así que lo hubo doblado, renovóse la tempestad. Frecuentes aguaceros y súbitas rachas de viento fatigaron de nuevo la escuadrilla. Sin embargo, el domingo 14 de agosto, víspera de la Asunción, detenido siempre el Almirante en su lecho, mandó que bajasen el Adelantado, el estado mayor y las tripulaciones para asistir al santo sacrificio que celebró el Padre Alejandro; pero no pudieron proceder a la toma de posesión, sino que fue preciso volver a las carabelas, y comenzar otra vez el combate contra los elementos. Finalmente, el 17 de agosto, en un breve espacio de calma, atracaron en tierra a quince leguas del cabo en las orillas de un río, y el Almirante dio orden de que tomasen posesión de la comarca en la forma acostumbrada, levantando una cruz grande. Por esta circunstancia dióse al río el nombre de Río de la Posesión".

Las autoridades citadas contradicen claramente el aserto de que Colón desembarcó, puso sus pies en punta de Caxinas, como lo afirman Ud. y Mr. Squier. Esta circunstancia ha incitado más mi deseo de saber en qué se apoyó Ud. para hacer esa afirmación; y ha llegado tal punto mi curiosidad, que no he vacilado en molestar la atención de Ud., suplicándole me diga los datos que ha tenido a la vista para asegurar el desembarco de Colón en el punto en que hoy está Trujillo. Para mi Colón tomó puerto en la Bahía de Trujillo, pero no desembarcó. Creo que se ha confundido al Adelantado, que fue el desembarcó, y tomándolo por el Almirante.

No habiendo desembarcado en punta de Caxinas, ni tampoco pisado el Continente cuando estuvo en el golfo de Paria, puesto que él mismo dice en una de sus cartas haberse negado a desembarcar entonces, resulta que Colón no puso sus plantas en la tierra firme del inmenso Continente que había descubierto. Punta de Caxinas y el golfo de Paria son los puntos sobre que más se ha contendido en la cuestión del desembarco. Negados éstos, no he hallado memoria de otro lugar del Continente en que Colón haya desembarcado.

Deseoso de esclarecer este punto histórico, suplico á Ud. se sirva darme sobre él su respetabilísima opinión.

Nadie mejor que Ud., que ha hecho tan profundos estudios de nuestra antigua historia, y que con tan claro talento mira en las oscuridades de nuestro pasado aborígenes y colonial, puede ilustrarme en esta materia, que es para mí tan difícil como interesante.

Esperando su respuesta, me es grato suscribirme de Ud., con la más distinguida consideración y aprecio, su atento, seguro servidor y amigo.

Tegucigalpa, 1. de octubre de 1882.

Señor don José Milla.—Guatemala.

Muy estimado amigo don Pepe: Su apreciable carta de 1º de agosto próximo pasado, que puso en mis manos el señor Palma, me ha ocasionado viva satisfacción.

Celebro mucho que U. esté de acuerdo conmigo, en la parte de mi carta anterior, que se refiere al supuesto desembarco de Colón en punta de Caxinas. Ciertamente, el Almirante no desembarcó en ese punto, y merece rectificarse este aserto histórico, diciéndose que fue el Adelantado.

Con referencia á la segunda parte de mi carta, me dice U. "Que no le parece exacto que el Almirante no haya desembarcado en el continente". En apoyo de esta aserción cita U. varias palabras de la carta que el Almirante dirigió á los Reyes Católicos el 7 de julio de 1503; y fundado en ellas, U. cree, *"probado de una manera innegable, el hecho de que si Colón no desembarcó personalmente en punta de Caxinas y río Tinto, por estar muy enfermo cuando toca en aquellos puntos, lo hizo muy pocos días después en un lugar más hacia el Sur, puesto que asegura haber visto una sepultura en el monte, y da razón de animales que no era fácil le llevaran á los buques".*

A pesar de la respetabilísima opinión de U., todavía insisto en creer, que el Almirante jamás desembarcó, nunca puso sus pies en la tierra firme del continente americano. Como juzgo interesante esta cuestión, voy a permitirme manifestar a los fundamentos de mi humilde parecer. Tal vez estudiando, dilucidando más este punto histórico, lleguemos a ponernos de acuerdo, o yo a convencerme de mi error. Ruégole, si, disimule U. que sea, en esta carta, hasta prolijo, y que siga paso á paso al Almirante en sus heroicos viajes, por las costas del nuero continente. Empeñado como estoy en cesta discusión, no podría salir avante de otra manera.

Precisamente el cuarto viaje de Colón, que es en el que desembarcó, poco más o menos en la costa de Nicaragua, pasado ya el cabo "Gracias a Dios" y el río "Yare", es uno de los viajes marítimos que tiene más datos, más garantías históricas, que ninguno otro de esa época fecunda en descubrimientos. Comprueban ese viaje los documentos siguientes: La carta citada de Colón fecha 7 de julio de 1503: la Historia escrita por don Fernando Colon, que acompañó en ese viaje al Almirante, su padre: el Resumen escrito por Diego Méndez; y las Notas y el Diario del Notario Real, Diego de Porras. Documentos históricos de tal importancia esclarecen suficientemente los sucesos del cuarto viaje de Colón, y su examen crítico puede resolvernos la cuestión que tratamos del desembarco.

Según los historiadores que he podido consultar, el Almirante, después de haber tomado puerto en punta de Caxinas, navegó hacia el levante, y el 17 de agosto de 1502, aprovechando un momento de calma, ligera tregua en la continua tempestad en que navegaba, dio orden de que atracaran en las orillas de un río y que, en la forma de costumbre, tomasen posesión de aquella comarca. Al río le llamó de la Posesión, hoy río Tinto. Ud. dice en la página 5ª de "A unas quince leguas de la punta de Caxinas desemboca en el golfo un río caudaloso (el Tinto) por el cual subieron los botes, y habiendo bajado a tierra el Almirante, con parte de su gente, enarboló el 17 de agosto el real estandarte de Castilla y tomó posesión del país en nombre de los soberanos españoles. A mi entender, el Almirante no desembarcó en el río de la Posesión. Irving dice: "El 17 desembarcó el Adelantado de nuevo en un río a quince millas del punto anterior y desplegando las banderas de Castilla tomó posesión, etc. Etc". Herrera dice también: "Salió domingo á catorce de agosto el adelantado con mucha gente de los navíos a oír misa porque siempre que podían usaban salir a oírla, y á encomendarse a Dios, y el miércoles siguiente volvió a salir para tomar la posesión por los Reyes de Castilla…". Diego de

Porras dice: "15 leguas adelante de esta punta hicieron tomar la posesión en un río que salía grande de la tierra alta, ó dícese el río de la Posesión". Colón en su carta no habla sobre ese particular. Yo creo que al decir que el Almirante desembarcó en el rio Tinto se incurre en la misma equivocación del desembarcó en punta de Caxinas, y que debe rectificarse, diciéndose que fue el Adelantado el que desembarcó en el río Tinto. Por lo que U. me manifiesta, veo que también U. tiene ya esta misma opinión.

Continuó su viajó el Almirante hasta llegar al gran cabo de "Gracias a Dios" el 12 de septiembre. Pasado que lo hubo, mandó río. Las carabelas se detuvieron en la desembocadura y los botes de la Capitana y la Vizcaína remontaron el río para traer dichas provisiones. Un golpe de mar, que entró repentinamente, causó la pérdida completa del bote de la vizcaína y de su tripulación. Impresionado tristemente el Almirante por tal desgracia, llamó al río el Desastre.

El 17 de septiembre encontró Colón un magnífico puerto situado entre la pequeña isla de Quiribirí y la tierra firme, al frente de la aldea dicha Cariari ó Cariay como la llaman Colón y Diego de Porras. Esta aldea estaba a la orilla de un gran río: hay autor que fija su posición en los lugares donde hoy están Blewfield ó San Juan de Nicaragua. La naturaleza espléndida de aquella región y el adelanto que se notaba en sus habitantes, impresionaron agradablemente al Almirante. Desde que llegó comenzó a reparar sus naves, y por esto, ese día y el siguiente nadie saltó a tierra. Los indios de Cariay, nadando, llevaban a las carabelas mantas de algodón, armas, águilas de oro....á proponer en cambio a los castellanos. Colón no concedió permiso para ir a tierra, sino hasta el miércoles por la mañana, 29 de septiembre. El 30 desembarcó el Adelantado para informarse del país, y entonces aconteció, que al ver los indios al Secretario de la escuadra escribir las contestaciones que ellos daban a don Bartolomé, cobraron miedo y huyeron, pensando que el papel, la pluma y la tinta del Secretario eran cosas de hechicería y de maleficio.

Hasta en sus más pequeños incidentes está relatado lo acontecido durante la permanencia de la escuadra en Cariari ó Cariay. Los cronistas refieren el acto de delicadeza de los indios de esa aldea cuando rechazaron los regalos que les había hecho Colón, porque éste no había aceptado los suyos, y el episodio de las dos muchachas que, como rehenes, enviaron los indios á las carabelas. Cuentan también que los habitantes de Caria y practicaban el embalsamamiento, construían sepulcros adornados de esculturas y hasta con figuras humanas, representando la imagen de los difuntos.

Si Colón hubiera desembarcado en Cariay, lo habrían consignado los cronistas, como un suceso más digno de nota que el desembarco del Adelantado, que refieren hasta en sus más insignificantes pormenores.

El Almirante dice en su carta, que llegó *á tierra de Cariay donde se detuvo a remediar los navíos y bastimentos y dar tiempo á la gente que venía muy enferma.* Más adelante, después de referir el episodio de las muchachas que le enviaron los indios, y de decir que ellas traían *polvos de hechizos escondidos* dice así*: "Allí vide una sepultura en el monte, grande como una casa y labrada y el cuerpo descubierto y mirando en ella".* Este aserto no es de extrañarse: estaban carenando las carabelas, y para hacerlo, deben haberlas aproximado mucho á la orilla: estando así, desde su navío, bien pudo el Almirante ver un mausoleo que era grande como una casa.

De muchas maneras de animalías se hubo, dice Colón, mas todos De mueren de barra. Gallings muy grandes y la pluma como lana vide hartas. Leones, ciervos, corzos otro tanto, y así aves. Y continúa: Cuando yo andaba por aquella mar en fuliga, en algunos se puso he rejía que estábamos enfechizados... Diego de Porras explica cómo fue que vieron las aves á que alude el Almirante. El escribano real dice que Colón llegó á una provincia que se llama Cariay, tierra de muy grande altura... "Aquí, afirma, viemos puercos y gatos grandes monteses É LOS TRAJERON A LOS NAVÍOS".

Según el testimonio de don Diego de Porras, Colón debe haber visto los animales á que se refiere estando á bordo y no en tierra. Además, el Almirante dice, "Cuando yo andaba por aquella MAR EN FATIGA. Nunca se refiere á viajes ni á fatigas en tierra.

Extraño parece que el Almirante diga haber visto leones. Puede haber visto pieles de esos animales, que es de suponerse le llevaran los indios, y lo más, aunque improbable siempre, algún león muerto, cazado por los españoles. De otra suerte, no se explica cómo fue que vió leones el Almirante. Habría podido verlos habiendo desembarcado, y que diera la casualidad de que en la aldea de Cariay tuvieran algún león enjaulado, lo cual parece inverosímil. Los leones se encuentran en las selvas solitarias y en las altas montañas: sólo en esos lugares pudo haberlos visto el Almirante. Si Colón hubiera desembarcado é internándose en una cacería, los cronistas habrían consignado el hecho con todos sus detalles. Pero esto no puede haber sido: Colón estaba entonces gravemente enfermo, cansadísimo de las grandes tempestades que había sufrido y ocupado en reparar las naves. No estaba en aquella sazón para desembarcos ni excursiones de montería; y por consiguiente, no pudo haber visto leones vivos, a no ser que se los hubieran llevado á los navíos.

Parece que el Almirante, á veces, da como vistos por él, objetos que deben haberle descrito, a su modo, los de la tripulación. En esa misma carta, "Un ballestero había herido una animalia que se parece á gato paul, salvo que es mucho más grande y el rostro de hombre". Nadie puede haber visto tal animal porque no existe ninguno con rostro de hombre. En varios pasajes de las cartas de Colón se nota que da por suyas observaciones hechas por otros. Por ejemplo; cuando refiere su viaje por el golfo de Pária, dice: "Y el otro día siguiente envié las barcas á sondear y fallé en el más bajo de la boca que había seis ó siete brazas de fondo, etc". Claro es que los que FALLARON esa profundidad fueron los que iban en las barcas y no el Almirante.

En Cariay, Colón mandó tomar algunos indios para llevarlos consigo y saber los secretos de la tierra. Tomaron a siete, y el Almirante se quedó con dos. A estos es que se refiere cuando dice: "Dos indios me llevaron á Carambará, a donde la gente anda desnuda y al cuello un espejo de oro…". Diego de Porras dice también: "Aquí (en Cariay) se tomaron indios para a lenguas é quedaron algo escandalizados." Pero es claro que los indios llevaron á Colón por mar, no por tierra: es decir, indicándole el rumbo de la costa donde se encontraba aquella tierra del oro, de la que le había hablado el indio Giumbé, de la Isla de Pinos.

Cuando Colón se quedó con los dos indígenas para que le sirvieran de guía y de intérpretes, fueron á pedírselos cuatro mensajeros llevando piedras preciosas y otros objetos de valor, como precio del rescate. Colón no devolvió los prisioneros. Los delegados regresaron descontentos, y viendo los indios que el regalo de pedrería no había producido resultado, ni el de muchachas tampoco, dispusieron irá ofrecer al Almirante dos puercos salvajes y muy feroces que llamaban *begares* ó sea *pecaris*, especie á que se refiere Cuvier en sus anotaciones al cuarto viaje de Colón. Este recibió los animales é hizo algunos regalos, pero no devolvió los indios prisioneros.

Llegó á Caraurao ó Carambarú, bahía magnífica con varias islas y canales. A este golfo encantador por lo pintoresco le llamaron también Cerabaro, y hoy se llama *Bahía del Almirante.* El 7 fueron las barcas a tierra firme e hicieron varios cambios de baratijas por espejos de oro que tenían los indios. Pasó en seguida la escuadra á Aburema, á Catibá, Hurirán y á Cubigá, distante como cuarenta leguas de Caraurao. El 2 de noviembre entró en Puerto Belo. Por las lluvias y el mal tiempo, el Almirante se estuvo allí siete días. El 9 de noviembre entró al puerto de "Nombre de Dios", que llamó también de Bastimentos o de las Provisiones. Siguió hacia el levante y llegó á una tierra llamada Cuiga o Guaigua. Continuó hasta llegar el 26 de noviembre al pequeño puerto del Retreto. Refiriéndose á las escaramuzas que provocaron allí los marineros, que sin licencia del Almirante saltaban á tierra, y cometían abusos en las casas de los indios, dice Herrera, que estos hasta se atrevieron á dar contra los navíos que, como estaban con el bordo en tierra, les parecía que podían hacer daño. Así deben haber estado los navíos de Colón cuando estuvo en Cariay, y esto hace presumir, que lo que vio en aquella aldea, fue desde los navíos y no en tierra. El Almirante iba siempre preocupado con la idea de encontrar el estrecho que él suponía, y seguía casi siempre la costa hasta en sus más insignificantes contornos y rodeos.

El Almirante salió del Retrete el 5 de diciembre y navegó hacia el Este, llegando a Puerto Belo. Al salir de allí le acometió tremenda tormenta, por lo que llamó á esa costa la de los Contrastes. En todo este tiempo no se habla de desembarcos. El Almirante estaba muy enfermo padeciendo de la gota y con una de sus antiguas heridas abierta. El 17 de diciembre logró entrar en un puerto estrecho, cerca del cual había un pequeño pueblo construido encima de árboles, El 6 de enero de 1503 entró la escuadra en el río Yebra, que llamó Colón "Belén". Se internó por ese río en busca de minas. El 12 de enero el Adelantado fue á subir con las barcas el río Veragua hasta el pueblo donde mandaba el cacique Quibian. Este pasó á Belén á visitar el Almirante, quien dice: "Llovió sin cesar hasta el 14 de febrero y no tuve ni una sola ocasión para penetrar en el interior de las tierras ni repararme de lo más mínimo". Sin embargo del mal tiempo, el Adelantado con 70 hombres subió el río de Veraguas y exploró las minas. Don Bartolomé, por orden de Colón, visitó también la costa de abajo y llegó al río llamado Urirá. Estuvo en el pueblo de Zobrabá, pasó á Catebá y regresó á dar cuenta al Almirante, informándole que no había mejor puesto, para poblar, que el río de Belén. Allí fue donde se intentó fundar el primer pueblo castellano en tierra firme.

Diego Méndez refiere extensamente, en su Testamento, lo que pasó en esos días, y no hace la más pequeña mención de desembarcos del Almirante. Refiere, con detalles el desembarco del Adelantado, la fuga de Quibian, que llevaban prisionero en una barca, y la vuelta de don Bartolomé á los navíos, acaecida el 1.° de marzo.

Del puerto de Belén, dirigiéndose hacia el levante, llegan á Puerto Belo y pasan arriba del "Retrete" á una tierra de muchas islas que llamó el Almirante las "Barbas" y después se llamó "San Blas". Continúan más adelante diez leguas "que fue lo postrero que vió el Almirante de tierra firme, y á primero de mayo volvió á la vía del norte para tomar la Española".

En todas las historias que he leído y de las cuales he tomado los datos á que me refiero en esta carta, no he encontrado el más leve indicio de que haya noticia de algún desembarco de Colón en la tierra firme. Todos los detalles de esa expedición están referidos por los cronistas. Estos hablan minuciosamente de los desembarcos del Adelantado, de las expediciones de Diego Méndez, de las excursiones de los españoles de la herida que recibió don Bartolomé combatiendo contra los indios, de las congojas y desesperaciones de Colon, y de las tempestades que sufrieron en ese viaje tormentoso en que jugaron la vida hora por hora. Si el Almirante hubiese alguna vez desembarcado, no es de creerse que los historiadores dejaran de consignarlo como un hecho digno de nota. En Cariay se dice que desembarcó el Adelantado. Si hubiera hecho lo propio el Almirante ¿por qué habían de callarlo los cronistas? Si tal hubiera sucedido, el mismo Colón lo habría dicho. Creo que el Almirante no abandonaba su puesto a bordo por desconfianzas, porque temía siempre alguna mala partida de los que le acompañaban, y porque su mala salud casi no le permitía moverse. Además, el inmortal genovés, preocupado como estaba de encontrar el paso del estrecho, recorría la costa con ese exclusivo fin, dejando para explorar más tarde, las tierras que descubría en su ruta á lo largo de la costa.

Me dice Ud. también que aunque Colón no haya desembarcado en la tierra de Trujillo, á ésta corresponde la gloria de haber sido el primer punto del Continente descubierto para Colón.

Tampoco en este punto histórico tengo la fortuna de encontrarme de acuerdo con U., pues creo que Colón descubrió la tierra firme del Continente americano en su t tercer viaje, como paso á demostrarlo.

El 30 de mayo de 1498 salió el Almirante con seis buques del puerto de San Lucar de Barrameda. Pasó por las Canarias, por las islas del Cabo Verde y descubrió la isla de la Trinidad. Tocó en el cabo que llamó punta de la Galea y hoy se denomina cabo Galeota: allí encontró un pequeño puerto, pero no pudo entrar en él y continuó hacia el mediodía donde encontró otro puerto. El 1 de agosto de 1498 llegó al cabo del Arenal que hoy se llama punta de Hicacos. Allí descansaron, y Colón mandó plantar una cruz. Cuando el Almirante tuvo á su derecha el último cabo de la extremidad oriental dé la isla de la Trinidad y vió a su izquierda la extremidad de la costa que baña el caudaloso Orinoco, fue cuando contempló por vez primera la tierra firme del Continente americano, aunque a él no le pareciera así, porque veía la tierra dividida por las corrientes de las siete grandes bocas del Orinoco, que dan á aquel litoral la apariencia de islas.

El Conde Roselly de Lorgues dice, en apoyo de esta aseveración, que el primer punto del nuevo continente que fijó necesariamente la atención de Cristóbal Colón cuando quiso doblar la panta de Hicacos para reconocer la costa interior de la Trinidad, se halla comprendido entre el cabo del Morro y el cabo de Medio en el delta del Orinoco.

El Almirante llamó á la primera tierra del continente que tuvo a la vista "Tierra de Gracia". Se dirigió en seguida á un promontorio que divisó y que creía era prolongación de "Tierra de Gracia". Allí encontraron tierra cultivada, agua muy buena, monos..., y el Almirante mandó á Pedro de Terreros que desembarcara con un destacamento. El domingo mandó tomar posesión de aquella tierra en la forma acostumbrada. En este lugar tampoco desembarcó Colón

"Representó al Almirante en aquella ceremonia", dice de Lorgues, el virtuoso jefe de su servidumbre, el Capitán Pedro de Terreros, porque el estado agudo de su oftalmia le obligaba en aquel momento á quedarse encerrado en su camarote. El primer europeo, pues, que pisó el nuevo Continente fue Pedro de Terreros, y el segundo Andrés de Corral".

Continúa el Almirante sus excursiones hasta llegar á la tierra de Paria; pero tampoco desembarcó en esa costa. El ilustre Lamartine cree que sí, y en su Biografía de Cristóbal Colón, dice lo siguiente: "Llegado esta vez por otro camino á la isla de la Trinidad, la reconoció, la denominación, y doblando la isla costeó la verdadera tierra de América junto á la embocadura del Orinoco. La dulzura del agua de mar que probó en aquellos parajes hubiera debido convencerle de que el río que desemboca en el océano con una masa suficiente para desalar sus aguas, no podía venir sino del continente. Desembarcó, no obstante en aquella costa sin sospechar que era la playa del mundo desconocido. Halló la desierta y silenciosa como un territorio que aguarda á sus huéspedes. Un humo lejano por encima de vastos bosques, una cabaña abandonada y alguna huella de pies desnudos sobre la arena, fueron todo lo que contempló de la América. Él no hizo más que imprimir en ella su primer paso y pasar una sola noche bajo la vela que le servía de tienda; pero este primer paso hubiera debido bastar para dar su nombre á aquel medio mundo".

Tan bellas palabras son dignas de un poema, pero la poesía no es la historia. ¿En qué puede haberse fundado Mr. de Lamartine para afirmar que Colón desembarcó en la costa del continente, que imprimió su primer paso en aquella playa, y que pasó una noche bajo una tienda de campaña? El mismo Colón en su carta dirigida á los Reyes Católicos desde la Española, refiriéndoles su tercer viaje dice precisamente lo contrario.

El Almirante y sus historiadores refieren, que el 31 de julio, á mediodía, Alonzo Pérez vió tierra al Poniente, donde aparecían tres montañas juntas: era la isla de la Trinidad. A hora de completa, llegó Colón al cabo que nombró de la Galea. El 1º de agosto pasó por la punta del Alcatraz en la costa Sur de la Trinidad, y arribó á la punta del Arenal ó de Hicacos, que es la que está más al Sudeste de la misma isla. allí fue donde los de la tripulación hallaron huellas de patas de venado, y donde llegó una canoa con veinticuatro indios. Cuando llegó Colon a la punta del Arenal notó que se extendía una gran boca de dos leguas de largo y de poniente a levante entre la isla de La Trinidad y la tierra que llamó de "Gracia", y que para entrar é ir rumbo al Septentrión había corrientes muy fuertes. Surgió fuera de dicha boca cuando llegó fuera de la punta del Arenal, y al día esa boca y halló tranquilas y dulces. Luego llegó al Septentrión, hacia una tierra muy alta á donde él calculó había veintiséis de la punta del Arenal; pero rectificada hoy esa distancia sólo se miden trece leguas y dos tercios. "Allí, dice el Almirante, había dos cabos de tierra muy alta; el uno de la parte del Oriente y era de la misma isla de La Trinidad y el otro del Occidente de la tierra que dije de Gracia".

Los nombres que hoy tienen esos cabos son: el de la isla de La Trinidad, Punta de la Peña Blanca, y el segundo, "Punta de la Peña". *"Fasta entonces yo no había sabido lengua con ninguna gente de estas tierras"*, dice Colón. Continuó navegando hacia el Poniente y llegó á unas tierras labradas que se supone son las de Macurro, en la costa Septentrional Occidental del golfo de Paria. Allí surgió y envió las barca á tierra: continuó buscando el fin de la sierra, encontró un rio y muchos indios y le dijeron que esa tierra se llamaba Paria, tomó cuatro de ellos y navegó hacia el Poniente arribando á una punta que dió el nombre de "Aguja" y ahora se llama "Alcatrazes".

"Hallé, dice en su carta, unas tierras las más hermosas del mundo y muy pobladas: llegué allí una mañana á hora de tercia, y por ver esta verdura y esta hermosura, acordé surgir y ver esta gente do lo los cuales luego VINIERON EN CANOAS A LA NAO A ROGARME DE PARTE DE SU REÝ QUE DESCENDIESE EN TIERRA, É CUANDO VIERON QUE NO CURE DE ELLOS vinieron a la nao infinitísimos en canoas". En el párrafo siguiente dice el Almirante, que habría querido detenerse, pero que no podía á causa del mal estado de los víveres: que envió las barcas á tierra á buscar perlas; y agrega: "La gente nuestra que su TIERRA los hallaron tan convenibles". Los que desembarcaron le refirieron los usos y costumbres de los indios, y la manera y modo con que los habían recibido. Después de la visita que hicieron los españoles a los indios, regresaron aquellos en las barcas a los buques, "yo luego, dice Colón, levanté las anclas porque andaba muy de prisa"; agregando que se encontraba también muy enfermo de los ojos.

Las palabras citadas de Colón, prueban evidentemente que lo que afirma Mr. de Lamartine no es exacto. El Almirante asegura que no aceptó la invitación de los indios para desembarcar, y que todas las noticias que de ellos tuvo le fueron comunicadas por los españoles que desembarcaron. Esto es una prueba concluyente, á mi juicio, de la inexactitud del aserto de Mr. de Lamartine. No es este el único dato errado que se encuentra en las bellas páginas que el ilustre cantor de la Gironda consagró al sublime genio del descubridor de América. Colón llegó á la Rábida en el estío de 1485, y Mr. de Lamartine dice que fue en la primavera de 1471. Como se ve, hay un error de 14 años que casi no tiene disculpa.

Washington Irving no habla de desembarcos del Almirante en su tercer viaje. Confirmando la opinión de que la tierra del delta del Orinoco fue la primera tierra firme que divisó Colón, dice: "El 1.º de agosto vió Colón tierra al Sur que se extendía desde lejos más de veinte leguas. Era aquel, trecho bajo de costa que interceptan los numerosos brazos del Orinoco; pero el Almirante suponiendo que era una isla le dió el nombre de isla Santa, no imaginando que entonces, por la vez primera, veía el continente, la tierra firme que con tanto afán había buscado". Según Herrera, Colón llamó primeramente isla Santa á la que después, vista por otro lado, le dió el nombre de "Tierra de Gracia", que él creyó era una isla. Herrera no hace mención alguna de que haya desembarcado el Almirante. Fundado en todo lo expuesto, me parece claramente probado, que la primera tierra firme del Continente americano que vió Colón fue la Tierra de Gracia, y no punta de Caxinas, que visitó hasta en su cuarto viaje.

El Almirante estaba durante su tercer viaje sumamente enfermo y sufría mucho de los ojos. Tal vez esto le impidió desembarcar en una tierra que lo convidaba con sus encantos y que le parecía tan asombrosamente bella que la creía digna de abrigar en su seno el divino paraíso terrenal. Quizá hasta sus deberes de disciplina no le permitían abandonar el buque Almirante ni por un momento siquiera. Cristóbal Colón es el primer europeo que vió y pisó tierra americana, cuando desembarcó, el primero, en la Isla de Guanahaní, el memorable 12 de octubre de 1492. Cuando estuvo en Cuba, creyó haber tocado tierra firme, pero este fue un error; en 1508, Sebastián de Ocampo, de orden del Comendador Obando, rodeó a Cuba y descubrió que esta era una isla y no tierra firme. ¡Destinos raros los del gran Colón! Busca por la vía de Occidente las Indias orientales, y tropieza con la virgen América, tendida entre los dos océanos, encuentra un mundo nuevo destinado á ser templo de la libertad universal, asiento de las nuevas ideas y de las nuevas formas sociales y políticas que batalla por darse la humanidad. Cree haber tocado en Cuba tierra firme adherida al Asia: "el fin de Oriente", y resulta ser la reina de las islas, la grande Antilla. Contempla las costas del verdadero Continente, con que su constancia, su fe, su ciencia y su heroísmo habían completado el mundo, y cree que son islas las que tiene delante de sus ojos. Descubre lo que nadie había soñado que existiera, y lo que nadie tendrá la gloria de volver à descubrir, un mundo nuevo, el complemento del globo, y no pone sus pies en ese Continente, no santifica la nueva tierra con la huella de sus plantas. Presiente su genio prodigioso, que debía de haber un estrecho que sirviera de paso á las regiones orientales, y hasta hoy, en la parte central de la América, donde el gran Almirante del océano lo buscaba, el siglo XIX, el gran siglo del progreso y de la ilustración, corrigiendo á la naturaleza, se ocupa de abrirlo y lo abrirá sin duda en Panamá ó Nicaragua. Sueña con riquezas, y vive en la más estrecha pobreza, mientras que los que se adueñan de su mundo sacian en cantidades fabulosas de oro su atroz codicia. Personifica en toda su alteza la ciencia y las virtudes del mundo antiguo, corona la empresa más grandiosa de la Historia, porque el descubrimiento de América ha hecho la unidad material del género humano, así como la civilización y la libertad harán un día su unidad moral, y la gloria, la gloria por tantos títulos merecida, no le acompaña en sus últimos momentos, amargados por la ingratitud de los grandes, y por la estupidez del vulgo. Tal es la suerte de los grandes hombres: la posteridad los glorifica hasta la apoteosis, pero el presente se ensaña contra ellos, los desconoce, los abate, los ultraja, los calumnia, los martiriza y hasta los mata.

Mientras más estudio los puntos de nuestra antigua historia á que me refiero en esta carta, más deseo siento de descubrir la verdad. Por esto ruego á Ud. se sirva estudiarlos de nuevo y darme sobre ellos su ilustrada opinión, para mí tan respetable. Es de extrañarse no ver tratada en ningún autor la cuestión de si desembarcó ó no Cristóbal Colón en la tierra firme del Continente Americano. Yo soy un simple principiante en esta clase de estudios históricos; no teniendo, por lo tanto, la menor confianza en mi criterio propio, acudo a la fuente de la luz, al maestro en nuestra antigua Historia patria.

Espero que Ud. me mande lo más pronto posible el segundo tomo de la "Historia de la América Central" que está publicando, para dar la orden de que envíen los ejemplares a que está suscrito mi Gobierno.

Todas las épocas son interesantes en la historia. La Geología, estudiando las capas de nuestro planeta, nos interesa y apasiona: la Historia antigua, enseñándonos la formación de las sociedades, nos muestra las capas que las han, sucesivamente, constituido, y no interesa ni apasiona menos que la Geología. Nuestro pasado colonial es de ayer.

Su estudio nos mostrará los elementos heterogéneos de que está formada nuestra sociedad, las ideas predominantes de la colonia, que aún viven, y explicará, en parte, ante la Filosofía de la historia, los sucesos de nuestra moderna edad republicana. La empresa que Ud. está llevando á cabo es tan ardua como importante. Yo deseo ardientemente que Ud. le dé pronto y feliz remate. Saludando a Ud. muy afectuosamente, me repito de Ud. atento servidor y amigo.

RAMÓN ROSA

Fué Tegucigalpa la cuna de este distinguido hondureño. Nació el 14 de julio de 1848.

En muy temprana edad fué enviado por su familia á Guatemala, y allá, en la Pontificia Universidad de San Carlos, obtuvo con notable lucimiento el año de 1869, después de profundos estudios, el título de Licenciado en Leyes.

Comenzó su vida pública, formando en las filas de la revolución memorable que acaudilló en 1871 el General don Miguel García Granados. La revolución triunfó, y en el Gobierno surgido de ella desempeñó el señor Rosa importantes cargos.

En 1876, ya de regreso en Honduras, le nombró el Presidente de la República, Doctor don Marco Aurelio Soto, Ministro General. Permaneció varios años en ese puesto, y últimamente sólo quedaron á su cargo las Carteras de Relaciones Exteriores, Instrucción Pública y Guerra.

El Ministro Rosa fué el principal y más activo colaborador que tuvo el Doctor Soto en su Administración.

Mientras se dedicaba á las tareas de gobierno, se consagraba, además al cultivo de la literatura.

A las varias obras que habían salido de su pluma en Guatemala, entre las que figuran los Estudios sobre Instrucción Pública, sucedieron los que escribió durante el tiempo de su Ministerio. De esta época son varios notables discursos que pronunció en las festividades conmemorativas de la Independencia, el folleto intitulado Constitución Social del País, la biografía de don José Cecilio del Valle, la del General don Francisco Ferrera y varios artículos sobre administración, derecho público, agricultura y otros asuntos.

En Guatemala escribió posteriormente la biografía del poeta don Manuel Diéguez y Olaverry, y á su regreso á Honduras publicó la del Presbítero Doctor don José Trinidad Reyes.

Estaba elaborando la Historia del General don Francisco Morazán, y la obra había adelantado bastante, cuando le sorprendió la muerte.

El señor Rosa se conquistó tan alto puesto como escritor que la Real Academia de la Lengua le nombró Académico Correspondiente; y después, cuando se fundó la Academia Guatemalteca, fué llamado por ésta á formar parte de la Corporación. No contento con llevar á la Academia el caudal de sus talentos y de su vasto saber, se esforzó porque se rindiera un homenaje al pasado glorioso de Guatemala, escribiéndose las biografías de sus literatos; y la publicación del primer tomo de la obra que con ellas se formó, fué hecha por su cuenta.

El señor Rosa falleció en su ciudad nativa el 28 de mayo de 1893. El Gobierno dictó un decreto declarándolo Benemérito de la Patria, y en sus funerales, por disposición oficial, se le hicieron honores de General de División. El Congreso reunido en esa época decretó la erección de un monumento á su memoria.

FRANCISCO FERRERA

**Apuntamientos sobre la vida del general Francisco Ferrera,
expresidente de Honduras**

En el año de 1800, bajo la última luz crepuscular del gran siglo XVIII, nació en el pequeño y triste pueblo de San Juan de Flores[3], un niño a quien, en la fuente bautismal, se dio el nombre de Francisco. Parecía ser uno de tantos desheredados de los bienes sociales. La cuna del niño fue tan humilde, que el nombre propio de sus padres es desconocido: sólo se sabe que llevaban el apellido de Ferrera. Sin embargo, el nombre de su hijo más tarde había de ser popularizado en Centro América por las voces de la pregonera fama. Hay en la vida de algunos hombres, como en la naturaleza física, orígenes ignorados, y después grandes y sobresalientes destinos. Muchas veces no es conocido el pobre manantial, que en lejana e impenetrable montaña, da origen a un manso arroyuelo que presto se convierte en mugidor torrente, y que más allá se transforma en caudaloso río que, después de correr soberbio por villas y ciudades, va a confundir sus impetuosas corrientes con las encrespadas olas de la mar profunda, y a formar una nota con el estruendoso concierto del inmenso océano.

Así es el curso de la vida de ciertos hombres: al principio, imperceptible corre; después, movimiento ruidoso; y al fin, imponente grandeza y sublime sonoridad!

A los siete años Ferrera quedó huérfano. La caridad cristiana del presbítero José León Garín, cura del pueblo, dio amparo al desvalido niño. El cura, autor de tan buena obra, era sencillo, de gustos inocentes, gran tomador de chocolate, apasionado amigo de dormir la siesta, valiente rezador de novenas y de rosarios de a quince, y muy cumplido decidor de misa; era un cura a la antigua usanza, y sobre todo, un buen hombre.

Encontrando felices aptitudes en su protegido, le mandó a esta ciudad para que, en casa del maestro Felipe Santiago Reyes, aprendiese las primeras letras y el arte de la música. Con provecho hizo el joven sus primeros estudios y ya poseedor de una instrucción

---

[3] Así se llamaba Cantarranas

75

elemental, en el año 1813, regresó a San Juan de Flores. Algún tiempo después, la muerte llegó a privarle de su generoso protector. Ferrera se encontró nuevamente en el vacío. O ser anonadado por la miseria, o sobreponerse a ella, a fuerza de constancia y de trabajo; tal fue su arduo problema. Pero el joven era de buenas jarcias y de muchos expedientes. Como hizo de cura (adoptivo se entiende), sabía componer altares y chapurrear latín, y se hizo sacristán: como hombre leído y escribido, según el decir de nuestro pueblo, se hizo director o consejero de alcaldes; y como entendido en el oficio de sastrería, se convirtió en sastre de moda, que tallaba los mejores chaquetas de duradera. Laboriosa era su vida. Por la mañana ejercitaba su pluma de ave, y dirigía los asuntos o intriguillas de juzgado; por la tarde, atendía al aseo y compostura de la iglesia; y al aparecer las tristes sombras de la noche, que extinguen la mortecina luz del crepúsculo de la tarde, subía silencioso al campanario, en donde daba los toques de oración, tal vez repitiendo el Angelus domini, el Ángel del Señor. Bajaba y se encaminaba a su casa, en donde sentado en tosco banco, o en taburete de asiento de cuero, con las piernas cruzadas, la revuelta canasta de costura a un lado, y al resplandor de una vela de sebo, o de humeantes rajas de ocote, se entregaba a sus tareas, haciendo las obras que le encargaban sus parroquianos. Ferrera durante su juventud fue el hombre de su pueblo: con este carácter vivió, honrado y modesto, hasta que inesperados acontecimientos, en el año de 1827, dieron nuevo rumbo a su destino. [4]

El año de 1827 ofrece tristes recuerdos al pueblo hondureño. De aquella época aciaga puede decirse, como nuestro poeta nacional, el inspirado Reyes que:

Era Honduras un mar agitado
donde opuestos los vientos chocaban;
Negras nubes el cielo velaban,
anunciando fatal tempestad.

Y se desencadenó horrible tempestad. Debido a cálculos, tan infundados como impolíticos, del general don Manuel José Arce, presidente de Centro América, bajo pretextos sobrados fútiles, fuerzas

---

[4] Las noticias que tengo de la infancia y juventud de Ferrera las he tomado de algunos de sus contemporáneos, que muchos lo conocieron, y queme ha referido los pormenores de su vida.

federales, comandadas por el coronel Justo Milla, invadieron el Estado, entonces regido por el ilustre repúblico don Dionisio de Herrera. Ferrera era alcalde de San Juan de Flores. Su amigo íntimo, el sargento veterano Casimiro Alvarado, de orden del Gobierno, salió de San Juan para Comayagua con una compañía que debía obrar contra los invasores. Ferrera, por afecto a Alvarado, y por amor a su patria, fue en la expedición, en calidad de capitán cívico.

Las fuerzas de Milla avanzaban por el camino que conduce a Intibucá. Alvarado y Ferrera, por vía de observación, fueron a su encuentro. Estando el invasor a corta distancia, Alvarado se situó en Intibucá con la mayor parte de su escolta, y Ferrera con diez soldados marchó para observar más de cerca los movimientos del enemigo, al que encontró en el pueblo de Yamaranguila. El osado capitán cívico echó pie a tierra, espada en mano, cargo sobre sus contrarios, y haciendo un supremo esfuerzo con sus diez soldados, rechazó a trescientos hombres que formaban la vanguardia de la división invasora. Cumplido su deber, se retiró a dar parte de lo ocurrido al sargento Alvarado. ¡Qué dos figuras, el coronel Milla, jefe de un ejército, detenido en su marcha por un obscuro sacristán que mandaba diez reclutas! ¡Qué dos figuras, el noble Milla invadiendo su país nativo; y Ferrera el plebeyo, alcalde de un pobre pueblo, haciendo prodigios de valor para salvar los derechos y la dignidad de su Patria!

El General don Francisco Morazán, en tiempo en que era enemigo de Ferrera, recordó noblemente tal hazaña en sus Memorias, dándole con justicia, el calificativo de hecho heroico.

Ferrera regresó a Comayagua, y peleó en sus fortificaciones durante el sitio que puso a la capital el coronel Milla. Por manejos indebidos se hizo una capitulación que, como otras veces, no fue cumplida, y que dio por consecuencia que Dionisio de Herrera, aquel hombre de Estado, de inteligencia elevadísima, fuese cargado de prisiones y conducido, cual infame criminal, a la ciudad de Guatemala.

Ferrera, resentido, con la desesperación en el alma, se retiró a su pueblo para no presenciar nuevas humillaciones; pero fue objeto de la persecución del comandante Anguiano, y esta circunstancia le movió a reunir algunos oficiales y soldados con quienes se incorporó a la fuerza del general Morazán, que se hallaba en Choluteca. Bien pronto fue uno de los vencedores que dieron gloria a su nombre en los memorables campos de La Trinidad y de Gualcho. La inconsecuencia y persecución del coronel Milla, hicieron salir del pueblo de Ojojona a Morazán, que luego fue el Gran General sostenedor de la Federación.

La persecución del comandante Anguiano hizo salir del pueblo de San Juan de Flores a Ferrera que, años después, debía ser el gran demoledor de la República de Centro América. Milla, sin quererlo, hizo figurar a Morazán, el amigo decidido del Pacto Federal; Anguiano, sin quererlo, hizo figurar a Ferrera, el enemigo implacable de las instituciones federales. ¡Qué marcadas analogías, y a la vez, qué notables contrastes, nos ofrece el filosófico estudio de nuestra historia!

Triunfante el General Morazán en Centro América, Ferrera estuvo sofocando valientemente la guerra civil que apareció en el departamento de Olancho, y que terminó por una honrosa capitulación, que fue en un todo respetada. En esa campaña obtuvo el grado de teniente coronel. En el año de 1832, fue jefe político de este departamento, cuyos repetidos desórdenes puso a raya, ora con la fuerza, ora con la influencia de sus prestigios. En el mismo año, el jefe del Estado, coronel don José Antonio Márquez, mandó a Ferrera a combatir al coronel el don Vicente Domínguez, caudillo reaccionario que en los castillos de San Fernando de Omoa y de Trujillo había enarbolado la bandera española, desconociendo, por tal hecho, no sólo al Gobierno de la Federación, sino también la independencia de Centro América. Los insurgentes habían tomado el territorio del país, en una extensión de setenta leguas. Ferrera los persiguió con actividad, logró derrotarlos en Tercales y en la Ofrecedera, y al fin de dilatada y penosísima campaña, recuperó el puerto de Trujillo.

En el año de 1833 se hicieron elecciones de Jefe de Estado. Se dice que no hubo mayoría absoluta de votos populares; y en este concepto, la Asamblea eligió jefe al infortunado don Joaquín Rivera, y vicejefe, al coronel Ferrera, después victimario de aquel generoso y distinguido patriota. En mi entender, el espíritu de partido dio lugar entonces a uno de los errores más trascendentales para la suerte de Centro América, haciendo que se negase la presidencia a Ferrera, que era el hombre de mayores prestigios, que había prestado eminentes servicios al Estado y a la Federación, y que separado de las filas liberales, podía ser, como lo fue, un enemigo tenaz, implacable y poderoso. Más tarde, el general Morazán, con su exquisito tacto, confirió a Ferrera el grado de general de división, reconoció el error de su partido, y quiso, de todas veras, repararlo. Era demasiado tarde. Ferrera era hombre de rencorosas pasiones, y su resentimiento lo había hecho convertirse a la oposición, y ya por sus propósitos y compromisos, era un irreconciliable separatista.

La Federación combatida por todas partes, como nave destrozada por vientos y oleajes que la combatían en todas direcciones, llegó a hundirse, en el período de 1839 a 1840, y Ferrera fue uno de sus más audaces y empeñados destructores. La fe política, las aspiraciones y maniobras de Ferrera, las dedicó, por completo, a la causa de disolución de Centro América.

Disuelto el Pacto Federal, en enero de 1841, ascendió a la presidencia del Estado, venciendo así, en el campo electoral, a su formidable antagonista don Joaquín Rivera. En las alturas del poder, en donde se ponen a prueba los hombres, supo conservar sus prestigios; y en el año de 1843, fue reelecto presidente. Horrible fue la lucha que Ferrera, en su segundo período, sostuvo contra sus enemigos del interior y del exterior, que se propusieron echar por tierra su gobierno. La lucha era desigual. Ferrera tuvo que combatir a los facciosos de su propio país, y a los invasores de Nicaragua y de El Salvador. Pocos eran sus elementos; pero grandes su habilidad y su audacia, y terribles sus resultados. Obró como militar y político, pero también como tirano despiadado; sembró el terror, una sola sospecha bastaba para producir la persecución o la muerte; el patíbulo estaba a la orden del día, allí fueron inmolados patriotas generosos, acreedores al perdón; corrían por doquiera arroyos de sangre y raudales de lágrimas.

Mas, en medio de tantas y tantas desventuras, en medio de la consternación y del duelo, apareció victorioso y espléndido el poder militar de Honduras: díganlo si no los triunfos del Corpus, Choluteca y Comayagua. ¡Pero qué gran desgracia que las armas brillen cuando se eclipsa el derecho por los vapores de la sangre y de las lágrimas!

Sin embargo, no hay que dar cabida inconsiderada al sentimentalismo. Ferrera hizo bien en sostener, con entereza, la dignidad de su puesto y el decoro de la nación. Culpable fue por el rigor, o por la barbarie de sus procedimientos, y victorioso, por ser cruel e implacable contra enemigos indefensos; pero no fue culpable por su resolución enérgica de combatir, hasta lo último, a invasores y a facciosos. Sus faltas fueron enormes, porque comúnmente no hacía justicia, se vengaba; pero en cambio, no dejó que Honduras fuese, como en posteriores tiempos, el lugar favorito de alegres paseos militares productores, para extraños, de ascensos y de galones. Si el reaccionario Ferrera o el liberal Morazán hubiesen vuelto a la vida, y los hubiesen presenciado, habrían vuelto a morir de indignación y de vergüenza. Tal vez sea más soportable el terror que infunde un hombre de genio, que la degradación, que la ignominia de un pueblo que, cruzado de brazos, ve por el suelo pisoteado su decoro nacional.

El grande, el enorme e indisculpable crimen que cometió Ferrera, fue el de convertirse en enemigo jurado, en principal demoledor de la nacionalidad de Centro América. Verdad palmaria es que el Pacto Federal debía reformarse para que tuviese elementos de consistencia y de estabilidad, que no eran posibles dadas las teóricas prescripciones de la poética Constitución de 1824; pero Ferrera no quería reformas: era netamente separatista. Por ese crimen, en vida, sufrió el castigo de la derrota en el Espíritu Santo y en Perulapán, y después de muerto, recibe y recibirá la condenación eterna de la Historia.

¡Yo que admiro a aquel gran carácter, yo que admiro a aquel mulato de hierro, yo que admiro a aquel sacristán sublime, jamás le perdonaré que nos haya dejado sin Patria!

Ferrera, además de guerrero y político, fue amigo de las letras, escritor y poeta, aunque no tuvo ni escuela científica ni escuela literaria. Pero escribía y versificaba de un modo relativamente notable, por la sencilla razón de que tenía talento e inspiraciones; a diferencia de otros que han leído y estudiado mucho, y que nunca pueden escribir y versificar, siquiera sea medianamente, por la razón contraria; porque carecen de talento y de inspiraciones. Su numen vivía más de sus grandes e intensísimos amores. Dos veces los votos de su deseo le llevaron ante los altares, y por su mal, durante su último enlace, sintió por otra mujer una pasión tan grande como desgraciada.

Conoció en Comayagua a la verdadera dueña de su alma. Era de las principales familias de la capital, se llamaba Pía... Criolla, de talle gentil, de tez morena, de largos y sedosos cabellos; de labios voluptuosísimos, y de negros y rasgados ojos. ¡Ah, nunca el genio puede vivir sin un ideal! Y el ideal de Ferrera era Pía, la dulce, la encantadora morena. Ferrera vivía para ella, por ella. Era luz de sus días y el ensueño de sus noches.

Como tenía instintos poéticos y vocaciones artísticas, al pie de la reja dedicaba a la beldad querida sus tiernas canciones; y de allí, en la callada noche, al contemplar los vastos horizontes del valle de la antigua Valladolid, aspiraba a lo infinito y sentía la inmensidad de su entrañable amor; y al ver la luz apacible de la amarillenta luna, que daba un tinte melancólico a la ciudad dormida, experimentaba esa dulce melancolía que se apodera de las almas enfermas de amor, enamoradas de un ideal; y al percibir los trémulos rayos que despiden tímidas estrellas, sentía la timidez de un niño, y olvidaba que era el hombre de las batallas, porque sólo palpitaba en él un corazón avasallado, rendido; y al oír los susurros del viento que rizaba las tranquilas aguas del Humuya e inclinaba el verde ramaje de los sauces de sus márgenes, sentía que suspiros dolorosísimos se escapaban de su pecho, y que lágrimas de ternura brotaban de sus ojos. ¡Y aquel hombre horrible, de cuerpo rechoncho, de prolongada calvicie, de mofletuda cara, de color cetrino, de orejas deformes, de ojos de zambo, por el alcohol enrojecidos, así transfigurado por su ardiente amor, yo me lo figuro hermoso!

En medio de tantos y tantos delirios, olvidado de todo, pensando sólo en su amada, quizá ideó un edén, quizá llegó a decir como otro poeta infelicísimo:

> Y luego que ya estaba
> concluido tu santuario
> la lámpara encendida,
> tu velo en el altar
> el sol de la mañana
> detrás del campanario

chispeando las antorchas
husmeando el incensario
y abierta, allá a lo lejos,
la puerta del hogar.

Debían cesar los desvaríos de su alma enferma. El prisma de la ilusión se quebró en mil pedazos. Ferrera volvió la vista a la realidad, fría, inexorable; y destrozada su alma por la lucha dolorosísima entre su corazón y su deber, al fin dijo a la vida de su vida, al amor de sus amores:

Rendiste mi albedrio,
mi corazón es tuyo;
mas de tu vista huyo,
para poder vivir...

He aquí el último grito de un corazón sin consuelo ni esperanza. ¡Pobre Ferrera! ¡Adoraba un imposible! Por última vez, en enero de 1847, Ferrera fue reelecto Presidente del Estado; pero los hombres públicos se gastan, como las monedas que circulan mucho; conocía que sus prestigios tocaban a su ocaso, y además era sabedor de las inconsecuencias de sus mismos amigos, de sus hechuras, de los que le adulaban. La previsión y el triste desengaño le determinaron a renunciar a la presidencia del Estado.

Ferrera tenía el raro don de los hombres políticos que saben retirarse a tiempo. En un notable manifiesto llamó la atención sobre que el mando debía tenerlo un hombre imparcial, extraño a los enconados odios y a las ardientes luchas de los partidos. Recomendó al Cuerpo Legislativo la candidatura del doctor don Juan Lindo, de aquel viejo zorro de la política. Decía a sus amigos, que se inquietaban por las vicisitudes de lo porvenir, que Lindo al menos no los sacrificaría, que cuando más, les impondría el destierro. ¡Dolorosa previsión del hombre que voluntariamente dejaba el poder! Su pronóstico fue cumplido. Ferrera murió en el ostracismo.

El doctor Lindo, uno de los políticos más hábiles que ha tenido Centro América, conociendo que en los generales Ferrera y el valeroso Santos Guardiola, infamemente asesinado, tenía dos temibles adversarios, buscó el medio de salir de ellos, de anularlos explotando sus odios y sus opuestas pretensiones. Formando su plan, el astuto Lindo depositó el poder en el vicejefe don Felipe Bustillo, quien pensaba que nadie le haría daño por tener las cualidades negativas de un hombre bonachón.

Ferrera decía con mucho donaire de Tata Felipe, como le llamaba "La mitad del tiempo duerme, y la otra mitad no hace nada". Así es que aquel buen señor, sin talento, sin respetabilidad, sin acción, sin dotes de mando, un día despertó con gran susto por el pronunciamiento del general Guardiola, ocurrido en esta ciudad, e inspirado por el genio maquiavélico de Lindo, que permanecía, haciéndose la mosquita muerta, en el departamento de Gracias. Ferrera se vio amenazado por su enemigo, su antiguo y bravo lugarteniente, y sin demora emigró a El Salvador. Lindo entonces hizo valer su autoridad legítima. Había convenido privadamente con el gobierno de El Salvador en que éste le daría un auxilio, llegado el caso de una emergencia revolucionaria; y le fueron enviadas fuerzas auxiliares a las órdenes del malogrado general don Gerardo Barrios. Hábil y fuerte, hizo capitular en Pespire al general Guardiola, quien como su adversario Ferrera, emigró a la vecina república salvadoreña.

Lindo quedó entonces dueño de la situación, y libre de peligrosos adversarios. Así la habilidad política supo hacer a un lado la fuerza del militarismo. La inteligencia casi siempre domina y triunfa. No sin motivo los caudillos que sólo cuentan con la espada tratan de destruir los cerebros de los hombres que cuentan con el poder del pensamiento.

Ferrera, como geógrafo, en un notable escrito publicado en inglés y francés en los Estados Unidos, se anticipó a míster Squier indicando la ruta del ferrocarril interoceánico de Honduras; como militar experto, en 1851 indicó al presidente don Doroteo Vasconcelos el mal éxito que debían tener los ejércitos aliados en su expedición a Guatemala. Vasconcelos ofreció a Ferrera el puesto de segundo general en el ejército. Ferrera vio que había muchos jefes que no sabían entenderse, que no había unidad de plan y de propósitos, y que en cambio había demasiada impericia en los directores de las bélicas operaciones. No quiso el puesto que se le ofrecía, y pronosticó un revés. Se cumplió su previsión, realizándose aquel gran descalabro de

La Arada que consolidó el poder del general Rafael Carrera de Guatemala, y que afirmó su predominio en Centro América.

Hombre que tanto pensaba y sentía, llegó a ver que su salud se quebrantaba y que sus fuerzas decaían. En Sonsonate, Ferrera presintió su muerte. Allí compuso unos versos que fueron muy populares, conocidos con el nombre de "Los Tristes". Todo expresa melancolía y amargura en ese canto del soldado-poeta que iba a despedirse de la vida. ¡Qué cuadro tan sombrío! En el ardiente clima de Sonsonate, a la sombra de tropicales cocoteros, el vate proscrito, triste veía el límpido cielo que no era el cielo de su patria ausente, que antes contemplara a la sombra de altos y murmuradores pinares; tristes oía los cantos de las parleras aves, que no formaban ya para su alma tiernos acentos de amor y de esperanza; tristes veía las matizadas flores que, bajo un sol de fuego, mustias inclinaban sus corolas, y que no eran para su corazón las bellas flores de su juventud y de sus perdidas ilusiones. Todo lo veía bajo el prisma de la tristeza y de la desolación, porque había en aquella alma, nutrida de dolorosos recuerdos, esa infinita melancolía precursora de la muerte, precursora del sepulcro.

Y en breve se tornaron a la nada aquella organización robusta, aquel genio emprendedor y audaz. En Chalatenango, en humilde estancia, al caer de la tarde, se oyeron un día estas palabras balbuceadas por un moribundo: "¡La naturaleza destruye mis fuerzas!". Eran las últimas palabras del general Francisco Ferrera. A la verdad, sólo la naturaleza, y no el poder de los hombres, pudo destruir el fuerte organismo de aquel sacristán extraordinario. En extraña tierra, nadie, con mano cariñosa, pone una flor sobre su tumba; pero como fue grande, y grande hasta en sus crímenes, su nombre sobrevive en las páginas de la patria historia; ¡y hoy un enemigo político, un adversario en ideas del implacable demoledor de la República de Centro América, pide conmiseración y piedad para las faltas y extravíos excusables del hombre, y reconocimiento y aplauso para las virtudes del genio!

Tegucigalpa, 30 de marzo de 1879.

DON JOSÉ MILLA Y VIDAURRE

Jamás se olvidan las impresiones experimentadas en aquella edad dichosa, en que despierta el alma a la vida del sentimiento y de las ideas. Allá, por el año de 1864, en las horas de esparcimiento que me dejaban mis asiduos cuanto malogrados estudios de Filosofía escolástica, leía, con el más vivo interés, sintiendo ciertas extrañas palpitaciones del corazón, La hija del adelantado, preciosa novela histórica de José Milla (Salomé Jil), cuya narración, llena de colorido y de poesía, me hacía ver, rebosando de vida, a doña Leonor de Alvarado, tan joven como hermosa, tan hermosa como enamorada, y a doña Beatriz de la Cueva, a La sin ventura —cuya firma autógrafa después he visto—, muriendo con el alma presa de todos los dolores en medio de la primera catástrofe de que fue teatro en el siglo XVI, la Ciudad de Santiago de los Caballeros, la Antigua Guatemala, edén perdido, que a no haberse conjurado en su contra la naturaleza, aun fuera, después de México, la población más importante de la América española.

Nada engendra tantas ilusiones como el gusto por las letras; nada causa tan imaginarios y desinteresados afanes como la afición a lo bello; nada produce tantos y tan dulces ensueños como la predilección por el arte; fenómenos todos que son manías ridículas, extravíos risibles para quienes sólo viven del tanto por ciento, para quienes, con el alma petrificada, respirando en la atmósfera de un frío mercantilismo, ignoran ¡ay! que el culto a lo bello y a lo grande es un oasis en el desierto de la triste vida, y las ilusiones y los ensueños que produce, bálsamo preciadísimo que atenúa los crueles dolores que causa la desnuda, repugnante, y a veces, odiosa realidad de la existencia.

Una de mis ilusiones de adolescente, inspirada por la lectura de La hija del adelantado, fue la de conocer al autor de la obra tan bella, y que, en mi supina ignorancia, consideraba exenta de todo defecto, y, por ende, libre de ser objeto de la más leve crítica. Me solazaba con los recuerdos históricos, y con las creaciones del sentimiento y de la imaginación del autor; no veía, no podía ver su obra al trasluz de los principios y de las exigencias del arte. A los dieciséis años, aun con instrucción, de la que he carecido y carezco, no se puede ser crítico;

85

sólo se puede sentir y admirar. Parece que entonces el dulce sentimiento de la benevolencia llena todo nuestro ser, como para que más tarde sea menos amarga la hiel que, a fuerza de desilusiones, de desengaños, llega, en la edad madura, a envenenar el fondo de nuestra alma.

En el año de 1867, vi realizada mi acariciadísima ilusión: conocí a José Milla. El autor de los Cuadros de costumbres y de La hija del adelantado daba lecciones privadas de Literatura a los jóvenes más distinguidos de Guatemala y de las Repúblicas vecinas, entre quienes se contaban Antonio Batres, Marco Aurelio Soto, Salvador Falla, Vicente Sáenz y Ricardo Casanova, hoy sacerdote, y sin duda, el sacerdote más instruido de la América Central.

¡Cómo tengo grabado el recuerdo de aquellos días y de aquella fecha en que conocí a José Milla! Era una sombría tarde del mes de junio; el calor primaveral aún se sentía, y las primeras recias lluvias de invierno iban a caer. Después de haber recorrido, en estudiantil paseo, la bella alameda del Teatro de Guatemala, formada de frondosos amates y de copados naranjos, que perfumaban el aire con las ricas emanaciones de sus miles de azahares, llegué, acompañado de Marco Aurelio Soto, a la modesta casa de Milla, que vivía a la sazón cerca del barrio de la Merced. Llegué con toda la timidez y hasta con el encogimiento propio del estudiante provinciano. Iba a cumplir un gran deseo; pero temía encontrar algo grande que me avasallase, y esto me daba pena, mucha pena; más la presentación cordial de Soto, mi cariñoso amigo, y la buena acogida de Milla, del hombre modesto, afable y civilizado, me hicieron olvidar bien pronto mis secretas inquietudes, mis penas de estudiante, motivadas por la presencia del literato que había admirado a través del tiempo y de la distancia.

Milla, que en aquella época tenía una altísima posición política y literaria, aun viendo en mí lo que debía ver, a un imberbe y pobre estudiante, me recibió con su genial benevolencia, y accedió gustoso a mi deseo, manifestado por Soto, de ser su discípulo en la clase de Literatura.

Nunca olvidaré las lecciones que Milla nos daba, de cinco a seis de la tarde, en su cuarto escritorio, y a la moribunda luz del sol poniente que penetraba a través de los limpios vidrios de la ventana de la habitación. Nos explicaba los preceptos del arte del bien decir, las reglas del arte poética, y por vía de ejemplo, pasaba en revista los escritos en prosa y verso de los más afamados clásicos de la literatura española, que conocía profundamente. En mí se operaba, si puedo decirlo así, un trabajo de absorción; recogía en lo íntimo de mi pensamiento todas sus lecciones; pero, a la verdad, aparecía como distraído y como aturdido, hablaba muy poco, y con justicia me hubieran podido dar el calificativo de muy tonto. Hay épocas en que la vida sólo es una fuerza interior. ¡Ay! nadie sabía lo que pasaba en mi alma. Acababa de dejar mis nativas montañas de Honduras, acababa de dejar mi patria, mi pobre hogar, mi familia, mis amistades de la infancia, y los afectos más íntimos que formaban en mi corazón un fondo de inextinguible amor y de infinita ternura: me encontraba en una sociedad nueva, desconocida, pobrísimo y desvalido estudiante, con recuerdos dolorosísimos de ayer, y con amargas incertidumbres para el día de mañana; me encontraba con el alma enferma, desolada, deshojada en flor; y no obstante, con esa fácil, prodigiosa asimilación de la juventud, lo entendía todo, lo comprendía todo; pero ¡ay! en los labios, enmudecidos por honda y secreta pena, expiraba la palabra, apenas nacida, y sólo había interesantísimos, inmensos dramas, allá en lo recóndito de mi alma afligida, afligida por los dos más grandes dolores, el dolor de la nostalgia, y el dolor de la esperanza interrumpida y acibarada por las más crueles incertidumbres: ¡Qué pensar en el porvenir, desvalido, sin nombre y sin fortuna, es el dolor de los dolores, es un dolor infinito!

En tal estado de ánimo continué siendo el discípulo de José Milla, atesorando cada día más amor a las letras que son, para los que tienen una sensibilidad delicada, el consuelo de los consuelos. ¡Benditas sean las letras! Ellas reflejan en el páramo de la vida algo de lo ideal y de lo eterno, algo que hace desligarnos de las pequeñeces y miserias del mundo, algo que sobre la dura prosa de la tierra nos deja ver la poesía del Cielo, algo que si nos engaña, nos engaña de inocente manera, algo que nos hace soñar despiertos, algo que nos da dulcísimos ensueños que valen más, mucho más, que todas las grotescas realidades de la ambición, del cálculo, de la mentira...

A vuelta de muchas vicisitudes que sólo a mí me interesan, vino en mi ayuda la reflexión, y me hice hombre. Terminé mi carrera de abogado, y tal vez, por mi mal, me inicié en la vida política. La lógica de las ideas, de las edades y de las circunstancias, me separó de mi maestro de literatura. Vino la revolución de 1871 en brazos de la opinión pública; Milla tan docto, tan lleno de experiencia miraba al pasado; yo, tan indocto, tan inexperto, miraba al porvenir; él se impuso voluntario al destierro, y fuese al extranjero a acrecentar, todavía más el caudal de su rica inteligencia; y yo, joven y entusiasta, quédeme trabajando, en la escasa medida de mis fuerzas, alentado por ciega fe, cifrada en la regeneración social y política de Centro América.

¡Qué de cosas han pasado! ¡Qué de transformaciones se han operado; y qué de desengaños han venido desde aquella época en que, apenas salido de la escuela del señor Milla, ¡tuve ocasión de tomar alguna parte en la propaganda de las ideas que formaron el honroso programa de la revolución del 71!

En medio de los azares de mi vida, y a despecho de mil vicisitudes, no he podido dejar mi afición a las letras, ni prescindir de los sentimientos de gratitud y de alto aprecio que supo inspirarme el maestro entendidísimo, cuyas obras y cuya enseñanza se relacionan con grandes y eternos recuerdos de mi juventud.

Tan grandes y tan íntimos recuerdos viven aún al calor de la reflexión. He estudiado las obras de Milla y he reflexionado sobre ellas; y si hoy no las considero como producto del genio creador, las considero, en su mayor parte, como hijas de un verdadero talento, de una vigorosa imaginación, de una instrucción sólida y variada, y de un delicado gusto en materias literarias.

Nadie que haya leído La hija del adelantado, Los nazarenos, El visitador, Los cuadros de costumbres, El libro sin nombre, Un viaje al otro mundo, pasando por otras partes, y el primer tomo de la Historia de la América Central, podrá negar a José Milla dotes de eminente escritor. Nadie podrá negarle un ingenio fecundo, una imaginación amena y chispeante, una erudición vastísima, un selecto y delicado gusto, un estilo lleno de intención y de agudezas, y un lenguaje puro y correcto que valió él honrosísimo título de miembro correspondiente de la Real Academia Española. Nadie que haya leído y estudiado las muchas obras, de diverso género, de José Milla, del escritor más fecundo de Guatemala, podrá negar que tan insigne hombre de letras es una honra, es una gloria nacional de Centro América.

Y hombre tan importante, que vivió en medio de una honradísima pobreza, porque Milla fue siempre probo; y literato tan esclarecido que, a costa de penosísimas vigilias, escribía la grande obra de la Historia de la América Central; y maestro tan desinteresado y benévolo y cariñoso, ha muerto, ha desaparecido para siempre, dejando un gran vacío en los puestos casi desocupados de las letras centroamericanas, vacío sólo comparable, en su grandeza, a la grandeza de la indecible pena de todos los que sabíamos estimar a José Milla, por su talento, por su probidad, por sus estudios, por sus obras, por ser, en fin, el ilustre decano de la literatura centroamericana.

Ni tiempo ni tranquilidad de espíritu tengo para escribir algo que sea digno en la reputación literaria, y de la grata memoria de José Milla, del que fue mi maestro generoso. Los conceptos expresados no forman propiamente ni una necrología, ni una semblanza, ni un apuntamiento biográfico, ni un juicio crítico, con respecto a la persona honorable de José Milla. He hablado de mis sentimientos, de mis impresiones, con relación a su persona y a sus obras, y de sus dotes y de sus virtudes con relación a mis sentimientos y a mis impresiones; he empleado, no el lenguaje lógico y correcto del que reflexiona: he usado del lenguaje desordenado, pero natural y sentido, del que sufre profunda pena en el fondo del alma. No sé qué calificativo, según el arte, puede darse a estas líneas, ni me importa saberlo. Lo único que sé es que debo mucha gratitud al que fue mi bondadoso maestro, y que debo expresar tan noble sentimiento; lo único que sé es que José Milla, uno de los pocos, de los muy pocos, que han merecido y merecen el nombre de escritores en la América Central, ha dejado huérfanas a las letras centroamericanas; lo único que sé es que todos los hombres de esta generación desgraciadísima, que no nos entregamos, en cuerpo y alma, al culto de la falsa política del éxito, que amamos todo lo que es honrado, noble y bello, debemos sentir, con dolor entrañable, el eterno eclipse de una de las inteligencias que más enaltecen a nuestra América Central.

¿Pero hay verdadero y eterno eclipse tratándose de los hombres de ideas? No. La luz de la inteligencia, aunque velada por la muerte o por la ingratitud de las rencorosas pasiones de los contemporáneos, reaparece, día por día, en el oriente de la vida de las presentes y de las futuras sociedades. José Milla, querido maestro, has muerto; pero la luz de tu inteligencia, reflejada en tus obras, aparecerá siempre radiante de esplendores, en el hermoso oriente de las letras centroamericanas.

Tegucigalpa 15 de octubre de 1882.

ARCADIO ESTRADA

Raro es, a la verdad, encontrar en los diversos estudios sociales reputaciones tan altas, tan justamente merecidas, que quienes las poseen como signo luminoso de distinción honrosísima, no necesiten, para que se les reconozcan por el común sentir de los hombres, haber dicho su postrer adiós a esta vida terrestre, de dudas, de agitaciones de pruebas de dolores, de animosidades y combates; haber traspasado los silenciosos lindes del sepulcro para espaciar su espíritu, ya desligado de humanas pequeñeces allá, en las inmensas, misteriosísimas regiones de la eternidad.

El don excepcional de que el hombre en la vida goce del mismo preclaro concepto de que ha de gozar su memoria, cuando se hayan extinguido los últimos latidos de su corazón, cuando se haya apagado la última luz que reverbera en sus ojos, cuando hayan huido los últimos instantes de la existencia, dejando en pos de sí sólo un recuerdo; ese don excepcional es obtenido únicamente por los hombres privilegiados que al genio o al talento, han sabido asociar grandes virtudes, grandes y meritorias obras.

Uno de esos hombres privilegiados fue nuestro amigo Arcadio Estrada sobre cuyos inanimados restos, para nuestro dolor, pesa la fría losa de la tumba, pero sobre cuya memoria no pesará jamás la losa más fría de la indiferencia y del olvido. Arcadio Estrada, hombre nacido cual la vestal de los antiguos tiempos, pero para conservar y alentar el fuego sacratísimo de la ciencia, fue un hombre de su tiempo, de su época. Fue más que esto: por sus ideas progresivas, hasta lo sublime, avanzó más de un siglo a su propia época. Desde temprana edad nuestro amigo comprendió que la profesión de abogado conduce a todo, como lo ha dicho un escritor célebre, y se dedicó, lleno de levantadas aspiraciones, a la carrera nobilísima del foro. Inútil es decir que el alumno imberbe anunciaba al adulto de gran talento, que el adulto revelaba lo que sería el hombre completo de dilatadas y grandiosas ideas.

Estrada penetró por fin en el templo de Temis: recibió dignamente la investidura de abogado. Reconocidos sus talentos, su gran saber, su probidad noticia, llegó a ocupar el sillón de la magistratura, ya como Juez de Primera Instancia, ya como individuo de la Corte de

Apelaciones; y todo, a pesar de la prevención, si se quiere, de la ojeriza con que le vieron los hombres del pasado régimen, quienes encontraban en Estrada la protesta científica, la protesta económica, la protesta política y social, manifiesta en las ideas del pensador, adverso al gobierno de ineptos frailes y de hechizos próceres: al gobierno de la teocracia y del privilegio.

Sucede con frecuencia, y más entre nosotros, apenas emancipados de la educación colonial que nos esteriliza, que mata en flor los talentos de juventud; sucede, decimos, que los jóvenes que se consagran al estudio de las leyes que, por nuestra mengua, son en su mayor parte las vetustas leyes romanas y españolas; sucede que esos jóvenes, en razón directa de su perseverancia y de su concentración en las materias de su estudio, pierden las aptitudes más indispensables y preciosas para la vida práctica, que significa producción constante de hechos morales y materiales encaminados a dar movimiento y progreso a nuestra sociedad, no necesitada de rancias y vagas teorías, sino de hechos fecundos en la vida práctica, individual y social.

Estrada, hábil piloto en el revuelto mar de la ciencia en fuerza de su talento, supo evitar el escollo en donde se han estrellado tantas y tan bellas inteligencias. Conocía, y conocía muy profundamente nuestra desacorde, viciadísima legislación, hecha para imperios absolutos, y adaptada, en mala hora, para países republicanos; pero si conocía los Códigos Romanos, los Códigos Españoles, las Leyes de Indias, con su cortejo de indigestas glosas, comentarios e interpretaciones, si conocía todo esto, no dejaba fascinarse por la pueril vanagloria de poder penetrar en el laberinto legislativo y salir de él con facilidad, sino que sus profundos conocimientos de lo que nosotros tal vez llamaríamos fatales antiguallas, sólo le servían, en su mayor parte, para inspirarse y fortalecerse en la creencia de que Guatemala y los demás países latinoamericanos necesitan de legislaciones propias, que sean la expresión de su índole peculiar, de sus necesidades e intereses, de sus formas de gobierno, y de las tendencias y aspiraciones progresivas, humanitarias de la época en que viven y se agitan las modernas sociedades. Estrada, pues, no era como la mayoría de los abogados, un repertorio viviente de leyes y de glosas inútiles, aprendidas y recordadas sin crítica ni discernimiento. No; Estrada, entre los muchos abogados centroamericanos que conocemos, era uno de los pocos, de los muy pocos que merecieran el título de Jurisconsulto. Para Estrada, la legislación y la jurisprudencia no eran un hacinamiento de principios vagos y de leyes escritas, comentadas al capricho, sino ciencias verdaderamente tales, que deben depurarse en el vasto crisol de la Historia y de la Filosofía, y obedecer indefectiblemente a la ley suprema del progreso humano.

Pero nuestro amigo no debe ser juzgado tan sólo como el hombre de la ley, como el verdadero poseedor de la ciencia del Derecho. ¡Ah, no! El temple de su alma no era el que corresponde al vulgo de las gentes. Alma apasionada, susceptible de todos los nobles impulsos, de todos los sentimientos más humanitarios y expansivos, no podía hacer de la ciencia el solo ídolo de su pensamiento y de su culto; su corazón generoso lo estimulaba siempre a interesarse con amor y con fe en la suerte de sus conciudadanos, de los pueblos, de la humanidad; a constituirse con los medios que le dieron su inteligencia y su saber, en impugnado declarado del despotismo militar y teocrático. Sí. Estrada fue uno de los opositores más sinceros y perseverantes que tuviera el régimen de los treinta años. Era prohibido escribir. Pero Estrada, a impulsos de la opinión, ocupaba el banco del diputado, y en diciembre de 1867 escribe y presenta a la Cámara su famoso informe y proyecto de ley sobre instrucción primaria, escrito notabilísimo que obra en nuestros archivos para eterna vergüenza de los que explotaban la ignorancia, para convertirla en instrumento de dominación tiránica, y para eterna gloria del pensador guatemalteco que aspiraba a explotar la inteligencia, la luz del saber, para convertirlas en instrumentos de vida, de adelanto y venturas patrias.

Era casi prohibido hablar; hasta la palabra estaba a punto de expirar en los labios de la oposición. Mas, Estrada, al lado del gran opositor, García Granados, se subleva siempre contra los avances del poder, y deja oír su suave, pero vibrante e inspirada palabra, haciendo la protesta enérgica contra los fusilamientos llevados a cabo, económicamente, por el Mariscal Cerna en el fuerte de San José.

Estrada, en el curso de sus largas campañas parlamentarias, no mostró, no podía mostrar las dotes de eminente orador. Le faltaban muchas condiciones físicas para serlo: su actitud no era oratoria; su palabra, aunque abundante, facilísima, era débil, y a veces llegaba su tono hasta la languidez. En lo moral, sus ideas y observaciones eran

93

siempre notables, muchas veces profundas; pero era tal la aglomeración de conocimientos, de diversas especies, que atesoraba en su rico cerebro, que en pocas ocasiones podía notarse la ilación constantemente sostenida en el discurso, prenda que, a la verdad, constituye el carácter propio del orador experimentado y superior en las lides de la palabra. Por encima de estos inconvenientes, Estrada revelaba de continuo las convicciones más sinceras, más íntimas, más puras, expresadas en correctas frases, llenas de sentimentalismo, que, por ser inspiradas por el corazón, llevaban la persuasión al auditorio que nunca deja de sentir y de aceptar en su ánimo la influencia de la fe, del sentimiento y la esperanza.

Desde 1868, año en que se verificó la reelección del Mariscal Cerna, empezó a fermentar activamente la revolución tan ansiada por Estrada, como el único medio de dar en tierra con los poderes tradicionales, cada vez más reñidos con la opinión de los pueblos, y por ende, cada vez más próximos a su definitiva ruina.

Las vías legales habían sido vistas con soberano desprecio por los ministeriales, y eran ya totalmente ineficaces para los opositores. Era, pues, inevitable la revolución armada, y ésta triunfó espléndidamente el 29 de junio de 1871. Estrada contempló con entusiasmo la coronación de la obra en que había sido activo cooperador. Ancho campo se presentó entonces a su vista para explotarlo en beneficio de las ideas de libertad y progreso que había anhelado ver reconocidas y planteadas en las patrias instituciones.

¡Pero cuánto dista el hombre ilustrado, el pensador profundo, de ser en todos casos, el hombre de gobierno, el emprendedor de prácticas y reformas que hace frente a la preocupación, a la ignorancia y al egoísmo, que se sobrepone a todo, y lucha, sin darse punto de reposo, hasta destruir los esfuerzos de los amigos del pasado, para consolidar así, y solo así, instituciones que tiendan al bien presente y a grandes destinos para lo porvenir!

La distancia a que nos referimos entre uno y otro tipo, la hemos visto realizada en nuestro amigo. Estrada fue Ministro de Relaciones Exteriores y de Negocios Eclesiásticos del nuevo Gobierno de la República, y terminó sus días con el cargo de consejero de Estado; y en esos elevados puestos, a pesar de haber sido útil, utilísimo con sus luces, con sus conocimientos, cuando se trató de las medidas de reforma que han renovado la faz de Guatemala, abriéndole espaciosos horizontes de mejor porvenir, Estrada se mostró vacilante, indeciso, y a seguir por norma su criterio, las leyes de reforma serían aún el desider tum (aspiración o anhelo que aún no se ha cumplido), del partido liberal de la República.

¡Qué de veces a los amigos íntimos de Estrada nos preocupaba hondamente sus dudas, sus vacilaciones, sin podernos dar una explicación satisfactoria acerca de ellas! Qué de veces nos decíamos: ¿por qué el hombre radical, el pensador más avanzado vacila, al tratarse de poner en planta la reforma que él mismo ha reconocido siempre como antecedente necesario para obtener el triunfo de las ideas progresivas que profesa?

Sin embargo, reflexionándolo bien, hay dos causas que explican el contraste que apuntamos en la vida pública de nuestro amigo. Estrada si poseía una inteligencia superior, poseía también una sensibilidad harto impresionable, tierna y delicada. Podía, pues, soportar con vigor el combate en el despejado campo de los principios, de las ideas, pero no podía resistir, por su índole sentimental, la ruda lucha en el escabroso terreno de los hechos, en donde se hieren intereses, en donde se agitan las pasiones, en donde se suscitan las manifestaciones de profundos resentimientos, de concentrado encono, y tal vez hasta de implacable venganza.

Luchas de tal linaje, crueles muchas veces, pero fatalmente necesarias, sólo están al alcance de las fuerzas del hombre de Estado que asocia las ideas a la acción de los hechos, por más que éstos, bajo algún concepto, vengan a hacer patentes muy tristes realidades. Pero Estrada no era hombre de esa talla; era un gran pensador, era un ideólogo profundo. Si aquí nos hubiésemos educado bajo la institución de una prensa libre, Estrada hubiera sido un gran propagandista, sirviéndose del folleto y del periódico. Si nos hubiésemos educado bajo el régimen de la libertad parlamentaria, Estrada, desde la tribuna, hubiera sido también un gran propagandista de las ideas de la libertad y de progreso: pero Estrada, colocado en el Gobierno, en la Administración, por medidas radicales y eficaces, no podía ni hubiera podido servir a sus ideas llevando a práctica en lucha activa, la reforma de las instituciones sociales, pues Estrada lo repetimos, no era, no podía ser hombre de Estado.

Causa de diversa índole, causa orgánica es la que contribuye a explicar el contraste que hemos notado. De antiguo, penosísimas dolencias físicas aquejaban a nuestro amigo, extenuando su organismo y disminuyendo por lo tanto la actividad y energía de su espíritu.

Particularmente en los últimos tiempos en que Estrada tomó participación en la política, no era más que un frágil vaso, pronto a romperse para dar salida a la esencia purísima de su grande alma. Sin duda tal estado de su organismo contribuyó a motivar sus vacilaciones que tanto sentimos porque hubiéramos querido verlo, en todo y por todo, a la altura de sus nobles y grandes pensamientos.

¡Pobre amigo! Cuanto decimos al juzgarte sólo pertenece al dominio de los recuerdos. Tu existencia no es ya una realidad para tus numerosos amigos que no te verán más, como magistrado íntegro, ejerciendo el augusto ministerio de justicia; que no te verán más, en el Concejo, derramando a manos llenas, los tesoros de tu ciencia; que no te oirán, no, en el Parlamento, defender con tu palabra literaria, dulcísima, los fueros del ciudadano y de los pueblos; que no te oirán, no, en los salones a donde con tu carácter afable, comunicativo, llevabas la chispa divina del entusiasmo y del contento! Pero si tu existencia pasó como brillador, fugaz meteoro, hijo ilustre de la patria que te llora, hay algo que no pasa, que vivirá siempre: la memoria de tu talento y tus virtudes.

Guatemala 1874.

DERECHO PÚBLICO

Artículo 22. Ni los hondureños ni los extranjeros podrán en ningún caso reclamar al Estado indemnización alguna por daños ó perjuicios que á sus personas ó bienes causaren las facciones.

Artículo 30. Son hondureños por nacimiento: 1º. Todas las personas que hayan nacido ó nacieren en el territorio de la República. La nacionalidad de los hijos de extranjeros nacidos en territorio hondureño, y la de los hijos de hondureños nacidos en territorio extranjero, será determinada por los tratados. Cuando no haya tratados, los hijos nacidos en Honduras, de padres extranjeros domiciliados en el país, son hondureños.

(Constitución política de la República de Honduras.)

La nueva Constitución Política de Honduras ha sido remitida oficialmente por la Secretaría de Relaciones Exteriores á los Secretarios de Estado y Agentes Diplomáticos de todas las naciones con quienes la República está relaciona. Los Representantes del Imperio Alemán, de la República Francesa, de la Gran Bretaña y España han objetado los artículos 22 y 30 de la Ley Fundamental, manifestando, en el fondo, que apoyarán las reclamaciones de sus connacionales motivadas por daños y perjuicios causados por las facciones (artículo 22), y que disienten de la declaratoria constitucional (artículo 30) que establece que en falta de tratados se considerarán como hondureños los hijos nacidos en Honduras de padres extranjeros domiciliados en el país.

Causa extrañeza que se ponga en duda la justicia con que la Asamblea Constituyente de 1880 ha hecho las mencionadas declaraciones en los artículos 22 y 30 de la Ley Fundamental. Que el Estado no es responsable de los daños y perjuicios que las facciones causen á los extranjeros, es una verdad no sólo admitida sin contradicción por todos los maestros de la ciencia del Derecho de Gentes, sino también sancionada en la práctica por la jurisprudencia internacional.

Hacer responsable a un Estado de los daños y perjuicios causados por las facciones á los extranjeros, sería según el voto unánime de los publicistas, crear dos privilegios injustificables: el uno en el interior del Estado á favor de los extranjeros que serían de mejor condición que los naturales: el otro en el exterior, á favor de los Estados poderosos y contra los débiles. Estos no pueden hacer valer sus reclamaciones que, por lo común, son desatendidas por los Gobiernos fuertes, al paso que tienen que dar satisfacción á los reclamos de Estados poderosos. Declarar, pues, tal responsabilidad es privilegiar al fuerte, y crear el interior de los Estados una desigualdad monstruosa en detrimento de los naturales y en provecho de los extranjeros. *El Morning Post,* órgano autorizado de la prensa inglesa, con motivo de la intervención europea en México, ha dicho en su número correspondiente al de noviembre de 1862:

"Cuando un Gobierno cuya autoridad no está completamente asegurada en el interior, se muestra sin embargo propicio á hacer todo lo que pueda para proteger la vida y los bienes de los súbditos ingleses, sería demasiado rigor de nuestra parte exigir á favor de ellos una seguridad que es realmente muy difícil de obtener".

El London News, órgano no menos autorizado, dice en su número correspondiente al 15 de febrero del mismo año:

"Los hombres que marchan á otras tierras animados por el espíritu mercantil, deben ir dispuestos á sufrir juntamente con los naturales del país los peligros á que todos están expuestos por los desórdenes y perturbaciones políticas".

Las doctrinas enunciadas han sido reconocidas en la práctica. En 1849 el Gabinete de Londres hizo reclamaciones por daños y perjuicios que algunos súbditos ingleses sufrieron en el reino de Nápoles y en el Gran Ducado de Toscana á consecuencia de trastornos políticos. Con este motivo el Gobierno de Austria protestó contra la conducta de Inglaterra. El Príncipe Schwartzemberg, en nota de 14 de abril de 1850, decía sobre el punto en cuestión estas notables palabras: abril de 1856, "Por muy dispuestos que estén los pueblos civilizados de Europa á ensanchar los límites del derecho de hospitalidad, jamás lo harán hasta el punto de conceder á los extranjeros privilegios que las leyes del país no aseguran á los nacionales".

El Gobierno de Toscana, en el propósito de obtener un arreglo amistoso, trató de someter la cuestión al arbitramento de una tercera potencia, acudiendo para este fin al Gabinete de San Petersburgo.

Mas el Gobierno Ruso, en nota de 2 de mayo de 1850, dirigida á su Embajador en Inglaterra, declaró que la cuestión entre Inglaterra y Toscana y Nápoles, era tan evidente à favor de estos últimos Estados que no daba mérito ni aun á la aceptación del arbitramento, lo cual supondría cierta justicia en el fondo de las reclamaciones. A este respecto decía el Ministro Ruso, Conde de Nesselrrode: "Según las reglas del Derecho Internacional, tales como las entiende la política Rusa, no se puede admitir que un Soberano forzado por la rebelión de sus súbditos á recuperar una ciudad ocupada por los rebeldes, esté obligado á indemnizar à los extranjeros que hayan sufrido por tal causa daños y perjuicios". El Ministro Ruso agregaba: "Que de no reconocerse este principio por Inglaterra, la presencia de los súbditos ingleses en una nación llegaría á ser hasta un azote, y podría servir de instrumento á los revolucionarios de todos los países para ocasionar embarazos al respectivo Estado de cada uno".

Las notas comunicadas al Gobierno de Su Majestad Británica en el sentido expuesto por los Embajadores de Austria y Rusia, hicieron á la Inglaterra reconocer la justicia, y cejar en sus pretensiones.

En el año de 1851 se aplicó por el Gobierno de los Estados Unidos norteamericanos el mismo principio que hicieron prevalecer Austria Rusia. Hubo en New Orleans un motín contra los españoles: el pueblo hirió á algunos, destruyó varias de sus propiedades, insultó la bandera de España, ultrajó al Cónsul y allanó el Consulado. El Gobierno español reclamó indemnizaciones para los perjudicados; pero Mr. Webster, Ministro de Relaciones de los Estados Unidos, contestó: "Que eran improcedentes los reclamos, porque los extranjeros que se establecían en el territorio de la República, para ocuparse en sus negocios, se sometían ipso facto a las mismas leyes y Tribunales que sus ciudadanos, y que el Gobierno no podía ser responsable de las consecuencias de un motín". España se dió por satisfecha con esta solución; y únicamente se indemnizó al Consul, por considerarlo Mr. Webster como funcionario que se hallaba bajo la protección especial de los Estados Unidos.

La misma jurisprudencia internacional se ha aplicado en numerosos casos ocurridos con motivo de la revolución francesa de 1789, de la insurrección polaca, y de la guerra civil sostenida por los Estados Unidos norteamericanos. Los extranjeros sufrieron gravísimos daños y perjuicios, y no obstante, ningún Estado exigió la responsabilidad à los respectivos Gobiernos.

Es de notarse además que en la mayor parte de los Tratados con las Naciones de Europa, y aun en las Constituciones de la América española, se establece el principio de igualdad de derechos entre los extranjeros y los nacionales. Esta igualdad rechaza en términos implícitos el privilegio que se pretende en favor de los extranjeros respecto al pago de indemnizaciones. He presentado los antecedentes que la ciencia y la práctica ofrecen en punto á indemnizaciones de extranjeros, para poner de manifiesto toda la justicia que asiste al Gobierno de Honduras para sostener en su integridad el artículo 22 de la Constitución, y para contestar a los Agentes Diplomáticos que lo objetan, manifestándoles que el Gobierno en ningún caso se apartará de lo prescrito por la Constitución.

El punto cuestionado es de grande importancia sostenerlo en el estricto sentido de nuestro derecho. El grave interés de sus consecuencias no sólo atañe a Honduras, sino también a la generalidad de las Repúblicas latinoamericanas. En la América española poderosos motivos que en Europa y en los Estados Unidos para cerrar hay más para siempre las puertas a injustas exigencias sobre indemnizaciones por daños y perjuicios causados á los extranjeros por las facciones. Las Repúblicas latinoamericanas tienen que ser pobladas por inmigrantes europeos. Además, las Repúblicas latinoamericanas, en lo general, aun no son países definitivamente constituidos. Tan desacertado como injusto es exigirles el orden y la regularidad que se observan en naciones seculares. Los pueblos jóvenes de América tienen, no por mala índole, sino por el influjo de leyes naturales é históricas, que estar sujetos, por mucho tiempo, para constituirse, á veces bruscas y violentas evoluciones. Consecuencia constantes y á veces bruscas lógica y natural de éstas son los daños y perjuicios que experimentan tanto los naturales como los extranjeres. Declarar el derecho de éstos a ser indemnizados, no sólo es crear en su favor un privilegio odioso, es también desconocer la posición y circunstancias de los países latinoamericanos que no pueden distraer su atención y sus recursos para satisfacer sus extrañas exigencias, cuando esa atención y esos recursos e los países latino los necesitan urgentemente para emplearlos en consolidar su estado social, y llegar á obtener el arraigo definitivo de las instituciones republicanas que cada día se robustecen más y más, y bajo cuyos auspicios se cerrará para la América latina la ora dolorosa, pero excusable, de las facciones, de las revueltas políticas, que el extranjero, por desgracia, no juzga siempre con el criterio del buen sentido y de la imparcialidad.

El principio de que los hijos de extranjeros domiciliados son naturales del país en que nacen, no es una novedad introducida por nuestra Constitución. Ese principio lo encuentro establecido en la antigua Legislación española. Las leyes de las Partidas y del Ordenamiento Real consideraban como españoles á los hijos de extranjeros nacidos en España. Después la ley 7., título 14, libro 1., de la Novísima Recopilación, adoptando la restricción de un dilatado domicilio, declaró que son nacionales ó españoles los hijos de los extranjeros domiciliados en España, por espacio de diez años. Y en América, una de las constituciones que se ha dado Colombia, declara: que son colombianos los hombres nacidos libres en el territorio de la República de padre extranjero que no se hallare en ella al servicio de otra nación ó gobierno. La misma declaración hace, en términos generales, la Constitución de Chile decretada en 1833.

Cierto es que muchos publicistas al hecho del nacimiento agregan el de la procedencia para fijar la nacionalidad de un individuo, aseverando que cuando esos dos hechos están en oposición, queda el derecho de optar á la mayor edad por la nacionalidad del nacimiento ó de la procedencia, conservando el individuo en la minoría la nacionalidad paterna.

Pero los publicistas que así opinan, fundan esa doctrina en las exigencias de los principios del derecho civil y en la conveniencia interior de las familias. Mas esta razón, en mi sentir, nace de la antigua idea de que los extranjeros tenían distintos derechos civiles. de los correspondientes á los naturales del país, derechos por lo común opuestos. Bajo este concepto es claro que los principios del derecho civil y el buen orden de las familias exigen que no haya conflictos entre padres ó hijos, que son consiguientes cuando hay oposición en sus derechos civiles. Pero como las legislaciones modernas han progresado, particularmente en América, teniendo un carácter más expansivo, más humano, más civilizador; como las legislaciones

101

modernas, en su mayor parte igualan á los extranjeros á los naturales para el efecto de tener idénticos derechos civiles; como este principio. ha sido plenamente declarado por el artículo 13 de la Constitución de la República, no halló fundamento alguno para que las exigencias del derecho civil y el orden e intereses de las familias reclamen la adopción de la doctrina que requiere la procedencia o nacimiento para fijar la nacionalidad de un individuo. Aquí, teniendo todos los extranjeros los mismos derechos civiles que los naturales, no puede haber conflictos entre padres é hijos en el ejercicio de sus respectivos derechos.

Aparte de estas consideraciones ocurren otras muchas de un orden superior. En buen hora que los gobiernos de los diversos. Esta dos aseguren con todas las restricciones posibles la nacionalidad de sus individuos que pasan á un país extranjero, llegando, si se quiere como Inglaterra, á declarar la nacionalidad como un vínculo indisoluble entre el nacional y el Estado. En buen hora que se hagan tales declaraciones, porque á lo menos están dentro de la órbita del derecho positivo, porque se refieren á individuos que han nacido en el Estado que legisla, que han recibido la protección y beneficios de sus leyes, que han vivido y se han formado en la tierra que los vió nacer, y que pasan á otro país, en su condición de extranjeros, y bajo les auspicios de las leyes del Estado de su procedencia. Pero tales consideraciones no pueden aplicarse, sino es en sentido inverso, á individuos hijos de padres domiciliados en país extranjero, y nacidos en el Estado del domicilio de sus progenitores. Sobre tales individuos no pue de recaer la legislación de un país extranjero, al que nada deben, al que no han estado nunca ligados personalmente. Por el contrario, esos individuos han recibido la vida en el lugar donde sus padres están domiciliados, donde hacen sus negocios, y tienen establecida su familia, donde reciben toda la protección y beneficios de las leyes del Estado que tiene derecho para considerar como nacionales á todos aquellos que desde el primer instante de la vida garantiza y protege. El instinto natural, que nunca se falsea, coincide con este modo de raciocinar; todo hombre instintivamente, se considera como individuo del lugar donde nace. Las instituciones de los hombres nunca serán bastante poderosas para enmendar la plana á la naturaleza.

Hay más: existe sobre todas las consideraciones expuestas una consideración capitalísima para sostener el principio proclamado en nuestra Constitución Política. En Honduras y en general en la América latina, la prosperidad nacional depende, en mucha parte, de la inmigración extranjera. Pero si la inmigración, como empieza á suceder en algunos Estados, afluye considerablemente, se establece y prospera, y se declara que los hijos de los inmigrantes domiciliados. en la América española, son extranjeros, la nacionalidad extranjera se transmitirá de padres á hijos, de abuelos á nietos, de bisabuelos à bisnietos; y en un porvenir, no lejano, tendremos el resultado de que los países despoblados de la América española, tendrán una inmensa mayoría de individuos sujetos á un estatuto extranjero, inmensa mayoría que acabaría por borrar el sello de la primitiva nacionalidad. Las naciones latino-americanas deben abrir de par en par las puertas al extranjero. El elemento extranjero les asegura, en gran parte, su prosperidad y futura grandeza; pero á esos grandes intereses los Estados latinoamericanos no deben sacrificar la dignidad de su autonomía a y su poder: deben tener siquiera una reserva: la de que no se pierda el sello de la nacionalidad primitiva, el que indudablemente se perdería admitiendo, de generación en generación, la transmisión de la nacionalidad extranjera, siempre privilegiada, y por lo mismo, siempre extraña á las ideas y peculiares intereses de los Estados latinoamericanos.

DISCURSO EN LA APERTURA DE LA UNIVERSIDAD CENTRAL DE HONDURAS

(Pronunciado el 26 de febrero de 1882).

Señores:

Práctica tan piadosa como significativa fue la de nuestros mayores que, al sentarse a la mesa de familia, rendían gracias al Hacedor de las doradas mieses que, convertidas en pan, le daban sustento para su cuerpo, animación para sus fuerzas, y alegría para su alma. A ejemplo de nuestros mayores, en este día feliz, en que, con la enseñanza que inauguramos se ofrece el sustento de nuestro espíritu, séame dado rendir las más sinceras gracias a los ciudadanos beneméritos que, por vez. primera, y al calor de su patriotismo, hicieron germinar en nuestro suelo la simiente de la ciencia; al doctor José Trinidad Reyes, que patrocinó la creación de este establecimiento de enseñanza; al doctor Máximo Soto, que concibió y formó el primer estatuto de esta Universidad, que fue en su origen una academia privada; y al doctor Juan Lindo, que la elevó a la categoría de instituto público, habilitado legalmente para el aprendizaje profesional.

Unan sus sentimientos a los míos, y demos gracias a aquellos ilustres varones que no han dejado, no, en nuestra tierra, regueros de sangre; que antes bien, con su saber y con sus obras, han dejado regueros luminosos que se han percibido, como iris de esperanza, aun en medio de las asoladoras tempestades de aciagas épocas de desgobierno y de barbarie; y que hoy, que la dulce paz y la hermosa libertad imperan, expanden sus suaves resplandores, y nos hacen ver claros y dilatados horizontes, y nos hacen ver, sereno y diáfano, el puro cielo de la patria.

Manifestada mi gratitud por los hombres que hicieron la primera luz en Honduras, cuando todavía poblaban nuestra tierra las sombras de la noche secular de la colonia, cumplido ya ese voto acariciado de mi alma, me toca hablar del pensamiento que preside al nuevo plan de estudios, de sus peculiares y más importantes caracteres, y de sus trascendencias sociales y políticas. Al hacerlo, me embarga justa y abrumadora desconfianza: pues si en este mismo recinto he podido, otras veces, hablarles de la patria y de las bellas letras, para ello sólo me ha bastado pedir inspiraciones a mi corazón, que habla muy alto; pero ahora tengo que discurrir sobre las ciencias y pedir ideas a mi inteligencia que, si puedo expresarme así, habla muy quedo. Para que su voz se haga oír sobre un tema, de suyo árido y difícil, favorézcanme con toda su benevolencia, hoy más que nunca necesaria para quien no ha de atraerlos con el sentimiento que seduce, para quien, con la frialdad de la reflexión, va a hablarles en nombre de los principios y de los intereses de la ciencia.

Importa, ante todo, que determine, imitando a los geógrafos, a qué altura estamos en la esfera de las ciencias. La vasta reglamentación del Código de Instrucción Pública que hoy empieza a regir, ¿marca para nosotros un alto grado de progreso? Todo lo contrario. Aunque parezca un aserto paradójico, debo asegurar que marca nuestro atraso. Los gobiernos que gobiernan menos, en materia de instrucción pública, son los que corresponden o deben corresponder a las raciones más cultas, en que la ciencia es un negociado de la sociedad que sólo requiere jurídicas garantías; en que la ciencia tiene un organismo propio, en que, como la religión, como la industria, como el comercio, es una actividad social llena de vida y de poder. Y siguiendo estas ideas, entre nosotros se presenta, como en todas partes, con respecto a la ciencia, este dilema de términos indefectibles: o la iniciativa de la sociedad, o la iniciativa del Estado. Nuestra sociedad conserva, como legado, aunque legado funesto, el huraño retraimiento de los tiempos coloniales: nuestra sociedad, después de las luchas enervantes que ha traído consigo una política de parcialidades y de enconados odios, casi ha segado las puras fuentes del sentimiento y de las aspiraciones legítimas; nuestra sociedad aún permanece en ese estado de estupor que sucede a las grandes crisis; nuestra sociedad vive casi inactiva, y, tratándose de grandes intereses comunes, o es egoísta o cuando menos indiferente. ¿Qué hacer, pues, en tal situación de cosas? ¿Esperaremos que la acción lenta del tiempo o de imprevistos y extraordinarios acontecimientos vigorice nuestra sociedad, le infunda nueva vida, y la haga tomar por su cuenta el capital negociado de la instrucción pública? Nada de esto. Tal solución nos expondría a consumirnos en el quietismo de una vida asiática; y digo mal, no sería éste nuestro mayor peligro, pues nuestros pueblos están tocados de la cruel enfermedad de la anarquía: nuestro mayor peligro sería el de aniquilarnos, como algunas veces ha estado a punto de suceder, entre las horribles convulsiones que producen los violentos choques de desatentadas e irreconciliables pasiones.

En el Asia, la ignorancia de los pueblos es la quietud que petrifica; en América, es la anarquía que destroza. De mí sé decir, que prefiero ver momias, a ver osamentas dispersas blanqueando las plazas y los caminos públicos. Es apremiante, pues, el dilema que dejo apuntado. Si uno de esos términos no es posible porque nuestra sociedad es inactiva, debemos aceptar el otro con fe y resolución; debemos aceptar la plena iniciativa del Estado.

Esta solución no cuadra con el ideal de la ciencia, pero cuadra con las exigencias de lo practicable, y prepara la realización del ideal. He aquí por qué el nuevo Código de Instrucción Pública reglamenta extensamente, desde los estudios primarios, hasta los estudios profesionales, los rodea de garantías administrativas, de una intervención oficial constante y eficaz, y establece estímulos y apremios de carácter gubernativo. El Código está calcado sobre este hecho de observación: la sociedad no hace nada; el Estado debe hacerlo todo. Esto no es lo mejor, pero es lo hacedero y es preferible al vacío, porque el vacío, en materia de educación, es la muerte de los pueblos, como en lo físico es la extinción de la vida orgánica.

Mas el Código, al amoldarse a las circunstancias, no olvida los principios que satisfacen al porvenir de la ciencia, y declara, en sus preliminares, que "el Gobierno tiene como principio descentralizar gradualmente la instrucción pública, y crearle la mayor suma de elementos de existencia y sólido progreso, con el objeto de que el fin científico de la sociedad se realice por medios propios, y, en lo futuro, la ciencia esté tan sólo bajo la garantía jurídica del Estado, y en ningún caso, bajo su dependencia".

Todo plan de estudios, o es nada, o debe tener un sistema. El nuevo Código establece para la enseñanza, lisa y llanamente, el sistema positivo. Esto implica para nosotros una revolución radical en las ideas, pero revolución necesaria y fecunda. De su éxito depende, nada menos, que el porvenir de la República. No creo aventurar frases vacías de sentido. Para comprobar mis asertos voy a hacer un breve pero suficiente análisis de los tres grandes sistemas que, respecto a la enseñanza, han dividido las opiniones del mundo sabio.

Los hombres, después de haber pasado por las varias evoluciones que exigió la formación de la familia, de la tribu y de la ciudad, constituyeron naciones organizadas y regidas por grandes teocracias. Así debió ser, y esto fue un notable progreso: la idea de lo sobrenatural reemplazó al instinto de la fuerza bruta; del despotismo de la materia que no se discute, hubo que pasar al despotismo del dogma, también indiscutible.

Pero el dogma implica una creencia, y la materia sólo revela una fuerza; el dogma tiene un sentido moral, y las creencias que engendró constituyeron, desde la más remota antigüedad, un sistema de enseñanza; sistema conque las castas sacerdotales, rodeadas de privilegios, de misterios y de prestigios, que oso llamar sobrenaturales, han dominado al mundo en los antiguos tiempos, y en mucha parte, en los tiempos modernos.

Ahora bien: ¿es justificable y provechoso para la enseñanza el sistema teológico constituido por la casta sacerdotal y calcado sobre ideas extranaturales? Para su época fue provechoso y justificable, como justificable es la esclavitud comparado con el derecho de dar muerte al vencido; como justificable es el feudalismo comparado con la esclavitud; como justificables son las monarquías absolutas comparado con el feudalismo; como justificables son las monarquías constitucionales comparadas con el absolutismo de Luis XIV o de Felipe II. Pero en nuestra época, después del Renacimiento, de la invención de la imprenta, del hallazgo del Nuevo Mundo, de la Reforma religiosa, de la Filosofía del siglo XVIII, de la Revolución francesa, del planteamiento de la república en América; ¿tiene alguna razón de ser, y alguna utilidad práctica el sistema teológico en la enseñanza? Ninguna razón, ninguna utilidad. Razón de ser tuvo el absolutismo del papado cuando se encarnó en su más genuino representante, Gregorio VII; pero no tiene razón de ser el Syllabus de Pío IX, contrapuesto a los arraigados progresos de la ciencia moderna y del moderno derecho. Si nuestra época es de libre examen, si la libre investigación ha penetrado, por decirlo así, hasta en la médula de nuestros huesos, si las ciencias exactas y naturales, la industria y el comercio forman hoy poderosos organismos con vida propia, y antes casi atrofiados por la acción de la teocracia o del Estado, prueba todo esto que la situación social de los pueblos ha cambiado radicalmente.

La situación social es completamente nueva, y entraña nuevas ideas, nuevas creencias, nuevas necesidades, nuevas costumbres, nuevas aspiraciones. ¿Podrán satisfacerlas dando a la juventud una enseñanza teológica? Formen, si pueden, jóvenes eruditos que diserten en lengua latina, sobre si todo está en Dios, como pensaba Spinoza, o todo viene de Dios, como pensaba San Pablo; sobre las virtudes de la gracia; sobre cuáles son las verdaderas y cuáles las falsas decretales. Fórmenlos de esta suerte, y yo les aseguro que aun en nuestro mismo país, sus eruditos en teología y en cánones serán en sí una esterilidad, y una carga pesada para sus familias, y, lo que es peor, una perturbación para el Estado. En la Edad Media podrían haber vivido, y aun ser provechosos, en buena hora; pero en nuestros tiempos de libertad, de industria y de comercio, son como plantas exóticas que tienen que morir por falta de aire respirable, y si en breve no mueren, tienen que vivir merced a la cuestión social, o merced al uso execrable del trabuco del padre Santa Cruz. No; nadie, absolutamente nadie, ha podido ni podrá torcer las corrientes de las ideas progresivas que dominan en una época; y las ideas de la nuestra han condenado irremisiblemente la enseñanza teológica. Y cuenta con que no merece nuestro desprecio: yo juzgo que fue útil y grande en su tiempo; juzgo, además, que debe estudiarse ese sistema, pero como punto histórico, a la manera que el naturalista estudia los fósiles para reconstruir animales, organismos cuyas especies se han perdido para siempre.

Aunque la razón humana suspenda a veces su vuelo, como para tomar descanso, empero, no descansa; no hace más que reconcentrar laboriosamente su actividad para cobrar nuevas fuerzas, y despliega sus alas para remontarse a inexploradas y más luminosas regiones. Llegó un día en que el dogma y el misterio no lograron satisfacer al entendimiento, en que éste de la región sobrenatural partió a la región natural. La ciencia, desde entonces empezó a perder su carácter divino; comenzó a tener un sentido humano; la revelación dejó de ser la única clave de las verdades científicas, y vino a reemplazarla, en mucha parte, la disquisición metafísica sobre los primeros principios del Universo, sobre los atributos fundamentales de los seres, sobre la esencia de las cosas. A la misteriosa teología sucedió, por una progresión lógica, una abstracta ideología. ¡Qué paso tan gigantesco en la marcha de las ciencias!

Del infinito desconocido se pasó a lo finito para buscar sus primeras causas, y penetrar en la esencia de los fenómenos de la vida y de la naturaleza. El problema científico cambió de términos; la posición del observador fue distinta. Los términos del problema fueron menos elevados, pero más accesibles; la posición del observador menos grandiosa, pero más racional. El hombre, alejándose un poco de lo impenetrable, se hizo más humano, y empezó a comprender mejor su destino.

Tan marcada y trascendental evolución en la marcha de las ciencias, trajo, como era natural, un nuevo sistema para la enseñanza: el sistema metafísico. Debido a este sistema se revelaron en las escuelas un mundo ideal y grande síntesis para explicar la creación de los seres, las fuerzas y el movimiento de la materia; la esencia de los cuerpos y de los espíritus y sus misteriosas comunicaciones, la esencia de las actividades del alma humana, la generación y modo de obrar de sus fenómenos, y las relaciones de todo lo creado con una causa primera, con Dios. Tal sistema como todo lo que es artificioso, tuvo un difícil procedimiento de exposición, tuvo, si puedo decirlo así, su idioma aparte. Esto era muy lógico. Los sacerdotes, poseedores de la ciencia antigua, tuvieron su lenguaje esotérico y exotérico; el uno para los iniciados, para los escogidos, el otro para el vulgo. Los metafísicos emplearon un método análogo; constituyeron una argumentación silogística, como medio expositivo de abstractas ideas, y formaron una vasta dialéctica. Entonces a la sagrada autoridad del sacerdote sucedió la autoridad incontestable del maestro; la razón del discípulo cambió de vasallaje. Ya no se sometía al hombre semihumano, colocado más allá de la experiencia; ya no se doblegaba ante una fórmula misteriosa, pero se rendía ante la legitimidad de un silogismo. El despotismo intelectual venía de menor altura, carecía de prestigios sobrenaturales, pero en cambio era más fácil, mucho más fácil de romperse. ¡Gracias, pues, sean dadas a las tiranías de los maestros dialécticos, porque ellas libraron al mundo de las tiranías de la casta sacerdotal; porque es indudable, señores, que las peores tiranías son las que se ejercen sobre las conciencias, en nombre de Dios!

Pocos, muy pocos, admirarán, como yo admiro, la grandeza de las concepciones de los hombres de genio que, en los dominios de la metafísica, llevados de un nobilísimo afán, han sido como nuevos Prometeos pretendiendo arrebatar el divino fuego del cielo. Pocos, muy pocos, admirarán, como yo admiro, la influencia benéfica que sus laboriosas meditaciones han ejercido en la ciencia, San Agustín, Tomás de Aquino, Abelardo, Malebranche, Leibniz, Spinoza, Kant, me parecen águilas extraordinarias que se han esforzado en volar por lo infinito, pero que han abatido su vuelo, y plegado sus alas sobre los altos peñones de que partieron, porque más allá de la región de la atmósfera no han podido vivir, ni revelarnos siquiera una mínima parte de los inescrutables arcanos que guardan los seres y los mundos, como para evidenciar a cada paso su soberana e indefinible grandeza, y la infinita y abrumadora pequeñez de los hombres.

Yo reconozco que la metafísica, aunque a veces inconscientemente, prestó los eminentes servicios de sustraer la ciencia al dogma, y de preparar, con sus disquisiciones abstractas, la era feliz del libre examen, de las observaciones concretas, de los análisis fecundos en resultados para el bienestar, para la felicidad de la especie humana.

Pero la época de la metafísica ha pasado: cumplió su destino, su sistema no puede resucitar, como no pueden resucitar los hombres cuando, después de haber cumplido su fin, la muerte les señala su término fatal. La duda de Descartes, el método de Bacon, la risa de Voltaire, el descreimiento de los Enciclopedistas, los progresos de las ciencias fisicomatemáticas, nos dicen que la metafísica está en su osario, y que no podrá reaparecer. Y hay razón para que no reaparezca; hoy para la ciencia nada vale la legitimidad del silogismo, que no es la verdad; lo que vale es la exactitud de la observación o de la experimentación; en nuestro siglo la ciencia no es dialéctica, es más bien crítica.

Podrá argüirse que ésta es una ciencia rastrera que no se eleva a sublimes concepciones. Acepto cuanto el antojo quiera decir. Pero en cambio, yo los emplazo para que, después de haber estudiado y meditado mucho las obras de los filósofos más ilustres, de Thales de

Mileto hasta Sócrates, desde Sócrates hasta Aristóteles y Platón, desde Aristóteles y Platón hasta Cicerón y Séneca, desde Cicerón y Séneca hasta Abelardo y Tomás de Aquino, desde Abelardo y Tomás de Aquino hasta Malebranche y Leibniz, desde Malebranche y Leibniz hasta Cousin, Jouffroy y Balmes; yo los emplazo para que, después de asiduo estudio y de profundas meditaciones, me digan, de un modo asertivo y concluyente, cuál es la esencia de la materia, cuál su origen; cuál es la esencia del alma humana, y cómo se efectúa su comunicación con el cuerpo; cuál es la esencia de las causas primeras, y cuáles sus modos de obrar en la generación y conservación de los seres; en suma, sustancialmente, de dónde venimos, qué somos, a dónde vamos. Después de haber sondeado estos problemas los pensadores de todos los siglos; después de haberse agotado en su examen extraordinarios esfuerzos de reflexión o de ingenio; ¿qué nos queda? ¿Nos quedan fecundas convicciones que satisfacen a nuestra conciencia y a nuestra razón, y que sean como leyes inmutables, reguladoras de nuestra vida? No; nos quedan hipótesis más o menos ingeniosas, más o menos satisfactorias para nuestro orgullo; pero las hipótesis no son ni pueden ser la verdadera ciencia.

Y bien; si los más grandes genios que honran a la humanidad, después de estudios seculares, nada definitivo han podido resolver, nada concluyente sobre los problemas metafísicos que ofrecen la naturaleza y la vida: ¿podrán ustedes definir algo? ¿Podrán llevar con éxito, con resultados prácticos, el sistema metafísico a la enseñanza? No podrán hacerlo, porque a ello se oponen la experiencia de los siglos y los dictados de la razón. Tienen, pues, que convenir en que la época del sistema metafísico ha pasado, y en que si ha de darse a nuestra juventud una instrucción verdaderamente científica, sólida y provechosa, hay que proscribir, como fundamento de la enseñanza, al sistema metafísico, hay que buscar nuevos rumbos la ciencia; hay que despojarse de tradiciones de escuela, para emprender la difícil peregrinación que conduce a halagadoras para nuestra vanidad, y estériles para nuestro bien; hay que despojarse de hermosas y seductoras ilusiones; hay que apartar los ojos del cielo de un mundo ideal, y convertirlos a la tierra para ver y examinar la verdad que está encerrada en los prosaicos hechos, como en las toscas conchas se encierran las finas y brillantes perlas que, después de extraídas por los buzos, aparecen radiantes de hermosura en las coronas de los reyes.

Cuando han pasado las ilusiones es cuando el hombre es más sensato: cuando han venido los desengaños es cuando el hombre es más reflexivo y práctico. No obstante, toda caída, y más cuando se cae de lo ideal, produce un dolor infinito; pero toda caída trae consigo una rehabilitación. La ciencia ha caído primero desde el cielo inconmensurable de la Teología; la ciencia ha caído después desde las nubes vaporosas de la ideología. Yo comprendo el dolor que tales caídas producen a los amigos del pasado, a los que creían vivir en el cielo, a los que creían cernerse en el éter. Yo hago justicia a su gran pesadumbre. Los sistemas mueren dejando siempre una orfandad en las inteligencias, tan dolorosa como desesperante, y es que las palpitaciones del corazón no son extrañas a las palpitaciones de la ciencia. Nuestro organismo es un cúmulo de afinidades aun no comprendidas lo bastante, aun no definidas por completo, ni aun en sus manifestaciones más someras. Por esto no tendrán término los destinos del arte. Uno de los poemas más excelsos de lo porvenir será el poema de las ciencias que, con mucho, aventajará al de Homero, porque las ideas científicas, que vivifican e inspiran a un gran corazón, tienen sublimidades y proezas más extraordinarias que la de los antiguos dioses y los antiguos héroes. Pero me aparto de mi objeto, llevado por mi afición al arte.

Perdónenme, señores, voy a reanudar mis ideas. Decía que las ilusiones han pasado, que los desengaños han venido, haciendo al hombre más reflexivo y más práctico, y que toda caída trae consigo una rehabilitación. En el estado reflexivo y práctico que ha sucedido a las ilusiones teológicas y a los desengaños de la metafísica; caídos para la investigación científica y para la enseñanza los sistemas teológico y metafísico: ¿qué sistema repondrá las fuerzas perdidas? ¿Qué sistema forma o ha de formar el nervio, la actividad de los hombres de la ciencia? ¿Qué sistema ha de dar vida y calor a la enseñanza? Después de la caída, ¿qué sistema ha de constituir una rehabilitación? En concepto del Gobierno, expresado en el nuevo Código, el sistema que ha de reemplazar a los ya inadmisibles, es el sistema positivo.

La metafísica se funda primordialmente en lo que está más allá de la experiencia: la ciencia positiva se funda primordialmente en los hechos que están bajo el dominio de la observación; la metafísica plantea problemas que no puede resolver porque carece de medios analíticos; la ciencia positiva plantea problemas que resuelve, porque tiene medios para el análisis: la metafísica es abstracta y las más veces da conclusiones hipotéticas: la ciencia positiva es concreta y da conclusiones hipotéticas: la ciencia positiva es concreta y da conclusiones prácticas: la metafísica es casi estéril para los usos de la vida; la ciencia positiva es siempre provechosa para satisfacer las naturales necesidades del hombre; la metafísica, tan vigorosa, tan ideal, tan atrevida, cuadra con nuestra vanidad; la ciencia positiva, tan definida, tan real, tan modesta, cuadra con nuestros instintos y con nuestra conciencia: la metafísica marca el período de las ilusiones científicas; la ciencia positiva marca el período de la reflexión y de la sensatez. Después de las diferencias apuntadas no se necesita un esfuerzo de lógica para deducir que el criterio de la ciencia positiva es el que debe adoptarse como preferible para la enseñanza. Y esta preferencia no sólo se deriva de las consideraciones generales expuestas: tiene en su apoyo el fundamento de hechos incontrovertibles. Es ya una verdad, que nadie pone en duda, el estacionamiento en que han permanecido las ciencias morales, formando contraste con los maravillosos progresos de las ciencias naturales. ¿Cuál es la clave de este fenómeno patente a todas luces? La clave es conocida. El criterio metafísico ha causado el estacionamiento de las ciencias morales, al paso que el criterio positivo ha producido los portentosos progresos de las ciencias físicas y naturales.

Hay más: observen en la vida los resultados de la instrucción dada bajo los auspicios de uno y otro criterio. ¿Qué suerte tienen en nuestro país, y fuera de nuestro país, los individuos de conocimientos exclusivamente metafísicos? Por lo común, la más adversa a la satisfacción de sus necesidades. Sus conocimientos no los ponen en aptitud de alcanzar, por el trabajo, que es la ley de la vida, los medios de atender a su subsistencia y a la de los suyos, y de contribuir al bien social. Las hipótesis sobre lo esencial de las cosas no conducen a trabajos útiles que el mundo aprecia y remunera. Por lo contrario:

¿cuál es la suerte de los individuos que, bajo el criterio de la ciencia positiva, adquieren conocimientos de práctica utilidad? Podéis notarlo entre nosotros mismos. ¿Quiénes son más útiles y más felices, nuestros bachilleres que, después de cuatro o cinco años de estudio, nos hablan mucho de Ontología, de Teodicea y de Dialéctica, y que no pueden procurarse una ocupación provechosa, o nuestros telegrafistas que, con seis meses de estudio de una de las aplicaciones de la electricidad, prestan servicios importantísimos, y tienen siempre un empleo que satisface a sus necesidades y a las de sus familias? Esta pregunta versa sobre un hecho vulgarísimo, que está a la vista de todos. La respuesta no puede ser dudosa: sería hasta impertinente el expresarla.

Si el fin de la vida es el bien, procuremos el bien de nuestra juventud proporcionándole una instrucción positiva, fecunda en resultados para su felicidad individual, y para el bienestar y progreso de la Nación. Yo sé perfectamente que en contra de tal propósito se dirá, en nombre de las preocupaciones, que la ciencia positiva es una ciencia materialista, impía, contraria a las inspiraciones de la religión y a los dictados de la moral. Nada, sin embargo, tan errado como este modo de raciocinar. La ciencia positiva busca los hechos observables, y esto no entraña un materialismo repugnante; la ciencia positiva es humilde, tiene en cuenta la flaqueza de nuestras fuerzas y sólo aprovecha los medios naturales de observación; lejos de ser impía es profundamente cristiana, porque no obedece a las sugestiones del orgullo. Littré, el sucesor de Augusto Comte, el admirable sabio positivista, no ha negado a Dios, no ha negado lo que está más allá de la experiencia; se ha limitado a decir que sobre lo metafísico nada sabe científicamente, porque carece de medios de observación, porque su razón no puede ir tan lejos.

Esta humildad del sabio no es, no puede ser una impiedad. La ciencia positiva no es una ciencia de negaciones; es, en mi sentir, lo que debe ser, una ciencia de afirmaciones. Bajo este concepto, nada niega a la conciencia que se sienta inspirada por la fe, nada a la moral que consagra el deber. La ciencia que proclama, como primordiales deberes del hombre, el deber de instruirse a sí mismo y de instruir a sus semejantes, es, a mi juicio, la ciencia más profundamente moral, más profundamente religiosa. Creo, pues, en absoluto justificadas la legitimidad y la conveniencia del sistema positivo que el nuevo Código adopta, para que sea como el alma, como la inspiración de la enseñanza.

La ancha y sólida base de todos los conocimientos se halla en la instrucción primaria. He aquí por qué el Código la organiza y reglamenta antes de organizar y reglamentar los estudios secundarios y profesionales.

En consonancia con la Constitución Política, la instrucción primaria ha sido declarada laica, obligatoria y gratuita.

Separada entre nosotros la Iglesia del Estado, éste no puede, a virtud de ninguna de sus funciones administrativas, imponer un credo religioso, cualquiera que éste sea. En materia de enseñanza tiene, pues, que proporcionar una instrucción puramente civil. La conciencia es y debe ser extraña a la acción del Estado. La conciencia de los individuos, que es, por decirlo así, su sentido religioso, no debe recibir las inspiraciones de la escuela oficial, que sólo debe dar ideas, conocimientos. La conciencia de la juventud únicamente debe formar su fe, recibir sus inspiraciones religiosas bajo los auspicios de la familia y del sacerdocio. Tal separación ennoblece al Estado y dignifica la religión; el Estado no podrá ejercer ninguna tiranía sobre la conciencia, y la fe religiosa, inspirada por la familia o por el sacerdocio, será siempre vivificada por la pureza del corazón y por la sinceridad del sentimiento.

El carácter obligatorio de la instrucción primaria es una consecuencia de las circunstancias de nuestro modo de ser social. En principio, así como el hombre es libre para pensar, para creer, para obrar, debe serlo para instruirse. Pero es condición fatal de los pueblos incipientes la necesidad de que para su desarrollo, reciban algunas veces la intervención coercitiva del Estado. Tratándose de la instrucción primaria, esa intervención está legitimada entre nosotros por la necesidad. Nuestros pueblos fueron colonos de la España, y por una especie de salto, que cada día me asombra y maravilla más, pasaron a la vida de la República, sin luz en la conciencia, sin ideales en la mente, sin rectos móviles en su voluntad, en suma, sin educación. Necesitamos, pues, a todo trance que para que la República viva y sea lo que debe ser, la consagración de la inteligencia, de la libertad, del derecho, nuestros pueblos se

115

compongan de ciudadanos conocedores de lo verdadero y de lo justo, apreciadores de sus derechos y obligaciones.

Mas este resultado no podremos alcanzarlo sin la escuela primaria, y debido al atraso de nuestra población, la escuela primaria permanecerá casi desierta si los padres de familia no saben que pesarán sobre ellos los apremios del Estado, cuando sus niños no cumplan el deber de concurrir a la escuela, que ha de moralizar su corazón e ilustrar su inteligencia, que ha de ponerlos en aptitud de ejercer, en la vida social y política, las primordiales funciones de la ciudadanía. En los Estados Unidos de América no se comprende que pueda haber apremios para que los padres de familia manden sus hijos a las escuelas. Allí la educación ha fortificado el buen sentido de todas las clases sociales, y, desde el estadista hasta el campesino, todo el mundo comprende su interés y obra como debe. En nuestro país, en sentido inverso, no se comprende cómo pueda dejarse una completa libertad a los padres de familia, tratándose de la educación primaria de sus hijos. Tenemos, por lo tanto, que aceptar, contra la rectitud de los principios, una verdadera anomalía, pero anomalía justificable, porque son buenos los procedimientos anómalos que no hacen retrogradar a los pueblos, que, subordinados a un noble y alto fin, los llevan, aunque por vías tortuosas, a la región de la luz y de la libertad. Esa es nuestra tierra prometida, pero antes ¡ay! tenemos que pasar por áridos desiertos.

También, como una necesidad de nuestro estado social, y como una justa compensación, la enseñanza primaria es y tiene que ser entre nosotros gratuita. La enseñanza es un servicio como otro cualquiera, y en rigor debiera remunerarse. Pero el Estado tiene un alto interés en que se formen ciudadanos útiles; la República puede vivir, aunque sin lustre, sin filósofos, sin historiadores, sin literatos, sin ingenieros, sin jurisconsultos, pero la República no puede vivir sin ciudadanos; la escuela primaria, donde éstos empiezan a formarse, es para la universalidad de los pueblos, y la mayoría de éstos carece de recursos.

Este cúmulo de circunstancias hace, pues, que la instrucción primaria sea gratuita, que el Estado, respecto a ella, ejerza una acción protectora, desinteresada, que no tenga en mira más que el bien social. Es de notarse que en la reglamentación de la instrucción primaria, relativa a su dirección e inspección, el Código acude a la acción de empleados del orden administrativo y municipal, en vez de crear un organismo aparte, con empleados especiales llamados a ejercer las altas funciones de la dirección e inspección de la enseñanza primaria. Este sistema es el que da en otros países los más satisfactorios resultados, y dichosos seríamos si pudiéramos verlo planteado entre nosotros. Pero a ello se oponen, por ahora, dos razones capitales: carecemos de fondos para crear un organismo aparte de dirección e inspección, y además, doloroso es decirlo, no hay muchas personas que pudieran encargarse, con solicitud, del cometido importantísimo de trabajar afanosamente por la consolidación y progreso de la instrucción primaria. Y ya que he expresado un sentimiento de pena, producida por la falta de colaboración social en orden a la enseñanza primaria, viene a cuento hacer hincapié sobre este punto de vital interés. Me dirijo, en particular, a las clases propietarias, inteligentes y civilizadas del país.

Apenas hace seis años que todos los individuos que en Honduras pensaban algo, reflexionaban algo, o poseían algo, tenían en el alma el espanto o la desesperación. Temían, a cada paso, la repetición de irrupciones salvajes llevadas a cabo ¡quién lo creyera! en nombre de los principios políticos, irrupciones que sembraban por todas partes la desolación y la muerte. Recuérdenlo bien. Turbas incultas azuzadas por un caudillaje todavía más inculto, por largos años, nos mantuvieron en una vida de horrores, en que sólo se hablaba, con trémula voz, de asesinatos, de incendios, de saqueos y de otros más horribles crímenes que el pudor se resiste a mencionar. Aun los niños, que luego se distraen, conservan todavía en la memoria aquel grito fatídico que los hacía temblar... ¡Los indios!

Ahora bien; esos males no existen porque se han aplicado a nuestras llagas sociales los cauterios de leyes previsoras, severas e inflexibles; pero esos males podrán repetirse cuando falten, en el Gobierno del país, imparcialidad, entereza y previsión. Conviene, pues, que reflexionemos, y los invito a reflexionar. ¿Quién desangraba, empobrecía y deshonraba a nuestra sociedad? ¿Quién conculcaba todo derecho, y pisoteaba todo deber? ¿Quién turbaba el sueño de nuestras noches y la serenidad de nuestros días? ¿Quién? ¿Era la persona del malaventurado caudillo, o la persona del pobre indio? No; era algo peor; era la ignorancia que se servía de esos instrumentos.

Pero sucede que en sociedades conmovidas por las pasiones, y trabajadas por alzamientos vandálicos, llega a perderse hasta la rectitud del instinto, y a apoderarse de los ánimos una especie de distracción profunda. Se siente el mal, se palpa, se llora hasta con lágrimas de sangre, y sin embargo, no se halla el remedio que puede curarlo. Me ha sucedido, bajo la influencia de un gran sentimiento, estar profundamente distraído, tener en el bolsillo o en la mano lo que más deseo, y sufrir y no hallar el anhelado objeto. Así está nuestra sociedad: está profundamente distraída, ha sentido sus acerbos males, y presiente los que pueden venir; y, sin embargo, señores, el remedio está en sus mano, y pueden aplicarlo si quieren: sacudan su distracción, e instruyan a los pueblos: he aquí el remedio heroico de la sociedad que ayudan a forman. Si se necesita una prueba de hecho, voy a darla. ¿Saben de dónde salió Cabañitas, el cerrajero esforzadísimo, cuyas hazañas ha historiado bellísimamente el primero de nuestras estadistas, que es también una de nuestras primeras glorias literarias? ¿Saben de donde salió aquél héroe humilde que, hace pocos años, salvó a todo un pueblo de los horrores de la barbarie? Salió de la escuela primaria, en donde supo que en la sociedad debe haber orden, derechos y deberes que respetar y hacer cumplir. ¿Saben, por lo contrario, de dónde salieron los indios García y Vásquez, el *"Corta-cabezas"*? ¿Saben de dónde salieron aquellos nuevos vándalos que llevaban por doquiera la destrucción y la muerte? Salieron de la ranchería salvaje, en donde aprendieron a matar y a rugir como las fieras, y a tener sangrientos festines como los de los cuervos.

No tomen a mala parte el que les haga recuerdos tan tristes, más que tristes odiosos, en este día consagrado a solemnizar las letras que tienen por cortejo la paz, la justicia y la benevolencia. Si algún reproche hubiere, que no lo espero, a mis reflexiones sobre el pasado, me probaría que nuestra dolorosa historia para nada sirve y que no están dispuestos a meditar sobre sus enseñanzas, a sacar partido de sus elocuentes lecciones que nos dicen que instruyamos a los pueblos, para que pongamos radical remedio a los acervos, a los horribles males que de antiguo nos aquejan. Convenzámonos; nuestra historia nos demuestra que la instrucción primaria es un negociado que a todos nos corresponde de un modo tan inmediato, tan directo, a la manera que nos corresponden nuestros particulares intereses, que atañen a nuestra individual conservación y a nuestra felicidad personal. Cuando al caer la tarde veo a los pobres niños del pueblo salir de la escuela primaria, con sus cartapacios bajo el brazo, y yo me digo, emocionado por la alegría, esto me pertenece, esto es mío, esto formará parte de mi existencia y de mi suerte: estos niños que se instruyen prometen paz para mi patria, orden para la sociedad en que vivo, producción para nuestra industria y nuestro comercio, adelantamiento para nuestras letras, en suma, bienestar común que aseguran mi felicidad individual.

Por lo contrario, cuando al mediodía, a las horas del trabajo, veo errar, por las calles, a niños ociosos, o los veo, en empobrecidos barrios, mecerse en las hamacas, con todas las voluptuosidades de la pereza, yo me digo, con tristísimo y profundo desaliento, ¡esto me pertenece, esto es mío, esto formará parte de mi existencia y de mi suerte: estos niños que se embrutecen darán la guerra civil para mi Patria, el desorden para la sociedad en que vivo, la ruina para nuestra industria y nuestro comercio, el retroceso para nuestras letras, en suma, todo género de desgracias y calamidades en que tomaré parte sufriendo personales infortunios! Se los digo por última vez, señores, la instrucción primaria constituye para nosotros un interés vital: en ella está cifrada la suerte de nuestro provenir.

Esperen todo lo bueno y honroso de los pueblos que se forman en la escuela; pero teman todo lo malo y oprobioso de los pueblos que se forman en las asonadas de pandilla, y en las orgías de la taberna. Prueben que conocen su interés, que saben atenderlo, y que aman a los pueblos, cooperando a su enseñanza. Que no se den abrazos y apretones de mano a la plebe, que la experiencia prueba que esa política es tan necia como contraproducente. Que no se adule la ignorancia, que esta adulación es la más estúpida y criminal de las adulaciones. ¡Den, en cambio, instrucción, mucha instrucción a los pueblos, que la experiencia de todos los países cultos prueba que esa política es la de la honradez, la de la cordura, la del buen sentido práctico, la del grande, noble y generoso patriotismo!

La segunda enseñanza, antes del reglamento provisional, emitido en 15 de agosto de 1878, era entre nosotros casi desconocida. La segunda enseñanza se limitó, durante muchos años, a proporcionar algunos conocimientos de la lengua latina, algunas nociones de filosofía escolástica, y, como cosa secundaria, en algún tiempo, elementales ideas de determinados ramos de matemáticas puras. Con tal aprendizaje, se alcanzaba el bachillerato en Filosofía. Esta era la preparación que se daba a la juventud para disponerla a estudios mayores.

El Código de Instrucción Pública ha adoptado un nuevo sistema, dando a la segunda enseñanza toda la importancia que merece. Con ella adquirirá la juventud conocimientos lingüísticos, geográficos, históricos, literarios y físicomatemáticos que la pongan en capacidad no sólo de tener una base sólida para estudios profesionales, sino también de aprovechar su aprendizaje en el sentido de obtener prácticas utilidades. No debe organizarse de otra suerte la segunda enseñanza. No se comprende cómo un joven, sin conocer nuestro idioma, sin conocer, por lo menos el francés o el inglés, sin conocimientos en geografía, en historia, en ciencias naturales, en ciencias físicomatemáticas, en literatura y filosofía positiva, pueda ser hábil para adquirir, con buen éxito, conocimientos facultativos en cualquiera de los ramos del saber humano.

Toda profesión constituye una serie, rigurosamente dialéctica, de conocimientos científicos: la segunda enseñanza forma el término medio de esta serie. Cuando falta un segundo aprendizaje sólido y amplio, sólo puede suplirse después, aunque imperfectamente por un gran talento y una decidida consagración al estudio; pero estas dotes inapreciables no son comunes, y de aquí proviene que, en la generalidad de los casos, nuestros conocimientos facultativos, faltos de sólida base, llevan el sello de la imperfección, lo que ocasiona fiascos en la práctica y carencia de lucimiento cuando se trata de exponer conocimientos profesionales. Tampoco se comprende por qué la segunda enseñanza ha de continuar siendo lo que ha sido, un pequeño conjunto de conocimientos teóricos sin provecho para los distintos usos de la vida. Todo conocimiento debe ser útil, debe ser encaminado a satisfacer una necesidad. Por esto el Código reglamenta los estudios secundarios de tal modo, que quienes lo hagan, pueden servirse de ellos como de un elemento de producción.

No todos los jóvenes pueden hacer estudios profesionales, sea por falta de vocación, sea por falta de recursos. Pero bastará que se instruyan en los colegios de segunda enseñanza para que puedan salir a ocuparse últimamente, ya aprovechando sus conocimientos literarios en la prensa o en las oficinas públicas, en el profesorado primario o secundario, ya aprovechando sus conocimientos en matemáticas y teneduría de libros, para servir en casas de comercio o en oficinas fiscales, ya aprovechando, en fin, sus conocimientos en física, en historia natural y en agricultura, para servir en empresas industriales, minerales y agrícolas. La situación de nuestro país requiere muchas aptitudes para el trabajo, para el cultivo de las artes de la paz, ya que por desgracia se han cultivado, à maravilla, las artes de la guerra y de la política funesta. El Código, pues, satisface un gran fin social dando a la segunda enseñanza las condiciones que la hagan idónea para que produzca grandes resultados en provecho positivo de los individuos, y en beneficio práctico de la nación.

La enseñanza profesional ha sido confiada por el Código a la Universidad, cuyo gobierno corresponde a un Rector y a un Consejo Supremo. La Universidad se ha dividido en Facultades, división exigida por la indisputable conveniencia de dar a cada uno de los estudios profesionales una dirección y una inspección especial: teniendo cada uno de los ramos facultativos cualidades y condiciones que les son propias, exclusivas, no puede bastar para su arreglo, para su peculiar enseñanza, la acción del gobierno general de la Universidad. He aquí evidenciada la necesidad de las Facultades, llamadas a consagrar una particular atención a todos y cada uno de los detalles de la respectiva enseñanza profesional.

Se han creado las Facultades de Jurisprudencia y Ciencias Políticas, de Medicina y Cirugía y de Ciencias. Cada una de las Facultades comprende estudios dependientes de los principales, para la adopción de profesiones que pueden obtenerse con pocos años de aprendizaje, y que están más al alcance de la generalidad.

En el plan de estudios de la Facultad de Jurisprudencia se ha atendido a que la enseñanza no se limite a dar conocimientos puramente jurídicos para la formación de abogados: se ha atendido a que proporcione además prácticos conocimientos en las ciencias políticas para la formación de publicistas, de estadistas, de hombres de gobierno, de que tanto ha carecido el país. El Derecho Internacional, el Derecho Político, el Derecho Administrativo, la Estadística, la Economía Política y la Política Económica son ramos de enseñanza de alto interés para nosotros. Fácil es conocer el tuyo y el mío, y la doctrina sobre los delitos y las penas, especialmente con el auxilio de una legislación clara y metódica como la nuestra; pero difícil y muy difícil es conocer y apreciar debidamente los complicados intereses políticos y administrativos del país. Sólo pueden conocerse y apreciarse como es deseable, merced a grandes y especiales estudios que suministran aptitudes para análisis exactos y para generalizaciones inequívocas.

Si en nuestro país de antiguo se hubiesen aprovechado las lecciones prácticas de las ciencias políticas administrativas, otra sería nuestra situación, otra nuestra suerte; se habrían evitado muchos desaciertos políticos que han sido fecundos en desastrosas guerras, ya civiles, ya internacionales; se habría evitado, en fin, el desacierto de los desaciertos, ese grande escándalo que se llama los empréstitos de Honduras en el extranjero, empréstitos que pesan, sin que lo merezca, sobre el nombre de un pueblo inocente.

Estúdiese las ciencias políticas y administrativas, y se verá cómo el país consolida y aumenta sus recursos, y cómo el Gobierno se hace poseedor de verdaderos elementos de existencia, de progreso y de respetabilidad. Puesto que viene al caso, voy a dar de ello una demostración práctica que tiene en su abono la evidencia de los hechos. En cinco años se han quintuplicado nuestras rentas; se ha amortizado la mayor parte de nuestra deuda interior, y algunas de nuestras deudas exteriores; se ha hecho una reforma completa de nuestra Legislación; se han mejorado nuestras vías de comunicación; se han establecido los servicios postal y telegráfico, si se quiere, antes desconocidos; se ha dado vida material y moralmente a la prensa; se ha fomentado la industria, la agricultura y el comercio; se ha respetado la propiedad, suprimiendo en absoluto las contribuciones forzosas y los servicios personales forzados y sin remuneración; se ha vigorizado la acción del poder público con una sólida y eficaz organización militar; se han creado por doquiera hábitos de trabajo; y sobre todo, se ha conservado con la mayor solicitud, el bien inestimable de la paz. Tan grandes beneficios no provienen de que hayan cambiado, como por ensalmo, las condiciones sociales y económicas del país, pues en el fondo conserva las mismas de otras épocas, con pequeñas diferencias de accidente: tampoco pueden ser el resultado de la casualidad, porque ésta nada vale, nada significa para quien, de un modo serio, piensa y reflexiona. Nuestra situación actual, relativamente bonancible, es el resultado de un distinto criterio en política y en administración, de un criterio que, en política, ha conciliado la rectitud con la prudencia, y, en administración, los intereses del Estado con los intereses individuales. Casi por incidencia he tocado estos puntos, que estoy seguro que un publicista o un economista os los presentaría, de una manera evidente, aun en sus menores detalles.

En otra época hubo proyectos para establecer la enseñanza de la Medicina, de esa ciencia bienhechora que menoscaba nuestro gran patrimonio de dolores y pesares. Pero tales proyectos escollaron porque se carecía de profesores, y de un hospital en donde las clases de Clínica hiciesen factibles los estudios médicos. Hoy, por fortuna, contamos con hábiles profesores nacionales y extranjeros, y está para abrirse el Hospital General en donde podrán hacerse los estudios prácticos correspondientes a la Clínica Médica y a la Clínica Quirúrgica. Tomando en cuenta estos elementos, el Código ha establecido la Facultad de Medicina y Cirugía, y reglamentado su enseñanza teórica y práctica. El ramo de Farmacia debiera constituirse como subordinado a una Facultad especial; pero, para ello, carecemos por ahora de elementos, así es que los estudios farmacéuticos están reglamentados en calidad de dependientes de la Facultad de Medicina y Cirugía.

El establecimiento de la Facultad de Medicina, además de los frutos que dará por su enseñanza, formando nuevos médicos y cirujanos, satisfará la ingente necesidad que el país experimenta de que se regularicen los servicios médicos y farmacéuticos, tanto en sus relaciones puramente individuales, como en sus relaciones con los poderes públicos. Sin las luces que dan la Jurisprudencia Médica y la Medicina Legal a los legisladores y a los tribunales, éstos tienen, en muchos casos, que andar a ciegas, en menoscabo moral, de la justicia y del derecho.

La Facultad de Ciencias es la última de que debo ocuparme, última en mi exposición, pero tal vez la primera en importancia. Los conocimientos fisicomatemáticos tienen hoy predominio en el mundo, y no sin motivo, pues a ellos se deben los maravillosos adelantamientos de la industria, de la agricultura y del comercio, y el acrecentamiento del bienestar de las naciones. No vacilo en decir que los conocimientos fisicomatemáticos forman el nervio más activo de la moderna civilización. Urge, pues, que entre nosotros haya una verdadera enseñanza de las ciencias del cálculo y de las ciencias físicas. El Código, atendiendo a esta necesidad, ha reglamentado ampliamente los estudios de ingeniería, y además, los estudios necesarios para la formación de peritos mineros, peritos químicos, peritos constructores, peritos agrónomos, etcétera. Estas profesiones nos interesan de un modo especialísimo. Vivimos abrumados por una naturaleza tan rica y grandiosa como áspera y salvaje. Para realizar el progreso, que es nuestro bien, tenemos que luchar con las materiales dificultades que nos opone: para esa ruda lucha necesitamos fuerza y ardimiento, y estos elementos de poder sólo pueden dárnoslos las ciencias físicas y matemáticas.

¡Ojalá, señores, que en esta tierra tan removida por sangrientas y criminales luchas de hermanos contra hermanos, que esta tierra que ha absorbido tanta sangre y tantas lágrimas, sólo nos sea dado ver la lucha tenaz del hombre contra la naturaleza, la lucha ciclópea del trabajo fecundo; y que en premio de tan noble afán, de batalla tan legítima, veamos en las cimas de nuestras colosales montañas, y en las superficies de nuestros anchurosos valles, las palmas y coronas de la civilización!

No figura en el Código la organización de la Facultad de Filosofía y Letras y de Ciencias Eclesiásticas. Que no se extrañe este vacío. El país, por ahora, no necesita para los estudios filosóficos y literarios de una Facultad especial: basta que tales estudios se hagan elementalmente en los Colegios de segunda enseñanza. El aprendizaje superior de la Filosofía y de las Letras corresponde a países cuyo desarrollo material e intelectual reclama grandes estudios clásicos. Honduras no está en este caso. Debemos por lo mismo, concretar nuestros recursos y nuestros esfuerzos a organizar la enseñanza facultativa en relación con las condiciones de existencia y de inmediato progreso del país, en relación con sus necesidades más ingentes y palmarias. Respecto a los estudios eclesiásticos, aparte de que la instrucción debe ser laica, hay además una razón fundamental para que el Código no los prohíbe y reglamente.

Respetables y muy respetables son los dogmas y enseñanzas de las religiones positivas, y de mí sé decir que tengo un particular respeto por los dogmas y enseñanzas de la religión de mis mayores. Pero el respeto no forma para mí una convicción científica. Donde preside la fe, no puede presidir el libre raciocinio, que es el alma de la ciencia. Y como los estudios eclesiásticos, directa o indirectamente, están subordinados al dogma impuesto por la fe, no por la razón, de aquí proviene que tales estudios, en rigor filosófico, no pueden ser científicos. Sólo en un sentido vulgar, y más por acatamiento a la costumbre, puede hablarse de ciencias eclesiásticas, pero en realidad éstas no existen, si es que a la palabra ciencia, ha de dársele su genuina significación.

El Código, pues, no sólo en observancia de nuestra Ley Fundamental, sino también en observancia de principios científicos, no ha podido ni debido ocuparse en organizar y reglamentar estudios eclesiásticos.

Se ha adoptado el sistema de que todos los estudios profesionales terminen por las licenciaturas, estableciendo y reglamentando los doctorados como grados distintos y superiores, para cuya obtención se requieren más extensos y profundo estudios. Se ha querido que el título de doctor corresponda únicamente a quienes, con nuevos y especiales estudios, puedan profundizar la filosofía de un determinado grupo de ciencias, y ser eruditos en la historia de su desarrollo y aplicaciones.

El Código, para hacer más fecundos los resultados de los estudios profesionales, y como un medio de conservación de las ciencias y de las letras, y de estímulo para sus progresos, ha creado una Academia científico literaria, constituida, por ahora, con el personal de la Universidad, pero llamada, en breve plazo, a constituirse con la debida independencia de la corporación universitaria.

Si necesitamos de universidades, de corporaciones puramente docentes, también necesitamos de una alta corporación conservadora de las ciencias y de las letras, y a la vez, llamada a dar impulso al movimiento científico y literario, a difundir las ideas científicas formadas en el país o fuera del país, y a honrar, en todo sentido, la dignidad de las ciencias y de las letras.

Mucho, muchísimo, puede hacer la Academia en pro de nuestro adelantamiento intelectual; pero, supuesto el caso de que con sus trabajos sólo pudiera publicar el periódico científico y literario que le corresponde establecer, con esto haría bastante. Las ciencias y las letras carecen entre nosotros de un órgano de publicidad; de aquí dimana que la generalidad de nuestra sociedad, tan necesitada de luces, sabe lo que ha hecho la Comuna de París, pero no sabe lo que ha hecho el Instituto de Francia; sabe lo que ha hecho Alemania en la guerra con los franceses, pero no sabe lo que ha hecho en el mundo con su profunda filosofía y su rica literatura; sabe lo que ha hecho el carlismo en España, pero no sabe lo que ha hecho la Academia Española; sabe lo que han hecho las huelgas en Inglaterra, pero no sabe lo que han pensado y escrito Stuart Mill, Gladstone y Bright; sabe lo que hacen los nihilistas en Rusia pero no sabe lo que han dicho los publicistas y literatos rusos; conocen el horrible crimen cometido por Guiteau, pero no conoce la vida ejemplar del eminente ciudadano míster Garfiel, y sin ir tan lejos, conoce todos los nombres y todas las correrías de los desmoralizados caudillos de Centro América, pero apenas si conoce los nombres de José Cecilio del Valle y de Dionisio de Herrera, de Antonio J. de Irisarri, de José Milla y de Lorenzo Montúfar, de Antonio Grimaldi y de Darío González, de Máximo Jerez, de Enrique Guzmán y de Adán Cárdenas; de tantos y tan distinguidos ciudadanos que han honrado a Centro América cultivando las ciencias o las letras.

También ha atendido el Código a la completa organización de la Biblioteca Nacional, y ha prevenido el establecimiento de bibliotecas en las escuelas, colegios y universidades. Estimular y favorecer la inclinación a la lectura, poner al alcance del público, y especialmente de la juventud, la mayor suma posible de libros instructivos, es uno de los medios más idóneos para acrecentar el progreso intelectual de un pueblo. El libro, y no la espada, es el único que entre nosotros debe hacer revoluciones; pero revoluciones en la esfera de la inteligencia, pero revoluciones que den la vida y no la muerte, pero revoluciones que hagan brotar la luz de las ideas, en vez de sumirnos en el horrible caos de la anarquía.

¡Qué grandes y fecundas trascendencias tendrán, en lo social y en lo político, el desarrollo de la instrucción pública, el cultivo y progreso de las ciencias!

La ciencia nos dará riqueza, bienestar para nuestros pueblos. La ciencia es un agente invisible, pero es el más necesario y poderoso elemento de producción. Los pueblos que saben, tienen que ser muy productores y muy ricos. Que la instrucción se difunda, y de las profundidades de nuestras montañas, de las superficies de nuestros valles, de las espesuras de nuestros bosques, y de los senos de nuestros mares, de todo lo que hoy hace improductible la ignorancia, saldrán innumerables tesoros, saldrá la satisfacción de todas las necesidades individuales y públicas. La historia de la producción de las riquezas es la historia de las ciencias. Reflexionadlo bien; la ignorancia nos tendrá en perpetuo estado de pobreza y miseria. Nuestros pueblos se moralizarán, en gran manera, a virtud de la ciencia. Los pueblos instruidos, los pueblos que tienen un claro conocimiento de sus derechos y deberes, y de sus particulares intereses, no encuentran atractivo en la voz de las pasiones: para ellos la torpe seducción que conduce al mal, no es posible.

Si el caudillaje ha medrado entre nosotros, si ha campeado orgulloso y terrible, ha sido porque se ha aliado estrechamente con la ignorancia. Y si no, fíjense en la táctica del caudillaje. Donde primero busca prosélitos no es en las ciudades y villas en donde hay alguna ilustración; no, primeramente busca asociados en las rancherías salvajes, después en los incultos caseríos, y la montaña inaccesible es el primer teatro de sus operaciones. Pongan al caudillo en un pueblo instruido, y equivaldrá a poner un pez fuera del agua, un ave fuera del aire. Trasplanten con la imaginación el caudillaje centroamericano a los Estados Unidos de América; supónganlo, si quieren, todas las facultades de la elocuencia para persuadir; supónganlo, si quieren, millones de pesos para comprar adeptos. Aun con todo esto, el pueblo norteamericano no barrenaría sus instituciones, no se entregaría a la matanza, no arruinaría su industria y su comercio entregándose al pillaje. ¿Saben qué haría aquel pueblo instruido y sensato con nuestros amotinadores de antaño? Los lincharía.

Capacidad política, capacidad administrativa, de que tanto necesitamos, nos serán dadas por la ciencia, y ésta hará que esas capacidades ocupen el puesto que deben tener. La ignorancia hace que los pueblos desdeñen la luz, y tan sacrílego desdén ha costado a Centro América más de medio siglo de oscurantismo, de revueltas desastrosas, de humillaciones, de lágrimas y de sangre. Todo esto porque el talento y la ciencia han estado como en entredicho. Se prescindió del Sabio Valle, para venir a parar en Arce; se prescindió del ilustre Gálvez, para venir a parar en Carrera; se prescindió del patriota Vasconcelos, para venir a parar en Malespín; se prescindió del pensador Jerez, para venir a parar en Martínez; se prescindió del instruido Alvarado, para venir a parar en un Medina. Se tuvo la luz al alcance de la mano, y se la hizo a un lado, pretendiendo apagarla de un soplo desdeñoso, y después se entró de lleno en las tinieblas. Estas son las monstruosidades de la ignorancia que nos han colmado de desgracias y de oprobios: ¡éstas son las monstruosidades que aún nos abaten, y que nos prometen, ay, como frutos de maldición, dilatadas y terribles expiaciones...!

Por fortuna, estamos en una época de rectificación. Rectifiquemos. Se gobierna, no con intrigas; se gobierna, con ideas; se administra, no con caprichos y pasiones; se administra, con conocimientos prácticos. El Gobierno es una ciencia; la administración es una experiencia científica. Estas verdades tan elementales no se han tomado en cuenta. Cualquiera se ha creído muy apto para gobernar a los pueblos, y éstos a cualquiera han creído capaz para que los gobierne. Y sin embargo, nada más errado, y hasta ridículo. Voy a evidenciarlo con un ejemplo, cuya vulgaridad me perdonarán. Si en épocas pasadas, a individuos que tomaron parte en alguna escaramuza militar, o que ojearon las Siete Partidas y las instituciones del pavorde Sala, se les hubiera propuesto el cargo de jefes de los barbadores de muletos, oficio sencillísimo, habrían respondido, ya alelados, ya indignados: "¿Y qué sabemos de eso?".

Pero cuando se les ha ofrecido el cargo dificilísimo de gobernar a los hombres, que requiere inmensa suma de conocimientos, y que atrae inmensa responsabilidad, entonces se han apresurado a declararse sobresalientes para ejercer el Gobierno; se han apresurado a halagar malas pasiones para formarse una aureola de falsos prestigios, a falta de la verdadera aureola de las ideas. ¿Qué es esto, señores? ¿Se puede ignorar lo que es facilísimo, y saber lo que es muy difícil? ¿Hay ciencia infusa en materia de gobierno? ¿O, en fin, se ha perdido el sentido común?

No; ni hay ciencia infusa, ni el sentido común se ha perdido. Sólo ha habido un largo eclipse intelectual, puesto que rectificamos. Rectifiquemos, por última vez: el gobierno es ciencia; la administración es una experiencia científica. ¡Ojalá que estas verdades no se echen en olvido!

La ciencia, en fin, nos enseñará a ser justos. La ignorancia, por lo común acompañada de siniestras pasiones, no deja ver y apreciar los beneficios que reciben los pueblos, ni deja ver y apreciar todas las consecuencias de los males que se les causan. Cuando falta instrucción, se goza de un bien, y no se estima su origen ni las felicidades que proporciona, se sufre un mal y no se investiga su causa, y no se prevén todos sus adversos resultados. La ignorancia no tiene ni bendiciones que alienten, ni maldiciones que intimiden y refrenen. Los pueblos sin educación casi son indiferentes al bien o al mal: tristísimo estado que casi, casi es el estado de nuestra sociedad. Desde el 63 se empezó a desgarrar hasta las entrañas de la patria, y sin embargo, casi nadie para mientes en los martirios de nuestro desgraciado pueblo, por muchos años, desangrado, empobrecido, deshonrado, y en plena escuela de corrupción.

No se hace justicia a estado tan degradante y calamitoso, porque faltan los hábitos de reflexión que sólo da la ciencia. Desde el 76 se ha dado vida a la patria, se han curado sus horribles heridas que parecían mortales, se le ha dado paz, justicia y progreso. Y sin embargo, para la pasión o para la ignorancia, el sumo bien parece cosa baladí, cualquier cosa que cualquiera puede hacer sin grandes trabajos reflexivos, sin esfuerzos, sin abnegación, sin sacrificios. No me extraña ni me duele profundamente de que falte justicia. Desde niño he aprendido a conocer los hombres, las sociedades y las cosas, y sé muy bien lo que es el vulgo; sé que para cualquier geógrafo de villorrio el genio de Galileo hizo el descubrimiento más vulgar, descubriendo el movimiento de nuestro planeta; sé que para cualquier mareante que hace el cabotaje, el genio de Colón hizo el descubrimiento de un simple al descubrir la ruta del Nuevo Mundo; sé que para cualquier matemático de escuela de aldea, el genio de Newton hizo un descubrimiento despreciable, cuando descubrió las leyes de la atracción. Cuando las cosas están hechas, cuando se goza ya de un bien positivo, las cosas aparecen sencillísimas, y el bien, beneficio que cualquiera puede proporcionar. Entonces un patán puede encararse al genio, y reírse de él. En buena hora; denle al patán el encargo de descubrir verdades y de hacer el bien, y entonces tendrán en vez de luz, oscuridad, y en vez de bienes, inmensa cosecha de males. Pero así es el vulgo, dejaría de serlo si no raciocinara como raciocina. Mas, entre nosotros la educación, la ciencia, nos sacará del terreno vulgar, que es el campo de la ingratitud, y nos hará justicieros para condenar, en todo y por todo, los males que recibamos, y para apreciar y bendecir, siempre y por siempre, los beneficios que labren nuestra dicha, nuestra prosperidad y nuestra honra.

Cuando la ciencia haya dado entre nosotros siquiera sea sus primeros y benéficos resultados, estaremos en actitud de recibir el verbo de una grande y poderosa civilización. Y me limito a hablar de aptitudes, porque no me hago la ilusión de creer que, por nuestra propia virtud, aunque mucho se eduquen nuestros pueblos, podremos alcanzar una radical transformación que entrañe grandiosos progresos. La ciencia resuelve para nosotros gran parte del problema, no todo nuestro problema. Con nuestro grande y escabroso territorio, y con nuestra diminuta, insignificante población, aunque logremos ser, si posible fuera, tan emprendedores como los fenicios, tan filósofos y artistas como los helenos, tan sabedores del derecho y de la ciencia como los romanos, tan hidalgos e independientes como los españoles, tan espirituales y cultos como los franceses, tan pensadores y poéticos como los alemanes, tan dulcemente inspirados como los italianos, y tan exclusivistas como los ingleses y norteamericanos; aun con todas estas cualidades, que sólo pueden reunirse idealmente, dada nuestra escasa población, sólo podríamos vivir en paz y tener una refinada, pero muy relativa cultura, mas no poseer una grande y poderosa civilización.

La ciencia ha de prepararnos para este resultado; pero, para obtenerlo por completo, necesitamos que vengan a nuestro suelo grandes corrientes de inmigración que traigan, con nuevos pobladores, el espíritu de empresa y el espíritu de libertad que han formado ese pueblo prodigio que se llama Estados Unidos de América. Cuando aparto la vista de nuestras pequeñeces, y busco un consuelo en los estudios históricos, y en los estudios de los destinos probables de nuestra América, se presenta ante mi mente la imagen viva de los dos pueblos más grandes de la tierra: Roma y los Estados Unidos. ¡Qué admirable paralelo! Roma, que realizó la unidad del mundo, por la más heroica de las conquistas; los Estados Unidos, que harán universal el imperio de la libertad, por la más santa de las enseñanzas.

Roma, que con su vasta legislación, hizo extensivo el derecho a todas las naciones, pero el derecho autoritario; los Estados Unidos que, con el ejemplo de sus instituciones, harán partícipes del derecho a todos los pueblos, pero del derecho indestructible de la naturaleza. Roma, que llevó a su centro, como a un eterno conservatorio en fuerza de una centralización absoluta, todos los dioses, todos los cultos, todas las coronas de los reyes, todas las más valiosas riquezas de los pueblos sojuzgados por sus legiones; los Estados Unidos que, desde su Capitolio, en fuerza de sus ideas y trabajos expansivos, llevarán a todos los pueblos la libertad de adorar sus dioses y de profesar sus cultos, la autonomía de sus gobiernos, y la riqueza y la abundancia producidas por sus legiones de industriales.

Roma, que cayó, bajo la inmensa pesadumbre de los bárbaros, porque su civilización era basada en la fuerza, en el privilegio y en la autoridad, la enervó poniéndola en el estercolero de los vicios; los Estados Unidos, que no tendrán en su contra bárbaros que los intimiden y anonaden, porque su civilización está basada en la naturaleza, en la igualdad y en la libertad, les dan cada día nuevas e incontrastables fuerzas, y los hará amigos de todos los hombres libres, y los hará ser el pueblo predilecto de las gentes, ser la eterna honra, la eterna gloria del humano linaje regenerado por el trabajo, por el derecho y por la libertad.

A esa regeneración debemos encaminarnos derechamente. Tal es nuestro destino. Quien no lo vea, es ciego. A ustedes, dignísimos encargados de la enseñanza, les corresponde allegar gran suma de elementos para el logro de nuestro fin social, de nuestro fin humano.

No trepiden en esas tareas, ni sean parte a llenarse de las preocupaciones, que las preocupaciones pasan, y el bien que hagan no pasará.

En su noble empeño, como representante del Gobierno, yo los acompañaré, yo, que acabo de decir algunas verdades, tal vez amargas, que sobrado sé que comprometen y desprestigian a quien las dice; pero como no he buscado, ni busco, ni buscaré prestigios, adulando a los partidos o a los pueblos, mi única ambición es la de ser buen ciudadano, y creo serlo, diciendo a mi país, para su bien, la verdad, toda la verdad, sin reticencias, ni reservas.

Los creo animados de los más vehementes deseos en pro de la pública educación: sus honrosos antecedentes y su ilustración así me lo dicen; creo que la confusa vocinglería de la ignorancia y del escepticismo no los ha de desalentar ni en lo más mínimo. Iniciamos una ardua, una dificilísima empresa, es verdad; pero justamente las grandes dificultades que habrán de superar formarán su mérito, mérito que legarán a los hijos de sus hijos.

Contamos con pocos elementos, es cierto, pero por ello hubiere escépticos y críticos, díganles que los grandes océanos se forman de gotas de agua; díganles que las montañas colosales de los desiertos se forman de granos de arena; díganles que nuestra misión sobre la tierra es formar, por las ideas, siquiera sea átomos luminosos y que estos átomos formarán el esplendente sol de la verdad que ha de alumbrar el porvenir de nuestra Patria. Por su ilustración, por su perseverancia, por sus abnegados esfuerzos, veo ya, en perspectiva, triunfando la luz sobre las tinieblas. Libren esa gran batalla, y alcancen esa sublime victoria.

Los héroes de los cruentos combates han pasado a la posteridad con una aureola de resplandores, pero resplandores de los rayos siniestros de tempestad asoladora seguida de maldiciones. Ustedes, con su triunfo, héroes modestos de la ciencia, pasarán a la posteridad coronados de los puros resplandores de la aurora que anuncia un nuevo y claro día; y tan sólo recibirán bendiciones, porque no lo duden, únicamente los triunfos de la inteligencia sobre la ignorancia, tendrán el reconocimiento y los aplausos de generaciones más afortunadas que la nuestra, de las generaciones de los futuros siglos.

Tegucigalpa, 2 de febrero de 1882.

*****

FRANCISCO MORAZÁN

I

En el cuadro que ofrece la edad heroica de Centro América, que comienza en el año de 1822 con la protesta armada contra la anexión de Centro América al Imperio Mexicano de don Agustín de Iturbide, y que termina con los trágicos sucesos del año de 1842, destacase serena, noble y majestuosa, la figura simpática de un hijo de Tegucigalpa, de Francisco Morazán, que con su brazo supo combatir la reacción encaminada contra la independencia y la libertad y, con su indomable carácter y sus ideas firmes y elevadas, mantener viva la fe en los altos e inmortales destinos de la República.

Voy a escribir la Historia de aquel grande hombre, obra dificilísima que declaro ingenuamente, excede, con mucho a mis fuerzas. Escribir la Historia de Morazán no es redactar los preparativos, combinaciones y resultados de las batallas de un héroe que supo imponerse a la fortuna; es más que todo esto; es juzgar, en una época de vacilaciones, de dudas, y aún de escepticismo y con el difícil del y de la Filosofía de la Historia, a un hombre de ideas, de principios: es para decir, con mayor exactitud posible, todo un sistema político, si se quiere exótico en una tierra virgen, y para un pueblo nuevo, planteado y desarrollado, durante una dilatada época, en medio de la exaltación de los ánimos, del desbordamiento de pasiones inocentes o aviesas en su origen y entre el choque de opuestas e irreconciliables ideas y entre el horrible fragor de los combates.

La vida de Morazán entraña no tanto una serie dilatada de hechos, de esfuerzos y de heroísmos, cuanto una serie de altas ideas y de fecundas enseñanzas. De aquí la gran dificultad de que se presenta para el biógrafo y más para el historiador crítico, con respecto al juicio que debe expresar sobre la vida, obras, tendencias y aspiraciones del república que más honra los anales de nuestra Historia. Yo me comprometería a salir airoso escribiendo, con cuatro plumadas, las biografías de todos los criminales tiranuelos que han llenado y llenan de infamia al Centro de América, pero me siento débil y medroso al escribir la vida de Francisco Morazán...

Sucede en los países que han retrogradado en lo social y en lo político el fenómeno de que las enseñanzas de lo pasado, lejos de relegarse a los archivos para que las estudien los aficionados a lo antiguo, son por lo contrario, cuestión de actualidad, la aspiración de lo presente, y el ideal de lo porvenir. Nuestra gran retrogradación hacia el pasado colonial aunque disfrazada con el ropaje churrigueresco de repúblicas en caricatura hace que la vida, que las obras, que las ideas de Morazán sean tema de actualidad, que constituyen la suprema aspiración de lo presente y que sean, para los hombres pensadores, los ideales que se dibujan en los vastos horizontes de lo porvenir. Dados nuestros grandes retrocesos, dados nuestros errores en materia política, dados nuestros crímenes que hoy nos exhiben como falsificadores de la República, dados tan funestos (hechos) sociales, que hoy dan vida a la más funesta escuela de nuestras escuelas de corrupción; no será avilantez la mía al decir que la escuela de Morazán, que la enseñanza en pro de la unidad de la patria y de las efectivas instituciones de la República, es la única enseñanza que debe darse en nuestros días, y que es aún más, la enseñanza que en lo porvenir deben dar, si quieren ser independientes y libres, los hijos de nuestros hijos...

Yo que amo, como pocos, la memoria del ilustre repúblico, deploro de todo corazón que sea tan grande, a costa del egoísmo, de la imprevisión, de los errores y de los crímenes de nuestros partidos políticos; a costa de la desorganización y del envilecimiento de la patria. La Historia, como el individuo, juzga bajo la ley indefectible de los contrastes. La reacción estúpida y criminal mato al héroe, rico en actividades, en esfuerzos, en aspiraciones y nobles ideales; pero el contraste histórico lo hace aparecer, aun hoy en día, como el revelador de nuestros destinos de organización, de verdadero progreso, de cumplida libertad y de inmarcesible gloria. ¡Ah! Yo desearía que tanta gloria hubiese sido eclipsada por hombres y por pueblos que, dejando muy atrás al batallador del 29 y del 40, al mártir sublime del 42, hoy nos dijesen: "Si Morazán trabajó en lo pasado, su noble vida corresponde a la Historia; pero nosotros hemos ido adelante: nos hizo ver la luz crepuscular de la mañana; pero por nuestra virtud vemos ya la esplendente luz del medio día: tenemos, sin zozobras y combates, patria libertad e instituciones y la felicidad de los nuestros y el aprecio y el respeto de los países extranjeros".

Contémplese a Morazán, contémplese su advenimiento político, su vida y su muerte estúdiese su historia y que se me diga entonces por conservadores o pseudo liberales si es una inepcia o una vulgaridad el decir que la idea de Morazán, su vida y sus hechos deben formar el numen de una revolución benéfica y regeneradora.

Desde 1827, Morazán, de ciudadano se convirtió en soldado de la independencia y del derecho: desde la cañada de "La Trinidad" hasta la capital heroica de El Salvador y desde ésta a Guatemala, la capital de los Capitanes Generales de la Colonia, hace una carrera triunfal, realiza hechos heroicos, se ve abrumado por el peso de los laureles, y vencedor, sin contradicción, el año de 29 sostiene la legalidad y lejos de imponerse como dictador afortunado, deja el gobierno a los poderes legítimos para que en paz y justicia rijan los destinos de la combatida república, de la república salvada por su brazo y por su genio. Desde 1830, sin seducciones ni amenazas, es promovido a la primera Magistratura por el voto público. En 1831 y 1832 vence bizarramente a la reacción liberticida más general y poderosa de que puede haber memoria en los anales de Centro América, y asegura el régimen de las leyes, y bajo su gobierno se operan las reformas de más trascendencia para el ensanche de los derechos de los ciudadanos y de los adelantamientos sociales. En 1834, pudiendo imponerse por la fuerza, deja libres a los electores de las autoridades supremas: es vencido por su competidor el sabio Valle, que tan solo tenía el ascendiente de su talento, de su palabra y de sus escritos, y es electo, para un segundo periodo por haber bajado al sepulcro el estadista predilecto de los pueblos.

Desde 1834 a 1839, como guerrero y como político, combate en las asambleas de batalla y en el terreno de la diplomacia a los facciosos y sofistas que, so pretexto de reformas constitucionales, desde 1832 empezaron a dar golpes de ariete al gran edificio de la Constitución y de la patria, sostenido a costa de los mayores y más nobles esfuerzos y de los más grandes y extraordinarios sacrificios; y en tal época, Morazán, superando en heroísmo a Guzmán el Bueno y excediendo a Bolívar en republicanismo, consciente en el sacrificio de su esposa y de sus hijos y con puñados de hombres vence ejércitos y desprecia la proclamación de dictador que los conservadores guatemaltecos le ofrecieran humildes y reverentes, conceptuándolo como Salvador de la Patria y como sostenedor de sus instituciones.

Desde 1839 hasta 1840, por haberse frustrado los esfuerzos del patriotismo y del genio, la república estuvo en el período de una violenta y dolorosa agonía; y Morazán, con empeños casi sobrehumanos, entre luchas y conflictos indecibles, quiso volverla a la vida; y cuando perdió toda esperanza, cuando murió la república a manos de miles de forajidos, Morazán, en su retirada de Guatemala con un puñado de valientes, consumó uno de los hechos de armas de más arrojo y que más ilustran nuestros anales militares. Desde 1840 hasta 1842, Morazán, con el alma desolada, peregrinó en extraños pueblos que le ofrecieron poder y fortuna, los que desechó generosamente para regresar a Centro América y libertarla de las invasiones extranjeras, y redimirla de las indianas dictaduras que habían convertido a la patria en un semillero de cacicazgos sin paz, sin libertad y sin honra. Y por fin; en setiembre de 1842, el egoísmo y el envilecimiento hacen fracasar la empresa salvadora del redentor de dos millones de hombres; y el repúblico es llevado al cadalso por los agentes de traición infame; y la noble víctima se prepara a morir con la serenidad de Sócrates y con la viva fe de Jesucristo; y muere como héroe y como mártir, y lega en su testamento, a la juventud centroamericana, su idea regeneradora y luminosa en pro de la Unidad de la Patria de las y genuinas instituciones de la República.

Como los hechos expuestos y muchos más, serán demostrados, punto por punto, en los capítulos de esta obra, desde ahora tengo derecho para preguntar; ¿quién ha hecho más que Morazán en favor de la verdadera república? ¿Qué otro hombre, por su idea y por su ejemplo puede presentarse, en primer término, como modelo digno de imitarse la por presente y venideras generaciones? Cierto es que Morazán cometió gravísimos y trascendentales errores en su vida militar y política. Como hombre pagó su tributo a la contingencia de la naturaleza humana. Por convicción y por deber, yo he de juzgar sus errores y de condenarlos con entera imparcialidad. Pero si hay errores en la vida del guerrero y del político, nunca pueden hallarse crímenes en la vida del repúblico. El error no rebaja la dignidad del hombre: el crimen la mancha y la degrada. Morazán, aunque equivocado algunas veces, no en el fondo de su sistema, sí en la apreciación de sus aplicaciones, es y será un gran modelo; más no podría serlo si el crimen hubiese viciado su carácter y tomándolo en adulterador de principios, en falso apóstol y en encubierto o descarado dictador, que hubiese servido a sus egoístas intereses, que hubiese asaltado el poder para convertirlo en medio de opresión y en objeto de especulaciones, y que hubiese en suma conculcado los principios y desnaturalizado los fines de las instituciones republicanas.

Contra tales aseveraciones se pronunciaron los enemigos implacables del Gral. Morazán, quienes lo injuriaron, calumniaron y escarnecieron. Véanse los escritos de don Manuel José Arce, de don Manuel Montúfar, del marqués de Aycinena, algunas poesías del doctor don José Trinidad Reyes, y las publicaciones de Honduras y Guatemala en tiempos de los gobiernos de los generales Francisco Ferrera y Rafael Carrera. Véanse también las publicaciones de El Salvador, Nicaragua y Costa Rica, correspondientes al año de 1842. Jamás hombre alguno de Centro América, fue tan combatido y ultrajado por sus enemigos, ni tan querido y admirado por sus amigos; para los unos era un monstruo, para los otros era un ídolo.

Morazán recibió o las maldiciones del odio enconado por intereses destruidos, o los himnos de la alabanza, algunas veces inspirados por pasiones interesantes. Jamás personaje alguno de nuestro país ha producido choques más violentos de juicios, de opiniones, de sentimientos y de ideas. Aun hoy en día parece que la noble figura del héroe se deja ver, en vaga confusión entre las negras polvaredas levantadas por los pies de rabiosos detractores, y entre las sonrosadas nubes formadas por los vapores de la imaginación de exaltados y rendidos admiradores.

Para la Filosofía de la Historia ¿Qué significa tanto odio y tanto amor? Significan la grandeza del hombre maldecido o endiosado: significan la fineza granítica de sus ideas y la inmortalidad de su destino. Si Morazán fue odiado de veras, fue porque nunca tuvo transacciones indígenas con el coloniaje, con el servilismo; si fue amado de veras, fue porque siempre se mostró consecuente con sus principios, con el bello ideal de la República. A las medianías en lo científico, en lo literario y en lo político, se les rechaza, o se les quiere durante el espacio de breves días; pero luego se les olvida y el olvido es el signo de su nulidad. A los hombres extraordinarios en las ciencias, en la letra y en la política, se les odia o se les ama siempre. He aquí el signo de su viabilidad perdurable en el sentimiento de la posteridad y en las páginas de la Historia. Dichoso Morazán tan odiado y tan amado, que por la virtud de su carácter ha tenido el raro privilegio de sobrevivir a las generaciones y de ser a través de los tiempos, vida, alma y fuerza de las más nobles aspiraciones de la patria.

Para los hombres de la edad heroica de Centro América ha sonado la hora solemne de la posteridad. Para ellos han llegado ya los tiempos del juicio sereno y del imparcial criterio histórico. Nos agitan al presente las pasiones, los intereses y las ideas de los contemporáneos. En medio de nuestros desaciertos, de nuestras amarguras y de nuestros desengaños podrá haber parcialidad, exageración en los juicios sobre los hombres de hoy; y yo declaro que no me creo exento de esa debilidad, propia de todos los hombres, en todas las épocas y en todas las latitudes. Más la muerte y el tiempo están de por medio entre los hombres de hoy y entre los hombres de la Federación de Centro América. La muerte y el tiempo son las mejores garantías para juzgar con calma y con justicia.

La verdadera historia tiene siempre un sentimiento de piedad, y esta piedad no es otra cosa que el respeto religioso a los hombres de quienes nada tenemos ni esperamos. La Historia, la verdadera Historia tiene y debe tener la solemnidad de lo pasado; la gravedad de lo presente y la seriedad de las enseñanzas para lo porvenir. La Historia debe reproducir los ecos de las tumbas, representar las agitaciones de la vida que se inclina a lo futuro. La Historia en nuestro siglo, no es sólo la Crónica, es también el lazo de la idea, las edades y los tiempos, debe proceder por vía de comparaciones, y como el hombre de la ciencia quirúrgica que conoce la moral médica, no debe profanar los organismos de los muertos, debe estudiarlos y revelar sus juicios a los contemporáneos para atenuar los males de lo presente y prevenir los males de lo futuro. Qué gran ministerio el de la Historia. Si la medicina trata de atenuar o destruir las dolencias físicas, la Historia trata de atenuar o disminuir las dolencias morales. La Medicina ha encontrado remedios heroicos para luchar en pro de la vida: la Historia ha encontrado también hombres heroicos para luchar en pro de las ideas, de la dignidad y de la felicidad de los pueblos.

Apartándome de consideraciones abstractas, que para muchos serán una pura ideología, debo insistir diciendo que trataré de Morazán subordinándome a los cánones del sagrado Ministerio de la Historia.

Yo no conocí a aquel hombre, ni mis mayores tuvieron que agradecerle, y antes bien algunos de ellos, fueron sus opositores.

Mi abuelo don León Rosa y mi tío el doctor don José Trinidad Reyes, fueron, en un tiempo, acérrimos enemigos del general Morazán. Yo, que primero por instinto y después por reflexión he estado en abierta pugna con el credo político de los conservadores, de quienes no he recibido ningún daño; y a quienes justifico en muchos de sus actos y procedimientos administrativos, yo que casi desde niño estoy afiliado al Partido Liberal; pero no al pseudo liberal que falsifica las ideas y es imprevisor e inconsecuente; yo, que no he buscado ni busco empleos, influencias ni aplausos, que más bien he desechado en observancia del deber; yo que cuento con tales circunstancias creo tener algunas condiciones para escribir imparcialmente la historia del héroe de Gualcho.

II

Los ascendientes paternos de Morazán pertenecieron a la familia Morazzani de la Isla de Córcega, que hace más de un siglo es posesión francesa y que en tiempos anteriores correspondió a Italia... Por parte materna los ascendientes de Morazán pertenecieron a la familia de los Quezada y de los Herrera establecida en Tegucigalpa. Esta familia fue de las más antiguas y distinguidas por su posición social, por su carácter noble y caballero y por los talentos e instrucción de algunos de sus individuos...

Es digno de notarse el cruzamiento de razas de las dos familias de quienes desciende Morazán. Sin duda a ese cruzamiento se debe que Morazán haya poseído cualidades y virtudes eminentes, al aparecer opuestas y que es muy difícil ver reunidas en un mismo individuo. De la raza paterna heredó Morazán la suavidad de carácter, la penetración, el disimulo y las grandes dotes diplomáticas que tanto distinguen a los hijos de Italia: de la raza materna heredó el valor, la constancia, la tenacidad y la hidalguía que tanto caracterizan a los hijos de España... El hombre, según la ciencia, ha sido y será siempre un compendio de las virtudes y vicios de su raza.

En el último cuarto del siglo pasado contrajeron matrimonio, en la Villa de Tegucigalpa, don Eusebio Morazán y doña Guadalupe Quezada. Tuvieron como fruto de su unión cuatro hijos: don José Francisco, doña Marcelina, doña Cesárea y don Benito, quién se dedicó a la carrera eclesiástica... El primogénito del expresado matrimonio, don Francisco, nació en Tegucigalpa el día 3 de octubre del año de mil setecientos noventa y dos...

Cuando Morazán hubo salido de la infancia, sus padres, que se distinguieron por la sencillez de su carácter, por la pureza de sus costumbres y por un grande y amoroso apego a sus hijos, se empeñaron con esmerada solicitud en proporcionar a su primogénito la mejor educación posible. Dificultades insuperables se oponían a la satisfacción de aquella solicitud paternal. Todavía a fines del pasado siglo y en los comienzos del presente eran casi nulos los medios de educación en Honduras. Entraba en el sistema político y administrativo de la madre patria mantener a los americanos en perpetuo estado de ignorancia, debían tener sus ojos cerrados a la luz de la ciencia y del derecho, porque la ciencia y el derecho alguna vez habían de hacerles conocer su carácter de hombres libres y rechazar un régimen de odiosa desigualdad, de inicua explotación y de embrutecedor oscurantismo...

Morazán tuvo la desgracia de nacer y formarse en aquella triste época de aislamiento y de completa oscuridad en que Honduras carecía de escuelas. Únicamente en Comayagua se estableció una clase de latinidad en 1588 por el señor Quintanilla, tercer obispo de la provincia: después se fundó por el obispo Vargas y Abarca un colegio tridentino destinado a la enseñanza del derecho canónico y de la Teología; y por último, en 1784, se creó por el obispo Antonio de Guadalupe una clase de Filosofía, dada bajo los principios del sistema de los ergotistas. He aquí todo lo que había respecto a enseñanza y ésta, limitada a los hijos de españoles.

Tegucigalpa, al tiempo en que los padres de Morazán trataban de educarlo, carecía de todo establecimiento de enseñanza: era una triste villa mandada por su alcalde mayor europeo; era una especie de residencia de mineros peninsulares de todo en todo privilegiados, y ocupados casi exclusivamente en sacar provecho de los indios que, bajo sus órdenes, hacían con rudas fatigas las labores de las minas de Santa Lucía, de San Antonio, de Villa Nueva, de Yuscarán, de Cedros, de Plomo y del Corpus. Aumentar el número de barras de plata que en grandes cueros se sacaban al sol y que se amontonaban en los extensos patios de las "casas grandes", tal era, fuera de ejercicios piadosos, la primordial atención de los peninsulares residentes en Tegucigalpa. La educación, el cultivo de la inteligencia, era cosa, si se quiere, baladí, para sus propósitos.

Morazán, pues, tuvo que aprender las primeras letras, lectura, escritura y las reglas elementales de la Aritmética en escuelas privadas de pésima organización y sostenidas con una especie de contribución que aprestaban los padres de familia. No obstante lo rudimentario y mal sistematizado de tales escuelas, el niño aprendió a formar una clara y hermosa letra española, a leer con alguna corrección y a hacer muy felices ensayos en la ciencia del cálculo.

(Biografía del General Morazán por don Liberato Moncada. Se halla inédita en la Biblioteca Nacional de Honduras. Esta obra se refiere sucintamente a la vida de Morazán desde 1792 hasta 1829. Más bien que el nombre de verdadera biografía merece el calificativo de breves Apuntamientos Biográficos. Me he fundado en los curiosos aunque incompletos datos que proporciona para escribir los párrafos relativos a la educación y primeros empleos de Morazán. El señor Moncada fue condiscípulo de Morazán y su sucesor como Ministro del Gobierno de Honduras: fue un hombre que se distinguió por su recto juicio y por su probidad acrisolada.

Aunque tuvo altas posiciones como empleado, jamás tuvo las pasiones e intereses de un sectario político. Sus afirmaciones, pues, merecen entera fe. El señor Moncada, ya anciano, murió en Tegucigalpa, respetado por liberales y conservadores y en medio de una honradísima pobreza. Perteneció a aquella noble generación de los Herrera, de los Rivera y de los Cabañas, que no hizo de la política el medio de especulaciones indignas y de vergonzosas granjerías)...

Llegaron para Morazán los más floridos años de la juventud, pero en vez de disiparla en esparcimientos de fútiles empresas y en peligrosos devaneos cercanos a los vicios, hizo propender la actividad de su espíritu a fin de cultivar sus claros y privilegiados talentos. De esta suerte llegó a estudiar con bastante provecho las matemáticas y el dibujo lineal, que era uno de sus estudios predilectos.

El coronel don Manuel Montúfar, conservador de gran talento y detractor implacable de Morazán, dice en sus Memorias para la Historia de la Revolución en Centro América: "Examinando por sus principios y por su carrera se le encuentra formado por sí mismo, sin, instrucción y sin escuela; pero ni aún el trato del mundo en una sociedad regular ha podido desenvolver sus disposiciones naturales. Casi todo lo debe a la casualidad como acontece en los caprichos de las revoluciones, pero su carácter o sus condiciones propias no son despreciables".

De buen grado y en justicia, puede convenirse con el coronel Montúfar en que Morazán no haya sido un hombre de escuela, en el sentido técnico de la palabra; pero no puede asegurarse como asegura que era un hombre sin instrucción, o más claro, un ignorante. Morazán no se formó en buenos colegios como Bolívar, como San Martín, Mosquera y otros grandes generales de la revolución de la América Latina; pero tal falta de preparación para la vida militar y política, en vez de degradar a Morazán lo enaltece, Morazán es hijo de sus propias obras. Si le faltaron escuelas, le sobró genio.

En lo que no puede convenirse con el coronel Montúfar es en que Morazán haya carecido de instrucción y no haya podido desenvolver con el trato social sus naturales facultades. Morazán conocía bastante bien su propio idioma como lo revelan sus escritos, conocía mucho del idioma latino, conocía diversos ramos de las matemáticas y tenía muchos conocimientos sobre jurisprudencia, Historia y derecho público. Sus escritos y juicios que reproduciré en parte, comprobarán la verdad de mis asertos. Morazán no fue un sabio y ni siquiera un hombre verdaderamente ilustrado, pero no puede decirse con imparcialidad que fuese un hombre sin instrucción...

El carácter de Morazán fue en todo excepcional. Había en él tres eminentes cualidades: firmeza de voluntad, inteligencia perspicaz y previsora y una sensibilidad delicada; pero predominaban en él la fuerza reflexiva y la entereza en sus resoluciones. Desde muy joven, según lo afirman personas que lo conocieron íntimamente, se distinguió entre sus compañeros sobre quienes ejercía una especie de predominio siendo siempre suave, agradable, urbano y circunspecto. Sus amigos lo respetaban en todas ocasiones y era considerado como árbitro para resolver sobre las diferencias que entre ellos ocurrían. Era austero por sus ideas y su temperamento, y cortés y afable por sus modales: era hasta retraído por sus hábitos reflexivos pero esto no le impedía ser comunicativo y cariñoso cuando del retraimiento pasaba a formar parte en el trato de la familia o de la sociedad.

"No parecía sino —dice unos de sus contemporáneos—, que aquel hombre estaba predestinado para obrar grandes acontecimientos".

(El general don Cruz Lozano, que acompañó al Gral. Morazán día por día durante los ocho últimos años de su vida. El estimable caballero señor Lozano, que está establecido en San Salvador tuvo la bondad de facilitarme "algunos apuntamientos sueltos sobre la vida privada del general Morazán". A este documento importante, que obra en mi poder, he de referirme varias veces en algunos capítulos de esta obra).

Tenía Morazán un carácter tan notable por lo excepcional y una atracción tan simpática, que aun sus mayores enemigos, aunque desfigurándolas torpemente, reconocieron sus grandes cualidades. El coronel Montúfar dice: "tiene dotes naturales bastante felices: a una figura recomendable, aunque no militar, reúne el talento y modales insinuantes, aunque sus maneras se resientan de la afectación o del arte"...

Las costumbres de Morazán estaban en perfecta consonancia con su carácter. Gustaba mucho de la lectura y frecuentemente rehusaba asistir a reuniones por entretenerse con sus libros o con el despacho de su correspondencia. Era metódico para el trabajo y generalmente por la tarde lo reemplazaba con ejercicios a caballo que hacía por lo común sin ninguna compañía. Se vestía con suma sencillez y era muy sobrio en sus comidas: uno de sus gustos era hacer uso de polvos de rapé y por lo común en lances apurados aspiraba un polvo. Era muy parco para hablar y solo entraba en discusión cuando el asunto era de verdadera importancia. Oía con gran atención a las personas que a él se dirigían y escuchaba en particular con benevolencia sus indicaciones y observaciones que siempre valoraba con mesurado y reflexivo juicio. Alguna vez tuvo pasiones y extravíos muy reprensibles, aunque propios de un corazón joven y ardiente. Pagó su tributo a la frágil naturaleza; pero las debilidades del hombre, si bien censurables, nunca llegaron a falsear las virtudes del ciudadano y del repúblico.

Con sus amigos, Morazán llegó a tener rasgos hasta de verdadera ternura y siempre fue para con ellos respetuoso y consecuente. En sociedad, Morazán fue afable hasta la dulzura y ninguno de sus contemporáneos imparciales habla de que tuviese afectación en sus maneras: todo lo contrario, se distinguía por una suma sencillez y por una gran naturaleza en sus modales. Amaba con pasión a su familia y la suerte incierta de su hija y de los suyos lo hacía con frecuencia tener las más amargas reflexiones y sentir los más agudos y profundos dolores. "Más de una vez, dice un testigo ocular, le vimos verter lágrimas de dolor cuando marchaba a una campaña; pero defendía una causa santa y se conformaba con decir: ´Sufro pero primero tuve patria que familia´".

(Algunos apuntamientos por el general don Cruz Lozano).

Tales fueron, a juzgar por varias relaciones de personas, los sentimientos de Francisco Morazán.

Cuando Morazán hubo dominado todo el horizonte intelectual para él visible, agotados los medios de acrecentar el caudal de sus conocimientos, tuvo que pensar en proporcionarse una ocupación útil, que contribuyese a satisfacer sus necesidades y tomó plaza de Oficial en la Escribanía de Tegucigalpa, que estaba a cargo del señor don León Vásquez.

En el ejercicio de su empleo adquirió varios conocimientos en el ramo de jurisprudencia y hábitos de trabajo en la gestión de negocios de oficina.

Los primeros años de Morazán revelan en vista de los relatos precedentes, noble afán por educarse, estudios interrumpidos y recomenzados con ardor, trato frecuente con las clases sociales más importantes de su época, altas aspiraciones contrariadas por dificultades, a veces vencidas, a veces insuperables y asiduos trabajos en la oficina de un escribano: humildes y oscuros trabajos que algún día debían ser reemplazados por las grandes y fecundas labores del guerrero y del político llamado a tener por teatro, no el estrecho recinto de una escribanía de pueblo, sino el vasto y hermoso teatro de la República de Centro América...

III

El día 28 de setiembre de 1821 llegaron a Comayagua los pliegos del Gobierno Provisional de Guatemala en que se comunicaba al Intendente de la Provincia, brigadier don José Tinoco de Contreras, la proclamación de la independencia. Igual comunicación llegó al Ayuntamiento de la Villa de Tegucigalpa, por la mañana del día 29 del mismo mes; en ocasión que el Ayuntamiento con el vecindario se disponía a asistir a la misa solemne que iba a celebrarse en la Iglesia Parroquial en honor de San Miguel, Patrono de Tegucigalpa. Muy distinta acogida tuvo en Comayagua y en Tegucigalpa la nueva de la independencia. Comayagua, influenciada por Tinoco, que era español y por su junta provincial que gustaba de los intereses tradicionales, optó porque la Provincia se uniese a México; Tegucigalpa, que ha sido el pueblo de los hombres de entusiasmo y de ideas levantadas, optó, con mucha razón por unirse a Guatemala, secundando el plan político derivado del acta de independencia del 15 de setiembre...

Los contrarios propósitos de Comayagua y Tegucigalpa produjeron una verdadera escisión entre ambos pueblos: se prepararon para la lucha y el pueblo de Tegucigalpa, con inusitado entusiasmo, según lo refieren testigos oculares, tomó las armas y a fines de 1821 y principios de 1822, formó y disciplinó compañías de milicias que nombraron sus oficiales por elección. En la primera de éstas compañías fue nombrado teniente, Francisco Morazán, de edad de veintinueve años y este grado le sirvió para obtener el nombramiento de ayudante del primer batallón. Tal fue el comienzo de la carrera militar de Francisco Morazán.

Al tratar del inicio de la vida del guerrero no juzgo fuera de propósito describir el físico del joven teniente de las milicias de Tegucigalpa. Era Morazán de regular estatura, de proporcionado cuerpo, de gallardo continente, en especial cuando montaba su corcel de batalla, de blanca y sonrosada tez empalidecida, a veces, por las fatigas del trabajo; de bien formada cabeza poblada de negros y suaves cabellos, de frente protuberante, despejada y espaciosa, de vivos, negros y rasgados, sombreados y grandes ojos, de mirada atractiva y profunda, de nariz correcta, en que se notaban los perfiles del tipo griego, de pequeña boca, en cuyos labios, algo movibles, se revelaba la resolución, la benevolencia, movimientos y expresiones que se dejaban ver más por la ausencia de bigote: y de barba de muy acentuado y muy gracioso corte.

Este era en su apostura y en su facción el hombre que aún sus mayores enemigos, no pudieron menos de reconocerle grandes atractivos en su físico, y cierto ascendiente, cierta seducción en sus maneras serias y a la vez corteses, afables y hasta dulces.

(Álbum de un antiguo veterano del ejército federal escrito en Costa Rica en noviembre de 1842. El veterano decía: "Mi general era un hombre muy buen mozo, en su trato era fino, de maneras suaves y amables, circunspecto y muy urbano, hombre corazón de bronce para las fatigas y corazón de mujer en su trato familiar; hombre peligroso, de aquellas personas fascinadoras a quienes no se puede ver sin dejar de unirse a ellas por un atractivo magnético que poseen y que es inexplicable").

(La copia de este curioso documento, que existe original en San Salvador, me la proporcionó en 1877, mi buen amigo el distinguido jurisconsulto Don Cruz Ulloa, natural de Honduras y Ex-ministro de Relaciones Exteriores del Gobierno de El Salvador. Hoy vive retirado de la política, en la ciudad de Santa Tecla)...

Electo Don Dionisio de Herrera, el 16 de diciembre de 1824, Jefe de Estado de Honduras por la Asamblea del mismo, a causa de no haber habido elección popular, una de sus primeras atenciones fue la de nombrar, con acierto, un Ministro General. Herrera se fijó en Morazán, pero vacilaba en nombrarlo porque siendo primo hermano de su esposa doña Micaela Quezada, temía que su nombramiento se le criticase atribuyéndolo al favor de un espíritu de nepotismo, mas como las principales personas del país y los mismos diputados invitasen a Herrera a la elección de Morazán, se decidió al fin a nombrarlo Ministro General. Este fue el primer empleo político que tuvo Morazán y en su ejercicio refrendó la primera Constitución del Estado, emitida por la Asamblea Constituyente en 11 de diciembre de 1825.

Aflictiva era por entonces la situación de Honduras: la fuerza estaba desorganizada: el tesoro exhausto y las rentas comprometidas: la escisión de Comayagua y Tegucigalpa había agotado los recursos: más de cuatrocientos mil pesos se habían gastado en sostener fuerzas que hicieron indispensables los disturbios públicos: el Poder Judicial estaba sin organización y la desconfianza reinaba a consecuencia de las animosidades de los partidos. En tal difíciles circunstancias, Morazán en su calidad de Ministro prestó su eficaz cooperación al hábil e ilustrado político Don Dionisio de Herrera, a quien tocaron los más penosos trabajos para fundar las primeras bases de administración en Honduras...

A poco tiempo de haber tomado posesión de la presidencia de Centro América, el general don Manuel José Arce, empezaron a manifestarse disensiones, competencias y conflictos entre el presidente de la República Federal y las autoridades del Estado de Guatemala, secundadas por los liberales exaltados... La conducta de Arce, como era natural, produjo en los pueblos centroamericanos un profundo malestar que fue seguro precursor de la guerra. Prado, jefe del Estado de El Salvador, se puso en oposición con el presidente de la República: los liberales de Honduras y de Nicaragua mantenían igual espíritu de hostilidad. Los liberales de todos los Estados habían perdido la fe en Arce, a quien veían inspirado y dirigido por los conservadores que habían combatido la República, hostilizado a las provincias y hecho la anexión a México...

El estado de cosas en Honduras presagiaba en 1826 un completo desconcierto social, y se prestaba de todo en todo al desarrollo de los planes de Arce, quien, después de haber derrotado a los salvadoreños en los Campos de Arrazola, ensanchó sus ambiciones de mando, acarició grandes sueños de gloria y se propuso para dar cima a sus proyectos, cambiar a toda costa el gobierno de Honduras que presidía don Dionisio de Herrera, por otro gobierno que fuese dócil instrumento de sus miras y de su poder, que, merced al triunfo alcanzado, conceptuaba incontrastable...

Consecuente con sus cálculos y propósitos, el presidente Arce, después de consumada la rebelión del cero, a fines del 26 creyó oportuno invadir a Honduras con fuerzas federales. Por tanto, en el mes de marzo de 1827, el batallón federal Número 2, a las órdenes del coronel don Justo Milla, vicejefe electo de Honduras, invadió a este Estado so pretexto de custodiar en la Villa de los Llanos de Santa Rosa, los tabacos allí almacenados, cuya especie formaba una de las rentas de la Federación. Milla, desde que llegó a los Llanos, que ocupó sin resistencia, observó una conducta hostil al gobierno del Estado: armó a los sublevados del provisor Irías de acuerdo con la junta clerical, aprobó los procedimientos de ésta y dio sanción a sus arbitrariedades...

Herrera se ocupó en hacer construir con la precipitación que las circunstancias exigían, algunas trincheras para resguardar el centro de la Capital: no podía defender los barrios o cantones de ésta porque la línea de defensa habría sido muy extensa y sus fuerzas eran muy escasas para sostener, siquiera, sus principales posiciones. Entre tanto, el coronel Milla continuaba su marcha y el día 4 de Abril puso sitio a Comayagua...

Rendida Comayagua y dominada Honduras por el coronel Milla, la fuerza auxiliar de El Salvador, que muy tarde llegó a Tegucigalpa, .tuvo que evacuar la plaza y dirigirse por la vía de Choluteca al vecino Estado de Nicaragua... Morazán y los coroneles Remigio Díaz, José Antonio Márquez y José María Gutiérrez, viéndose expuestos a ser capturados y vejados, salieron de Tegucigalpa para buscar su seguridad uniéndose a la fuerza auxiliar salvadoreña... En la Villa de Choluteca, hoy capital del departamento del mismo nombre, se separaron de los salvadoreños y determinaron pedir garantías al coronel Milla para permanecer en Honduras. Con este fin escribieron a Milla, que residía en Tegucigalpa, y con el mismo correo que le llevara la solicitud les mando pasaporte accediendo en todo a sus deseos.

Morazán, con sus compañeros, confiando en la palabra de Milla, salió de Choluteca y se dirigió al pequeño pueblo de Ojojona, distante ocho leguas de Tegucigalpa, y situado en la pintoresca falda del Cerro de Hule: su objeto era el de vivir pacíficamente al lado de su familia. Ya en Ojojona, Morazán y sus compañeros recibieron aviso dado por la señora doña Josefa de Vigil de que iban a ser capturados no obstante el pasaporte. Los compañeros de Morazán se ocultaron, pero éste no quiso hacerlo, dando fe a la palabra de Milla y diciendo que el aviso recibido era obra "de debilidades o sospechas de mujeres".

Mas a las diez horas de haber llegado a Ojojona fue preso por el teniente Salvador Landaverri, de orden del mayor Ramón Anguiano, comandante local de Tegucigalpa. Morazán presentó al teniente su pasaporte, pero fue inútil pues fue llevado, como un criminal, a la cárcel pública de Tegucigalpa, en donde fue objeto de tratamientos vejatorios.

(Apuntamientos históricos por don José Antonio Vigil. Este caballero, que pertenece a la distinguida familia de los Vigil, de Honduras, conoce mucho la historia del país y en 1883 formó sus apuntamientos, que tengo en mi poder, y que se refieren a hechos respecto a los cuales tomó parte o fue testigo presencial. Acompañó largo tiempo al general Morazán y tiene presente los actos y vicisitudes del que fue su jefe. Vigil, hoy anciano, de liberal radical se ha tornado en calambuco. Está desligado de la causa de su jefe y de sus mayores, y por lo mismo, cuanto dice con relación a su antigua causa merece entera fe pues más bien abriga prevenciones contra el liberalismo).

Aunque preso aún, se resistía Morazán a creer en que el coronel Milla violaba la fe de su palabra empeñada: le dirigió una exposición enérgica reclamando contra su presión. La respuesta de Milla le hizo comprender que había caído en una especie de emboscada. Desde entonces, Morazán sólo pensó en evadirse. Después de haber sufrido veintitrés días de estrecha y penosa cárcel, dicen los contemporáneos que se fingió enfermo; que se hizo algunas incisiones en la boca que mucho lo hacían sufrir y que el práctico Lozano, no sé si de buena o mala fe, certificó que el caso era muy grave, que el preso padecía de escorbuto. Debido a este doloroso ardid de Morazán y a los empeños de sus familiares y amigos fue trasladado con centinelas de vista a casa de los señores Márquez, una de las más respetables, de donde burlando la vigilancia de sus guardias logró evadirse aprovechando la oscuridad de la noche.

Morazán se dirigió sin demora alguna, a la ciudad de San Miguel del Estado de El Salvador y de allí pasó a la ciudad de León, del Estado de Nicaragua, con el objeto de buscar auxilios para libertar Honduras... Morazán salió de León con 135 hombres, entre jefes y oficiales, llegó a Choluteca en los primeros días de octubre y con los descontentos hondureños que se le agregaron y un auxilio que mandó el gobierno de El Salvador, organizó una considerable División... El coronel Milla, que no había podido efectuar su movimiento sobre San Miguel pensaba encontrar a sus contrarios en Texiguat y salió de Tegucigalpa con toda su fuerza para batirlos. En el pueblo de Sabanagrande, a doce leguas de Tegucigalpa, Díaz y Morazán supieron que Milla se movía para presentarles acción. Coincidieron los deseos de las fuerzas enemigas y la fuerza libertadora prosiguió su marcha cada vez más resuelta a encontrarse con las fuerzas de Milla para librar una batalla decisiva.

El 10 de Noviembre, al caer la tarde, ocupó la fuerza libertadora de Honduras, el punto llamado La Trinidad distante seis leguas de Tegucigalpa. La Trinidad es una cañada en que está sita una casa de campo a cuyas inmediaciones se destaca una especie de cordillera de pequeños cerros. Acampada la fuerza en La Trinidad, los espías dieron parte al general en jefe de que el enemigo, que había salido de Tegucigalpa, estaba próximo a llegar. Entonces, refieren los contemporáneos que Morazán, inspirado por la amistad y confianza que tenía con el jefe Díaz y llevando su carabina en la mano, como soldado patriota, dispuso la acción. Colocó 400 hombres hondureños, nicaragüenses y salvadoreños en la planicie en que está situada la casa de La Trinidad; e hizo tomar posiciones a más de 600 hombres, en las alturas de un cerro cercano a la casa, cuya fuerza formaba la retaguardia del ejército. El coronel Díaz, el coronel Bosco, el coronel Pacheco y el patriota Morazán, con sus respectivos ayudantes, estaban a la vanguardia.

Al amanecer del día 11 de noviembre las fuerzas enemigas estuvieron a la vista, y sin demora se hizo por ambas partes un nutrido fuego. Díaz, Morazán, Bosco y Pacheco, con las cuatro compañías de vanguardia cargaron sobre el enemigo. A poco, el coronel Balladares, en cumplimiento de órdenes, dejó la altura que ocupaba flanqueando por la izquierda con dos compañías a las fuerzas guatemaltecas, que empezaban a desorganizarse. Notado esto por Díaz y Morazán, se redobló la carga de la vanguardia que ocupaba el centro y los plazuelas de Tegucigalpa, que acompañaban a Milla, empezaban a desbandarse en pequeños grupos. Díaz y Morazán dieron un soberbio y decisivo ataque general que no pudieron resistir los guatemaltecos, quienes, con su jefe Milla y sus jefes y oficiales, huyeron en todas direcciones, yendo a parar muchos de los vencidos hasta el distante pueblo de Esquipulas, perteneciente al Estado de Guatemala.

Hubo algunos heridos y muchos hondureños muertos y considerables pérdidas entre muertos y heridos de parte de los guatemaltecos. En el campo se recogieron un cañón con todos sus útiles, parque de todas clases y quinientos fusiles. Se cuenta que Morazán estuvo magnífico en el combate y desde entonces se referían al fenómeno que se operaba en él al entrar en batalla. Su fisonomía suave y apacible se descomponía en la pelea y se tornaba feroz y aterradora. El caballero agraciado y cortés se convertía en el hombre sañudo y terrible: era la transfiguración del ciudadano convertido por amor a la patria y al derecho, en el rayo destructor de la guerra. Se cuenta, además, que se vio en los campos de La Trinidad, en los puntos de mayor peligro, a un pequeño soldado, casi a un niño, disparando su carabina sin descanso. Se cuenta que se preguntaban: "¿Quién es aquel niño?" y que respondían: "Es Cabañas". El heroico niño fue después uno de los primeros capitanes del general Morazán, el prototipo de la honradez, del valor y de la hidalguía; y ha sido y será siempre por su abnegación y por sus generosas ideas una de las glorias militares más puras y bellas de la América Central...

El triunfo de La Trinidad, que fue como el despertar del genio militar de Morazán, dejó libre a Honduras de las fuerzas intrusas que hollaron su dignidad y sus derechos. Honduras había dado una terrible lección a los usurpadores y empezado a castigar al presidente Arce por sus desafueros y golpes de Estado. Honduras, antes postrada y escarnecida, se levantaba como Antínoo, más grande después de sus caídas. Honduras no era ya un motivo de desconsuelo, era una esperanza que sonreía, era un estímulo que alentaba al Partido Liberal de Centro América. Raros fenómenos los que ofrece la historia. ¿Por qué tan súbita y extraordinaria transformación? ¿Por qué los conservadores, vencedores y poderosos ayer estaban en completa derrota? ¿Quién preparó el triunfo espléndido de La Trinidad? ¿Quién hizo aparecer el genio de Morazán radiante de gloria y de promesas? ¿Quién entregó su nombre a la historia, a las futuras generaciones? ¿Quién con aquel genio, con aquel nombre cambió los destinos de Centro América?

Fue el coronel Milla, con su deslealtad. Si Milla hubiera guardado la fe de su palabra, Morazán habría vivido vida patriarcal en el pequeño y pobre pueblo de Ojojona: no habría ido en busca de auxilios al Estado de Nicaragua, no se habría organizado la división victoriosa y no habría aparecido el guerrero que dio las batallas de La Trinidad, de Gualcho, de las Charcas y que entró a la Capital de Guatemala el año de 29 tremolando la hermosa bandera de los libres.

Qué enseñanza, qué fecunda enseñanza. Los más grandes y sorprendentes acontecimientos dependen a veces de incidentes, en la apariencia, pequeños y despreciables. ¿Qué habría sucedido si Milla, fiel a su palabra no hubiese hecho aparecer a Morazán en la escena política? La causa de la libertad de los Estados se habría perdido por completo. ¿Pero que habría sucedido entonces, vencido Honduras, vencido después El Salvador, triunfantes los conservadores por doquiera y llenos de orgullo y de poder? ¿Habría vuelto Centro América, de reacción en reacción, a los tiempos de la colonia? ¿Habría habido una completa disolución social, causada por los abusos de un poder absoluto y seguidos por los desmanes de una anarquía irremediable? ¿Habría el partido conservador, dominado la anarquía, salvado siquiera, la Unidad de Centro América? ¿Habría convertido la República a un gobierno central y siendo sensato y previsor, habría afirmado gradualmente un régimen de instituciones? Ante la magnitud de tamaños y tan pavorosos problemas no se puede menos que exclamar, como en caso análogo exclamaba el inspirado autor de "Luis XIV y su Siglo": "Hay abismos de que se espanta la vista, y que no se atreve a sondear la inteligencia humana".

EL SENTIMIENTO NACIONAL.

El absolutismo del régimen colonial, con su cortejo de desaciertos y de iniquidades; y las rudas luchas siguientes a la independencia, con sus tendencias ora a afirmar el despotismo, ora a plantear las instituciones de la República; tales son los dos grandes hechos que aparecen y resaltan en el vasto cuadro, aun no trazado por completo, de la Historia política de Centro América. Para comprenderla, se requiere conocer la época del coloniaje, aquella edad de hierro en que todo se subordinaba al principio de autoridad, llevado hasta el extremo de causar una verdadera parálisis de las actividades sociales; para comprenderla, se requiere también conocer y juzgar aquella edad heroica que sucedió a la independencia, en que el espíritu de libertad y de reforma, aunque muchas veces extraviado, supo obrar milagros de constancia, de abnegación y patriotismo.

A diferencia de los Estados Unidos del Norte, de México y de la América del Sur, en Centro América no puede marcarse el acto de la emancipación política de la Metrópoli Española como un hecho dominante que inspire vivo interés por haberse consumado a virtud de grandes sacudimientos sociales. Nuestra independencia, si bien fue preparada por algunos movimientos de insurrección y por la expresión acentuada de ideas de libertad, no obstante, llegó a proclamarse el 15 de Setiembre de 1821, no al favor de pujantes esfuerzos, sino más bien, al favor de las circunstancias: se consumó en paz y en libertad. Nuestro paso de la condición de colonos a la condición de hombres libres, no fue el resultado de una verdadera lucha fecunda en sacrificios del pueblo, en actos de heroísmo de sus prohombres y en manifestaciones ardientes y radicales de las ideas de los sostenedores de la nueva causa.

Nosotros, como los Estados Unidos, México, Colombia, Buenos Aires, el Perú y Chile, no tenemos una epopeya de las guerras de la independencia; no tenemos pueblos que se formaran en la escuela del sufrimiento, de las privaciones más dolorosas, del sacrificio y de la abnegación; no tenemos hombres que como Washington, Bolívar, Hidalgo, Morelos, San Martín, Sucre, O'Higgins, fueron como el alma enérgica y la viva inspiración que atentó a nuestros mayores, al calor de la libertad y con ejemplos de patriotismo que hoy parecen legendarios, para mantener las conquistas de la independencia. Vinimos, como por ensalmo, a la vida de los hombres libres sin que nuestro pueblo sintiese los grandes estremecimientos y los supremos dolores que, en lo humano y en lo social, preceden y acompañan al alumbramiento de un nuevo ser: vinimos a la vida de la independencia sin recibir un bautismo de sangre y de lágrimas. La lucha y el dolor fortifican la vida, los propósitos y los ideales del individuo: también fortifican las actividades y las aspiraciones de los pueblos.

La gran prueba de la lucha acerba, del sufrimiento continuo y de la adversidad sentida en el fondo del alma, les faltó a nuestros pueblos y a los proceres de nuestra independencia. He aquí un fenómeno histórico que es necesario tener muy en cuenta al tratar de la Historia social y política de Centro América: he aquí un fenómeno que debe servir de punto de partida para explicar el egoísmo, la ceguedad y la resistencia que tuviera en su contra el general Morazán cuando se empeñó en sostener la unidad de nuestra patria, y la efectividad de las instituciones republicanas: he aquí un fenómeno que explica, en mucha parte, nuestras pasadas y presentes e inauditas desventuras: he aquí un fenómeno que, en épocas no lejanas, trajo el indiferentismo, y que hoy produce, como fruto natural, el escepticismo político más destructor de la dignidad, del verdadero progreso y del derecho de nuestros pueblos: he aquí un fenómeno que habiéndose opuesto a la organización y buen nombre de la patria, hoy me hace decir con intenso dolor, que Centro América, en toda la América, es el país en donde menos existe el "Sentimiento Nacional", es el país en donde con más facilidad puede imponerse, casi sin contradicción, las dictaduras más absorbentes, brutales y salvajes, y en donde la dominación extranjera puede enseñorearse a su placer aún trayéndonos el patriotismo de la servidumbre y de las humillaciones. Lo que digo puedo demostrarlo con la Historia en las manos; y esta demostración es lógica e incontestable. No se formó un pueblo en la escuela del sufrimiento para conquistar la libertad: no hay entre nosotros arraigadas virtudes cívicas. Nuestro pueblo nominal no supo corresponder a los Morazán y a los Barrundia: Sólo ha sabido derramar sangre y lágrimas a los pies de un clero ignorante, desorganizador y absolutista, y de caudillejos brutales, miserables personificaciones del Cesarismo del Bajo Imperio, que han formado y aun forman hoy la ignorancia y el escándalo de la América Española. Iluminado por los últimos reflejos de la esperanza, yo pido un rayo de luz para mi patria: yo pido a la Providencia que en el Centro de América se suspenda la obra de perdición de las dictaduras infames y envilecedoras: yo le pido que nos aleje de la dominación extranjera a la que estamos muy predispuestos.

Ojalá que ésta no sea el castigo de nuestra incapacidad, de nuestras bajezas, de nuestros errores, de nuestra imprevisión y de nuestros crímenes. Ojalá que nos ampare la sombra protectora de Morazán que quiso legarnos patria e instituciones. Ojalá que nuestras cenizas, rebullendo en el sepulcro, se agiten, siquiera cuando los hijos de nuestros hijos tengan patria y libertad; cuando sean ya imposibles en este edén intermedio de las dos Américas, ni las brutalidades de dictadores bárbaros, ni las influencias y dominación de poderes extranjeros. Grandes son nuestros errores y nuestros crímenes, pero hemos sufrido mucho y los hemos expiado y los expiamos experimentando infinitas desventuras. Que venga una época de concierto y de rehabilitación. Estos son los votos del patriotismo.

Si los altos fines de la independencia y de la República se hubieran cumplido entre nosotros, a buen seguro que los hechos y las ideas de Francisco Morazán, no tendrían hoy la suma importancia que tienen. Si el Sentimiento Nacional de Centro América se hubiese pronunciado en el sentido de asegurar la unidad de la patria y la efectividad de las libertades individuales y públicas; si se hubiese alcanzado esa conquista, digna de nuestro siglo, Morazán sería hoy un notable personaje histórico; pero no sería por sus hechos y por sus ideas nuestra inspiración en lo presente y nuestro ideal para lo porvenir.

Imagínese, que como por encanto desaparecen de la Historia de Italia, de esta musa del mundo moderno, los nombres y las enseñanzas célebres de Cavour, de Garibaldi y de Mazzini; pues bien, la unidad italiana y sus progresos en pro las instituciones, no desaparecerían, porque el ejemplo y la de idea de aquellos hombres, han llegado a convertirse en sentimiento nacional de sus conciudadanos: imagínese que desaparecen de la Historia de los Estados Unidos los nombres venerados de Washington, de Jefferson y de Lincoln, y sus lecciones que son las que más ilustran a este siglo de la República; pues bien, no se perderían ni la unidad de la Federación Norteamericana ni su credo político del gobierno de sí mismo (self gobernment), porque en el pueblo rey de las libertades individuales y públicas, se ha hecho carne el verbo de la idea de los hombres que fueran los creadores de su admirable creación de derechos de garantías y de portentosos adelantamientos sociales y políticos; imagínese que desaparecen de la Historia de Sur América los nombres y los ejemplos, casi legendarios, de Bolívar, de Sucre, de San Martín y de O'Higgins, de aquellos hombres extraordinarios que, en medio continente, hicieron dar a pueblos envilecidos por la Colonia, el salto más prodigioso que puede contemplar la moderna Historia, el salto del estado de servidumbre reglamentada por los Carlos V y los Felipe II, al estado de la República creada y sostenida, entre batallas, y alentada por los principios de la dignidad humana, de la filosofía de la razón y de la libertad; pues bien, aunque la memoria y las enseñanzas de aquellos prohombres desapareciesen en Sur América, aún se mantendría la vida inquieta, pero fecunda en esfuerzos propicios a la independencia y al derecho de los pueblos, porque en Sur América, aunque no hay en todos los movimientos regulares de sociedades definitivamente constituidas, existen ya, enérgicas en sus hijos, los sentimientos de la dignidad nacional y existen grandes e irresistibles vocaciones que los llevan, aunque sea entre dolores y lágrimas a la consecución del derecho y de los demás altos fines de la cultura social. Pero entre nosotros, amargo y cruel es afirmarlo, no se ha formado el verdadero Sentimiento Nacional; y de aquí la necesidad de buscar un poderoso resorte para movernos progresivamente; de aquí la necesidad de buscar, en lo pasado fuerza, aliento e inspiración, para mejorar nuestra condición presente, e ir en pos de una honroso y grande porvenir; de aquí la necesidad de presentar la vida y enseñanza de Francisco Morazán como tema trascendental de actualidad, como fuerza benéfica de impulsión que nos lleve a realizar mejores destinos, en provecho del hombre, de la familia, del cuerpo social, de la patria, de la humanidad. Hay que repetir con Álvaro Contreras: "Suprimid el genio de Morazán y habréis aniquilado el alma de la Historia en Centro América". Aunque no tenemos pueblo: asimilémonos la idea y el sentimiento de un extraordinario mito.

¿Por qué se dice que la vida, las ideas y las enseñanzas de un grande hombre. encierran en síntesis, la causa del presente y del porvenir de Centro América? ¿Hay fe en tales aciertos? ¿Los dicta el corazón que es la entraña del patriotismo? ¿Los inspira el cerebro, que es el órgano de las ideas y más que todo, el órgano de la ciencia? ¿Se trata de embaucar, en fin, en nombre de engañosa y malograda causa, o de un falso principio político?

Todas estas preguntas, todas estas dudas, y aún muchas más, son naturales para quienes no conozcan nuestra antigua historia y nuestros contemporáneos acontecimientos. Como gusto de la hipótesis por pura recreación o por antecedente de investigación científica, del mismo modo gusto de la realidad, cuando trato de hechos consumados. He dicho que entre nosotros se ha falsificado la República y esta falsificación es la más funesta de las falsificaciones. Después que el general don Miguel García Granados dejó el poder en Guatemala, desinteresada y noblemente, los centroamericanos han tenido como único criterio, el criterio de la fuerza; como único fin social, el éxito, como opinión pública, los gritos del populacho y las adulaciones de una prensa asalariada; y como derechos individuales y como garantías, la entrega incondicional de sus personas, de sus familias, de sus intereses y aun más de su conciencia y de sus ideas, al Señor que manda, al dispensador de todos los bienes, al Presidente, al dueño de vidas, de honra y de haciendas. No es de ahora que expreso las ideas enunciadas condenando el régimen de fuerza. Cuando renunció la presidencia el señor García Granados compelido por la ingratitud de los unos y por las sugestiones indignas de los otros, fui el único que como diputado hablé en favor de la justificación del gobernante y de los intereses y fines de la revolución que tuvo en su origen un programa y actos honrosísimos, pero que bien pronto llegó a desnaturalizarse por completo.

En mi discurso pronunciado en la noche del 31 de diciembre de 1872 ante la Asamblea Constituyente y un público numeroso dije lo que sigue: "Señores, es tan extraño como desconsolador, que algunos queriendo poner remedio a los males de la situación, pretendan fuerza y sólo fuerza del gobierno actual. Yo no me opongo a la energía en la administración, pero yo no quiero, no puedo querer, el imperio de la fuerza en nuestro país"...

No falto a la verdad. Que lo digan imparciales extranjeros dentro de Centro América: que lo digan los centroamericanos honrados, de todos los partidos políticos, se entienden, fuera de Centro América. Unos y otros convendrán conmigo en que el estado político de nuestro país es el estado más adverso a los derechos y a los progresos de nuestras incipientes sociedades. Tenemos constituciones, códigos y reglamentos; pero no son más que escritos que valen mucho menos que los gastos que causó su impresión.

Todo se idealiza, y todo se llena de fango; todo se ofrece, y casi nada se cumple: En teoría, palabras y más palabras; y en el hecho, atentados y más atentados brutales. Aquí en nuestra desgraciada Centro América todo se simplifica a estilo del Cesarismo o a estilo de la tribu salvaje. En sociedad, en política, en religión, en industria, en comercio, en agricultura, en instrucción pública, en relaciones exteriores, no hay más que hacer esta pregunta: ¿Qué quiere el presidente o el favorito del presidente?...

Hoy por hoy, ¿la sociedad vive tranquila, sale a las calles y plazas y se divierte? Es porque el Presidente quiere la paz y el regocijo público. ¿Se agitan cuestiones políticas bajo un tema obligado y se habla de ellas, con inusitado calor, en la tribuna del diputado, en la tribuna del pueblo, y se escribe en hojas sueltas y en periódicos? Es porque el Presidente, con generosidad nunca bastante encarecida ha dado el presente de la libertad, de la palabra y de la prensa. ¿Se ponen la camándula y el escapulario los centroamericanos, oyen misa, confiesan, comulgan y reverencian a los jesuitas? Es porque el

Presidente es piadoso y amigo de la religión. ¿Hacen alarde los centroamericanos de descreídos, sin saber lo que es creencia católica, o alarde de libres pensadores, sin saber media palabra de ciencia? Es porque el Presidente no oye misa y destierra a los jesuitas y demás frailes. ¿Optan los centroamericanos por el sistema de nuevas industrias, de inmigración y de libre cambio? Es porque el Presidente así opina. De lo contrario, industrias y comercio a estilo del Paraguay y murallas a estilo de la China.

¿Quieren la agricultura los centroamericanos? ¿Cultivan las plantas textiles para formar sacos continentes sin contenido? Muy bien, dejan el café, el jiquilete y la grana porque aquel cultivo no le place al Presidente. En instrucción pública gustan al Presidente los acólitos, los sacristanes y los doctores con capetos a la usanza de la Edad Media? Pues están muy buenos y el Rivalda y los Estatutos de Carlos II, el Hechizado. ¿Gustan al Presidente, porque alguien se lo insinúa, los métodos de Mantilla, de Sarmiento, de Bello, de Horacio Mán, de Lastarri y las de Spencer, de Augusto Comte, de Litree y de Buchner? Pues están excelentes los nuevos métodos de enseñanza y las nuevas ideas de la ciencia. ¿En relaciones exteriores, echa una braveada el Presidente por cuestiones de límites o de reclamos extranjeros? Los centroamericanos se exaltan y se disponen a batirse hasta con los Estados Unidos y las primeras potencias de Europa. ¿Pero quiere el Presidente ser diplomático, y entregar nuestros territorios, y pagar lo que no debemos y humillarse ante nuestros contrarios? ¡Magnífico! Nuestros contrarios tienen razón. El Presidente ha salvado la integridad, los recursos y la honra de la patria y se levantan arcos triunfales para que pase el insigne diplomático a quien todo se debe hasta el agua que bebemos y el aire que respiramos. En resumen, ¿qué es un Presidente entre nosotros? La viva personificación de la sociedad, del Estado: lo absorbe todo y lo domina todo. En sociedad, es el dispensador de todos los bienes, y aún el propagador de la moda y el buen gusto; en política, es el único sostén del orden interior y de la dignidad en lo exterior y el protector de las libertades individuales y públicas; en industria, agricultura y comercio es el que da impulso a la producción, el que conserva el ahorro, el capital, el que distribuye benéficamente los consumos públicos; en religión es el que define el dogma, y como en tiempo de Luis XIV, resuelve sobre si debe haber hugonotes que asistan a la prédica o católicos que asistan a la misa, y para no amplificar los conceptos expresados, es entre los romanos, cesaristas y pretorianos el emperador y pontífice máximo, omnipotente y divino.

Tal estado social, en que los gobernantes tienen, de hecho, más poder, atribuciones e influencias que el emperador de la Rusia y que el Sultán de Constantinopla, no ha podido menos de traer, como consecuencia lógica, el anonadamiento del espíritu de los pueblos, el indiferentismo o el escepticismo de los pueblos, el indiferentismo o el escepticismo de los hombres pensadores y la creación de falsas escuelas políticas tan viciosas por su fondo como adversas por sus efectos a los fines de sofistas, que en todos los tiempos han precedido y acompañado a las épocas de desconcierto y de corrupción social, son las escuelas predominantes entre nosotros.

Los sofistas del tiempo de la Federación dieron en tierra con la unidad de la patria: los sofistas de nuestros días han dado en tierra con los pocos elementos que quedaban como sostén de la dignidad nacional y de los sentimientos del republicanismo.

Un grosero sofisma hace que hoy se confundan algunas medidas de progreso material e intelectual con los principios que constituyen el organismo de la república. Quien combate el clero y lo veja, quien funda algunas escuelas, quien establece algunas líneas telegráficas y mejora o abre algunas vías de comunicación, ese es el hombre de las instituciones, aunque por otra parte, pisotee, día por día, los derechos individuales, aunque haga nulas las libertades electorales y parlamentarias, aunque haga esclava de sus intereses o de su capricho la administración de justicia, aunque convierta en su patrimonio exclusivo la hacienda pública, aunque viola la seguridad del hogar y el secreto de la correspondencia, aunque las manifestaciones de la conciencia y del pensamiento se sofoquen por espionaje, que finge y que delata y por el terror que oprime y el que degrada, aunque la ley del palo suspendida sobre todas las espaldas sea, en definitiva, la única y suprema ley. Pero, ¿qué importa? "El país progresa", dicen los sofistas, y el orden y el progreso afirman la república. "Libertad y Reforma", dicen a los pueblos, y éstos, aunque soportando el peso de horribles atentados, de impuestos y de vejaciones, tienen que exclamar, aunque sollozando, "libertad y reforma: nuestro gobierno es el genuino representante de la república, es el mejor de los gobiernos". Tal es la falsificación monstruosa que se ha hecho entre nosotros de las instituciones. En tiempos pasados, y no muy remotos, teníamos cruentas luchas de partidos, pero al fin se trataba dignamente de una cuestión política. Hoy no se lucha: los hombres de los disueltos partidos, o están inmóviles como estatuas o aplauden su deshonra con el frenesí demente que produce el terror: Están sujetos a la coyunda vil del despotismo; y para los hombres pensadores, toda cuestión política ha dejado de serlo, para convertirse en una cuestión de humanidad. Los pueblos, en su abatimiento, no piden ya tal o cual institución: Su mayor anhelo es que se respete por los gobernantes siquiera su dignidad humana. ¡Hasta donde llegan los excesos del despotismo! ¡Hasta dónde llega el envilecimiento de los pueblos que no han sabido ser ni previsores ni virtuosos para combatirlo enérgicamente, en eso de sus sagrados e imprescriptibles derechos!

A la escuela del interés y de la corrupción, a la escuela de los sofistas que difunden espaciosas ideas para encubrir las excrecencias de nuestro cuerpo social, debe oponerse sencilla y noblemente la escuela de la verdad, de la razón impersonal y del sincero patriotismo. Va a hacer tres años que dije "La revolución de ideas, la revolución de principios que sean en espíritu y en verdad, está por hacerse en Centroamérica".

(Véase mi libro "Biografía de don José Cecilio del Valle" escrito en 1882. Este pequeño libro en que hice el elogio de las ideas en desprestigio de la fuerza bruta, me valió, como puedo demostrarlo con documentos, desinteresadas felicitaciones y publicistas y literatos americanos y europeos que ni siquiera me conocen. En cambio, me produjo, como lo preví, y como lo dije, una abundante cosecha de ridículos, de injurias y calumnias autorizadas en los periódicos por el anónimo. No se han discutido las ideas expresadas en el libro consagrado al sabio Valle: únicamente se me ha calumniado e insultado: este es el recurso de quienes obtienen garantías, posición y medros a trueque de ser injustos y hasta infames. Hoy afirmo, más convencido si cabe, que es tan urgente como debido y hasta humano hacer esa revolución.

Más una verdadera revolución no puede hacerse sin bandera, y el patriotismo centroamericano para moverse revolucionariamente debe levantar, muy alto, la bandera de Francisco Morazán, que simboliza estos dos grandes principios: unidad de la Patria y efectividad de sus instituciones republicanas. "Este es un tema gastado" se me dirá, y una gran vulgaridad en política. ¿Quién no ha confirmado y repetido que quiere la unidad nacional y el cumplimiento de las instituciones liberales? Convengo en parte con la objeción.

Querer y vocear en favor de tales principios ha sido y es harto común y hasta trivial entre nosotros; pero obrar con fe y abnegación en pro de los mismos principios, como obraron durante una dilatada época Francisco Morazán, Trinidad Cabañas y José Francisco Barrundia, esto es excepcional, esto es raro, esto constituye un milagro del patriotismo que debe dar fe a los corazones casi yertos de los centro americanos y dar un rayo de luz a sus inteligencias entenebrecidas por las densas sombras que proyectan las dictaduras triunfales sobre las ruinas de la patria.

Por mucha que sea la imparcialidad con la que escribo la historia de Morazán, por mucho que presente, de relieve, las ideas y las virtudes que formaron el fondo de su vida política, no creo cosa fácil que tales enseñanzas penetren de momento en la conciencia de nuestros pueblos y den inmediatos y saludables resultados. La generación presente está viciada y es muy difícil que la idea haga reaccionar, de momento a pueblos que tienen en su carácter y en sus costumbres hondos y arraigados vicios sociales. Es en absoluto cierto que los hábitos, buenos o perniciosos, casi constituyen una segunda naturaleza. Por otra parte, costosa, muy ardua, es la empresa de seguir en la práctica las ideas y ejemplos de Morazán.

Para ello hay que resolver magnos problemas, de mucha entidad en los dominios de la sociedad y de la política. Hay que formar patria; hay que realizar la unidad nacional de Centro América; hay que formar pueblo por virtud de la educación; hay que darle acertadas, sabias y liberales instituciones; y hay que cumplir y respetar estas instituciones haciéndolas pasar del papel escrito a la más cumplida realidad de los hechos. De lo contrario no tendremos más que lo que tenemos: la careta de la República encubriendo el semblante grotesco y despreciable de la miseria, de la imbecilidad, de la corrupción y del despotismo.

¿Pero cómo resolver tan arduos problemas? Se me dirá. Exprésense, no ideas abstractas; señálense medios prácticos para llegar a soluciones definitivas y mejorar la condición de nuestra suerte.

Pienso que en práctica la Unión Nacional no podrá alcanzarse, desde luego, constituyendo de una vez un cuerpo de Nación compuesto de todos los dispersos miembros de la familia centroamericana. A este fin se opondrán, por muchos años, temores de dominación, rivalidades de pueblos, opuestos intereses y sobre todo, el egoísmo de los unos y la indiferencia de los otros. La Unión, pues, sólo puede ser gradual, progresiva.

(Sobre este importante punto tengo hecho un estudio fundado en antecedentes históricos, en hechos de observación en nuestra circunstancia de actualidad y en razonamientos inspirados por la Filosofía y por la Ciencia Política. Alguna vez tendré ocasión de publicar mi estudio, para que si algo útil contiene, sea objeto del juicio y de la aceptación o improbación de mis conciudadanos).

La Unión sólo puede intentarse y realizarse con éxito, por pueblos homogéneos, por pueblos que, por sus antecedentes, por su seguridad, por sus intereses, por su igualdad de hábitos políticos y comunidad de costumbres y por sus simpatías pueden formar y sostener de un modo natural y espontáneo una entidad nacional. Para corroborar lo expuesto, pueden servir de ejemplo las Repúblicas de El Salvador y Honduras.

Verdad es que la unión de pueblos homogéneos, sería repugnada y combatida por intereses egoístas, que sólo medran al favor de nuestra debilidad; pero aún en el caso de una lucha, los pueblos unidos en su derecho, triunfarían por la fuerza de su unión y por la justicia de su causa. El buen resultado de tal linaje de unión aseguraría el equilibrio centroamericano, haciendo casi imposibles las intervenciones escandalosas y los atentados brutales de los Estados más fuertes, en daño y en desdoro de los Estados más débiles: tal arreglo desvirtuaría muchas causas de turbación, de guerra y de anarquía y al favor de una nueva situación de paz sólida y honrosa, y al favor de un saludable y alto ejemplo y de nuevos y respetables intereses, y de nuevos y fraternales vínculos, de manera ordenada y pacífica, se operaría gradualmente la fusión de todos los pueblos centroamericanos, bajo un solo gobierno y en el seno de una sola y verdadera patria.

Fuera de la unión gradual de las repúblicas del centro, únicamente puede lograrse la unidad nacional por la fuerza o por la conquista: hay que esperar que aparezca un hombre extraordinario que una militarmente lo que políticamente está dividido; o hay que esperar que una potencia extranjera, lo que es más probable, aprovechándose de nuestra desorganización, de nuestra incapacidad, de nuestros vicios y escándalos, venga a ponernos en regla y nos una y nos gobierne a ley de conquista disimulada por inmigraciones y por empresas y reclamada por los fueros de la civilización. O la fuerza de dentro, creando en todo Centro América, una dictadura militar permanente, o la fuerza de fuera labrando para siempre nuestra humillación merecida: tales son los lastimosos extremos que se nos presentan, sino se efectúa la unión gradual de nuestros pueblos, por la virtud de benéficas y salvadoras evoluciones. Estas, para realizarse, darán ocasión a sacudimientos y luchas; pero si se realizan, el éxito será seguro y honroso y se salvará el porvenir de los hijos de la región más central y más bella de nuestro continente.

La Patria no puede existir sin verdadero pueblo. Nosotros tenemos pueblo en el sentido vulgar de la palabra; pero no en la acepción política, pero no en la acepción de la República, acepciones que hacen juzgar al pueblo como una entidad nacional poseedora de la soberanía y capaz de dirigir sus destinos, dándose libremente, por medio del organismo del gobierno, su representación interior y exterior. Nosotros podemos decir que, en vez de esa entidad nacional, tenemos masas dispersas, colonos a la española, que olvidados de sus derechos, bajo el peso de la anarquía o de la dictadura, ven en el gobierno, por diabólico que sea, una divina Providencia, y trabajan y obedecen y gimen a hurtadillas o bien aplauden delirante a sus propios tiranos, porque el poder es todo y el pueblo nada: máxima terrible cuya cumplida observancia hace que formemos una monstruosa excepción, la nota disonante en el concierto de los países libres de América. Este estado de abyecta miseria, que no exagero, tan sólo podrá desaparecer por la virtud de la educación práctica obtenida en la grande escuela de la vida pública.

De nada sirve que el maestro de escuela enseñe, tímidamente a los niños que tienen deberes y derechos políticos, si estos niños cuando son hombres hacen un segundo aprendizaje, en la escuela de la indignidad, de la bajeza y, de la corrupción, organizada por el despotismo; escuela que los enseña a olvidarse de sus derechos y a prosternarse ante el poder de sus mandarines, para alcanzar la merced de vivir, cuando más, para obtener algunos medros personales. La educación práctica que haga a nuestros conciudadanos dignos, esforzados y celosos de sus derechos, es la educación que necesitamos para tener verdadero pueblo. Todos los hombres de convicciones, capaces de pensar, de hablar y de escribir algo de provecho son los llamados, aunque sean calumniados y perseguidos a formar el noble y santo magisterio, que ha de proporcionar con la idea y el ejemplo, la educación práctica de nuestros pueblos. Si alguien cree que estas son vagas teorías, yo le preguntaría si en la pasada generación ejercieron o no positiva influencia la palabra y los escritos de Valle, de los Barrundia, de Morazán, de Herrera, de Marure, de Gálvez y de Molina.

Sin aquella palabra y sin aquellos escritos, no se habrían formado sentimientos de dignidad y de libertad en los pueblos de épocas pasadas. Digan lo que quieran, y hagan lo que quieran los hombres de la fuerza bruta, la palabra que desciende de la tribuna o que se agita con la hoja del periódico o del libro, forma un huracán que destruye las fortalezas de los tiranos y que deja libre el campo para que se levante el Capitolio de los pueblos libres.

Un verdadero pueblo tiene que regular su vida por las instituciones. Sustituir estas al poder discrecional, a la arbitrariedad, al capricho, a los antojos del que manda, es asegurar entre nosotros, el imperio de la ley; es asegurar el cumplimiento de los fines de sociedades regularizadas y cultas. Hoy por hoy ¿qué es en Centro América una institución, una ley? Se puede contestar como los puristas del cesarismo romano: La institución, la ley, es la voluntad del sumo imperante. Pero debemos salir de estado tan oprobioso de absolutismo, para tener instituciones impersonales, únicas que aseguran los derechos del hombre, y que labran la felicidad y el engrande- cimiento de los pueblos. Más del absolutismo, ¿debemos pasar a la realización de un bello ideal en materia de instituciones?

Pienso que tal propósito haría frustráneo cualquier esfuerzo del patriotismo. Nuestras instituciones no deben ser las más avanzadas y perfectas: deben ser, tomada en cuenta nuestra pésima constitución social, las más practicables y sensatas, y a la vez, las que más favorezcan, de un modo seguro, aunque lento, al desarrollo de los primordiales intereses del orden, de la libertad y del progreso. Yo admiro a Barrundia y a Morazán por su generoso radicalismo sostenido al calor de su corazón y al calor de su genio. Pero tal radicalismo del tiempo de la Federación contribuyó de eficaz manera, a producir la disolución de la patria y la muerte de todas nuestras libertades.

Si hemos de tener modelos, imitemos en parte, la sólida y progresiva organización de Chile, para imitar después en todo, la admirable organización de los Estados Unidos y de los cantones suizos. Seamos sensatos, y conquistemos, por medios seguros aunque gradualmente, los mayores adelantamientos sociales y políticos. Siempre diré como Linneo: "La Naturaleza no da saltos".

Se extrañará por algunos que hable de la necesidad de instituciones, cuando se ve que en nuestras pequeñas repúblicas del Centro se han dado y se dan, muchas leyes libérrimas. Pero estas casi siempre no son más que humoradas del despotismo o de la anarquía. Esas leyes no son verdad; no se respetan ni se cumplen.

Esas leyes, en vez de moralizar a los pueblos y de asegurarles sus derechos, más bien lo acostumbran a recibir lecciones diarias, en la escuela política de la hipocresía, de la falsificación, de la mentira. Preferible es, pues, tener instituciones, no avanzadas en teoría, no perfectas; pero que sean verdaderas, que sean un hecho en las esferas de la vida privada y pública; instituciones que se respeten y se cumplan, que protejan el derecho de sus sostenedores y de sus contrarios. No de otra suerte se procede en los Estados Unidos, en donde la ley, buena o mala, se cumple.

A este respecto, en una ocasión solemne, dijo el presidente míster Ulises S. Grant, estas notables palabras que revelan el espíritu político de aquel gran pueblo: "Seré fiel ejecutor de todas las leyes, merezcan o no mi aprobación. En todas las cuestiones tendré una política que recomendar, ninguna que imponer contra la voluntad del pueblo. Las leyes deben gobernar a todos, lo mismo a los que las combaten que a los que las defienden. No conozco mayor método para obtener la abrogación de una ley mala o perjudicial que el de ejecutarla estrictamente".

(Véase el discurso inaugural del presidente Grant, y la obra intitulada "Vidas y Retratos de los Presidentes de los Estados Unidos").

Ojalá que estas palabras lleguen a grabarse en el ánimo de nuestros gobernantes y de nuestros pueblos. La escuela Norteamericana debe ser nuestra escuela, con respecto al acatamiento a la ley. El respeto a las instituciones ha convertido a los Estados Unidos en una de las naciones más respetables, más prósperas y felices de la tierra.

Las numerosas cuanto amargas consideraciones anteriores, que me duelen en lo íntimo del alma, por referirse a mi patria, alguien podrá conceptuarlas fuera de oportunidad pero yo las juzgo muy pertinentes... Demuestran la magnitud de los problemas políticos que hay que resolver en Centro América: demuestran, a la vez, la alta conveniencia que hay en estudiar y en seguir, en todo lo posible y debido, los principios políticos que regulan la conducta de Morazán que aparece más grande y glorioso a medida que los tiempos pasan y que aumentan nuestros retrocesos e infortunios.

Jamás se encarecerá demasiado la importancia de nuestros problemas sociales y políticos. Para los hombres pensadores deben ser el objeto de reflexión y enseñanza de todos los días, de todas las horas, de todos los momentos, y su solución debe ser, para los pueblos una aspiración incesante.

Unidad de la patria, pueblo formado por la virtud de la educación, instituciones libres y práctica respetuosa de estas instituciones; he aquí el resumen de los grandiosos y civilizadores principios que, sustentados por Morazán, con la idea y con el ejemplo, así en los campos de batalla, como en el terreno de la política, han de resplandecer en las páginas de este libro, como enseñanza salvadora, inspirada por las virtudes del patriotismo y del genio. Necesitase, con urgencia, aprovechar esa enseñanza y resolver dignamente nuestros problemas políticos. De lo contrario, tendremos la triste y pavorosa alternativa de ser, para siempre un Estado Asiático; en donde imperen la inmovilidad, el atraso, la injusticia, la barbarie, o de ser, al andar el tiempo, la desgarrada presa de una humillante dominación extraña.

No nos hagamos ilusiones, nuestros países son países "inconstituidos", por más que tengamos nominales constituciones y Códigos y Reglamentos; por más que hayamos alcanzado algunos intelectuales y materiales progresos, obra en parte ineludible de la acción del tiempo y del influjo extranjero. Necesario es, pues, que nos constituyamos para tener derechos, para tener república, para vivir libres y felices, y para pronunciar, sin rubor, ante las demás naciones, el dulce y querido nombre de patria, que hoy no podemos pronunciar dignamente ante el extranjero que, con justicia, o nos compadece o nos desprecia. Si no reaccionamos contra nuestro pasado, y contra los vicios que canceran nuestra sociedad presente, probaremos que somos, como los nictálopes, que no ven a la luz del medio día, y que solo fijan sus miradas, en medio de las densas sombras de la noche: probaremos que somos incapaces para cumplir los altos fines del derecho y de la libertad. Debemos, empero, desechar el aflictivo y enervante pesimismo. Si el patriotismo quiere se hará una revolución de principios y la Patria y la República se ostentarán triunfantes, teniendo por aureola las inmortales ideas de mártir de nuestra Democracia...

JERÓNIMO ZELAYA

Nació en Santa Bárbara el 31 de julio de 1835.

Fueron sus padres don Crescencio Zelaya y doña Paula Leiva. Comenzó sus estudios en la Universidad de Honduras y los concluyó en la de Guatemala, en donde obtuvo el título de Licenciado en leyes.

Poco tiempo después volvió á su país natal, y en él ha figurado en diferentes puestos públicos. Fué Diputado al Congreso ordinario que se reunió en Comayagua en 1868, fué Diputado á la Asamblea que dictó en Tegucigalpa la Constitución de 1.° de noviembre de 1880, y fué individuo de la Comisión que formuló los Códigos Civil, Penal, de Comercio, de Minería y de Procedimientos que actualmente rigen y que entraron en vigor el 1. de enero de 1881. Luego fué electo Magistrado de la Corte Suprema de Justicia, y de este cargo pasó, á principios de 1884, al de Ministro de Relaciones Exteriores en la Administración del General don Luis Bográn. En 1889 fué á Washington como Enviado Extraordinario y Ministro Plenipotenciario del Gobierno de Honduras ante el de los Estados Unidos de América y como Delegado al Congreso Pan-Americano y á la Conferencia Marítima Internacional. En diferentes ocasiones fué á El Salvador, Guatemala y Costa Rica á desempeñar misiones diplomáticas de importancia.

El señor Zelaya tuvo á su cargo en la Administración del General Bográn la redacción del periódico ministerial "La República" en el que publicó muchos artículos de interés.

En la actualidad forma parte de la Comisión Legislativa que el Presidente Doctor don Policarpo Bonilla ha nombrado para revisar y reformar las leyes vigentes.

VÍCTOR HUGO

El último correo nos ha traído la noticia de la muerte de Víctor Hugo.

El genio coloso, orgullo de la Francia, que se señoreaba de Europa y el mundo, ha alzado el vuelo á la región de los inmortales.

Alma inmensa, vívido destello de la Divinidad, se ha á su eterna fuente, rica de magníficas obras y de imponderables y excelsos merecimientos. Conciencia serena y luminosa, no ha comparecido trémala ante el Sér de los seres, ante la Faz suprema y tranquila que no se turba nunca.

Víctor Hugo hizo bien á sus semejantes y conquistó la inmortalidad. Todas las fueron otros tantos pines, todos los latidos de su gran corazón, de amor los Trabajó por la felicidad de todos, por la felicidad del pueblo, de los débiles, de los tristes, de los que sufren, no en ésta ó aquella región del globo, sino en la vasta extensión del planeta, pues su mente participaba del c atributo de lo inmenso que en ella depositara el Creador, y se dilataba, se espaciaba por toda la humanidad.

Víctor Hugo no era tan sólo grande, gigante y colosal por sus méritos literarios, por sus obras admirables que pasan y continuarán pasando de mano en mano al través de las edades; era grande también, era sublime, por los tesoros de generosidad de su corazón, por la filantropía de sus sentimientos; porque abrazó la causa del pueblo, porque fue atleta incansable, apóstol ferviente, heroico, abnegado de la democracia, de la divina democracia; porque odiaba los cetros, porque maldecía á los tiranos, porque su voz poderosa contra la esclavitud y la bárbara pena de la muerte, porque era la libertad su lábaro ya su numen, la encantadora libertad del mundo!

Víctor Hugo era una especie de Semidiós en la tierra. Pertenecía esa clase de hombres portentosos, que, al producirlos la naturaleza con ardua y penosa labor, queda como exhausta y necesitada de descanso. Bien mereció las solemnes ovaciones y apoteosis que le tributaron su patria y el orbe. Al descender al sepulcro, deja marcada su carrera con inextinguible estela de luz, quedando sus obras en la tierra como esplendorosa vía láctea y como monumento imperecedero de su nombre.

Atrevimiento ha sido de nuestra parte, enunciar una palabra, una sola, sobre la tumba y en honra de la memoria del hombre extraordinario que ha tenido más resonancia en nuestro siglo; vituperable atrevimiento quizás, pues sólo al genio que sen el pedazo de tierra en genio; pero por más inculto y es elogiar dignamente al que vivimos, y por más reconocida que sea nuestra incompetencia para alzar la voz en medio del coro universal que rinde homenaje al brillante astro que acaba de los límites del mundo, no podemos callar, no podemos disimular ni nuestro respeto, nuestro amor y veneración por el grande hombre cuya pérdida deja huérfana á la humanidad.

Tegucigalpa: Mayo de 1885.

UNIÓN CENTROAMERICANA

Su conveniencia

El señor Presidente de la República, de acuerdo con los Ministros del Despacho, y también el Congreso Nacional, han proclamado el 7 de los corrientes, con el entusiasmo más ferviente, digno de tan gran causa, la reconstrucción de la Patria centroamericana, adhiriéndose al decreto del Gobierno y de la Asamblea de Guatemala, de 5 de este mismo mes, que han iniciado la Revolución Unitaria. Al hacer tan patriótica proclamación, el señor Presidente y los miembros de su Gabinete, lo mismo que el Soberano Congreso; han obedecido, no sólo á sus sinceras convicciones, respecto de la idea nacionalista, sino también al artículo 1º del Código fundamental, expresión solemne de la voluntad de la Nación, cuyo artículo dice textualmente: "Honduras no considera como una sección disgregada de la República de Centro-América. En consecuencia reconoce como su principal deber y su más urgente necesidad volver á la Unión con las demás Secciones de la República disuelta. Para alcanzar este capital objeto, no obsta la presente Constitución, que puede ser formada ó abolida por el Congreso, para ratificar los pactos, tratados y convenciones que tiendan á dar ó tengan por resultado la reconstrucción nacional de Centro América".

Es visto, al tenor de este artículo, que la proclamación que acaba de verificarse en la capital de la República, con la mira de reconstruir el gran edificio que levantaron nuestros mayores y demolieron los separatistas, es enteramente legal, esencialmente constitucional, siendo recibida, por lo mismo, en todo el país, con franco y espontáneo alborozo.

Vamos no obstante á consagrar algunas palabras acerca de la conveniencia de la Unión Centroamericana, dirigidas, no tanto á los hombres de ciencia, a las personas ilustradas ó de suficientes aptitudes y rectas intenciones, que desde luego reconocen la necesidad y las ventajas de la unión de las Repúblicas de Centro América, sino dirigidas al pueblo, á la gran masa de los hondureños, que pudieran necesitar alguna luz para esclarecer su criterio ó su juicio, y no dejarse sorprender por los hombres de la mentira y del embuste, por los enemigos de la buena idea, ya que es un hecho de experiencia diaria, que la verdad misma, los más sanos principios y las más nobles causas, encuentran siempre al paso mezquinos opositores y calculadas y ruines resistencias.

Una paz prolongada y fecunda sería el primero, el inmediato y más inestimable de los frutos de la Unión Nacional que hemos proclamado. Establecido el Gobierno Nacional, fuerte con todas las fuerzas y los elementos de las Repúblicas, hoy aisladas por su funesta autonomía, no podrían predominar las ambiciones de los aspirantes al poder, su color de patriotismo; y caso de que alguna vez estallaran facciones, éstas serían ahogadas en el acto, en su misma cuna, pues no hallarían el asilo y protección que siempre encuentran en cualquiera de los vecinos Estados. El perturbador, el faccioso, el pillete político, sabría muy bien que no podría quedar impune en su obra de iniquidad, pues donde quiera lo alcanzaría el brazo vigoroso del Gobierno Nacional, salvo que emigrara del territorio de Centro América, abandonando hogar, intereses y gratas afecciones, sacrificios que pocos tienen el valor de arrostrar. Cimentada la Unión, dueños los centroamericanos de una digna y respetable patria, ésta marcharía resuelta y sin conmociones á la consecución de sus altos tines, que no son otros que los de la civilización y el progreso, el orden y la paz perdurables; la justicia y la libertad. Cimentada la Unión con el lapso del tiempo; que es el gran factor y madurador de toda obra humana, ella merecerían el respeto, la consideración y simpatía de las otras Naciones del Continente, de México y la República del Norte de Colombia y las demás Repúblicas del Sur, que hasta el día no han suscitado á estos países ninguna guerra ni ocasionándoles conflicto alguno, pues todos nuestros males, debemos, aunque con rubor, confesarlo, han sido obra nuestra, obra disociadora y cruel de los centroamericanos, obra de los antagonismos lugareños y de las torpes y criminales ambiciones, antagonismos y ambiciones que morirán, que serán irremisiblemente aniquilados el día en que tremole en este bello centro de América la bandera de nuestra gloriosa Unidad, la bandera de la antigua patria que fué en infausta hora indignamente despedazada por el mayor de los crímenes. Cimentada la Unión y cimentar la paz, ya no será fácil alterarla á los ambiciosos y anarquistas de oficio —que no es lo mismo conspirar contra Gobiernos débiles, minados por los odios intestinos y las pandillas políticas, que conspirar contra una Nación de tres millones de hombres, de que se compondrá la futura patria centroamericana—. El filibustero Walker, con un puñado de aventureros, puso en conflicto á Nicaragua, y la habría sojuzgado por completo, á no impedirlo la intervención de las demás Repúblicas, que se vieron también, como ella, gravemente amenazadas. El audaz aventurero, no se habría atrevido á tanto ante Centro América unida, ante una Nación compacta, que habría contado desde luego, con un ejército de 100.000 hombres, con suficiente equipo de guerra y demás elementos de resistencia, y con una formidable opinión pública.

Bajo el aspecto económico, está fuera de toda duda la conveniencia indiscutible, palpable, de la Unión. Hoy pagan los pueblos esparcidos de Centro América y que forman cinco agrupaciones políticas, hoy pagan, decíamos, cinco Gobiernos más ó menos lujosos, más ó menos rodeados de boato y pompa; cinco Gobiernos que son otros tantos gravámenes que pesan con pesadumbre inmensa sobre la cerviz de esos mismos pueblos; cinco Gobiernos hurto voluminosos por el tren ostentoso de Secretarios de Estado, de Subsecretarios y otros infinitos empleados de que se componen; cinco Gobiernos dispendiosísimos que consumen un tercio ó la mitad quizá de las rentas de cada Estado.

¿No es obvio que el solo, que el único Gobierno que presidiera la Unión, costaría apenas una quinta parte de lo que cuestan los cinco de las Repúblicas autónomas é independientes? Y añadamos á esto los gastos inmensos que hacen día por día estos Gobiernos, siempre celosos, siempre desconfiados y aparejándose para el combate, en armamentos de toda clase, en rifles y cañones y ametralladoras y demás pertrechos ordinarios de guerra; añadamos aún, la costosa lista militar de cada uno de estos Gobiernos, que necesita revestirse del aparato de la fuerza para tener á rasa á los opositores ó al procaz faccioso que aspira á apoderarse de los tesoros del Estado; y añadamos todavía los gastos de esos mismos Gobiernos en Legaciones diplomáticas cerca de los varios países con quienes se comunican ó cultivan amistosas relaciones. Sumados estos grandes gastos, tendremos una enorme cantidad de pesos, que se emplearía, como debería emplearse, en ilustrar a los pueblos aumentando toda suerte de planteles de enseñanza, en impulsar la industria y el comercio, en dar ensanche, particularmente, a la agricultura, en promover y costear el cultivo de tantas plantas que brindan preciosos artículos de comercio en los mercados extranjeros siquiera, en fin, se economizarán aquellos enormes gastos para moderar los impuestos, que en último resultado gravan al pueblo, a los consumidores que forman la gran masa de las comunidades políticas, a las pobres gentes de los campos que con duro afán y fatigas y sudores depositan en el surco la simiente que ha de alimentarnos, y levantan con sus brazos, en las ciudades, nuestras moradas. La existencia de un solo Gobierno, pondría término grandes dispendios que hemos reseñado, dispendios que son una verdadera injusticia y una carga demasiado penosa para los pueblos.

Otra de las ventajas de la Unión Nacional que debemos apuntar en este escrito, es el crédito. El crédito de una Nación, es base de poder y de fuerza, elemento de vitalidad y progreso. Ninguna de las Repúblicas aisladas de Centro-América tiene crédito suficiente para obtener empréstitos en el extranjero destinados á esas grandes empresas que trasforman la faz de los Estados, como la canalización y navegación de los ríos, la construcción de ferrocarriles, el fomento de la inmigración, etc., etc. Sin el precioso elemento del crédito y con los medios únicamente con que cuentan estas Repúblicas, tienen que ser tardíos y débiles sus adelantos. La futura República de Centro-América, á poco de ensayado con fruto su sistema de administración, á poco de hallarse sólidamente establecidos en ella el orden y la tranquilidad, tendría como otro de sus elementos de progreso la palanca del crédito para toda obra ó empresa de común beneficio.

La buena y feliz dirección de los negocios públicos en el Gobierno Nacional, es aún otra notable ventaja de la Unión. Naturalmente, serían llamados á formar ese Gobierno, personas escogidas entre todos los centroamericanos, por sus distinguidos talentos, luces y sabiduría, y por su intachable honradez y moderación. No sucede así en los Gobiernos de las disgregadas Secciones: Gobiernos de círculo, Gobiernos de pandilla, y muchas veces de asalto, que llegan al poder por su desatentado albedrío, antes que por el libre sufragio; Gobiernos tales, tienen que rodearse de sus cómplices, de todos aquellos que influyeron en su ascenso, ó los que ayudaron á asaltar el mando; sí, tienen que rodearse de sus cómplices de vulgar ambición, que suelen ser medianías que dan lástima, hombres sin instrucción ni aptitudes, amigos no más que de sí mismos, y no de la Patria—hombres, en fin para desgracia de ésta, inmorales y corrompidos.

Esta clase de hombres no tendría acceso en el Gobierno de la Unión cima demasiado alta, solio demasiado augusto é imponente, para que pudiera ser escalado por los ineptos y por los infames. Allí, sólo habría lugar para los más dignos.

Nosotros, los hondureños, no diremos todos los hondureños, porque debe haber lastimosas excepciones contra el pensamiento de Unión; nosotros los hondureños, repetimos, amamos y veneramos la unión, y la amamos con hidalguía, con desinterés y con nobleza. No vaya á creerse que somos nacionalistas por las ventajas que Honduras podría contemplar en perspectiva como si fuera infeliz huérfana ó mendiga que iba a ataviarse con inusitado y hermoso ropaje —no—; Honduras entrará al igual con las demás Repúblicas sus hermanas, pues si por una parte pesa sobre ella una gran deuda la han sacrificado y deshonrado hijos indignos, tiene por otra, en su abono, elementos de prosperidad inagotable que ya empiezan á explotarse con increíble suceso; tiene vastos y feracísimos terrenos apropiados para todos los cultivos y ricos en maderas preciosas; tiene casi en todos sus departamentos y en las pampas del Norte, veneros vírgenes de plata y oro que están llamando la atención del extranjero; tiene, en fin, otros y otros elementos de vida y engrandecimiento que aún no es del caso reseñar. Quien tenga distinta idea de Honduras, no conoce esta tierra.

En cuanto á los medios de llevar á cabo la idea de la reconstrucción de la despedazada patria, desearíamos de todas veras, que hecho tan trascendental y glorioso, tan magnífico y fecundo, se consumara de una manera pacífica; mas estamos profundamente convencidos de que acontecimiento semejante, tiene que ser obra, no sólo de la política, sino también de la espada. Será preciso entablar una esforzada lucha, será preciso que se libren reñidas batallas; será preciso, aunque doloroso, que la actual generación vierta un poco do la sangre que guarda en sus venas en holocausto de la idea, para que se economice la de las generaciones que vendrán tras nosotros. ¡Triste é incomprensible arcano el de las grandes y redentoras ideas, abrirse paso entro sacrificios y lágrimas, á través de la llama del incendio y al fragor de las catástrofes! ¡Dichosos nosotros, dichosos los centroamericanos, si al fin de desatado cataclismo, nos es dado percibir la aurora de venturosos y serenos días, la aurora de la paz y la íntima concordia, del amor y de la fraternidad de todos los hijos de estas secciones, unidos en estrecha é indisoluble comunión, para hoy, para el porvenir y para siempre! Debemos confesarlo: los centroamericanos habitamos meros territorios, pero no tenemos patria; no tenemos el regazo de esa madre santa sobre que reposarnos confiados, tranquilos y felices. Trabajemos por adquirirnos, por conquistarnos una patria respetable y digna, aun á costa de cualquier sacrificio; trabajemos por los intereses sólidos y permanentes de Centro América. ¡Bajo la bandera de la Unión venceremos; y que las cinco Repúblicas del istmo centroamericano, á manera de otras tantas colinas aisladas que apenas llaman la atención del viajero, formen, confundidas en un sólo todo, la erguida y soberbia montaña que un día verán fascinados nuestros ojos!

Tegucigalpa: marzo de 1885.

CARLOS MADRID

Nació en Santa Rosa, capital del departamento de Copán.

Hizo sus estudios en Guatemala, en donde se recibió de Abogado; y regresó a su país natal.

Fué Ministro General del Gobierno que inauguró el Vicepresidente don Victoriano Castellanos el 4 de febrero de 1862, recién muerto el General Presidente don Santos Guardiola.

En 1866, se promulgó como ley de la República un Código Penal redactado por el señor Madrid, por el modelo del español; pero á pesar de la promulgación, nunca estuvo vigente.

Más tarde, el 10 de mayo de 1870, entró á desempeñar el Ministerio de Relaciones Exteriores en el segundo período de Gobierno del General don José María Medina.

Fué varias veces Diputado al Congreso Ordinario y ejerció otros cargos de importancia.

Como Gobernador de Copán, bajo la vigencia de la legislación antigua, introdujo una mejora en aquella localidad: la creación de un registro civil de nacimientos y defunciones que, si bien no podía servir para efectos legales porque sólo se reconocía el eclesiástico, servía para dar a conocer el movimiento de la población en el departamento.

En 1889 fundó en Chalchuapa, República de El Salvador, "La Sombra de Morazán", periódico destinado a hacer propaganda en favor de la unión centroamericana.

Últimamente, el Dr. Bonilla lo nombró comisionado para representar al Gobierno en los trabajos de exploración que, de parte del Peabody Museum se efectuaron en las célebres ruinas de Copán.

El señor Madrid falleció, á una edad bastante avanzada, de 1895.

VISITAS DE CÁRCEL

Cuando yo era un niño, curioso y aficionado á saberlo todo, me llamaba siempre la atención, leer en el almanaque entre dos manecillas —"24 de diciembre, víspera de Navidad Visita general de cárceles"—. Aquello era para mí un enigma, no entendía su sentido: pero llamaba profundamente mi atención. Si entonces se me hubiera explicado lo que eran las cárceles y sus visitas, quizá hubiera renunciado la carrera del foro por que más tarde opté, y que me ha enseñado lo que son las cárceles y sus visitas.

Muy notorio es, en todo Honduras, que yo fui arrojado en los calabozos inmundos de la capital; y en todos los del tránsito de aquí a Tegucigalpa, vía Gracias, y de Tegucigalpa á aquí, vía Santa Bárbara, por eso que se llama delito político, y juzgado y sentenciado á muerte, por esa ley suprema que en las autocracias se llama: Razón de Estado. La historia, siempre severa, levantará algún día el velo que cubre ese siniestro, suya clave está en mis manos, para iluminarlo con el candor de la sincera verdad.

Por tanto he tenido ocasión de conocer la vida de las cárceles con todos sus horrores y miserias; y con mi voto, como el del presidario del castillo de *If á Santa Genoveva,* yo tengo consagrados los días que se me concedieron de gracia, para emplearlos en abogar por los que sufren, por los que llevan la espantosa librea de la miseria, por aquellos á quienes un destino fatal lleva á esos lugares de dolores y de lágrimas.

Nuestras cárceles, en su estructura material, son fétidas pocilgas, donde parece reunirse todo lo repugnante, todo lo horroroso de esas mansiones; en su administración interior; son la escuela de los vicios y de la desmoralización más completa; y las víctimas que en ellas arroja una sociedad incapaz para prever y evitar el mal, y apta sólo para imponer terríficos castigos, salen de peores condiciones que las que allí las llevaron.

Qué se ha hecho por nuestros gobiernos, por nuestros tribunales de justicia, por nuestros gobernadores y por nuestros municipios, para mejorar su higiene, su estructura material? NADA, ABSOLUTAMENTE NADA; cuando más, reforzar un cerrojo, aumentar una negra reja. ¿Y será posible que estos sean los establecimientos correccionales de una República?

¿Hasta cuándo las fuerzas sociales, sólo serán potentes para corregir el mal con otro mayor; é impotentes para prevenir los delitos abriendo las escuelas y cerrando las cárceles? Este será el *desideratum* de los amantes de la verdadera república.

Hay una institución que data desde lo antiguo, destello de justicia para la humanidad afligida, cuyos albores encontramos en las leyes de Partida, después en las recopiladas y últimamente en las patrias: institución respetable que nos dejó la colonia, y que hoy está reducida por la ley vigente de organización y atribuciones de los tribunales, a una vana fórmula, que más bien es un sarcasmo para el infeliz, que un rayo de consuelo y esperanza en su desventura. Esa institución es la visita de cárcel.

Comparemos lo que era por las leyes anteriores, con lo que ha venido a ser por una de las leyes del setenario; para hacer resaltar lo que es con lo que fue.

Parece que desde nuestras leyes patrias, llamadas unas veces: *Ley Orgánica de Tribunales,* otras ley de Justicia, hasta la Ley reglamentaria de la administración de justicia, de y de marzo de 1866, se habían tenido presentes los humanitarios fines consignados en la ley 8ª , título 29, partida 7ª.

La ley de organización y atribuciones de los tribunales, que actualmente rige, con un laconismo impropio de los detalles de que debe ocuparse una ley reglamentaria, parece creo llenado su objeto con los preceptos del artículo 46, que dice:

"Todo Juez de Letras que ejerza jurisdicción en lo criminal, deberá visitar el sábado de cada semana los lugares en que los procesados estuvieren detenidos, á fin de indagar si sufren algunas vejaciones indebidas, ó si se pone algún embarazo á la libertad de su defensa".

"En estas visitas dictarán las providencias convenientes para remediar las faltas o abusos que notaren. También se levantará acta de estas visitas en un libro especial que habrá en cada Juzgado de Letras para el despacho de las causas criminales".

Hasta aquí la ley citada, en una síntesis admirable, lo dijo todo y no dijo nada; ni hizo nada en favor de la institución. Allá, á mediados del siglo XIII, hizo más luz sobre esta materia, el sabio Legislador de las Partidas. A fuer de viejo abogado, permítasenos transcribir la ley citada, y, aunque ese lenguaje fastidio á los que ven con desvío las antigüedades, léase con atención y dígase si hay filantropía, altos sentimientos humanitarios en sus preceptos:

Dice la ley : "El carcelero mayor de cada lugar debe venir una vez cada mes, ante el Jugador mayor que puede judgar los presos, él debe dar cuenta de cuántos presos tiene, et de cómo han nombre, et por qué razón fué cada fino preso, y de qué edad es cada uno ellos, y cuánto tiempo que yace cada uno de ellos preso. Y para poder esto facer el carcelero ciertamente, cada que los presos le aduxieren, débelos recebir por escripto, escribiendo el nombre de cada uno de ellos et el lugar donde cada uno fue preso, et la razón porqué fue preso, et el día, et el mes, et la era en que lo recibió et por cuyo mandado: et si alguno de ellos contra esto ficiere, mandamos que peche á la Cámara del Rey veinte maravadís de oro. Et el Judgador de cada lugar debe ser acuisioso para hacer esto cumplir, porque los pueda quitar ó condenar, así como es sobre dicho en esta ley: et el Juez que lo non ficiere así debe ser tollido del oficio, et ser dado por enfamado, et pechar por ende diez maravedís de oro al Rey.

Cuántas otras muchísimas disposiciones, llenas de liberalidad y filantropía, contienen las leyes del título y Partidas citadas, bajo el rubro: De cómo deben ser recabdados et guardados los presos!".

"NIHILNOVUM SUN SOLE" dijo el lírico latino: "nada hay nuevo bajo el sol: "- que lean este título los más exigentes inventores modernos de garantías, de respetos á la personalidad húmana: todo lo encontrarán del modo más claro y explícito.

Veamos ahora como entendía las visitas de cárceles la última Ley Reglamentaria de Jústicia, que, con las tres que le precedieron, yace sepultada en la necrópolis de nuestra legislación; decía otra cosa.

El capítulo 5° desde el artículo 108 hasta el 128, se ocupó de establecer las visitas generales y particulares, reglamentando en forma, actos que debían cumplirse en ellas, y alto objeto que en favor de los encausados tenían en mira. La relación que debían presentar y leer los jueces del estado de las causas, su fecha, su origen, delito, delincuente, última providencia dictada, etc., etc., tenían en mira que esa relación, que cada mes debía mandarse á la Corte, sirviese de base muy segura, para mantener una atención constante en la administración de justicia, una relación íntima entre el inferior y superior, redundando todo en pro de los encausados; pues en virtud de la relación mensual del estado de las causas con su última fecha, el Juez se encontraba en un círculo estrecho que no le permitía salida, para demorar, de intento ó por negligencia, una causa; para variar un auto ó tergiversar una providencia. Un tribunal celoso de los sagrados deberes de la justicia, tenía á mano inmediatamente bajo su conocimiento la conducta de los jueces inferiores; y en posesión de documentos irrefragables, para corregirlos, para exigirles responsabilidad por falta de cumplimiento en sus deberes. Y así sucedía en efecto, era de práctica constante y se vió en varios juzgados, apercibimientos, multas, etc., impuestas justamente a los jueces, porque la Corte tenía bajo su conocimiento, la incuria o la malicia de los procedimientos.

No era de estimarse en menos aquel precepto importante, garantía de la libertad individual restringida por la arbitrariedad ó el absolutismo, que decía: Serán puestos inmediatamente en libertad los que se hallaren en la cárcel, detenidos ó presos por la autoridad incompetente. Preciosa garantía para las víctimas de un poder dictatorial. Así se cumplía en el ORDEN COMÚN: ¡cuántas víctimas vieron lucir el sol de la libertad por la fuerza de esa ley!

Y decimos en el ORDEN COMÚN, porque nosotros con un par de grillos en un calabozo de la capital, vimos practicar las visitas de cárcel de 1.° de noviembre y 1.° de diciembre de 1877, por los empleados correspondientes; pero el beneficio de la institución á que aludimos, no nos alcanzó. Los reos de DELITO POLÍTICO, las PRISIONES DE ESTADO, son terreno vedado para la justicia ordinaria. El reo de estado es de peor condición que el común; para él no hay más que una ley, UNA VOLUNTAD: la del absolutismo.

Sería largo de analizar todas las disposiciones beneficiosas, que contiene la antigua ley á que nos referimos, de resultados prácticos, de medidas combinadas de un modo ineludible, para mejorar la condición del infeliz preso. Oremos que la ley vigente en materia de visitas de cárcel, es deficiente, no llena su objeto, debe ser más minuciosa, más reglamentaria en punto tan importante, y el legislador debe reformarla, para que cumpla su filantrópico objeto, con las luces de la práctica y de la experiencia. Tal es el deseo que nos anima, al trazar estas líneas, que sometemos al criterio público.

Santa Rosa de Copán, abril 1.° de 1884.

JEREMÍAS CISNEROS

Es nativo de la ciudad de Gracias, capital del departamento del mismo nombre.

Aunque prefirió el ejercicio del comercio, no descuidó el cultivo de las letras ni el estudio de la Historia y la Filosofía.

El señor Cisneros escribió en su juventud muchas poesías, entre ellas, un poema relativo al episodio interesantísimo de la muerte del cacique Lempira. Después se ha dedicado á escribir sólo en prosa; y sus artículos publicados en la prensa de Honduras han sido reproducidos con aplauso por los periódicos de la América del Sur.

El señor Cisneros fue Subsecretario de la Guerra en la Administración del Licenciado don Céleo Arias; y Gobernador y Comandante del departamento de Gracias, en los primeros meses de la Administración del Doctor Bonilla. En la actualidad sigue consagrado á los negocios de comercio.

NI EL UNO NI EL OTRO

A la señorita doña Teresa Castillo [5]

Si grande es el horror que nos inspira la gazmoñería; si el hipócrita nos parece un ser detestable por el propósito de aparentar una beatitud de que está muy lejos; si todos nuestros sentimientos se sublevan cuando vemos al mojigatismo, por un cálculo que se comprende pero no se prende, no se explica, aislar, limitar, desnaturalizar las relaciones que la Providencia ha establecido entre sexos de la especie humana; no es menos hondo el disgusto que nos inspira el cinismo sistemático que se complace en herir cruelmente el sentimiento del pudor y las delicadas reservas del corazón.

Preferimos ver la ignorancia sencilla à la viveza descarada. Los hipócritas que se proponen aparentar que contradicen á la naturaleza, no son peores los que hacen alarde de pervertirla.

Las leyes de la naturaleza, como fatales, son incontrastables; como necesarias, son imperiosas: como providenciales, son santas. Todos que las combaten torpemente escollan; todos los procurad contradecirlas, son vencidos; cuántos las niegan, caen en embuste.

El espíritu de progreso va invadiendo las inteligencias, como la luz el espacio, esclareciendo el tenebroso horizonte de la humanidad, y revelando al hombre la autonomía de su ser. Cuántos fantasmas, ¡cuántos espectros, ¡cuántas visiones terríficas, hijas del fanatismo, de la ignorancia y de la maldad, se van desvaneciendo desde que la razón ha empezado á recobrar sus sagrados fueros!

Cuántos derechos sacrosantos, largo tiempo pisoteados por los despotismos, negados ó escarnecidos siempre en daño de la especie humana, ¡va ésta reivindicando ante el tribunal supremo de la opinión universal!

---

[5] La señorita Castillo es de Comayagüela, sobrina del ilustre León Alvarado, y una de las jóvenes más inteligentes e ilustradas de nuestra sociedad. Que nos perdone su modestia esta advertencia que hacemos en honor de la verdad y en justicia al mérito.

Qué revolución tan portentosa la que viene operándose en el seno de las sociedades sin más armas que la idea, sin más lábaro que el derecho, ¡sin más objeto que el triunfo de la verdad y de la justicia!

La sangre no riega hoy la tierra, haciendo levantarse hasta el cielo sus vapores encendidos. Apenas se derraman unas cuantas lágrimas, que el despecho arranca hoy à los que antes despreciaban el torrente que ellos hacían verter á las mayorías oprimidas.

Parece que se ensancha el horizonte de nuestra alma, que el sol brilla con nuevo fulgor en el espacio, que el aire es más puro y oxigenado, que la naturaleza es más rica y espléndida, ¡y que se levanta del suelo un manto de aromas y un coro de melodías desde que el mefítico aliento del genio del mal se va disipando!

La civilización aplaude las inmortales conquistas de la idea, y las glorifica. El eco repercute esta apoteosis permanente de la verdad en todos los ámbitos del planeta.

La libertad, diosa de la democracia, vela su semblante cuando sus adeptos la insultan con la procacidad é irreverencia de sus actos; no de otro modo que la sufusión cubre el semblante de una virgen cuando se ofende a sus oídos è sus ojos con palabras o espectáculos que reprueba la decencia.

La licencia y el desenfreno, hijos espurios de la libertad, hijos legítimos de la demagogia, son horripilantes, aunque se exhiban bajo sus formas menos acentuadas, porque contienen un germen de disolución y de muerte, y amagan el instinto de la conservación que acompaña la sensibilidad.

La licencia y el desenfreno tienden á hacer descender al espíritu de las altas regiones de la dignidad y del decoro, para precipitarlo en los abismos de la degradación.

Suponiendo buen sentido el buen gusto, la depravación acusa la ausencia de ambos, es decir, la brújula del corazón y del entendimiento.

Los extremos siempre se tocan.

Hay tanto salvajismo en la dueña que cierra la puerta de su habitación para impedir que un caballero salude à la joven que guarda, como en el libertino que, en plena luz, alardea de inteligencias obscenas con las meretrices.

El mojigatismo es oscuro, empequeñecedor, asfixiante.

El libertinaje es despiadado, disolvente, corrosivo.

El mojigatismo es frío. compresor, lúgubre:

El libertinaje es corruptor, tóxico, abominable.

El mojigatismo ahoga, atrofia, consume:

El libertinaje enerva, relaja, deprava.

El mojigatismo entraba el adelanto, impidiendo el desarrollo las fuerzas activas:

El libertinaje mata el porvenir gastando estúpidamente esas fuerzas.

Aquel pretende la negación del sentimiento, la mutilación de la naturaleza:

Este encierra la muerte del alma preconización de las miserias que lo conforman.

El mojigatismo es hijo de la ignorancia y de la hipocresía:

El libertinaje un engendro de la ignorancia y del descaro.

Maldigamos al mojigatismo y ataquémoslo hasta en sus últimos reductos:

Anatematicemos al libertinaje, ya abrumémoslo con el desprecio y el oprobio.

Ambos son enemigos de la sociedad y conspiran directamente a su ruina.

Ambos son como el soplo del genio del mal que envenena la atmósfera de la vida social.

Parecen antípodas, y entrañan, sin embargo, consecuencias análogas.

Concretemos en parte.

He visto una joven de la ínfima clase, presa en la casa pública de la ciudad. El candor de la niñez brilla aun en su semblante. Cuando va al tribunal, llora al verse conducida por soldados de la guarnición.

El heroísmo y la abnegación también anidan en las almas que no han recibido el bautismo de la civilización. Esa joven, viendo sorprendidos á sus padres en delito de contrabando, ha tomado sobre sí la responsabilidad del hecho, haciendo aparecer como inocentes á días.

¡Qué sacrificio tan noble, qué tentación más peligrosa para un funcionario que tuviese un corazón accesible à todos los generosos estímulos!

O perdonar, vencido por tan noble é inusitada abnegación:

O cumplir inexorablemente con el deber, desgarrando su alma.

191

Yo, en tal conflicto, la habría aprehendido como empleado; juro, como hombre, la habría llevado de la mano ante el Congreso de mi patria, y dicho à sus legisladores:

"Ciudadanos: todos los días se relaja la ley escrita por móviles bastardos y en obsequio de intereses mezquinos. Relajadla vosotros comitentes, inspirados con las más elevadas consideraciones de moral, y en honra de la virtud y de la inocencia. Indultad á esa niña, como el Areópago de Atenas indultó á una mujer en un caso más grave, y un coro de alabanzas y de aplausos responderá á vuestra prevaricación.

Pero la ley no hace distinción entre una doncella inocente, y un criminal empedernido. ¡Apenas reconoce esta diferencia como un atenuante para la imposición de la pena......

¡Hasta entonces!

La ley no admite guardadores ni personeros en materia criminal, ni distingue sexo ni condición en los individuos.

Hace, sí, una distinción de espíritu judaico, virtualmente nugatoria: la del dinero. El criminal que otorga fianza depositando previamente $500 en la oficina de rentas, se exime por de pronto de la prisión. El inocente que no posee esa suma, va a cárcel.

Una joven pura y la meretriz ocupan en el mismo lugar, y son custodiadas por soldados de la guarnición.

Hay muchas excepciones, hijas de la voluntad del empleado, que favorecen à menos debieran.

Cuando el empleado lo quiere, la ley no debe ser gentil ni hereje; el legislador ha debido tener entrañas y querer la equidad y la justicia.

Cuando no lo quiere, la ley, aunque cruel é impía, debe cumplirse inexorablemente mientras no se derogue."

Qué lógica, Dios mío!

No es necesario decir que los jóvenes reos entran á la carcel inocentes y puras, unas veces, y otras, con el pudor que acompaña á las primeras faltas; y que, al cabo, salen enteramente pervertidas.

La sociedad las ha impelido por el de la perdición, creyendo rehabilitarlas por medio del castigo.

La pena que se les impone para reparar una falta, las conduce á un abismo de perdición.

Por satisfacer a la vindicta pública de una ofensa, se le infiere un sinnúmero de agravios.

El fin moral y reparador de las penas deja de alcanzarse.

Peor todavía: el resultado es totalmente contraproducente.

El sentimiento de respeto y de muda aprobación que despierta en la sociedad la se cambia en el de lástima por la víctima, en el del porvenir, en el de angustia por el presente.

Pero ¿es el Gobierno Ejecutivo, que lleva la alta gestión de los negocios públicos, culpable por este estado de cosas? ¿Son los tribunales superiores responsables por el desorden de una disciplina que cae bajo su jurisdicción, y de la cual les incumbe perfectamente la gerencia?

¡Ay! Tal es el estado de atraso, de postración y le anarquía en que hemos vivido, luchando constantemente por establecer las condiciones adecuadas á nuestra vida individual y colectiva que no debemos buscar á quien hacer responsable de estos errores y anomalías, sino cubrir con el velo de una recíproca tolerancia ese pasado de contradicciones y desaciertos.

La tarea de recriminar es ingrata y estéril: la de reparar es agradable y fecunda.

El buen sentido, la razón y el patriotismo deben proponerse reconstruir sobre el campo de ruinas que dejan las pasiones.

La acción revivificaste debe alcanzar todas las partes entumecidas del organismo social, dándoles el tono conveniente para concurrir de una manera armónica á la función general de la vida colectiva.

La Historia, con la enseñanza del pasado educa como maestra: la Filosofía, las predicciones del porvenir, anuncia como profeta la experiencia y la inducción deben guiarnos por la senda de la rectificación y del mejoramiento. Trabajemos con perseverancia y esperemos con fe el cumplimiento ineludible de las leyes del progreso, leyes que, se derivan de la naturaleza y forman parte del mecanismo social.

Apóstoles y neófitos, los unos con el entusiasmo de la convicción, los otros con las protestas de la duda: todos tenemos que abrazar el evangelio de la civilización, único del bien y símbolo de la verdad. El horizonte social está aún cargado de espesas brumas.

La actual generación rendirá la jornada de la vida sin desceñirse ni un momento las armas del combate: pero la que viene recogerá pacíficamente los trofeos del triunfo y levantara con júbilo los pendones de la victoria, dando sin duda menos importancia de la que merece, á la contienda que no la presenciado.

A nosotros nos ha tocado vivir en una época en que la lucha, si no se ha iniciado, viene prosiguiéndose con todas las desventajas del número y de las condiciones del campo, y sin el estímulo de los laureles en perspectiva.

Odio, maldiciones, anatemas, escarnio y baldón serán los trofeos que recojamos de la liza, apurando hasta las heces nuestra copa colmada de absintio.

Pero lo que son grandes y los que somos pequeños tendremos honor de haber formado en las filas que ha honrado el ilustre J.A.

Pérez Bonalde, cuyo nombre, de seguro pasará á la posteridad envuelto en una nube luminosa, llevando

La lira en sus manos,
Su hermoso ideal,
La aureola en su frente
De gloria inmortal.

Gracias -1883.

VIVA EL PUEBLO ESPAÑOL

La grande, la noble, la caballerosa España, fiel á sus tradiciones de gloria y de heroísmo; la magnánima nación en quien el orgullo patrio es un principio, y la lealtad y el honor una ley de su existencia; el pueblo de las Navas de Tolosa, de Gerona y de Zaragoza, del 2 de mayo y de Bailén, que, abandonado, vendido, traicionado por sus imbéciles monarcas, se levanta como un solo hombre y, con cuchillos, navajas é instrumentos de labranzas hace á sus opresores una guerra de montaña, si ejemplo en la historia, hasta romper las cadenas que alevemente se le echaron al cuello; el pueblo que tiene por represen tante en las bellas letras la portentosa personalidad de Emilio Castelar, el primer orador del mundo, ha experimentado una, conmoción eléctrica de santa ira al saber que Alemania pretendía adueñarse de una de las joyas que el Tesoro Nacional posee en Australia, es decir, las Islas Carolinas.

El telégrafo llevó la infausta nueva de uno á otro extremo del territorio, y los hijos de la nación que prohijó la divina revelación del inmortal genovés, se yerguen como el león de su bandera y levantan un grito supremo de indignación y de protesta.

La explosión de patriótico coraje ha sido universal en todas las grandes ciudades, y en Madrid la policía ha sido impotente para impedir que el palacio de la legación alemana y su escudo fuesen ultrajados con harto vilipendio.

España no puede competir con la Alemania, ciertamente; pero puede perecer con gloria, como en Numancia y Sagunto, y alcanzar en su ruina la apoteosis que siempre obtiene el derecho vencido por la fuerza, los laureles que corresponden al heroísmo, las coronas de un nobilísimo martirio.

España llevaría, en una guerra como la que felizmente ha sido conjurada, las simpatías de todos los pueblos civilizados, como no los llevó la Francia en su malhadada guerra de 1870, porque no tenía razón para provocar á un rival poderoso á una lucha injustificable.

Así es que no sólo la raza latina estaría de parte de la Madre-Patria en una liza con el antiguo imperio germánico, sino la raza de todos los pueblos en donde las aspiraciones al predominio del derecho y las protestas contra el absolutismo, los hacen dignos del renombre de civilizados.

La Francia de 1870, como el Alto y Bajo Perú del 79, invocó en su favor las afinidades de raza, los sentimientos generosos de los pueblos, el principio de integridad nacional; pero los grandes sentimientos no tienen resonancia en el corazón de la humanidad cuando las causas que en el corazón de la humanidad cuando las los invocan no tienen de su parte la justicia.

Francia, después de una tremenda expiación, fue mutilada. El Perú sufrió igual suerte. No les faltaron simpatías en sus grandes infortunios, pero la opinión imparcial los declaró merecidos.

¿Qué sería de los pueblos, qué sería de las familias, qué sería de la sociedad entera, si la voz de la justicia no se elevase del fondo de la conciencia humana más poderosa que la de todo otro sentimiento?

Pero la negra nube que empezaba a condensarse en el mediodía de Europa se ha desvanecido como las trombas marinas. Bendita sea la influencia de la justicia, bendito sea el poder de la civilización, bendito sea el estímulo del egoísmo, que han ahorrado a la parte más culta del planeta, una calamidad más desastrosa que la plaga del cólera asiático que hoy elige al pueblo, que desde antiguo investían a sus monarcas con el poder real, únicamente para hacer el bien público, y no bajo otra condición.

Qué siga el Doctor Ferrán ensayando su *bacillus úrgula* para erigirse un pedestal más grande que el de Jenner, y el Doctor Ternel procurando oscurecerlo con su poderoso profiláctico que en vez de aclimatar en el organismo el terrible microbio, impedirá su funesto desarrollo en los vasos intestinales, cortando así las extremidades al devastador viajero de la India.

Pero ¿esa explosión de patriotismo, esa conmoción galvánica de entusiasmo, ese vértigo de autonomía habrá pasado impunemente por el alma del pueblo español, sin despertar en ella las aspiraciones grandiosas de un porvenir mejor? No! Jamás!

Del otro lado de los Pirineos está una monarquía de catorce siglos, ensayando leal y esplendorosamente la forma de gobierno que consulta las condiciones esenciales de la naturaleza humana, la república que al decir de Castelar, es la forma esencial de la democracia, como el cuerpo humano es la forma esencial de la vida.

¿Por qué la Península no la de ensayar, con más cordura que ayer, la implantación de instituciones que consagran la jerarquía de la virtud, la nobleza de los sentimientos, la aristocracia del talento?

La monarquía, aun limitada por una Constitución, es la restricción, cuando menos, del derecho, porque anula el sacrosanto principio de la alternabilidad en el gobierno, que no tiene, que no puede tener otra fuente legítima que el voto popular; que no tiene, que no puede tener otro objeto que el bien general; que no reconoce, que no puede reconocer otro título que el del mérito individual.

El noble pueblo español es muy apto para alcanzar todos los progresos humanos, muy capaz de efectuar en sus instituciones una benéfica trasformación, muy idóneo para practicar la república genuina. Qué rompa, pues, con esa parte de sus tradiciones que hoy no tienen razón de ser, y que sólo entrañan el atraso ò el estacionarismo enervante. Ayer fue la monarquía el medio de su existencia; hoy debe serlo la República, porque hoy la razón ha recobrado sus fueros, la humanidad se ha rehabilitado, y el espíritu humano avanza irresistible por la senda del mejoramiento y de la rectificación.

El primer pueblo de la tierra, en donde el derecho es una esplendorosa realidad, donde la ley es una verdad monumental, y en donde la educación popular es un dogma sacratísimo, marcha sereno y majestuoso al cenit de su engrandecimiento, convidando a todas las razas a venir a su fecundo seno para cumplir los destinos manifiestos del hombre en el universo.

¿Qué mejor y más elocuente testimonio de la virtud de la democracia? Las Repúblicas hispano-americanas, que abundan en cariño hacia la Madre-Patria, desde este lado del Atlántico tienden los brazos a sus hermanos de ultramar, invitados a identificar sus instituciones, como ya son idénticos sus sentimientos y su sangre.

Viva el noble coraje del pueblo español: ¡Viva España republicana! ¡Vivan Castel ir y Ruiz Zorrilla!

Gracias: octubre de 1885.

ALGO SOBRE NUESTRA VIDA DOMÉSTICA

Mi amigo F. era uno de esos hombres en quienes la naturaleza se equivoca con frecuencia, dotándolos de cualidades, aptitudes y tendencias poco en armonía con la suerte a que los somete.

Sus dispendios miraban a sus caprichos, jamás a su patrimonio; gastaba lo que tenía a su alcance y que su crédito podía proporcionarle, sin cuidarse de la necesidad de mantener éste ileso, como la vara mágica de la fortuna, y como una de las satisfacciones más gran des del corazón.

Partidario del acaso, entregaba su vida al azar, y se confiaba al evento y á la contingencia, esperando que no faltaría quien, por pura filantropía, le prestase de repente medios suficientes para atender á todas las exigencias de su individualidad, ò le facilitase una colocación congrua, de esas que proveen las colectividades o tienen un origen jurídico. Él decía: debe ser cierto aquello de "á quien Dios le ha de dar, por la puerta le ha de entrar, y de fortuna te dé Dios que saber poco te importa".

En vano profesara le decía yo, atento à su bienestar, por el cariño que le profesara desde la infancia, que el destino manifiesto del hombre sobre el planeta, era el de vivir consagrado al trabajo, y el de proceder con lógica; que la fortuna, las comodidades, el crédito, se alcanzan mediante el trabajo sistemático y ordenado, de entera conformidad con las leyes económicas y con los dictados del buen sentido.

Él me contestaba, que yo me imponía el martirio de ajustar todos mis actos á reglas fijas, de obrar con sujeción á métodos rígidos, y de proceder bajo un sistema de principios y hábitos invariables. Y como estaba persuadido de antemano que él tenía razón, y que yo era un maniático incorregible, mis observaciones no le hacían mella y las desechaba como utópicas ó paradójicas. Una de las pruebas que tenía en su apoyo, era la de que, mientras él pasaba una vida más que holgada, la mía era relativamente estrecha.

De repente, muere un hermano de mi amigo F., dejando una exigua fortuna. Diez herederos se presentaron reclamándola y amenazando a mi amigo F. con echarlo à la cárcel (sic). Preguntóme si podía suceder esto, y le contesté que tan estúpida como absurda exageración, era el colmo de la necesidad; y que si entre nosotros, donde tienen lugar algunos hechos inexplicables, se llegara a echar a la cárcel a un heredero legítimo, por unos cuantos ladrones descarados, deberíamos perder toda esperanza de mejora, y aun de existencia política. El Abogado de los pseudo herederos no se arredró, sin embargo, y continuó en su táctica de amenazas é intimidaciones para con F., ya pretendiendo la existencia de un testamento cerrado, ya la de un simple, ya la de un verbal. Esta guerra de mentiras y torpezas, que suele hacerse en el terreno del foro, y que es peculiar de ciertos Heinecios, de quienes se diría muy bien:, es un verdadero bochorno y una plaga para la sociedad en que se efectúa, pues revela, de parte de sus miembros, un atraso lastimoso y una ignorancia supina.

No hay, en la administración pública, función más augusta más augusta que da del reconocimiento del derecho. Mientras ella sea ejercida medianamente, con sinceridad y buena fe, aunque se algunas veces, el absolutismo gubernamental no degrada los caracteres i aniquila los elementos de adelanto. Por eso nunca será excesivo el interés y afán de que los Gobiernos den muestras en pro de una magistratura honrada é íntegra, que venga á ser para la sociedad, el áncora de salvación, en la borrasca del desgobierno en el tempestuoso mar del absolutismo.

Hay abogados y tinterillos que son una plaga verdadera, algo como una terrible epidemia para la sociedad en que viven. Para ellos todos es convertible.

Los derechos más claros y definidos son disputables en su concepto; los hechos más naturales y sinceros, objeto de cavilación y suspicacia; los actos más inocentes, dolosos é intencionados.

Siendo su única, su exclusiva, su culminante mira explotar á los incautos é ignorantes, de todos hacen litigio, en todo hallan materia para pleito, con todo especulan y lucran, abusando de la sencillez, de la ignorancia y de la codicia de los clientes.

La sociedad entra en agitación: nadie se cree dueño de lo que posee, ni seguro de que adquiere, ni exento de responsabilidad por lo que hace. La intranquilidad, brota de todos los pasos, la zozobra acompaña á todas las evoluciones de la vida, la inquietud se apodera e del ánimo. No hay confianza en nada, porque el tinterillo y el Abogado andan á caza de clientes, sabaneando pleitos, misionando con la mala fe y el embuste.

Esa es su villa, esa es su industria, eso les su patrimonio. Un medio social en que predominasen como elementos s componentes, la conciencia del derecho, la confianza recíproca, la lealtad mutua, la concordia en las desavenencias, la religiosidad en los contratos los asfixiaría. El dinero que se gana honradamente es muy caro, cuesta muchos sudores y fatigas, y es muy tardía la fortuna que con él se acumula. La industria abogadil es fácil y fecunda.

Un litigio da una cantidad cualquiera, aunque se transija en la entra da; si se pierde, se embrolla para siempre con una apelación; el vencedor queda vencido, porque no se resuelve a emprender la penosa peregrinación que ha menester à la residencia de la Corte de Apelaciones, para permanecer allá un mes, sin obtener ningún resultado, constituir procurador que le represente, mediante remuneración y expensas siempre desproporcionadas con la entidad del negocio, y obtener, si por fortuna se obtiene, un fallo definitivo sin especial condenación de costas. Es menester que el asunto sea de mucha entidad, para que litigante forzado, una vez excepcionalmente victorioso, se decida á sustentar la apelación.

Si el litigio se gana por el litigante de oficio, las costas valen más que lo que se litiga; y si el mandante y mandatario aseguran ante el juez, que han pactado un estipendio determinado, el tribunal manda que se pague ese estipendio, porque, dice, sería un absurdo contrariar la ley que reconoce el derecho del mandate y mandatario para pactar los honorarios. Y aunque ningún absurdo habría en el ejercicio, por parte del juez, de la facultad legal, expresamente consignada en la les por legislación sustantiva, de moderar una tasación que, sin reticencia. pue de llamarse inicua, hay que pagar, porque siempre es preferible un mal Cuando es menor que el remedio que se le ofrece.

Federico Estébanez, en un precioso drama, no reconoce como hombres de bien en una sociedad a los individuos que, aunque no roben, ni maten, ni defrauden, ni hagan cosas malas, toleran á los que las hacen, y se cruzando brazos ante los hechos más escandalosos y abominables, cuando individualmente no les atañen. Si tiene razón ó no el escritor español, venga Dios y dígalo. Nosotros dejamos al lector la respuesta. Pero es evidente que en toda sociedad donde la parte honrada, culta y principal hiciese lo que debe, reprobando con inexorable severidad los actos perjudiciales á su reposo, á su honor y á su buen nombre; honrase con sus consideraciones al notar que fuese honorable, y abrumase con su desprecio al que lo mereciese; es do evidente que los pueblos se mejorarían, y que la inmoralidad y la corrupción irían á menos, y acabarían por quedar relegados à ciertas clases cuyos miasmas no infestarían la atmósfera del centro.

Por desgracia, la politiquería todo lo pervierte y arruina, cambiando todos los papeles y falseando todos los criterios; y mientras ella forme el tejido de nuestros intereses, debemos remontar las esperanzas de rehabilitación á una época todavía incierta........

Pero hemos dejado á nuestro amigo F. ante la perspectiva de una herencia modesta, pero que debía redimirlo de su angustiosa situación. Él se confió en mi amistad, y yo quise corresponder à su confianza.

Hubo una nube de reposición, de recusaciones, etc., ilegal origen y objeto, desde implicancias, incompetencias, tachas y otras cosas, de notoria improcedencia y hasta absurdas, durante cuya tramitación se me denunció al Juez como difamador de él, y hasta como otros empleados superiores; se me promovieron les y rencillas en el hogar; se dispusieron fiestas y ante en otros se recurrió á mil medios para desviarme del camino que seguía imperturbablemente, confiando en que la pérdida de una audiencia ó la falta de una notificación podría acarrear la pérdida del litigio. todo fue en vano; me hice superior á todos los contratiempos y procuré superar todos los obstáculos. Ganamos el pleito con costas; pero apelo la parte condenada, y de hecho quedó librada de ellas. Yo sabía que, terminado el recurso, la aprobación de la sentencia capellada era indefectible, pero sin especial condenación de costas, y, depositario de los bienes en cuestión, los entregué á F., seguros de que, si el asunto, como era de esperarse, dormía *in eternum,* no habría responsabilidad, como tampoco en el caso contrario.

Mi amigo, dueño de aquellos bienes, pensó en formalizarse dedicándose al trabajo. Oía decir á todos que la agricultura era la fuente segura, abundosa é inagotable de riqueza, y optó por ella; pero lo consultó conmigo. Mi desaprobación fue incondicional y absoluta. Para ti le dije como para todos los que se encuentren en tu condición, la agricultura es el camino seguro y enojoso de la bancarrota. Y esto no es una paradoja.

El hombre que puede empeñarse en las labores mecánicas de la agricultura, hacer lo más por sí, en pequeña escala y lo menos con puede adelantar y lo menos con ayuda de otro, puede adelantar y en efecto adelanta en esta industria: pero el que todo tiene que ordenarlo y volverse a su hogar a esperar su ejecución, ¡pobre de él! El operario, el capataz, el mayordomo, nadie cumple lo que se le ordena, nadie se cuida de la responsabilidad que asume por su conducta defraudatoria de la confianza del propietario, nadie procura cohonestar sus indisculpables faltas.

Difícil, sino imposible, es conseguir brazos para cualquier empresa. Para llevar á efecto un trabajo que demande un gasto de cien pesos, es indispensable habilitar operarios con tres ó cuatrocientos pesos, y recibir la promesa de que irán a la empresa tres ó cuatro meses después del día en que se les contrata. Durante ese plazo, que el empresario espera con ansia, es abordado dos o tres veces por cada uno de dos o tres veces por los operarios contratados, los cuales le piden más dinero, ó quieren que se les conceda mayor plazo para llegar al trabajo, ó manifiestan que no podrán ir sino en una época incierta. Pero, vencido el plazo de los contratos, y cuando uno cree que, por haber estado durante él, permaneciendo obligadamente en el lugar de la empresa y preparando todos los útiles y menesteres, el comienzo debe ser brioso, encuentra que un sinnúmero de dificultades, que puede ó que no puede vencer, le impiden el planteamiento del trabajo. La mitad de los mozos ha faltado, y algunos sólo llegan á decir que, por necesidades imprevistas, no podrán seguir yendo.

No hay que pensar en plan fijo de trabajo, ni en programa alguno realizable, ni en concertar determinadas operaciones. La enfermedad real o supuesta del jornalero, contratiempos súbitos de su familia ó comisiones militares para el servicio de este carácter, para el de hacienda ó de otro ramo, hacen desconcertarse la empresa en el momento más apurado. Junto con estos inconvenientes ó en pos de ellos surgen los reclamos de los acreedores de los operarios, que reclaman los brazos de éstos, ó, cuando no, el pago de cantidad les que ponen al propietario en el dilema de renunciar al operario y a la deuda, ó de arriesgar una suma que, trabajando diariamente, podría aquél descontar en 12 ó 18 meses; lo cual significa que, durante ese término, descontará la 5.ó 10. parte de dicha suma, y el resto quedará á su cargo *ad perpetuam*.

Aunque U. quiera presenciar el trabajo, no puede, porque cada día tiene que venir al Juzgado de Paz. á la Alcaldía é demás oficinas, donde los jefes de ellas lo llaman para cualquiera diligencia ó informe fútil, para una notificación, para una junta, fuera de otros mil motivos personales que Ud. tiene para no poder permanecer todos los instantes en el trabajo.

El jornalero llega una hora, hora y media ó algo más, después de amanecer; luego deja el trabajo para tomar el almuerzo, en el cual invierte triple tiempo que el necesario; antes del mediodía y hasta mucho tiempo después, hace la SIESTA; en seguida descansa otra vez para la comida, haciendo en ella lo que hizo al almuerzo; y para conversar con los que llegan a buscarlo al trabajo y por otros motivos, deja siempre la sien labor por más ó menos tiempo; de manera que es dudoso trabaje siete horas en el día. Esto es si el dueño de la empresa está al frente de ella; si no, las horas de trabajo quizás no pasen de cuatro. Esto no es exageración. Si U. concurre diariamente a su empresa, à dirigir los trabajos, en breve quedará ésta desierta. El único medio de que haya mozos en abundancia es que los pague al más alto tipo conocido, y que los deje hacer lo que ellos quieran. Cuando su empresa represente un costo de $ 500, U. llevará gastados $ 2.000; y tendrá á los dos años lo que debió hacerse en tres meses. La agricultura es, pues, sin hipérboles, el ca camino más derecho y corto para arruinarse el propietario y para encanecer á los treinta años.

Prescindiendo del mal estado de las vías de comunicación, que dificultan é imposibilitan el trasporte; haciendo abstracción de la falta de mercados, y de todas las dificultades inherentes á nuestro modo de ser actual, la agricultura no puedo existir libremente entre nosotros, sin la intervención directa; sistemática y eficaz de la autoridad pública; sin que el trabajo se declare obligatorio y se reglamente, y es que la sanción legal garantice el cumplimiento de los contratos do este género, por medio de disposiciones especiales y de expedita aplicación.

El contrato de trabajo es un contrato como cualquier otro, y sin embargo, ninguno se viola con tanto cinismo, y ninguno se interpreta de una manera tan leve para el propietario.

El jornalero que arrienda sus servicios por día no puede disponer de ninguna porción de tiempo, durante el contrato, sin cometer un hurto, sin defraudar al otro contratante. Si la interrupción del trabajo es fortuita, debido á fuerza mayor, el propietario no debe soportar solo el perjuicio. Supongamos que la lluvia impide el trabajo. El propietario no tiene los medios de hacer cesar el caso fortuito; tampoco los tiene el jornalero, ni el menestral; luego ambos deben soportarlo como fuerza mayor. En tal caso, si la interrupción del trabajo produce una perdí la de cuatro unidades, el propietario debe tomar á su cargo dos, y las otras dos el jornalero o menestral.

Ahora, si el caso fortuito no es de carácter general, sino peculiar de la localidad de la empresa del propietario, ó de circunstancias á ella circunscritas, el jornalero no debe compartir un perjuicio que en otro lugar no habría experimentado; y viceversa, respecto del propietario, cuando el caso fortuito únicamente imputable al jornalero.

Si la justicia es el reconocimiento del derecho; si el derecho es la facultad de hacer todo lo que encamine al individuo hacia su bien, de una manera lícita, no hay razón para que la ley, que es la expresión del derecho, no reconozca estos principios fundamentales de la organización social, y los consigne en los cánones de la legislación civil, con relación á una materia que es la base sobre que descansa la formación é incremento de la riqueza pública y privada.

El trabajo obligatorio debe ser entre nosotros una institución facticia, transitoria, de circunstancias, como lo es la de la enseñanza forzosa, hasta tanto que el estado do cultura de las masas les haga comprender el beneficio que de él derivan, para que lo adopten como un dogma del progreso moderno. En es la perfección relativa de toda ley: ser congruente con el estado social del pueblo para que se emite. Nosotros necesitamos del proteccionismo en administración, como el ciego necesita de guía en la locomoción.

El día que la inmigración laboriosa inunde nuestros campos en la proporción que el oxígeno inunda nuestra atmósfera, declárese en buena hora libre el trabajo, porque él se impondrá como una necesidad indeclinable, como una condición de vida para nuestros conciudadanos, y toda coacción legal respecto de él será totalmente innecesaria. Por hoy pensemos en que sin trabajo no hay industria, sin industria no hay civilización, y sin civilización no hay más que pueblos de parias.

Gracias, 1884.

JOSÉ ESTEBAN LAZO

Nació en Tegucigalpa el 10 de agosto de 1845. En muy temprana edad fue enviado á estudiar á París, y de allá vino con el título de Ingeniero Civil. Desempeñó durante mucho tiempo clases de Francés é Inglés y de Matemáticas, y ejerció su profesión con notable acierto. Fue Director de la Casa Nacional de Moneda y Diputado á la Asamblea Constituyente que se reunió en Tegucigalpa en 1880. Sus profundos conocimientos en las ciencias fisicomatemáticas le valieron el nombramiento de Decano de la Facultad de Ciencias en la Universidad Central. Su muerte acaeció el 15 de julio de 1894, y fue hondamente sentida.

HISTORIA DE LA MONEDA EN HONDURAS

La moneda, en Honduras, ha tenido tantas alternativas, que puede ser interesante reunir todos los hechos en un solo documento que los presente en globo, dando así a conocer las vicisitudes por qué ha pasado el país. Sus épocas de auge, sus épocas de decadencia, y en fin, el natural adelanto de la nación, obedeciendo á la ley inalterable del desenvolvimiento humano.

La narración de una época parcial de la historia de la moneda no daría más que una idea de equilibrio, de estancamiento en el progreso natural; el conjunto de toda la historia hasta nuestros días, nos permite juzgar con imparcialidad este progreso. Este artículo puede dividirse en tres épocas:

1. Moneda de Honduras en el tiempo de la dominación española.
2. Moneda, desde la Independencia hasta el año de 1879.
3. Moneda "moderna", podría decirse.

La primera parte demostrará las riquezas inmensas que se sacaban de las minas. La segunda es la infancia de un país; ya se fabrica una moneda, ya se cambia y se hace otra; ya es la plata, ya el cobre, ya el níquel el que se usa como moneda; en fin, es una verdadera confusión. La tercera es la edad madura, en la que ya el país, poniéndose al nivel de las naciones principales, tiene su moneda à la misma altura en ley y en peso.

PRIMERA ÉPOCA

Bajo la dominación española, circulaba en Honduras la "mone- da cortada", llamada también "moneda macuquina", epíteto aplicable a las monedas que no tienen orla, ni cordoncillo. En el Archivo Nacional de esta República, 89 encuentran datos de que, por el año de 1649, habiendo tomado las minas mucho desarrollo, no se hallaba moneda suficiente para pagar a los operarios, é idearon suplir la necesidad, cortando las planchas de plata en hojas pequeñas, y éstas corrían en las compras y las ventas, siendo bien aceptadas por los jornaleros en pago de su trabajo. Mas habiendo llegado esto al conocimiento de la Real Audiencia de Guatemala, trató de remediar el abuso, y previno que la Tesorería de Nicaragua, en vez de mandar moneda acuñada de las rentas de la Provincia, las remitiera a Tegucigalpa, para ser entregadas al Oficial Real que residía en las mismas, y éste las cambiare por las pequeñas hojas de plata que corrían; pero no fue suficiente, la moneda ría a Guatemala 30.000 pesos, de envío de Nicaragua, te pidieron toda que se los que remitieron sólo pesos, para cambios.

En 1774 el Rey de España, sabedor de la dificultad que existía para las transacciones en Honduras, y con objeto de proteger la industria minera, siempre creciente, de los minerales de San Antonio, se fundara una casa de en Guatemala [6]. Este hecho demuestra la importancia de los trabajos mineros en aquella época, que fue una de las causas principales de la creación de la Casa de Moneda de Guatemala.

De lo anterior se deduce que en este tiempo no corría más que la moneda cortada, y también aquellas pequeñas hojas, ideadas por la necesidad, y que fueron desapareciendo conforme se hacía su cambio.

El año 1768 (julio 17), debido al estado floreciente de los minerales que rodeaban á Tegucigalpa, el Rey determino darle el título de Villa; pues de la provincia, Tegucigalpa era la que mandaba mayor cantidad de plata à la Casa de Moneda de Guatemala para su acuñación. Para evitar los perjuicios y robos en las remesas de Guatemala, 80 mandó que todo el oro y la plata de los minerales, y la que transitara en los caminos, se quintara, es decir llevara una cierta marca indicando que había pagado el quinto que le correspondía al Rey. El acuerdo aludido dice: "que todo esto se hiciese en aquella" Caja Real, tomándose por el escribano razón de ella, conforme la ley 3. Título 5. Del Libro 8.

Esto indica que ya en el año de 1770, en que se dio esta disposición, existía la Caja Real Tego primer Administrador fue don Joaquín de Posadas. Esta Caja Real, que debía de- nominarse más tarde "Casa Nacional de Moneda", es un edificio de lo mejor

---

[6] Del Archivo Nacional.

construido en Tegucigalpa, siendo toda su edificación de cal y canto, con paredes de cinco cuartas de espesor y de una solidez á toda prueba.

En el año de 1780 se le llamaba "Casa de rescates," porque allí era donde el Gobierno, después de haberse pagado el quinto, compraba las platas para remitirlas á Guatemala para ser acuñadas: así siguieron las cosas hasta la independencia.

SEGUNDA ÉPOCA

En el año 1822, don Juan Lindo, Diputado a las Cortes Mexicanas, trajo de México para Tegucigalpa, un cuño para amonedar reales y medios en moneda cortada moneda ; la acuñación se hizo en el edificio del convento de San Francisco, pero hubo muchas falsificadas, y se resolvió abandonar la acuñación por este motivo: no hay datos sobre las cantidades acuñadas. Pasados algunos años, se quiso volver a abrir la Casa de La Moneda, que aún, en esa época, seguía con el nombre de Caja Real, por costumbre quizá; pero les faltó un instrumento que llamaban "punzón", que tal vez fuese el cortador de moneda, y el Gobierno resolvió pedirlo ó Costa Rica, en donde ya había Casa de Moneda; esto fue en tiempo de don Dionisio Herrera.

En el año de 1829, el General Morazán mandó de Guatemala para Tegucigalpa, un cuño para amonedar piezas de á dos reales, reales y medios, enviando, al propio tiempo, quien lo manejara, que lo fue el Coronel Floripe; la moneda que se fabricó, fue moneda redonda, llevando en el anverso un árbol, y al reverso el sol.

Siguió, la acuñación durante los años siguientes, hasta que en 1832, por decreto del Supremo Gobierno, se mandó ligar la moneda á una ley que corresponde actualmente a 500 milésimos, es decir cantidades iguales de plata y cobre; la llamaban vulgarmente moneda de media leche. El objeto que tuvo este paso fue aumentar el metálico por las necesidades de la guerra.

Desde esta fecha hasta 1858, se fue aumentando la liga en la moneda con cobre, más y más cada vez, hasta llegar à moneda de puro cobre. Todavía en la moneda acuñada por los años de 1848, se nota algo de plata en ella, pero la de 1857 y 1858 fue pura moneda de cobre. Se falsificaba mucho, pues había monedas que eran mezcladas de cobre y zinc y hasta de hierro, pero parece que esto no lo miraban como falsificación, pues en las pulperías se recibían á el par con la del Gobierno. La plata, como moneda, había desaparecido, y las transacciones se hacían en cobre. La acuñación era de 3.000 centavos diarios: y contarla, era tarea que se daba a los maestros. Soba En el año de 1859, la Casa de La Moneda se cerró, y sirvió desde entonces de cuartel, hasta el año de 1878.

Poco antes del año de varios particulares hicieron un contrato con el gobierno para mandar acuñar en Inglaterra cierta cantidad de cobre, introducirla en el país y que circulara por su valor nominal: era un negocio como cualquier otro; dicha llevaba el nombre de "Moneda provisional," y el público le puso de "Moneda coquimba", tanto por su color rojo encendido, como porque empezó à circular como liberal ó rojo, á cuyo partido político le llamaban los quimbos.

Tuvo esta moneda aceptación al principio; pero cuando se notó la gran cantidad que había en circulación, fue perdiendo su valor y hasta dejó de circular.

En 1869, la necesidad del metálico para las transacciones hizo que el Gobierno mandara acuñar á Francia la "moneda de níquel" para que sirviese de moneda nacional. Esta circuló primero por su valor escrito, es decir, el real ½ real por 61/4 centavos y el ¼ real por el 31/8 centavos; pero habiendo introducido el Gobierno una cantidad muy crecida, y siguiendo en su introducción, en empczó desmerecer, y el público fue recibiéndola por menos de su valor; al mes de circular, se recibía al ciento por uno, y fue variando cada día, hasta llegar á quinientos por uno, y por último se rechazó completamente. Tiempos curiosos fueron aquellos, en que, para comprar un corte de buen casimir, por ejemplo, era preciso llevar un criado con un gran costal lleno de moneda de níquel, y en el que para tan gran negocio, tenía el comerciante que perder cerca de medía hora en contar monedad.

Mas, al desaparecer el níquel, volvió á circular la plata, de todas partes (Chile, Perú, etc). Pasados algunos años, ciertos departamentos pidieron al Gobierno pusiese en circulación, como moneda de pico, la antigua moneda proviso del año de 1862, pero dándole un valor tal, que introducir otra igual sin pérdida; el Gobierno accedió, y desde 1870 volvió á circular, lo que facilitó mucho las pequeñas transacciones. La antigua moneda cortada, de plata, no circulaba ya, sino en los departamentos de la costa del Norte. Particularidad extraña era la de un país en el que un departamento no recibía más que moneda redonda de plata en las transacciones; otro, moneda cortada, y otro, ¡plata y cobre! Esto da una triste idea del poco comercio que existía entre unos y otros departamentos.

TERCERA ÉPOCA

En 1878 volvió á establecerse el cuño en el mismo edificio que antes, con maquinaria movida por la fuerza del vapor, acuñándose moneda de plata con ley de 900 milésimas y peso de 25 gramos, la pieza de 100 centavos, con todas las demás monedas fraccionarias debidas; y hasta la fecha se continúa con esta ley; además, se hizo cobre para las pequeñas transacciones. Como se nota por esta relación, nunca se había acuñado moneda de oro en el país, y hasta en el presente año, en mayo próximo pasado, se empezó á acuñar oro, en parte procedente del departamento de Olancho, y en parte de Minas de Oro. Se han hecho monedas de 20 pesos, 5 pesos y un peso, con ley y peso en un todo de acuerdo con la ley y el peso de la moneda francesa.

El cuadro de las acuñaciones de plata desde el año económico de 1879, es como sigue:

1879	19.932
1880	44.283
1881	46.093
1882	76.314
1883	88.190
1884	60.000
1885	108.414
1886	42.890
1887	71.978
1888	59.000
TOTAL DE ACUÑACIÓN DE PLATA: $617.094	

Esto representa una pequeña parte de la plata venida de los diferentes minerales, pues mucha ha sido exportada.

En cuanto al cobre, ha sido comprado en el exterior; su acuñación ha sido como sigue:

1881	$ 2.772.06
1882	1.323.21
1883	00 00
1884	244.82
1885	1.720.10
1886	1.542.73
TOTAL DE ACUÑACIÓN DE COBRE: $ 7.602.92	

La primera acuñación de oro en Honduras, efectuada bajo la actual Administración del Excelentísimo señor Presidente General don Luis Bográn, hará época en la Historia de la Moneda de Honduras, pues nunca se había hecho antes, según todo lo que dejo relacionado.

Tal es, en resumen, y dejando de enumerar infinidad de minuciosidades, que de referirlas tendría para un artículo de estas mismas dimensiones, la Historia de la Moneda en Honduras.

Tegucigalpa, octubre 16 de 1888.

LIBERATO MONCADA

Nació en Danlí, departamento de El Paraíso, en el mes de noviembre de 1855.

Fueron sus padres don Benito Moncada y doña Felipa Garmendia. Muy joven se trasladó á la ciudad de León, Nicaragua, con el objeto de seguir allá una carrera profesional.

Muchas dificultades se le presentaron para conseguir su objeto, debidas principalmente á la pobreza; pero no desmayó en su empeño, supo triunfar de ellas y á los 27 años, ya había alcanzado con lucimiento el título de Abogado.

Luego regresó á Honduras, visitó la capital, en donde se hizo apreciar de cuantos le conocieron y trataron, y pasó á Yuscarán á cargo de la Judicatura de Letras de aquella Sección. En 1885 volvió á Tegucigalpa, como Diputado al Congreso Ordinario, por el departamento de El Paraíso. Entre otras de sus importantes labores en aquel Congreso, figura la de haber contribuido eficazmente á que se dictara el decreto de 19 de marzo de 1885, por el que se reformaron varios artículos del Código de Minería. En este trabajo contó con la cooperación de su digno amigo el Doctor don Policarpo Bonilla.

Cerradas las sesiones de la Asamblea, regresó á Yuscarán á continuar en el ejercicio de la Judicatura de Letras.

En aquella cabecera, se dedicaba al cultivo de las letras en los ratos que sus tareas le dejaban libres, y remitía sus artículos á "La República", de la capital, que los acogía siempre con suma complacencia.

También se dedicó á continuar un trabajo que parece que tenía emprendido desde que residía en Nicaragua: el de recoger y ordenar las obras del distinguido periodista y orador centroamericano don Álvaro Contreras, para hacer una edición completa de ellas.

Pero este proyecto, como otros muchos que pensaba poner en ejecución, quedó sin realizarse. Él tenía un corazón delicado, de esos que, al decir de Lord Byron, no sirven para soportar durante meses y años la pesada carga de las penas íntimas que otros saben llevar encima hasta que la vejez los encierra en la tumba. Sobrevino para él una desgracia que juzgó irremediable: su novia iba á casarse con otro.

213

Esto le fué insufrible. Enfermó gravemente, y á los tres días había rendido el espíritu. Falleció el 14 de mayo de 1886, en la flor de sus años y cuando estaban convirtiéndose en realidad sus sueños y cuando estaban convirtiéndose en realidad sus sueños de posición y renombre, fundado en el talento, en el estudio y la virtud.

COMEDIA Y DRAMA

A mis comprofesores é inolvidables amigos los jóvenes Abogados

Constantino Ortiz y Mariano Barreto

> ¡Que manantial tan fecundo
> De engañosas esperanzas
> Es amor!
> Qué doctor es tan profundo
> En útiles enseñanzas
> El dolor!
>
> *Ramón de Campoamor*

"No ha de un alma joven, pura, amorosa, que se confunda en la mía en ella; y que complete en mí como yo completaría en ella ese ser imperfecto, errante, que gime mientras está "solo, y que se siente tranquilo, consolado y feliz, ¿desde "su corazón vacío con otro corazón que le que comprende?".

He aquí el primer pensamiento de todo ser humano, en esa época del romanticismo, que se llama juventud. El amor es la atmósfera del alma, el oxígeno del corazón, el complemento indispensable del desarrollo moral del hombre, al entrar a la edad de que es la fase de la vida que se presenta llena de rumores y armonías, de consuelos y esperanzas é las ilusiones.

Pero si el amor sublima el espíritu, como chispa desprendida del foco universal, para iluminar las oscuridades de la conciencia calentar la fragua inmortal del pensamiento, y arrancar a la naturaleza sus ignotos secretos, que han de convertirse después en amuleto de las diversas necesidades de los hombres; para encender en el alma de los héroes el divino fuego del patriotismo; así también la historia nos dice que el amor muchas veces ha sido veleidad que engaña, tosigo que mata, puñal que asesina, incendio que devora, cambiándose ese arroyo puro y cristalino que fecunda la simiente de la vida, en torrente asolador, que lleva en sus revueltas ondas todo un porvenir de insólita felicidad.

Mas no se crea que al trazar estas líneas me proponga cantar ó maldecir el amor; mi objeto es sólo escribir un recuerdo que, a propósito de las reflexiones que preceden, ha venido espontáneamente a mi memoria.

Hace algunos años que, encontrándome en el gabinete de estudio de un amigo mío, hojeaba dentro de mis manos un libro de caracteres manuscritos, que no era otra cosa que sus ensayos literarios, en su mayor parte inéditos. Al llegar a una página me llamó la atención este epígrafe: "*Comedía y drama*" como yo le preguntara a mi amigo qué significaba aquello, él se limitó a contestarme: "Lee".

En efecto, mis ojos devoraron con vivísimo interés lo siguiente:

II

¡Quince años! Ciertamente, eres muy tierna; tienes la edad de la indolencia; edad en que pasiones apenas se trasparentan bajo ese tenue celaje, bajo ese vapor impalpable que te circunda, bajo cea túnica blanca de la primera edad, que se llama inocencia.

Quince primaveras son apenas un átomo colocado en la balanza de la existencia; y sin embargo, tienes ya un poder mágico que exalta la imaginación, ofusca la inteligencia y enciende en el alma.

¿Nunca podré olvidar la noche que por primera vez fijé la atención en tí lo recuerdas? Fue en un baile. Mi corazón dormía un profundo sueño, pasaste por cerca de mí, sentí en mi brazo el roce de tu crujiente vestido, volví los ojos, te vi, me viste, y después….

Después vértigos en el alma que nunca había sentido! ¿Lo recuerdas?: pasada una hora cruzábamos el salón envuelto en el vertiginoso torbellino del próximo valse.

Cuando te agitabas en mis brazos al compás de la música y yo aspiraba, tu aliento suave y perfumado, no acertaré à decirte si pensabas ó sentía; no tenía conciencia de mis propios actos, porque estando al lado tuyo, comunicándome tus confusiones, y arrebatados los dos, en medio de aquella poética confusión un soplo reparador, y sublime locura que se llama baile, mi corazón se agitaba con violentas palpitaciones, mi pensamiento vagaba en piélagos de luz y mi imaginación se había remontado á un campo que ahora me es completamente desconocido.

Desde aquella felicísima un rocío del cielo bajó á refrescar el árido y desierto campo de mi solitaria vida; desde aquellos momentos supremos, de los cuales conservo con indecibles goces la vaga somnolencia del recuerdo, no puedo considerarme como barquilla sin timón ni brújula vagando al acaso en el proceloso mar de la inconstante fortuna; porque entonces fue cuando acercando mis labios a tu oído, murmuré palabras inteligibles solamente para tí, pues esas palabras entrecortadas, más parecían gorjeos de aves que tratan de poner la primera piedra de su nido, ese palacio encantado de sus inocentes amores. ¿Lo recuerdas?: tú, encendida como una amapola, tímida y medrosa, velaste con tus párpados esos hermosos ojos de ella, y callaste….sí, callaste! Porque el amor apenas había llegado á tí como un eco vago, como una tierna melodía, como una brisa impalpable de los albores de la mañana, como el dulcísimo acento, oído a lo lejos, del jilguero de nuestras montañas.

Pero ese silencio entre suspiros y languideces, entre miradas furtivas y casi imperceptibles sonrisas; ese silencio, signo negativo, y sin embargo es la más sublime y espléndida encarnación de dos almas que se encuentran y se fusionan en una sola entidad. No necesitaba de más un corazón joven, leal y apasionado como el mío; recuerdo que te contemplé de hito en hito con ese divino éxtasis con que el hombre acaricia el cuerpo de una soñada dicha, puesto veía como el ser de mi ser, como la realización de mi más bello ideal, como el arco iris de mi esperanza, como la imagen misma de mi felicidad.

Yo podría decirte que estás destinada á representar un importantísimo papel en el escenario de la vida, porque en ti admiro una de las obras más acabadas de la naturaleza: que tu tez es un ala un alabastro viviente; que tus correctos perfiles serían envidiados por las creaciones sublimes del arte ven del al griego; que —En tus pupilas, garzas y bellas— se ven del alba centilaciones —Titiladoras como centellas— y vagores rayos de estrellas. Que heridos beben los corazones; ¡que tu voz! Es como una cascadita de perlas deslizándose sobre que tuvo lecho de cristal; que la tersura de tu espaciosa frente, revela la pureza de tus primeros años; pero para me sería posible expresar para qué decírtelo, si nunca con palabras la síntesis de todo

217

ese armonioso conjunto, esto es, la gracia por doquiera derramas, el fuego apacible y al mismo que por tiempo abrasador de tu mirada me atrae hacía ti, ese no sé qué que siento ese fluido magnético que tu recuerdo.

¡Qué bello será, oh tierna y vaporosa visión de mis ensueños, tener una mano cariñosa que después de mis fatigadas horas de trabajo, enjugue el sudor de mi abrasada frente que en esos momentos de soledad y de tristeza, al caer de la tarde, en esa línea divisora que sepa la luz y las tinieblas, en esos melancólicos instantes en que todos nos sentimos como abrumados por la solemnidad imponente de la naturaleza, derrame el bálsamo reparador del consuelo que trae á las almas afligidas las vivas efusiones, de íntimas alegrías! ¡Qué bello será, hermosa amada mía, cuando el traidor y veleidoso mundo clave sus y envenenados puñales en mi honrado corazón, recibir de tú una mirada de amor, una sonrisa de cariño, un abrazo de ternura, un arrullo divino nacido de tus puras y castas afecciones! Qué bello será, creatura angelical, cuando perdidas para siempre las ilusiones de mi hermosa juventud, henchida el alma del más cruel escepticismo, desencadenadas las tempestades del infortunio, y yo naufrago, desfalleciente, próximo á hundirme en ignotos abismos, aparezcas tú como un astro de consolación alumbrando las tinieblas que circundan mi desgraciada existencia; y después de tenderme tus amorosos brazos, volverme á la vida de la esperanza y abrirme tu pecho, preciosa urna de abnegación y de bondad, dejar que recline mi angustiada cabeza "sobre el caliento mármol de tu seno". Sí, todo, todo eso debe ser muy bello; déjame, pues, exclamar con el poeta:

¡Oh!....mi alma á tu alma ver unida;
Y en esa conjunción tener la suerte
De ir contigo en las ondas de la vida
A las playas serenas de la muerte.

Ya que leíste la comedía, dijo mi amigo, vuelve la hoja y verás el drama. Volví la hoja y leí:

III

¡Qué triste es la vida cuando una esperanza que simbolizaba el porvenir se ha perdido para siempre! Cuando la mano asesina del destino destruye de un solo golpe el germen de una postrera felicidad, la creatura humana siente que su corazón estalla herido de muerte, y en su dolorosísima agonía sólo le queda como único alivio el desahogo de sus pesares por un raudal de llanto; pero "las lágrimas con que se llora lo que no tiene remedio, por la misma razón de ser estériles, son más amargas".

Sí, preciosa y adorada mujer, la desgracia ha abierto un hondo abismo que me separa de ti eternamente, entre los dos ha habido un drama mudo, misterioso, inesperado para mí: drama sangriento que ha agostado mi juventud en flor, aniquilando la más noble cuanto más acariciada de mis aspiraciones.

Sorprendiste en mis ojos los destellos de un alma sublimada por amor; llegaron hasta tus oídos las palpitaciones de un corazón que se agitaba al impulso de un sentimiento delicado y noble... ¡infeliz! ¿Por qué no apagué esa llama y estrangulé ese insensato que se movía dentro mi pecho? Ah miseria humana. oh grandeza del hombre en debilidades y flaquezas te amaba sin saber por qué, me sentía arrastrado hacia ti de una manera difícil de resistir, instintiva, fatal, sin darme cuenta de mí mismo, sin explicarme ese fenómeno interior que operaba en mí la más extraña metamorfosis.

Por un momento ambicioné velar tu sueño, gozar contigo si la felicidad te sonreía, ò sentir tus dolores si la dicha se ausentaba de ti; pero la fatalidad no lo ha querido: el cierzo del infortunio ha soplado sobre mi fronte, ¡Llevándose la más encantadora de todas las ilusiones de mi juventud!

Sin embargo, no abrigo un sentimiento de mezquino egoísmo; la sola idea de que puedes ser muy feliz, es un lenitivo á mis crueles decepciones. Tu eres muy tierna; tu belleza á la diáfana claridad de diez y seis primaveras, te da derecho á comercio de la vida. Yo ú mi ya esperar un gran triunfo en el vez no ofrecerte más que un alma virgen, un corazón apasionado, un amor puro, intenso, como es raro encontrar en el lodazal inundó de la tierra, y además un nombre modesto pero sin mancilla; esto es, poca cosa, porque qué valen las lágrimas si no son ofrecidas en una copa de oro? ¿Qué es la felicidad sin ese símbolo de la propiedad material? ¿Qué vale un sentimiento que no esté resguardado de oro, perlas y brillantes? Hay más todavía: ¿qué vale la aristocracia del espíritu, es decir, la aristocracia que se funda sobre las acciones nobles y levantadas del alma, ante los pergaminos nobiliarios que en sucesión hereditaria resisten á la poderosa destrucción del tiempo y más si estos son adminículos que se pierden bajo la tempestad en que naufrago. No quiero buscar motivos, y mucho menos lanzar acusaciones; sólo debe llorar sobre estas páginas la desnuda realidad de mi desgracia.

No creía amarte tanto, pero cada día que pasa, cada hora, cada minuto que se extingue, aumentan el inmenso vacío que sentí después de darte mi eterna despedida. Ya transcurrido ya algún tiempo, y la copa del dolor se ha venido llenando gota á gota, ¡y ya hoy no puedo soportar en silencio el rebosa el corazón! silencio el exceso de amargura en que pequeño,

Al chocar violentamente tus intereses con mi dignidad; cuando la herida aun destilaba tiernas afecciones, creí por un del libro de mis recuerdos; pero la razón ejerció su imperio sobre mis momentos haberte borrado para siempre, pero la reacción del sentimiento ha sido poderosa, y en este instante supremo me olvido de todo, para sepultar los últimos destellos de la esperanza bajo la ardiente lava de mis lágrimas!

Las angustias de Pablo al ver que Virginia, sumergiéndose en las ondas de un piélago insondable, le robaban el tesoro de su felicidad: los tormentos de Efraín, cuando al volver al lado de María no encontró más que un poco de polvo bajo la losa del sepulcro; las dolorosas quejas de los desgraciados amantes Abelardo y Eloisa, separados por una fatalidad inexorable; la sublime transfiguración de Chactas sobre la tierra apenas removida, que guardaba los despojos de su querida Atala; las melancólicas notas de Lamartine á la memoria de su inmortal procitana, son apenas una pálida sombra del horrible tormento que me mata! Aquellos tres que han dado al mundo la más acabada muestra del amor, la constancia y el sufrimiento, dividieron el peso de desgracia, sabiendo que jamás habían palpitado por otros que no fueran ellos mismos aquellos corazones que se despedazaban en la tumba. Pero yo, mujer querida, ¿podré decir algo parecido que se refiera al pasado, al presente ó al porvenir? ¿qué alivio encontraré para esta alma que llevo hecha girones? No, ninguno; no tengo más consuelo que amarte mucho, amarte siempre, amarte hasta el delirio, ¡y esperar como única recompensa la amarga hiel de tu desprecio!

Virgen adorada, estas líneas son demasiado íntimas para que pudieran llegar á publicarse; pero como no se puede asegurar el mañana, si tal sucediere, quizá por una casualidad caerán en tus manos, y como nunca me has amado, habrá bastado un solo día para olvidarme, y las leerás con la más profunda indiferencia, ¡sin pensar siquiera que eres la protagonista de la tragedia sangrienta que se revuelve dentro de mí en esta noche de amargura!

El tiempo jamás podrá borrar en el alma el primer amor; a bien lo aviva, pues es como el viento que sopla la ceniza y deja visibles las ascuas de su abrasado seno...

¡Dios mío, cuánto tendré que sufrir, cuántas veces tendrá que pasar sobre mi frágil existencia la sombría roca de Sisifo! ¡Desgraciado de mí ...pero ¿para qué escribir más? Sello, pues, con una lágrima acerba ésta, la más dolorosa de mis páginas íntimas, y concluyo con el infortunado Manuel Acuña:

Esa era mi esperanza, más ya que a sus fulgores
Se opone el hondo abismo que existe entre los dos
Adiós por la vez última, amor de mis amores,
La luz de mis tinieblas, la esencia de mis flores,
Mi lira de poeta, mi juventud ¡Adiós!

IV

¡Tan luego hube terminado la lectura, comprendí que aquello era algo más que ensayos literarios: que en aquellas páginas estaba nada menos que una historia amorosa del apreciable joven que aún no había cumplido veinticinco años, y que por lo mismo, ten mis dos ojos, un bello porvenir. sentí conmoverse bajo dos, en aquellos pedazos de papel, un corazón adolescente flotando sobre mares inmensos de amargura!

—Por qué razón, le pregunté, queriendo obtener alguna explicación de su parte, ¿has puesto un mote tan poco expresivo a

221

estos dos ensayos? Bien se deja ver que tu pensamiento casi nada ha tenido que hacer en ellos; a primera vista se nota que tu pluma corrió aquí impulsada, primero por el amor y después, por las decepciones del amor.

—Precisamente por lo expresivo es que los he bautizado con ese epígrafe, me contestó. El amor, amigo mío, no es más que comedía sus instintos de hiena, y poder se vale la mujer para satisfacer infame, una farsa, un medio de con las con torsiones de su víctima: es el lazo del engaño puesto a la crédulo á la sinceridad de quien se entrega en brazos de una á la buena fe, ilusión. Ahora bien, botada la careta de la hipocresía, ó lo que es lo mismo, rotas las decoraciones del escenario, y vistos los actores tales como son: á esto le he dado el nombre de drama, porque mi corazón, con quien se jugó de una manera inaudita, representó inocentemente su papel, hasta caer en las tablas del proscenio, bajo el asesino puñal del desengaño.

—Perdona que te replique acerca de la manera de tas cosas. Tienes razón de h de hablar como quien ha sido herido en la parte más delicada del alma, pero no por esto te concedo justicia para que condenes bajo tu candente palabra á todas las mujeres. Lo que á ti te ha sucedido es sencillamente explicable: te encontraste con una mujer que no supo comprenderte, que de ninguna manera merecía que le hayas quemado el incienso puro de tu íntimo cariño; con una mujer. en fin, materializada, te despreciado porque eres pobre. por el nada mismo hecho de haberlos que porque eres pobre, da una tristísima idea. tanto de su moralidad, como de lo pequeño, superficial y menguado de sus aspiraciones.

En vano has querido poetizarla tanto, así en la cúspide de tu soñada dicha, como en el abismo de tu amargo desengaño: porque al través de tus inspirados escritos se trasparenta su mezquina inteligencia y su pobrísimo corazón.

—Tú sabes muy bien cuál es la idea que siempre he tenido de todas las mujeres, nada favorable, por cierto. Si la que yo creí mejor de todas, me ha traicionado, ¿qué será de las demás? Ya quiero convenir contigo en que esa mujer que encontré en mi camino no merecía el haberle ofrecido el perfume virginal de mi primer mor; ¿está bien, y de qué manera podré hallar la poetisa de mi prosaica vida, la compañera de mi triste soledad, la sacerdotisa de mi desierto hogar? ¿Será necesario recorrer la vía dolorosa que ha recorrido una, dos, tres veces hasta encontrar ese ser divinizado por la imaginación, ó podrá haber algún medio para no escollar ante esa espantosa realidad?

¡Oh no, mi querido amigo! Esas no son más que teorías; es necesario convencernos que en los juegos del amor, cuando el hombre se cree en el Capitolio, está próximo á estrellarse en la Roca Tarpeya.. ¡Desgraciada humanidad! ¡Miserable corazón, y todavía te conmueves al solo recuerdo de aquella indigna mujer! Calla para siempre esos latidos! Renuncia eternamente á las vivas efusiones de aquel perdido amor...

V

Dos grandes lágrimas cayeron de los ojos de aquel desgraciado joven, y yo traté de terminar aquella conversación que trajo á su memoria recuerdos tan sombríos.

(1885).

ÁLVARO CONTRERAS

La densa nube de las pasiones que se levanta para oscurecer la figura de los grandes hombres cuando forman parte del mundo de los vivos, se disipa en esa misteriosa transfiguración, en que la materia vuelve á la madre común y el espíritu sobrevive en forma de gratísimos recuerdos, de fecundas enseñanzas y de indecibles sentimientos de admiración y gratitud.

Pero hay reparaciones muy tardías: hay épocas en la historia de los pueblos en que la maledicencia se cierne sobre la memoria de los so cierne sobre la memoria de los hombres que por su talento se han colocado arriba del nivel de sus contemporáneos; en que la envidia, esa enfermedad de los espíritus empequeñecidos, no ha respetado ni la santidad de la tumba para lanzar sobre ella sus envenenados; en que por lo menos, el vacío de la indiferencia se otorgue como premio á quien cae rendido en la postrera jornada, después de una vida de luchas benéficas para la humanidad, después de haber dejado el horizonte de la patria iluminado con los resplandores de su genio, después de haber cruzado el acero del pensamiento y combatirlo sin tregua ni descanso por la libertad y el derecho.

Esto último ha sucedido al grande hombre que me sugiere las reflexiones que preceden. Hace hoy dos años que dejó de existir ÁLVARO CONTRERAS, una de las primeras glorias literarias de la América Central, nacido, para honra nuestra, en territorio hondureño, y para nuestra mengua y descrédito, sepúltalo su nombre en las tinieblas de la ingratitud y del olvido.

Pero esta vez,el Doctor don Adolfo Zúñiga, como Reactor que fue de *La Paz,* importante semanario de Tegucigalpa, durante la administración del señor Soto, anunció su muerte, pero sólo como para llenar un espacio de la Miscelánea de su periódico, penando la prensa hondureña debió haberse vestido de luto, y colocar sobre aquel sepulcro coronas de mirtos y laureles; pues roto el puente que separa la vida de la eternidad, sólo queda la glorificación de los espíritus superiores, que en su paso por el mundo, han esparcido regueros de luz que absorbe en su provecho la posteridad agradecida.

Conservo en mi poder una obra con la siguiente dedicatoria en la portada: *Al Castelar centroamericano. Su admirador. Marco A. Solo.*

Asimismo tengo un retrato, en cuyo reverso se lee: *A mi grande amigo, el gran orador y escritor de la América Central. La Unión, Paz y Reforma. Vuestro de corazón. Adolfo Zúniga.* Quién creyera, oh sublime Contreras, que ayer no más eras el gran narrador y escritor, el Castelar centroamericano, y hoy un cualquiera, muerto en playas extranjeras, y ocupado tu nombre, como de limosna, una gacetilla del primer periódico de la patria que guarda tu cuna, de la patria que se enorgullece en contarte en el número de sus más ilustres hijos!

Desde el fallecimiento del gran tribuno, del gran literato, se amontonaron los odios políticos sobre su tumba, de manera que la fuerza de proyección de los rayos luminosos de su legitima gloria nacional, no han sido bastantes para extinguir esa pesada atmósfera, fugido da que para nuestra vergüenza, gravita todavía sobre ese altar del genio, del apóstol, del propagandista infatigable de la libertad. Sin embargo, mi querido y nunca olvidado maestro, los pocos que te recuerdan con sentimientos de amor, de admiración y de eterna gratitud; los pocos que no están cegados por las pasiones del momento, escribirán, de seguro, tu nombre en el gran libro de las glorias patrias, al lado de Barrundía y José del Valle, de Molina y León Alvarado. Por lo que respecta á mí, desde que llegó á mis oídos el eco doloroso de tu último suspiro, trato de recoger tus obras, esparcidas en hojas, periódicas que todo el mundo lee, pero que pasan como aristas impelidas por el viento, á la destrucción universal. Cuando haya coleccionados tus mejores escritos, y mis peculiaridades me lo permitan, haré de todos ellos un libro, é impreso lo regalaré à la juventud centroamericana, y le diré: conserva ese tesoro de las letras nacionales; aprovecha las enseñanzas que contiene; pero sobre todo, guarda la memoria preclara del autor en su más espléndida y nítida pureza.

II

ÁLVARO CONTRERAS nació en Cedros, y se educó en Tegucigalpa, al sistema rutinario de aquella época de los textos de la Filosofía por Balmes y del Derecho por Álvarez, hasta obtener el grado de Bachiller en esta Facultad. Su alma fogosa y su espíritu levantado le hicieron pronto abandonar el camino del foro, y lanzarse á la arena de la prensa, por ser un campo más vasto y que cuadraba muy bien con sus aspiraciones y tendencias.

Pero el escritor adolescente, el literato novel que ensayaba sus primeras fuerzas en la buena causa, en la causa de los derechos del hombre, se vio muy pronto en la necesidad de abandonar su patria, mártir de la libertad hondureña. Don José María Medina, el gobernante desgraciado, autor de todos los infortunios de Honduras, tuvo la triste honra de poner manos violentas en él, y de lanzarlo de su hogar, hasta hacerlo ir à buscar un pan en extranjera tierra.

ÁLVARO CONTRERAS llega á la capital de Costa Rica, o sea continúa su vida de periodista; pronto se da á conocer como orador, y en estas dos fases de su hermosa carrera se remonta á tanta altura, que aquella culta sociedad riega de flores su sendero para que pase el vencedor en de la inteligencia, librados en los combates sin lágrimas ni sangre inteligencia, hermoso circo de la civilización.

Pero el encendido campo de la política vuelve otra vez á quemar su planta, y es expulsado nueva- mente, y toma el camino del destierro resignándose al peso de su adverso destino,

Llega á El Salvador, revístese de nuevos bríos, funda el primer diario que se ha publicado en la América Central, "sustenta la única causa, la única idea por la que se puede combatir y morir en Centro América, lanza á todos los vientos su palabra castiza, ya hablada, ya escrita, las multitudes entusiasmadas baten palmas y los aplausos atruenan sus oídos, recoge una buena cosecha de merecidos laureles para su frente, y por último el aquilón de las contiendas fratricidas del 76, lo empuja vertiginosamente al suelo libre de Nicaragua.

En esta tercera expatriación de ALVARO CONTRERAS fue donde lo conocí. Su permanencia en Nicaragua duró cerca de dos años: nombre hecho para el combate, gladiador infatigable, no dejó su puesto de acción un solo instante, y ya en la tribuna, ya en la prensa, su constancia en las ideas por la libertad, le granjeó el odio de los poderosos y tuvo que llevar anclas y que embarcarse de nuevo en los bajeles del infortunio.

¿Pero á donde se encaminará ÁLVARO CONTRERAS? No hay para él un solo palmo de la patria grande y feliz que nació en 1821: lo expulsa la patria centroamericana. Pero en esta vez so resiste al ostracismo: hace un último esfuerzo para no dejar a sus espaldas el querido suelo: se ciñe la espala, y quiere entrar, à fuego y sangre a Costa Rica para derribar un tiranuelo que había hecho de aquel bello país un patrimonio suyo: pero, scriptum eral, la estatua de la fatalidad muda y sombría, de pie en las riberas del Atlántico, con el brazo extendido hacia las olas, le enseñaba la vía dolorosa de la proscripción.

Hace pie firme el ilustre desterrado en Panamá, yo en esa tierra libre de Colombia encuentra un teatro inmenso para dar gran vuelo a está esclarecido talento, y rienda suelta a las expansiones de su alma lacerada por los rudos golpes del destino. Allí, continúa la vida agitada y tormentosa del orador y del periodista, y durante los cuatro años de su permanencia en ese parale del mundo, como él mismo decía, levantó su nombre hasta obtener una fama continental: sus escritos son reproducidos con grandes elogios por la prensa sudamericana: pone su pluma al servicio de la libertad é independencia del Perú: entra en ardiente lucha, y rompe lanzas con los primeros diarios. Estas chilenos, y se codea con hombres de gran valer, y obtiene, autógrafos honrosísimos de Juan Montalvo, el príncipe de los escritores americanos, y del Conde de Lesseps, esa omnipotencia del espíritu emprendedor.

Pero allí donde se había, revestido con in aureola ale gloria inmarcesible, al par de esa corona inmortal, adquiere el germen de su prematuro fin. A fines del 81 vuelve á las playas centroamericanas pero ya con la enfermedad que le condujo inexorablemente al sepulcro.

ÁLVARO CONTRERAS era de una estatura mediana, un tanto robusto, pero su cuerpo tenía cierta flexibilidad al andar; la animación de su fisonomía revelaba la actividad constante de su alma ardiente y apasionada.

Me parece que lo estoy viendo: aquellos ojos chispeantes, aquella sonrisa de benevolencia para todo el que se le acercaba, aquella irresistiblemente atraía para sí los homenajes un conjunto de palabra cariño. fácil, y siempre inspirada, de la admiración y del cariño.

ÁLVARO CONTRERAS, como orador poseía el arte de conmover y convencer. Varias veces le vi subir a la tribuna, y nunca bajó de ella sino después de haber encendido en los corazones de sus oyentes el fuego del entusiasmo con el chisporroteo de su eléctrica palabra. Si hablaba anatematizando á los tiranos, su elocuencia era rayo; si lanzaba sus fuegos á los demagogos, huracán; si explicaba á las masas populares sus derechos y deberes, era luz; si se detenía á contemplar el porvenir de la patria de nuestros mayores, era la sibila en la trípode de la inspiración, señalando al pueblo centroamericano en los campo que están más allá de la visión humana, la sagrada tierra prometida; si recorría las diversas escalas de la filosofía, desde épocas remotas hasta nuestros tiempos, era la balanza de Temis, pesando las grandezas y las caídas de la razón humana; y finalmente, si hablaba de la mujer o del arte, entonces su elocuencia era un idilio, era el susurro del viento entre las hojas, los trinos melodiosos de los cantores alados, los divinos acordes de la flauta, oídos muy apenas en una noche de luna, o de la citara, arrancados por mano maestra bajo las ventanas de una doncella enamorada.

ÁLVARO CONTRERAS como literato es indisputablemente uno de los primeros que ha producido la América Central. El célebre español autor de los "Cánticos del Nuevo Mundo", dice: "Contreras es el más elocuente de los tribunos, el más fácil, inspirado y fecundo de los escritores centroamericanos". No tenía esas *iluminaciones súbitas* de Víctor Hugo, con su estilo tajante como un hecho, ni la fraseología corta y bien redondeada del genio irónico y juguetón de José Selgas; tampoco poseía esos largos y elevadísimos períodos, que como eternas vibraciones de inmortales arpas deleitan el espíritu de los que leen al Marqués de Valdegamas y Emilio Castelar. Su estilo era armonioso y solemne como el de Eugenio Pelletán, a quien parece que se propuso imitar; unas veces era cortado, otras de dilatado vuelo, según las ideas que trataba de explanar, pero siempre era lleno de inspiración y amenidad. A la elevación del pensamiento estaba unida la riqueza de su poderosa fantasía: la galanura de la frase, la vehemencia de la expresión, la claridad del concepto hacía que sus escritos fueran leídos por toda clase de personas con un interés palpitante. Si alguna vez hubiera publicado artículos sin su firma, de seguro que no habría podido ocultar su personalidad; el estilo es el hombre, dice Buffon, y quizá en muy pocos escritores se hallará este pensamiento tan neta- mente acentuado como en ÁLVARO CONTRERAS; él mismo lo decía: mis escritos son muy conocidos, porque son la copia de mi ser; las verdades que salen de mi pluma, no son esas verdades flemáticas de tardíos efectos, sino globos encendidos que calcinan la frente de los demagogos y de los tiranos.

ÁLVARO CONTRERAS, sin embargo, a mi humilde juicio, era mucho más grande en su vida ordinaria, en el trato familiar con sus amigos. Para subir a la tribuna tenía que reconcentrar sus ideas, que estar muy sobre sí mismo, que procurar elevarse cada vez más y más, hasta avasallar al auditorio, algunas veces exigente y amenazador, bajo el dominio de su palabra. Para escribir sus artículos, destinados á la prensa, era mayor la necesidad que tenía de meditarlos; el número de los oyentes es ilimitado, se extiende de Oriente á Occidente y del uno al otro polo; la tribuna es tan alta que el orador no es percibido por multitud, y de consiguiente, no tiene esos recursos de la improvisación para mantener á raya la censura de sus obras: pues el verbo encarnado en la hoja de papel, además de leerse con frialdad, se dilata hasta las más apartadas regiones, salva los mares, escala las diversas etapas de los tiempos, y se perpetúa en las creaciones sublimes de la civilización, como es perpetuo el espíritu de Dios en la creación universal. Pero al encontrarse en el seno de la amistad, en esa en esa esfera de la vida en donde el hombre se cuida poco de la más ó menos pureza del lenguaje, y se entrega á las expansiones naturales del corazón, no parece que hubiera sido siempre el mismo, y, sin embargo, su palabra elevada, castiza y llena de inspiración, nunca decaía, y siempre resonaba con amenidad en los oídos del pequeño círculo que le escuchaba. Si un taquígrafo hubiera podido recoger sus conversaciones, podrían haberse publicado como conferencias familiares de literatura. Su casa era centro de tertulia; casi sólo él hablaba, pero hablaba como dice Montalvo de Castelar: arriba, arriba, siempre arriba.

IV

Este es el hombre que ha perdido, hace hoy dos años la América Central; y sin embargo, la patria sigue en su punible indiferencia, y los lienzos, y los bronces, y los mármoles no perpetúan su memoria, y Honduras ha vuelto la espalda á uno de sus grandes hombres, y los despojos venerandos de ÁLVARO CONTRERAS continúan bajo una capa de tierra, distante de la que le vio nacer, y con ellos sepultaba también la espléndida aureola de su inmortalidad!

Conozco la insuficiencia de mi pobre pluma para un objeto tan grandioso como es el de dibujar el retrato de este noble personaje: pero ya que todos los escritores de mi patria siguen observando un terminal silencio, y que la hora de la reparación no ha sonado todavía, prolongándose en el transcurso indefinido del tiempo, he querido trazar siquiera un ligero esbozo para pagar, de alguna manera, la sagrada de nada que tengo de póstuma gratitud para con el maestro y el amigo. Hubiera deseado arrancar al iris sus colores, para enriquecer con ellos mi paleta; más no pudiendo remontarme à las elevadas regiones del águila caudal, he tenido que dejar correr mi humilde péñola que no tiene más mérito que el haber sido inspirada por el filial cariño que profesé al insigne poeta al apóstol abnegado, al propagandista incansable de la libertad.

Yuscarán: octubre 9 de 1884.

PARA LA PRIMERA PÁGINA

del álbum de mi amigo don José Clemente Chavarría

Si escribir en un álbum de mujer fue para Ricardo de la Parra un intento temerario por la magnitud del objeto, ¿qué calificación podrá merecer escribir en el álbum de un amigo?

Yo comprendo perfectamente bien el elevado concepto del ilustre colombiano, escrito en momentos en que dejaba correr su bien perfilada pluma sobre las blancas páginas del libro de una dama que lo encadenaba á sus pies con el poderoso talismán de la hermosura.

¿Qué mortal podrá resistir impasible el magnetismo de esas habitadoras del Paraíso de Mahoma? ¿Quién será suficientemente fuerte para sustraerse á las seducciones de ese ángel tentador del primitivo Edén que hoy se halla perdido entre las brumas de la leyenda y de la fábula? Un rizo de pelo dejado caer de cierta mañera; una flor colocada un cuerpo flexible y sin valor, como esa reina de la selva que al menor soplo se columpia, con graciosa coquetería, sobre su débil tallo; una mirada tierna, profunda y apasionada: buna sonrisa de esas que parecen el primer destello precursor de una aurora de felicidad; ¡oh! todas estas grandes pequeñeces tienen un poder mágico, irresistible, avasallador! ¿Qué mucho, pues, que se haya calificado de temerario intento, por la magnitud del objeto, el hecho de escribir en un libro de mujer?

Es verdad queda mujer es la primera fuente de inspiración, porque es el lado poético y risueño de la humanidad; pero al mismo tiempo nadie podrá negar que es la manifestación más genuina de la instabilidad de las cosas creadas. La mujer tiene misteriosas afinidades con los fenómenos de óptica del espacio: sonríe cuando los ángeles descorren las cortinas del, levante para dejar libre paso á la lumbre matinal: ve con indiferencia el último suspiro del astro luminoso, cuando se reclina en su nacer de sombras, y saluda, siempre con alborozo, un amanecer un nuevo día. es la rueda de la fortuna en su eterno movimiento; marcha constantemente por caminos no trillados;' lo nuevo la domina y la deslumbra; corre, como la fresca brisa de la tarde de arbusto en arbusto: o juguetona como una mariposa, volátil la como las esencias, incierta como la luz crepuscular, bulliciosa y alternativa como la abeja que salta de flor en flor, para libar el néctar, siempre nuevo, de esas bellas creaciones de la naturaleza.

La amistad es todo lo contrario: tiene mucho de las ternuras inefables y nunca desmentidas de la madre, de los inflexibles, persuasivos y austeros consejos de la paternidad, y de las gratas efusiones del hermano jamás nos traiciona, y que hace suyos todos los misterios de nuestra a. Ella reúne en si esas tres fases del universo del corazón, de la santidad de la familia, de la religión sublime del hogar.

La amistad es fija y luminosa como el sol: las sombras de la maledicencia jamás llegan hasta ella: es la roca de granito que invencible resiste en la playa los embates del líquido elemento: es la enhiesta montaña, desafía, con el valor de su inconmovible grandeza, el rayo, los vientos y las tempestades: ¡es el madero de salvación de la humanidad que naufraga en los negros turbiones de la vida!

Cuando el corazón está lleno de consideramos felices al presente, indica ya por que nos vemos con el telescopio de la esperanza, en las regiones del porvenir, cielos azules, celajes su purpurinos, auroras imaginación es decir, todos esos bellos mirajes de la imaginación y del deseo, sentimos del respirable: no podemos soportar desalados en busca del amigo que nos falta algo como oxigeno o de tanta grandeza y espora corremos con los brazos abiertos; levantamos el velo impenetrable de nuestra alma, y después de una íntima confidencia, sentimos las transfiguraciones, los éxtasis, los trasportes de una dicha inefable

Cuando las sombras del dolor invaden nuestro ser, como el cortejo fúnebre de una idea de un sentimiento noble y delicado; cuando sentimos en nuestro espíritu esos grandes estremecimientos, esas formidables sacudidas del inexorable destino, en que la razón enmudece, y la sensibilidad se exalta, y el llanto anubla nuestros ojos, y el horizonte de la esperanza se oscurece, y la estrella que nos guiaba á los encantadores jardines del Oriente, se ha eclipsado, ¡oh! entonces es cuando la amistad se convierte en una misión, en un sacerdocio; entonces es cuando el amigo es un padre porque aconseja, un maestro porque enseña, un hermano porque junta sus lágrimas con las nuestras; es, en una palabra, el reflejo de Dios sobre la tierra para consuelo de los que lloran y padecen asendereados por los huracanes de la adversidad.

Con mucha razón he oído decir que duele más la defección de un amigo que la de una mujer amada.

Sin embargo, hay quien prostituya la palabra sagrada de la amistad: hay quien, salude con una sonrisa y despida con una cobarde puñalada en las espaldas; pero de estos seres degradados no quiero ni debo acordarme: son serpientes, son chacales, son figuras con pasaporte, para vivir entre los hombres; son asesinos favorecidos por la impunidad.

¡Oh amistad! oh sublime diosa oh tierna y casta deidad, oh encantadora poesía de la vida! tú siempre has tenido en mis grandes alegrías y en mis profundas tristezas, un cordial aplauso para aquellas y una lágrima de dolor para que éstas; tú que consuelas al que llora, que levantas al caído, que alivias al que sufre, oh divinidad tutelar de las desgracias de los hombres, deja que un alma honrada te envié en ofrenda el incienso puro de una plegaria fervorosa; permite que llegue hasta ti el susurro de mi amor, de mi gratitud y de mi eterna adoración....

Y Ud., mi querido Chavarría, uno de los pocos que influyen, misteriosamente en mi ánimo para compadecer á los que se quejan de no tener en el mundo un solo amigo; Ud., que tantas veces ha sabido revelarse á mi corazón, es una personificación espléndida de la idea abstracta que tengo de la amistad; y por lo mismo, valiéndome de un pensamiento del eminente literato à que me he referido, diré que al escribir y escribir en un libro, y en el libro de un amigo, y de un amigo como Ud., me encuentro tan incapaz, tan pequeño, tan exiguo... que me quedé anonado y pongo punto y callo!

Yuscarán, marzo de 1886

234

LOS DOS SEPULCROS

¿Qué es lo que siento en el alma cuando estoy alegre Qué alteración orgánica se opera cuando me inclino, al peso de los sufrimientos morales? ¿Cuál es el verdadero lugar que ocupan esos fenómenos subjetivos de mi ser?

¿Mas para qué detenernos ante estas cuestiones insolubles? Aceptemos la vida tal como es, si bien; con toda la repugnancia que nos inspira la descarna la realidad, la formidable y espantosa elocuencia de los hechos consumados.

Actualmente se presenta, ante mis ojos. todo un aparato funerario, que imprime solemne tristeza y mortal melancolía á mi modesta sala, que muchas veces fue teatro de indecibles goces y de inocente felicidad. La puerta entornada, que apenas deja que penetren algunos de dos inciertos rayos de la tarde: la pequeña estancia fría, con el hielo glacial de cementerios y sus pare con crespones negros, ¡símbolos de la desgracia y del dolor!

Reina un silencio que apenas es interrumpido por mal comprimidos sollozos, que denuncian corazones agitados por la más intensa angustia.

Tres seres tratan de engañarse entre sí, ocultándose sus copiosas lágrimas: ¿Qué es lo que pasa? ¿Quiénes son esos seres que así sufren?

¿Qué familia es esas que se encuentra bajo el formidable mazo del destino?

¡Esa familia es honrada y humilde, y se halla atada á mi corazón por ese sublime lazo de amor que empieza desde que el hombre balbuce las primeras palabras: esos tres seres son: mi padre. mi madre y algo que nos atormenta, eso que nos tiene sumergidos en el invadeable, piélago del dolor, es sin duda, uno de esos acontecimientos con que, de tiempo, regalan al hombre las incluibles leyes de la naturaleza!

De pie, sobre el dintel de la puerta de mi humilde habitación, descubro hacia el occidente de este pueblo, digno de su nombre, bañado por los rayos de un sol próximo á morir, un vallecito artísticamente modelado dentro del triángulo que forman una plantación agrícola, un pequeño cerro cubierto apenas con escasa vegetación, recordando el misterioso y las linfas puras, trasparentes y murmuradoras del río, que, al deslizarse blandamente bajo las zarzas que cubren sus orillas, parece que modulan tiernas quejas, para hacer aún más solemne con ese melancólico lagrimado, más de una vez, por las lágrimas naturales: ahí es el canto de aquel lugar baña.

Hacia el fondo de aquel santuario del corazón humano, dos sepulcros están cubriendo despojos para mí muy queridos: uno, abierto, hace seis años, para recibir los restos de un adolescente de 17 abriles; y otro, que acaba de cerrarse tras el cadáver de una niña de 25 años. Esos dos seres llenos de juventud, segada en flor, fueron los únicos compañeros de mi infancia, los únicos hermanos que hicieron felices los primeros años de mi vida. El primero nunca perdió la inocencia de su primera edad; ajeno y los punzantes abrojos que después hacen amarga la existencia del hombre, él paso el cortó periodo de su vida tan contento como pudiera permitírselo su constitución siempre enfermiza.

Debilitado por constantes dolencias materiales, su organismo no pudo resistir el pleno desarrollo de la pubertad, y sucumbió al golpea fatal el 3 de febrero de 1878.

La otra, una humildísima violeta oculta bajo las hierbas del nativo valle conservó también el perfume virginal de las selvas que tengo á la vista, y que sirven de espléndido ornamento á esa montaña gigantea, de piramidal figura, que parece en este momento como adormecida al benéfico influjo del crepúsculo vespertino, y de las auras melancólicas de la tarde.

Ella también jamás conoció las fases negras del corazón humano; su carácter. impregnado siempre de una ingenuidad infantil, era completamente refractario a todo eso que llaman civilización femenina, jarana social, juegos del gran mundo etc.. y que yo llamaría: zarzales del camino de la vida, donde la mujer deja en girones el teso- ro encantador de su primitiva pureza.

Vivir consagradas á las faenas domésticas, sirviendo á sus ancianos padres y al único hermano que la Providencia le había dejado: salina sencilla y candorosa un océano de amor que se transparentaba en cada uno de sus actos; sus ratos de ocio consagrarlos á la oración, por ser su corazón un fiel trasunto del corazón cristiano de su madre: tal es, en pocas palabras, la semblanza de esta mansísima paloma que lloramos con lágrimas de amargura, y que nos fue arrebatada por la mano implacable de la muerte el 11 de marzo de 1884: aquel espíritu puro se exhaló entre los más crueles sufrimientos, llevados con la heroica resignación de su alma bella, como comprendiendo que era un mérito más someterse, sin lanzar una queja, al crisol del martirio.

¡Oh escepticismo cruel, oh siglo XIX, siglo de la Razón y del frío silogismo! Aparta de mí, aunque sea en este instante, ¡tu desconsoladora doctrina! Déjame contemplar al través de la bóveda azul á los que del firmamento, de la esperanza, para enviar desde aquí una vívida luz me quites la viví tanto amé en este mundo perecedero! No mística plegaria, y ver sus almas fluctuando en eternas claridades, ¡allá en las allá en las regiones impalpables donde la sublime poesía cristiana nos hace ver el Tabor de la inmortalidad!

¡Oh, hermanos míos! Fuisteis el encanto de un hogar que hoy se halla destrozado! Dos humildes losas cubren vuestros sepulcros; pero sobre ellas se levantará un molesto mausoleo, destinado á ser nuestra última y común morada, para que, aunque sea parodiando tiempos que aunque sea parodiando tiempos no volverán, aparezcamos reunidos en nuestro eterno reposo, como lo estuvimos una vez, cuando sonreíamos bajo el techo de la casa paterna…!

El Paraíso—1884.

POLICARPO BONILLA

Nació en Tegucigalpa el 17 de marzo de 1858. Fueron sus padres un eminente jurisconsulto y una virtuosísima matrona: el Licenciado don Inocente Bonilla y doña Juana Vásquez de Bonilla. No había cumplido veintiún años cuando, después de un brillante examen, obtuvo el título de Abogado.

Dedicado al ejercicio de su difícil profesión, supo distinguirse en ella, y alcanzar por este medio una numerosa clientela.

Una circunstancia dio á conocer desde entonces el carácter y del señor Bonilla. Cuando él comenzó sus labores profesionales, había la costumbre de acatar como leyes toda clase de disposiciones emitidas por el Poder Ejecutivo, tuviera ó no facultades para dictarlas. Él inauguró, luchando rudamente, la práctica contraria, sosteniendo en diferentes ocasiones que sólo debía respetarse como ley la que emanara del poder que tuviera facultades para dictarla y revistiese las formalidades prescritas por la Constitución. En comprobación de esto puede recordarse que nunca reconoció como ley el decreto de Reformas al Código de Procedimientos y à la Ley de Tribunales que el Poder B Ejecutivo dictó, mediante una indebida autorización del marzo de 188 Congreso, el 17 de marzo de 1883, y que, en sus gestiones como Abogado, siempre se atuvo á las prescripciones de aquellas leyes, considerándolas, en toda su extensión, en su vigor y fuerza.

Cuando estaba para espirar el primer período presidencial del General don Luis Bográn, se trató de la reelección de éste. Con tal motivo, el 6 de enero de 1887, hubo en el Palacio de Gobierno una Junta de notables que debía decidir sobre el particular. El señor Bonilla fue convocado á ella, y asistió. La mayor parte de los concurrentes eran empleados de aquel Gobierno, y expusieron terminante- mente sus deseos en favor de la reelección, á pesar de que se había manifestado opuesto á ella el mismo General Bográn, en el discurso que dirigió á la junta. El señor Bonilla, conociendo que todo aquello era una farsa, trato de aprovechar las declaraciones del Presidente y comprometerlo á que formalmente desistiera de su candidatura; pero nada consiguió. Sometido el punto á votación, le siguieron unos pocos, y tuvo en contra una enorme mayoría, casi la totalidad de la junta, que votó por la reelección.

El señor Bonilla entonces inició trabajos en favor de la elección del distinguido ciudadano, señor don Céleo Arias. Publicó una exposición excitando á éste á que diese á conocer al pueblo hondureño si aceptaba ó no la candidatura, y en el primer caso, á que presentase su programa administrativo. El señor Arias aceptó, publicó su hermoso manifiesto intitulado Mis Ideas, y con esto quedó empezada la campaña electoral.

El éxito de la lucha fue el poder contaba más que con su inquebrantable con todo: la oposición, no contaba más decisión y energía y necesariamente de cuando equivalga á una victoria moral, una y la violencia.

Reelecto el General Bográn, comprendió el señor Bonilla la necesidad que el Partido Liberal tenía de una imprenta independiente para defender su causa, y proyectó establecerla. Al efecto promovió la formación de una sociedad anónima con personas de todos los departamentos de la República, no del éxito. No obstante que el señor Arias desconfiaba se estableció "La Prensa Popular".

Habiendo fallecido el señor Arias en mayo de 1890, era indispensable procurar que el Partido Liberal, que sólo tenía su nombre y programa por enseña unidad y fuerza por medio de la disciplina, obedeciendo á un de acción fijo, organizándose sin consideración á persona alguna, y el señor Bonilla tomó sí esta tarea, echando las bases la organización del Partido siguiente.

El 8 de noviembre de ese año dio el señor Bonilla una prueba de vista y de respeto a las instituciones, muy rara en países que, como nuestro, no han alcanzado su completo desarrollo, ese el verdadero republicanismo la base de la vida política y social.

Ese día se sublevó en Tegucigalpa el General Longinos Sánchez, Comandante de Armas del departamento, contra el Gobierno del señor Bonilla, que hacía la oposición á este Gobierno Bográn que, á haber querido manchar su nombre, hubiera podido aprovechar el pronunciamiento de Sánchez para adueñarse del poder, se al puso a servicio del Gobierno constituido, y con el pronto auxilio que con sus correligionarios le prestó, afirmó en el poder al General Bográn, moral desde el primer momento, desde muy antes que hubieran podido venir en su socorro las divisiones de los departamentos, y decidiendo así, desde luego, el fracaso de la intentona de Sánchez.

Debelada la sublevación influyó poderos la pena ánimo del en el de muerte á General Bográn á efecto de que no se aplicase ninguno de los comprometidos, aunque fuese muy grave su responsabilidad, y consiguió su objeto. El 5 de febrero de 1891 dictó en Tegucigalpa la Convención Liberal, con Representantes de seis departamentos, la Constitución del Partido, habiendo acogido en ella las ideas fundamentales del programa del Arias y las bases provisionales d organización propuestas por el señor Bonilla en octubre de 1890. La Convención declaró electo al señor Bonilla, Jefe del Partido y candidato à la Presidencia de la República. Así quedó inaugura la campaña electoral. La lucha fue vigorosa. El Partido tenía imprenta siquiera, y con ella tuvo bastante para enfrentarse con el poder, que apoyaba la candidatura del General don Ponciano Leiva.

Pero en esta campaña como en la anterior, habían de resultar triunfantes la imposición y el fraude. En mayo de ese año fue asaltado y tomado el cuartel de Amapala por unos pocos emigrados, habiendo muerto en la refriega el comandante del puerto, General Santos Bardales. Pronto fue el puerto recuperado, y el movimiento no tuvo más trascendencia, pues era absolutamente aislado. Sin embargo, él sirvió de pretexto al General Bográn para declarar en estado de sitio toda la República, y de este modo impidió los progresos de la propaganda que por la prensa se le hacía á la candidatura liberal. El estado de sitio se levantó el 15 de agosto, cuando ya el poder tenía seguridad de hacer triunfar su candidatura y cuando el Partido Liberal no tenía tiempo de reanudar completamente sus trabajos, pues las elecciones debían comenzar el 5 de septiembre.

Las elecciones se practicaron como era de esperarse; y á pesar de que no hubo libertad en ellas, obtuvo el señor Bonilla más de 15.000 votos en una base falseada de 49.662 sufragantes; en consecuencia, fue declarado electo Presidente de la República el General Leiva. Si hubiera habido libertad, puede asegurarse cuál habría sido el éxito,

A pesar de las irregularidades incalificables de esta elección, el Partido Liberal se habría sometido si se continuó el mismo administrativo; pero sucedió todo lo contrario abierto una nueva era sistema de opresión y peculado del Gobierno anterior, y se mantuvo en sus puestos a todos los empleados á quienes la opinión denunciaba desafueros crímenes. Por otra parte, se pretendió disolver por su el Partido Liberal in y se emprendió contra sus a sus principales hombres una obstinada persecución. Se les molestó por todos los medios imaginables, y por fin el 8 de mayo de 1892 fueron expulsados del país el señor Bonilla, los Generales don José María Reina, don

Erasmo Velásquez, don Dionisio Gutiérrez y don Miguel R. Dávila, y los licenciados don Miguel Oquelí, Bustillo y don Enrique Lozano.

En estas circunstancias, sólo la revolución podía salvar al país, y la revolución comenzó. El coronel Leonardo Nuila se sublevó en La Ceiba, proclamando Presidente al señor Bonilla, y poco después se dirigieron á la frontera de Nicaragua los patriotas de Tegucigalpa y Comayagüela, á cuyo frente se pusieron los Generales Reina, Velásquez, Dávila y Laínez. Estos movimientos fueron desgraciados. El ejército de Nuila se desbandó en Quiebra-Botija, y el ejército del Sur sucumbió al número en Las Anonas, primero, y después en El Corpus, donde se había fortificado el General Sierra. Comenzó la segunda campaña en enero de 1893, fue también desgraciada. En vano hicieron prodigios de valor los liberales en Tatumbla, en donde resistieron treinta y un días, y después en Tegucigalpa, Las Crucitas, Coa, Cedros, Guaimaca, en donde fue herido el señor Bonilla, y finalmente en El Salto y Liure. El señor Bonilla tuvo que volver á Nicaragua. A fines de 1893 se inició la tercera y última campaña. El 24 de diciembre de ese año inauguró el señor Bonilla su Gobierno en Los Amates. A este acto sucedió la ocupación de Choluteca y finalmente la de Tegucigalpa, á donde entró el ejército vencedor el 22 de febrero de 1894. En esta campaña contó el ejército liberal con el auxilio del ejército nicaragüense. Pronto quedó pacificado todo el país y se entró en una era de reparación, de progreso y de justicia.

El señor Bonilla convocó una Asamblea Constituyente que dictó la liberal Constitución que actualmente nos rige, y ha conseguido con su gran labor administrativa poner á Honduras en vías de una positiva prosperidad. Las rentas se han aumentado considerablemente y se invierten en los fines para que han sido creadas: el ejército se halla bien organizado, disciplinado y equipado: la instrucción primaria, secundaria y profesional están bien atendidas; y el orden y la paz están asegurados por el goce completo que los hondureños tienen de las garantías individuales, lo que da lugar al florecimiento de todas las em presas útiles y á la obtención de todos los elementos que constituyen el bienestar y la felicidad, tanto de los pueblos como de los individuos.

La reforma constitucional había de traer necesariamente la de las leyes secundarias. El señor Bonilla ha nombrado una Comisión de Legislación que presentará los proyectos respectivos en armonía con In Ley Fundamental. En esa Comisión figuran personas de las más distinguidas en nuestro foro, á quienes se ha llamado, prescindiendo de consideraciones de partido.

El señor Bonilla ha nombrado también Comisiones para el estudio de los límites de Honduras con Nicaragua, El Salvador y Guate mala, á efecto de que se demarquen y desaparezcan las enojosas cuestiones à que la falta de deslinde ha dado origen.

Pero su principal empeño ha sido la reconstrucción de la Patria de nuestros mayores. Con el concurso de los señores Generales don Rafael Antonio Gutiérrez y don José Santos Zelaya, Presidentes de El Salvador y Nicaragua respectivamente, ha logrado la organización de la República Mayor de Centro América, lo que constituye un gran paso hacia la realización del ideal hermosísimo de Barrundia y Morazán.

El señor Bonilla ha procurado cooperar al afianzamiento de las ideas liberales en Centro América. A esto se debió el apoyo que prestó al actual Gobierno de Nicaragua contra la revolución besaron en León últimamente los señores Doctor don Francisco Baca h., y el General don Anastasio J. Ortiz.

En la actualidad el señor Bonilla está trabajando decididamente por que se lleve à cabo la construcción de nuestro ferrocarril interoceánico y por el arreglo de la deuda contraída con motivo de esta misma empresa en años anteriores.

DISCURSO

pronunciado á nombre de la Municipalidad de Tegucigalpa, el 15 de septiembre de 1885.

SENORES:

La Corporación Municipal de esta ciudad, de que soy miembro, me ha hecho la inmerecida honra de comisionarme para interpretar los sentimientos que animan al pueblo que representa, en este solemne día, que ha sido y debe ser siempre de gran fiesta nacional para todos los pueblos de Centro América.

Acepté más por cumplir un deber que por pensar que sea yo el llamado á llenar debidamente ese encargo. Pero al ocupar esta tribuna, lo hago con el temor de que mis ideas, mis apreciaciones, no estén quizá en todo de acuerdo con las de mis colegas. Conozco su benevolencia y su caballerosidad. Sé que si les interrogase, no vacilarían en dar su aprobación. Por ello, para atreverme á llenar hasta el fin mi cometido, necesito confiar en vuestra rectitud de juicio, que os servirá para inculparme á mí sólo por lo malo que encontréis en mi discurso.

En los que en este día se pronuncian, es costumbre consagrar un lugar preferente á narrar la historia de nuestra vida colonial y de los sucesos que prepararon y siguieron inmediatamente á la proclamación de la independencia de la América Central. Y sobra razón para hacerlo así, porque de esa narración resulta grande honra para nuestra patria, poniendo de manifiesto lo que es capaz de obtener un pueblo animado por el sagrado fuego del patriotismo.

Yo, sin embargo, no me propongo imitar ese ejemplo, porque tantas veces en los sesenticuatro aniversarios que se han celebrado en todos los pueblos de Centro América se ha hecho, y con maestría, esa narración, que mi desautorizada voz tendría que ser monótona repitiéndola.

Tampoco me ocuparé, como más de una vez se ha hecho desde esta tribuna. en vituperar y aun maldecir á la que fue nuestra madre

244

patria: porque si las colonias españolas se vieron privadas de toda libertad y tuvieron encadenado el pensamiento, oprimidas las conciencias, monopolizado el comercio, casi nulificada la industria, y cegadas, en fin, las fuentes todas de su prosperidad, no corrían entonces mejor suerte los hijos de la metrópoli. Culpemos, si es preciso hacerlo, al sistema de gobierno, al fanatismo y al atraso de la época.

Juzgar del pasado á la luz de la gran antorcha en nuestras manos el siglo XIX, es grave quejarnos de que España. Por el contrario, nuestra gratitud debe ser eterna hacia esa nación tan noble, que se desprendió de su más fecunda savia para traer á estos países la civilización.

De seguro España lamenta aún más que la América en esas sombras del coloniaje que su pasado proyecta, porque son quizá las únicas manchas de su gloriosa historia. Y lo hace con más derecho también, porque ha sabido recobrar su puesto entre las naciones que sirven de vanguardia al mundo civilizado. Es aún una monarquía; pero si vamos á las comparaciones, puede sostenerlas con ventaja sobre muchas que tan orgullosas se muestran con el nombre de Repúblicas en la América Latina.

Por otra parte, creo que este día no debe destinara sólo á ensalzar las glorias de la patria: que debemos también dedicarlo á examinar lo que hemos hecho en tantos años de autonomía, y confesar nuestras faltas, por más que sea doloroso. ¿De qué nos serviría conservar en santa veneración un pasado grande y hermoso, si hemos olvidado y no pensamos seguir el noble ejemplo de nuestros mayores?

Hermosa y santa es la libertad en los pueblos como en los individuos. Mas no basta tenerla. Preciso es merecerla.

Por ello es enorme la carga que echa un pueblo sobre sus hombros al proclamarse autónomo: y más pesada aún, cuando á la vez rechaza hasta un amo de entre sus propios hijos, declarando ante el mundo que es apto para gobernarse á sí mismo. Centro América lo hizo así. Bajo la influencia del irresistible impulso de la Democracia, genio tu- telar del continente de Colón, se constituyó en República. ¿Y qué so hemos hecho de ese precioso legado que nos hicieron los próceres de la independencia de nuestra patria?

Abramos la historia y veámoslo.

Pero ante todo permitidme, señores, una explicación. Voy a entrar en una materia harto difícil. vais à escuchar verdades Está en vuestras conciencias qué Pero tened presente que mis consideraciones abarcarán más de medio siglo, dentro de un cual no me concretaré á determinada época y mucho menos a en la que vivimos.

Tengo la opinión de que no son los contemporáneos los acierto. Sabia era la costumbre egipcia de juzgar á los reyes en presencia cadáveres, para declararlos réprobos ó benefactores de su pueblo. Si del presente me ocupase, temería verme dominado por una parcial severidad ó inclinado à la mezquina adulación. Solo ante las tumbas hay verdadera imparcialidad.

Cerca de cuatro lustros pasan después del 15 de septiembre de 1821, y Centro América no existe ya. Hijos del crimen se apode del rico patrimonio y lo destrozan. Contemplamos cinco jirones, no más, de aquella hermosa ella hermosa nación.

Este hecho es por sí sólo una respuesta á la pregunta que antes hice. Ante él debería detenerme. Pero está por desgracia consumado. Veamos si, nefando en su origen, ha podido producir algún benéfico resultado.

Negar no podemos que después de la fatal separación, todas las cinco secciones han entrado en las vías del progreso. Se han ensanchado en las relaciones y los medios de comunicación con los países de ambos continentes: se han abierto nuevos puertos y nuevos centros de comercio: se han descubierto nuevas fuentes de riqueza nacional, mejorándose la agricultura y protegiéndose la industria: se ha difundido la enseñanza primaria y creado colegios y universidades para la superior: se han acrecentado las rentas del Estado, lo que ha permitido á los gobiernos emprender obras de positiva utilidad; y se han hecho, en fin, otros adelantos en lo material de gran importancia. Todo esto es verdad. Pero no nos envanezcamos, que no es obra solo nuestra. La ley del progreso es ineludible. Se cumple aun á pesar de la voluntad de los hombres. Y de seguro, por la parte que nos toca, no liemos hecho cuanto hemos debido y podido hacer, para que esos adelantos produjesen todo su fruto.

Mas acaso por la separación se habrá mejorado la organización social y política de las cinco nuevas naciones: se habrán ennoblecido los sentimientos de los ciudadanos, despertándose el patriotismo y el espíritu público, salvaguardia de las instituciones de un pueblo: se habrán moralizado las costumbres, disminuyendo las rencillas y avanzando en las vías de la fraternidad universal, destino manifiesto del hombre: ¿quizá se haya logrado la conservación de la paz y de la extinción de las luchas fratricidas? Desgraciadamente no podemos conservar ni por un instante esa ilusión.

Si estudiamos las instituciones de cada una de las cinco Repúblicas, de seguro encontraremos escritos en las muchas Cartas Fundamentales que se han dado, los hermosos principios que consagró la Constitución Nacional, y aun muchos de los que la época no permitió proclamar. Veremos consignados, con hermosas letras, todos los sagrados derechos del hombre.

Si buscamos la libertad del pensamiento, de la palabra y de la escritas están. Leamos sin embargo los artículos de periódico, los discursos, las manifestaciones públicas de todo género que bajo el imperio de esas Constituciones se han hecho, y ó bien creeremos que todos los Gobernantes han sido inmaculados, ó nos convenceremos de que esas libertades han sido exclusivo patrimonio de los profesores en el arte de adular, de los cortesanos, que no han preferido una honrosa oscuridad á la mancha de su nombre.

Si buscamos la independencia de los tres Poderes, el libre ejercicio de sus funciones, escrito lo hallaremos. Pero ¿cuándo y á qué Gobernante ha llamado un Congreso á su barra, como al Doctor Molina en Guatemala, siendo Jefe de aquel Estado, acusado de lo que hoy llamamos nimiedades? ¡Cuando ha sido siquiera improbada la conducta oficial de un Gobierno al dar cuenta de sus actos ante la Representación del pueblo Tal vez sen que todos han sido probos y económicos, respetuosos á la ley y á las garantías del ciudadano!

¿Buscamos el respeto á la propiedad, á la seguridad individual? También lo veremos escrito; pero leeremos en seguida los decretos de proscripción, de confiscación y de muerte, sin que por eso dejen de cantar los oradores y poetas la rectitud, la justicia y la humanidad del que manda.

¿Buscamos la abnegación y el patriotismo en los hombres es del poder? Y nos responderán los Mensajes de los Presidentes y las Memorias de los Ministros, en donde veremos decantados los inmensos sacrificios que les cuesta el mando supremo y su constante anhelo por volver á disfrutar de las delicias de la vida privada. Pero de seguro pocos ejemplos hallaremos en que como Morazán y sus heroicos compañeros, Barrundia, Cabañas y tantos nobles ciudadanos de las antigua patria, hayan sellado con su sangre ó compurgado en las cárceles ó en el destierro la defensa de la más hermosa de las causas.

Si deseamos hallar la buena administración de los caudales y si han tomado el nosotros hombres que públicos, comparecerán ante nosotros poder, tal vez en la miseria, y resultan convertidos en ricos propietarios, los más ricos de su país. No obstante, mientras han mandado, han sido calificados como grandes hacendistas, modelo de probidad.mp

Entretanto, ¿qué hemos hecho los ciudadanos? Triste es decirlo. O nos hemos convertido en cómplice de los déspotas, cuando no en esbirros, hemos permanecido impasibles presenciando los abusos. Solo en muy pocas ocasiones y de tiempo en tiempo, se ha levantado alguna voz con enérgica protesta; pero esa voz no se ha oído otra vez: su autor ha caído y su nombre no ha sido pronunciado más. ¡Quién sabe si la historia podrá recogerlo! ¿Y qué aliento puede encontrar el patriotismo en un pueblo cuya sangre se ha estancado y donde todo espíritu público ha muerto? Hemos llegado al grado de corrupción política en que el Gobernante, si bien intencionado pretende hacer el bien, no encuentra quien lo secunde: se inclina al mal , y le sobran cómplices.

Recuerdo á esto respecto las hermosas palabras de un hombre en el poder: "Desconfío de las unanimidades: cuando en casos graves mis Ministros están todos absolutamente de acuerdo conmigo, sin encontrar, según dicen, la más ligera objeción que hacerme, dudo de su sinceridad".

Ese Gobernante ha pedido la verdad y se le ha negado. Culpémonos también nosotros por sus errores. Y aprovechemos la lección, que rara vez volveremos á oír tales palabras de los labios del que manda.

Acostumbrémonos á la franqueza. Dejemos el sistema de decir siempre sólo la mitad o lo contrario de lo que pensamos. Si las divisiones sociales son una ley fatal de la humanidad, al menos disminuyamos sus estragos, buscando la afinidad de nuestras ideas para formar agrupaciones; y formadas, combatámonos á la luz y con las armas de la razón. Nadie se avergüence de confesar que pertenece a tal o cual agrupación, llámese liberal o conservadora, o que es fanático, librepensador o ateo. Dejemos ya de vestirnos con falso ropaje, para abandonarlo cuando la ocasión lo exige.

Los duelos entre las tinieblas son temibles, porque casi siempre se conciertan a muerte. Mas cuando de ellos es testigo el mundo entero, la victoria casi nunca cuesta sangre: se luce entonces la inteligencia, la habilidad, mas no la fuerza: la lucha es decente, porque en mengua se tendría el triunfo obtenido por medios arteros.

Unamos, por una vez siquiera, nuestros esfuerzos, tan sólo para formar los grupos que han de rivalizar después en abnegación y patriotismo y que han de tener por lema luchar sin descanso hasta obtener: que la Carta fundamental deje de ser letra muerta: que las leyes dejen de estar sólo escritas: que un atentado contra el individuo.

No abandonemos el peso entero de la carga a los Gobernantes, que de seguro les abruma. Si logramos desterrar el egoísmo que hoy nos hace pensar sólo en el yo y olvidar a veces hasta los vínculos de la sangre, el espíritu de asociación vendrá, y con él la palanca más pode rosa para hacer un buen Gobierno. No tendremos, ya, como único móvil para servir al país, el sueldo con que nos remunera. Si hoy la envidia y la codicia nos impulsan a usar de todo medio para obtener un empleo, sin detenernos ante la calumnia de la mejor reputación, entonces nuestra emulación será ceder sin fingimiento el campo á los más dignos.

Cuando esto hayamos logrado, señores, o por lo menos estemos colocados en vía de su realización, entonces podremos alzar la frente sin rubor ante las sombras de nuestros mayores, y ante las demás naciones, que admirarán el éxito de los esfuerzos por su regeneración en un pueblo que hoy creen envilecido. Persigamos ese ideal, y de seguro, en el curso de nuestra peregrinación, veremos surgir convertido en hecho hasta lo que hoy califican los escépticos de irrealizables utopías.

No muy lejos habremos caminado y Centro América habrá reaparecido. Y veremos después á esa nación, que es no sólo el centro del nuevo Continente, sino del mundo entero, convertida en centro también del comercio y la civilización. Entonces la democracia producirá sus frutos, y podremos enorgullecernos, como ciudadanos de un pueblo libre, de ser hijos de la América Central.

Entonces tendremos paz y prosperidad nacional. Pero no será la paz que envilece, sino la paz con la justicia y el derecho. Será la prosperidad en las ciencias, en las artes, en la industria, aunque nos falten las glorias militares, que no son la verdadera gloria de un pueblo.

Tengo fe en el destino de Centro América, y en ver convertido en realidad ese hermoso cuadro que me he deleitado en describir. Entonces, sí, seremos dignos de disfrutar la libertad proclamada el 15 de septiembre de 1821.

EL PARTIDO NACIONAL CENTROAMERICANO

El Pacto de Unión Provisional de Centro América, celebrado por los representantes de las cinco Secciones en la última Dieta Nacional sido objeto de muy diversas apreciaciones, según las opiniones más o menos conservadores, más o menos liberales, de los críticos que de él se han ocupado.

Los separatistas absolutos, incondicionales, cuyo principal núcleo lo forman los viejos conservadores granadinos, tienen el gran mérito de la franqueza, porque rechazan el pacto por serlo de unión y profesan y enseñan la doctrina de que para las cinco repúblicas del Centro es más conveniente la autonomía, y que, principalmente para Nicaragua, le es más provechoso el aislamiento.

Por el contrario, los separatistas vergonzantes, embozados, que son los modernos conservadores, los que usan la careta que requieren las circunstancias, que proclaman en voz alta los más opuestos principios, según creen agradar al que manda, que se muestran hoy decididos partidarios de la unión, y sus encarnizados enemigos mañana, habiéndoseles visto ensalzar, con adulación, al caudillo que, á mano armada, intentó realizarla en el año de 1885, y después de su muerte colmar de injurias y hasta de calumnias su memoria; esos separatistas, los más temibles enemigos de la causa nacional, lobos, cubiertos con piel de oveja, que se introducen en el rebaño para devorarlo, aparentan aceptar con entusiasmo el pacto provisional, reserva de trabajar sordamente por frustrar sus efectos, no creyendo deshonrosa la traición si creen que conduce á lograr su propósito, ni valerse de la calumnia para introducir en el ánimo de los gobernantes la desconfianza contra los sinceros partidarios de la unión.

En dos bandos también están separados los nacionalistas. Los unos creen que con el uso de los medios pacíficos se pierde inútil. mente un tiempo precioso, y quieren la reconstrucción de la patria iniciada por un caudillo prestigiado, que, enarbolando la bandera bicolor de las cinco estrellas con el lema "por la razón o la fuerza", arrebate de entusiasmo á los amigos de la causa, arrastre á los tímidos e indiferentes, aniquile á los adversarios, paralizando ó inutilizando sus maquinaciones, y consolide la opinión pública en favor de su obra, más fácilmente con el éxito que con los mejores razonamientos ó con la más hábil diplomacia. Los otros creen que la fuerza no funda nada estable y no debe comenzarse por ella: reconocen que Centro América necesita la unión, que hay elementos é intereses suficientes recrearla y mantened contacto, para para que la opinión en de una manera se irresistible; pero si no han de ser desgraciados utopistas, tienen que aceptar la legitimidad del empleo de la fuerza para defender las pací. ficas conquistas que se hayan logrado, y lo que han rechazado al principio, habrán de aceptarlo al fin.

Así divididas las opiniones de los unionistas, el Pacto Provisional merece para los primeros la calificación de un arreglo transitorio, cuya ineficacia quedará probada desde los primeros pasos y hará necesario el empleo de medios más enérgicos; y para los segundos la del más avanzado esfuerzo que en pro de la Unión podría hacerse en la actualidad. Sin embargo, unos y otros, si son sinceros partidarios de la causa centroamericana; si no quieren agotar sus fuerzas en estériles disensiones, mientras sus enemigos se cuentan y organizan y fomentan esas mismas disensiones, avivan las rivalidades locales, y no pararán quizá hasta haber introducido la anarquía y logrado frustrar o retardar, por lo menos, la realización del proyecto, los unionistas todos decimos, deben reconocer la necesidad, la urgencia de organizar, con elementos suyos propios, el partido nacional, sin perder momento, porque después de lanzado el reto á los separatistas, éstos habrán aprovechado el tiempo y á la fecha estarán para madurar sus planes

No discutamos, pues sobre lo que hubiera podido ó debido hacerse al celebrarse el Pacto Provisional: aprovechemos lo hecho, aprovechemos la estipulación contenida en el artículo 18, que impone a los Gobiernos que lo hayan aceptado, la obligación de "fomentar la más activa y perseverante propaganda en favor de la idea nacionalista, por la palabra y por la prensa, y procurando la organización de juntas de inscripción de los partidarios de ella, que aspiren verla realizada cuanto antes definitivamente".

Secundando las miras de los Representantes á la Dieta que eso estipularon y de los Gobiernos que lo han aprobado, se han levantado actas de adhesión á la causa de la Unión, cubiertas con numerosas firmas. Dignas de aplauso son tales manifestaciones, pero, á nuestro juicio, no llenan el objeto deseado: no creemos que puedan servir de termómetro de la opinión. Los que el firmán no se concierta para ello previamente, y no puede saberse si tienen unidades de propósito: ni siquiera puede saberse si todos entienden lo que hacen. Sobre todo, bien sabido como es, que de tiempo inmemorial en Centro América, las actas han sido una arma de Gobierno que con frecuencia se ha empleado para justificar los mayores abusos del despotismo, y constantemente ha sido su principal objeto la adulación del poderoso, no puede saber si los pueblos en esta ocasión creen simplemente obedecer un mandato de la autoridad, verdaderamente comprenden que la sinceridad de su adhesión sería la base de la prosperidad de su patria: no puede saberse si muchos de los que tales actas firman serían o no capaces mañana de suscribir una declaración contraria, si un gobernante separatista lo exigiese; y menos puede saberse cuáles, de entre los firmantes, son sinceros nacionalistas, y cuáles enemigos disfrazados, de aquellos que hemos calificado de lobos entre un rebaño.

Para evitar tales inconvenientes y aprovechar, sin embargo, los patrióticos sentimientos que felizmente animan á la mayor parte de los centroamericanos; para convertir á los bien intencionados ciudadanos en activos colaboradores, en incansables propagandistas del gran ideal, y, llegado el caso, en valerosos soldados que con la conciencia de su deber y de su misión sabrían sacrificarse por defenderlo, preciso es agruparlos, contarlos, disciplinarlo, organizarlos, en fin, bajo la bandera de la unión, formando el gran partido nacional centroamericano, que frente a frente de los separatistas, francos o embozados, entable la lucha, y golpe tras golpe los conduzca á hundirse en los abismos de donde salieron en el año fatal de 1839.

Tal es el alcance que damos a la estipulación del artículo 18 del Tratado, y aun creemos que quizá no sea todo el que le dieron sus autores. En él mismo encontramos indicado el principal de los me dios de realización que deben emplearse. Fan clubs unionistas en cada una de las capitales de los cinco Estarlos, que, con un programa sencillo, pero expresivo, de antemano convenido y por los aceptado, se encarguen de la propaganda de la idea, de combatir á sus adversarios y proteger á los amigos de la causa contra las asechanzas de aquellos;

de fundar á su vez clubs departamentales y locales, que, sujetos á la necesaria disciplina, secunden sus esfuerzos; el fundar y hacer que se funden periódicos nacionalistas, como medio eficaz para el logro de sus fines: de convertir á cada uno de los miembros de la asociación en propagandista y hombre de acción y de empeña, en la extinción de antiguos odios y motivos le rivalidad entre los diferentes Estados.

Para la organización de estos clubs, importa mucho que la iniciativa parta de los hombres más conocidamente adictos á la causa, sin antecedentes que los hagan sospechosos, y se tomó las necesarias precauciones para que en ellas no se introduzcan lose traidores, o los hombres cuya volubilidad podría enervar su acción:

Así organizado el gran partido nacional centroamericano tendría vida propia, y la suerte de Centro América no dependería de un cambio en el personal de los Gobiernos: tendría la necesaria independencia para secundar la acción de éstos en cuanto se encamine al propuesto: para empujar á los que tratasen de detenerse en el camino, para resistir à los que pretendiesen retroceder ó servirse de él domo instrumento personales intereses, para pasar por sobre los que se convirtiesen en enemigos de la patria.

Confesamos con franqueza que con nuestras opiniones proclamamos la revolución, las más santa, sí, de cuantas puedan conmover nuestro suelo, porque creemos que sólo a ella puede deberse, de una manera estable, la unidad nacional de Centro-América: convicción que hemos expresado ya en nuestro editorial del número anterior. Si los gobiernos quieren hacer fructuosos sus patrióticos esfuerzos, háganse revolucionarios, pero sin olvidarse de que una vez lado el impulso al movimiento, pretender detenerlo sería convertirse en su víctima; sin olvidarse de que necesitan gran caudal de abnegación para sacrificar tal vez sus justas esperanzas de renombre, al confundir su acción en la acción común del partido, al ponerse al servicio del patriotismo, en vez de convertir á éste en su instrumento.

A grandes rasgos hemos expuesto nuestras ideas sobre la importancia del Partido Nacional Centroamericano, que tarde o temprano habrá de organizarse. Quizá nos atrevamos à exponerlas después, con algún detenimiento, también sobre los medios prácticos de realización.

ESTUDIOS CONSTITUCIONALES

En todo donde existe una constitución escrita, ya sea el país en forma de gobierno monárquica o republicana, esa Ley Fundamental debe ser cumplida con lealtad por los que mandan, respetada por los que obedecen, con veneración por todos, si no se quiere que sea tenida como un sarcasmo al invocarla el gobernante, o como burla á los ojos del pueblo.

La Constitución Política del país debe ser para el ciudadano lo que los libros religiosos son para los santos de la religión para el creyente; y sus dogmas son fáciles de cumplir, porque están redactadas en lenguaje claro, al alcance del vulgo, y no en para que están redactados en lenguaje claro, el lenguaje místico y parabólico, usado en el Antiguo Testamento, en los Evangelios, en el Corán, y, en general, en todos los libros sagrados cuya interpretación se ha reservado como un privilegio la clase.

Bajo otro aspecto considerada, la Carta Fundamental es un verdadero pacto entre el pueblo y sus gobernantes, que confiere á estos derechos, sólo á condición de cumplir sus obligaciones. Si distribuye el ejercicio del poder público y encomienda unos pocos el derecho de mandar, imponiendo al mayor número la obligación de obedecer, dice también que ese poder no es absoluto, que sólo puede ejercerse dentro de los límites que le señala; y si son traspasados, como en todo pacto no cumplido, hay derecho de resistencia, único medio de evitar que el Código destinado á proteger á los ciudadanos, à asegurarles el de sus libertades, se convierta en instrumento de opresión.

No pretendemos ocuparnos do los abusos que el poder comete con la fuerza armada, porque contra esos no queda otro remedio que la resistencia también a mano armada, y no puede hacerse estudio alguno de provecho sobre el uso que de esta debe hacerse, porque depende sólo de las circunstancias y de la naturaleza del abuso cometido.

Nos proponemos estudiar el remedio contra las extralimitaciones del poder que tienen apariencia del derecho; y para ser concretos tomaremos como base de nuestras apreciaciones nuestra carta Fundamental, tratando de encontrar en ella misma los medios de hacerla respetar y cumplir.

Al distribuir nuestra Carta el poder público en cuatro Departamentos, Legislativo, Ejecutivo, Judicial y Municipal; al señalar á cada uno la órbita de sus atribuciones, prohibiéndole salirse de los límites que le ha trazado; ha querido darles la necesaria independencia. Pero al imponer, también, á los funcionarios públicos la responsabilidad de sus actos, ha establecido un recíproco control, á fin de que aquella independencia no produzca la desorganización del poder absolutismo, á ninguno de los altos de la anarquía. Y queriendo tanto como este peligro el del feriado el Poder Supremo; y por eso es tan impropio decir Soberano el Gobierno ha Congreso Nacional, refiriéndose al Legislativo, como decir Supremo Gobierno, refiriéndose al Ejecutivo.

Esta doctrina está condensada en la fórmula de la promesa que la Constitución exige á todo empleado público al tomar posesión de su cargo: Prometo que cumpliré y haré cumplir la Constitución y las leyes; ateniéndome a su texto, cualesquiera que las contraríen y la autoridad de que emanen órdenes.

Si todos los funcionarios públicos, al prestar esta promesa, se penetrasen de su sentido y de toda su importancia; si al leerla no lo hiciesen como una recitación, sino pesando cada una de sus palabras, y creyesen haber contraído un compromiso de honor, cuya violación les acarrease la infamia y el desprecio de sus conciudadanos; entonces no tendríamos más luchas que las del estímulo el cumplimiento del deber, y la marcha del Gobierno sería pacífica y regular, y ningún abuso de poder podría consumarse.

Supongamos, por ejemplo, que el Congreso dicte una ley inconstitucional. Toca en primer lugar al presidente de la República oponerse á su promulgación, haciendo uso del veto. Este es solo suspensivo, porque la Constitución no ha querido, concediéndolo colocar al Congreso en la dependencia del Ejecutivo. Si el soluto, es ratificada con la mayoría para este caso exigida, el presidente de la República habrá cumplido ya fielmente su promesa y debemos promulgarla.

Pero en ese caso ¿cuál será la fuerza de esa ley? ¿deberá ser cumplirla por todos los funcionarios públicos? Indudablemente ninguno tiene derecho ya de rechazarla de una manera general; ninguno puede decir al país, "no debéis acatar ni cumplir esta ley, porque es inconstitucional".

Pero tampoco puede sostenerse que la violación de la Carta Fundamental esté consúmala sin lugar a reparación; no puede pretenderse, que el ciudadano, cuyos derechos o garantías se hayan violado con la ley, debe resignarse y soportar las consecuencias; porque eso sería hacer de la Constitución un juguete, que sirviera al pueblo, como á un niño, de entretenimiento, pero no de provecho. Por el contrario, creemos que es llegado el caso, para todo empleado público, de cumplir la promesa constitucional. Hay quienes reclame contra esa ley, hay quien pretenda que haciendo aplicación de ella se han herido los derechos de su personalidad; pues el funcionario ante quien se hace la reclamación en cada caso concreto, debe examinar si la ley secundaria que se ha aplicado es contraria a la Fundamental; y si así la encuentra, debe resolver que no debió aplicarse aquella sino ésta; como resolvería en el caso de conflicto de dos leyes secundarias, optando por la posterior en fecha o por la que tuviese otro motivo de preferencia.

Y repitiéndose así las resoluciones, siempre que al tratarse de aplicar la ley se encuentre en cada caso que es contraria á la Constitución, quedará de hecho derogada, mientras el Congreso, cediendo á la fuerza irresistible de la opinión, rectifica su error. Se dirá, quizá que esa facultad en el funcionario de resolver sobre la constitucionalidad ó inconstitucionalidad de la ley, para aplicarla o no, expone riesgo de hacer la ley ilusoria, y al empleado arbitrario; pero ese riesgo es sólo aparente, porque ese funcionario es responsable por sus actos, y sabe que si yerra le espera el castigo.

Si no es el Congres, sino el Poder Ejecutivo, el que dicta una ley, sin tener facultad para legislar en ese ramo, ò que al reglamentar la aplicación de una ley la contraría, o bien que dicta órdenes inconstitucionales o ilegales; en tales casos toca los empleados encarga dos de su ejecución objetarlas, y sólo después de la insistencia del superior, cumplirlas con la debida protesta para librarse de responsabilidad, y que ésta recaiga en el ordenador.

Si la disposición inconstitucional tiene su origen en el Poder Municipal, el remedio es más fácil de aplicar, porque la órbita de sus atribuciones es muy reducida, y estrechos los límites del territorio en que las ejerce. Para impedir que sus abusos se consumen, reducir la responsabilidad de sus, funcionarios, se tiene más cerca el superior o el Tribunal, que los juzgan.

En cuanto al Poder Judicial, sólo en casos concretos pueden infringir la Constitución. Puede decirse que sus violaciones sólo pueden ser de trascendencia, cuando son ejecutadas por la Corte Suprema de Justicia, única que no tiene superior que pueda revocar sus providencias y deducirle, inmediatamente, responsabilidad; pero siempre puede hacerse efectiva ante el Congreso.

La promesa constitucional liga á todos los funcionarios de la Nación; pero es indudable que, atendida la especial organización y atribuciones del Poder Judicial, la inamovilidad de sus empleados que les da más independencia, y la mayor facilidad de hacer su responsabilidad eficaz, toca á los Tribunales de Justicia velar por el fiel cumplimiento de la Constitución y las leyes; toca á cada Juez que conoced del litigio ó reclamación resolver en cada acaso si la ley que se invoca es inconstitucional, o si, siendo reglamentaria, es contraria á la ley principal, para no aplicarla en cuanto lo sea; si quien la dicta ha carecido de la facultad de legislar, para desecharla en absoluto; si es una orden atentatoria o abusiva, para prestar la debida protección á quien de ella sea víctima; y en todos estos casos el Juez fallará fundándose ante todo en la Constitución, y después en las leyes secundarias en cuanto se conformen con ella.

Jueces correspondieran à su elevada misión y cumpliesen con ese sagrado deber, la Constitución sería verdaderamente para el hondureño la salvaguardia de su personalidad, y no habría riesgo de que quedase convertida en letra muerta.

Hemos hecho estas consideraciones, muy á la ligera, si se atiende á la importancia de la materia, porque es nuestro propósito solamente que nos sirvan de base para el desarrollo de temas concretos de derecho constitucional patrio, que nos proponemos hacer en otros artículos.

DISCURSO

de incorporación en la Academia de Honduras

SEÑORES:

El Consejo Académico me ha conferido una tan grande como inmerecida honra, al nombrarme individuo de número de la Academia Científico Literaria de Honduras.

Convencido estoy, de que puestos de esta clase sólo deben ser desempeñados por hombres que reúnan a su capacidad natural, una sólida instrucción en las ciencias o en las artes, o por lo menos se encuentren en posibilidad de dedicarse à cultivarlas con empeño y afición. Yo, al aceptarlo, muy lejos he estado de creer que renta tales condiciones. Por más que sea literaria la profesión que logré obtener, después de consagrarle los mejores años de mi vida, ya sea por los pocos conocimientos en ella adquiridos, ó por las condiciones del país, he tenido necesidad de también mi trabajo á otras ocupaciones muy extrañas a las letras, por no decir reñidas con ellas. He aceptado, porque comprendo que la organización de este Cuerpo puede ser benéfica para el país, y he tomado en consideración que, exceptuando mi carencia de dotes, muchos de mis colegas se encuentran en igualdad de circunstancias, obligados á prestar mayor atención á la lucha por la vida que á los estudios científicos o literarios: he aceptado con el firme propósito de abandonar el puesto, una vez lleno el número señalado por la ley, a otro que dignamente pueda desempeñarlo, y resuelto, mientras tanto, a cumplir con los deberes que él impone, en la medida de mis fuerzas.

En estos momentos, por vez primera, me someto á prueba en el cumplimiento de esos deberes. Me ha tocado en suerte el primer turno para verificar mi solemne incorporación como Académico, exigida por la tener por adquirido definitivamente tan honroso título. Primero intento rehusar de una manera absoluta, porque hay en el seno de esta asociación miembros que, por su posición social o por su reputación literaria, están llamados á ser los primeros en cumplir con ese deber; y creería la tarea, más fácil para mí, habiendo de seguir sus huellas. Me abstuve de hacerlo, pensando que será muy escaso o nulo mi contingente directo en pro de la realización de los casos o nulo fines de la Academia, y he querido tener siquiera el mérito de dar ejemplo de disciplina, respetando la ley y las decisiones de mis compañeros. Ese mérito es el sólo á que creo tener derecho al molestar vuestra atención con mi discurso.

Para él he elegido como tema *"Necesidad y ventajas de la educación de la mujer"*.

I

El tema es fecundo y de importancia actual; y siento por lo mismo que estas líneas no trazadas por una mano digna de desarrollarlo, emitiendo ideas de inmediata aplicación.

Su importancia está en proporción con la influencia que la mujer ejerce en la sociedad; influencia que se halla en relación directa con el estado de adelanto de las naciones, pero que no llega á modificarse jamás por mucho que sea su atraso. El imperio de la mujer está generalmente reducido á los límites del hogar; pero en él es ó debe ser una reina con poder absoluto, á fin de que pueda cumplir la elevada misión que le está confiada, de educar á la familia, cimiento de la sociedad. Ese poder lo ejerce desde la más infeliz cabaña hasta el palacio del más grande de los monarcas; y por ello puede decirse que en manos de la mujer están los destinos de la patria, los de la humanidad entera, si hemos de creer en la tradición bíblica sobre el origen de la humanidad, en el Paraíso Terrenal hizo la mujer, con éxito, el primer ensayo de su poder sobre el hombre, y decidió de la suerte de. ambos y de toda su descendencia. Y las hijas de Eva han sido y serán, siempre fieles imitadoras de ésta, con la sola diferencia de que, unas siguen el ejemplo que les dio Eva pecadora al seducir á Adán para comer la fruta vedada, obligándole á rebelarse contra su Dios; y otros imitan el que les dio Eva arrepentida, cuando después de arrojados del Paraíso, procuró compensar al hombre la privación de tantos bienes, como habían perdido, y los muchos sufrimientos á que en su nueva vida estaban condenados, con su desinteresado cariño, su adhesión ilimitada, su consagración al cuidado del hogar y tantas otras cualidades que legó á las buenas esposas y buenas madres. Si como afirman los hombres de ciencia, aquella tradición es pura fábula, no se atreverán, sin embargo, á negar que su autor era profundo filósofo, conocedor á fondo de la naturaleza humana, porque esos sabios, como hombre alguno, no pueden jactarse de haber librado sus actos del influjo de la mujer.

A este respecto recuerdo por la verdad que encierra, un pensamiento que resume lo dicho: "Estudiad á la mujer y aprenderéis á conocer el móvil de las acciones humanas". Es un consejo para los moralistas, pero que bien podrían aprovechar con éxito los políticos, los economistas y los que cultivan las ciencias sociales.

Aunque de la mujer me ocupo, no me propongo hacer su estudio, que con razón a arredrado hasta á los sabios. Conociendo mi falta de experiencia y de luces, no pretendo decir nada nuevo. Cuanto tengo que escribir ha sido ya pensado por otros. Mi propia obra se habrá reducido á beber en buenas fuentes, siguiendo á aquellos que han tratado con imparcialidad al bello sexo, y huyendo á la vez que de sus inmoderados aduladores, de los que con ruin saña lo han vilipendiado.

II

La mujer es un ser indefinible, han dicho unos. La mujer es un ser heterogéneo, han dicho otros. Pero todos están de acuerdo en, que ha sido dotada por la naturaleza de las más bellas cualidades, de los más grandes defectos: en que es extremada para el bien y para el mal, en sus afecciones y en sus odios: que rara vez se coloca en un mes y en sus que rara vez se coloca en término medio. Y por ello una misma mujer es capaz de ejecutar las acciones más heroicas, y los más grandes crímenes, sin cambiar de carácter, ni de educación. Es capaz por exceso de piedad, de proporcionar la fuga á un asesino y de desprenderse de cuanto posee por socorrerá un desgraciado; y es capaz de pedir, sin transición, por religioso, que se condene á muerte, á fuego lento en una hoguera, á todo el que no profese sus mismas creencias; ò, si hambriento llama á su puerta, de negarle un bocado de pan; es capaz, impulsada por el amor, de exponer sonriente su vida por salvar la de y lo es también, arrebatada por los celos, de hundir un puñal en las entrañas del mismo á quien antes ha salvado. La que es hoy modelo de fidelidad conyugal, capaz de ser una Lucrecia, podrá mañana, por despecho, convertirse en Mesalina. Puede llevarla su discreción hasta soportar los más crueles tormentos, por guardar un secreto que se le ha confiado; pero puede también después, por ligereza o vanidad, a sabiendas de que ha de causar la desgracia de una familia, revelar ese mismo secreto que había guarda lo á tanta costa. Puede hoy con sublime, abnegación, exponer su propia honra, por salvar la de otra mujer que ve expuesta á ser injustamente mancillada; y mañana, por orgullo, por egoísmo, por envidia, por influencia de los celos, podrá ella misma convertirse en instrumento de la calumnia, y hundir en el fango la reputación que tan bien supo defender, o ponerla en duda con una mirada indiscreta, con un gesto expresivo y hasta con un simple movimiento de cabeza, armas que sabe esgrimir con maestría para lograr un fin cualquiera que se proponga.

Lo dicho, que son verdades al alcance de todos, y que de seguro ninguna mujer, que estas líneas lea, tachará de inexactas, nos ro muestra á grandes rasgos el carácter distintivo de su sexo: distintivo agrego, porque el hombre, ciertamente, es capaz de incurrir en tan graves o mayores contradicciones en sus actos, pero no con tan bruscas transiciones o Para cambiar de modo de pensar, el hombre necesita de más tiempo: necesita el frío cálculo, porque en él domina la cabeza, y por eso son generalmente, inexcusables sus extravíos. La mujer puede pasar, como ya he dicho, de un exceso á otro exceso de pasión, porque en ella es el corazón el que, impera; y por eso generalmente son sus faltas, no sólo perdonables, sino hasta admiradas, aunque se reprueben, y nunca pueden provocar el odio del hombre, ni aun su desprecio, por graves que sean, sino la compasión.

Hay otro sentimiento que las faltas del sexo débil deben producir al que quizá con jactanciosa vanidad se apellida él mismo sexo fuerte: la vergüenza. Vergüenza por el criminal abandono con que ha visto y ve aún la educación de la mujer, planta que durante largos siglos ha clamado y clama todavía inútilmente por algún cultivo siquiera, ya que no sea esmerado.

Y en vez de reconocer su culpa, ó tal vez por conocerla mucho," para engañarse á sí mismos, hombres hay que tienen por sistema vilipendiar á la mujer, llegando hasta hacer responsable al sexo entero por los crímenes, los vicios o las faltas individuales. No de otro modo se explica que en apoyo de sus invectivas citen: à una heroínas, despechada por haberle sido enrostrados sus vicios, que pidió y obtuvo de su esposo la cabeza del Bautista: á una Agripina, concibiendo, entregada á torpes liviandades, y elevando al trono por el crimen, a un Nerón, monstruo insaciable bebedor de sangre, que sacrificó sala misma que en mala hora le dio la existencia: á una Cleopatra, inspirando á su á su amante el por correr á la muerto de sus glorias y del imperio del mundo, entre sus impuros brazos: à una, que comprometió con su crimen causando la completa ruina den larga y cruenta guerra á dos naciones. una de ellas, y desgracias sin cuento á su propia patria; y á muchas otras mujeres, tristemente célebres los males que han causado ò de que han sido ocasión.

Pero se olvidan los que así proceden de que ejemplos á millares presenta la Historia de los más repugnantes crímenes entre hombres y de que hombres han sido los cómplices o ejecutores de los extravíos que á la mujer inculpan; y sobre todo, con estudiada mala fe, se abstienen de traer á la memoria, grandes hechos que con exceso compensan aquellos. Si con sinceridad procedieran, ¿por qué no recordar á una Mónica, dando la mano á un Agustín, para salir del fango de los vicios convirtiéndolo en Santo, modelo de caridad y todas las virtudes? á una Marta Washington, educando al libertador de medio mundo; o una Cornelia, madre de los Gracos, haciendo de sus dos hijos, descendientes de orgullosos patricios romanos, ¿los celosos defensores del pueblo? ¿por qué no citan á las Beatrices, Lauras y Eleonoras, inspirando á sus amantes obras tan sublimes, como las que han inmortalizado á los Dantes, los Petrarcas y los Tassos, gloria no sólo de su patria y de su época, sino de la humanidad? ¿por qué no hacen justicia á tantas otras grandes mujeres, merecidamente célebres, como la historia presenta, y á tantas otras, con quieres la historia ha sido injusta, olvidándolas á pesar de que con sus modestas virtudes, han formado héroes, sabios y artistas?

Deponga el hombre su orgullo y confiese que hay en todos sus actos por móvil ó por fin una mujer. Nadie puede negar que falta ría al poeta y al artista la inspiración, si no la recibiese de la imagen de la mujer amada: que faltaría con frecuencia al sabio la constancia que exige el estudio de las ciencias, si no la sostuviese el deseo de ofrecer el fruto de sus labores á la que es ó será la compañera de su vida: que carecería el obrero de la fuerza de voluntad necesaria para consagrarse á un trabajo rudo y mal retribuido, si no le estimulase el deseo de presentarse á los ojos de la mujer que ama, como hombre capaz de soportar el peso de una familia, y la necesidad de procurarse ahorros que le permitan, cuanto antes, hacerla participe de su suerte: que muy pocos hombres serían capaces de consumar los sacrificios que la patria exige, que les faltaría alimento para la noble ambición, si no creyesen encontrar al fin de su carrera una mujer à quien ofrecer el A laurel del triunfo y de la gloria.

Todos, más o menos, siempre pensamos en obtener los aplausos de la sociedad en general, cuando dejen o nos proponemos ejecutar una acción meritoria: pero ningún aplauso anhelamos tanto como el que viene de dos diminutas manos; ningún elogio nos deja tan satisfechos como el que sale de dos labios de roen; y á veces nos enorgullece, más que todo, una sola mirada de aprobación de la mujer cuyas plantas querríamos arrojarnos, con la cabeza cubierta con todas las coronas de gloria que han recogido los más afamados poetas y artistas, los más grandes sabios, los más admirables modelos del honrado trabajador, los más celebrados héroes, ó los hombres de estado que Groes, á más han influido en los destinos de su patria.

Por desgracia, si esto es tan cierto, no lo es menos hombre entrega su corazón á una mujer indigna de él, que por su depravada conducta, por sus perversos instintos, por su escasa inteligencia o su absoluta ignorancia, o simplemente por su mal carácter, es incapaz de comprenderle, es incapaz de apreciar en cuanto valen los sacrificios que por ella se impone, habrá labrado su desgracia, habrá perdido las más puras ilusiones de la vida, y quedará condenado al desaliento, à la inercia, sino es más infeliz aún, lanzándose despechado en el inmundo abismo de los vicios.

III

Mas no es la mujer tan culpable, como parece, por el mal que causa al hombre, pues nunca podrá devolverle todo el que de él recibe. Si éste comprende que aquel ser es el árbitro de su suerte, profésele todo el respeto que merece y trate de inclinarlo al bien, Parece, sin embargo, que tiene empeño en corromper el poder que le domina; porque en vez de corregir sus defectos, por tantos medios como tiene à su alcance, ha establecido como regla de exquisita galantería, en vez de resistir a sus caprichos, se convierte en dócil el ensalzarlos: en vez de instrumento de ellos.

Y luego nos quejamos de la mujer que es veleidosa, olvidándonos que la enseñamos á desconfiar con nuestra propia inconstancia, y le damos el derecho de anticipar el rompimiento de que más tarde habría ella de ser víctima.

Nos quejamos de su vanidad y de su orgullo, olvidándonos de que fomentamos en ella diariamente esas pasiones con la adulación constante y el empeño que tomamos todos á poder, por de demostrarle lo que ella, por desgracia, tiene bien sabido, ó se lo imagina por lo menos: que es bella, graciosa, rica, bien nacida, y tantas otras vulgaridades como tiene de qué á la mujer dice, especialmente todo aquel que no tiene

Nos quejamos de su conversación insustancial, de su falta de candor, de su costumbre de murmurarse, y nos olvidamos de que jamás se habla á las mujeres sino de asuntos insípidos y en ese estilo jocoso con que muchos creen hacer su delicia, por más que a veces sientan plaza de estúpidos entre ellas mismas; ò bien se les trata solo de amor y en lenguaje de la más vulgar galantería, hasta lograr hacer imposible en sus mejillas el rubor: o bien, so pretexto de ser lo que á ellas más agrada, no se deja en pie reputación alguna de belleza o de bondad mujer, principalmente si se la considera su rival.

Nos quejamos de su frivolidad y de su afición al lujo, y sin embargo atribuyo á ello la obligamos con nuestra conducta. Dirigimos nuestras atenciones y tributamos nuestra admiración á la mujer que gasta el mejor traje y está arreglada con el mayor rigor de la moda, aunque cueste el sudor de la frente de sus padres, o arrastra los restos de su fortuna; a la mujer que deslumbra por su belleza física, cierta o suplantada por el arte, sin preocuparnos por la que tiene más medios o habilidad rodearse siempre de una corte de admiradores, dispuestos á satisfacer sus menores antojos. luego la inculpamos, porque mayor imitando el ejemplo, hace á un lado al verdadero mérito, desprecia al que le habla el lenguaje de la verdad, o consagra sus más dulces miradas y da muestras de marcada predilección, por lo menos aparente, al que gasta la mejor levita, o lleva al dedo el mejor brillante, o más un vagabundo Corbata, as correcto el de la ociosidad y de sus vicios.

Se exige de la mujer sinceridad y es obligada al constante fingimiento; porque el hombre llama cantidad, lo que en su lenguaje

265

convencional es sinónimo de tonta, á la mujer que deja comprender sus sentimientos; y esto la conduce hasta confundir la virtud con la grosería, á pagar con inexcusable desprecio, tal vez un amor verdadero, por temor de que una simple muestra de cortesía pretexto para el apodo de coqueta.

Deseamos de nuestra propia esposa, fidelidad; en nuestras hijas, en nuestras hermanas, castidad; y nos esforzamos, sin embargo, por hacer olvidar sus deberes á la mujer ajena, o empleamos todo medio de seducción contra la hija o la hermana de otro, á quien tal vez llamamos amigo.

Despreciamos aparentamos despreciar á la mujer caída, olvidándonos de que somos los autores de su falta, y que el lodo con que pretendemos cubrirla, debería manchar con más justicia nuestro propio rostro, y llevamos nuestra sana hasta reprobar á la mujer honrada que tienda á aquella desgraciada una mano generosa para ayudarle á levantar, aplaudiendo sin embargo, que brinde su cariño al infame seductor; y vemos sin repugnancia que aquel que más vergonzosos triunfos cuenta en su vida, que aquel que puede jactarse de haber he cho mayor número de víctimas, sea el hombre á la moda en los salones y goce entre las damas de la reputación de irresistible.

Desearíamos que la mujer cultivase con esmero el lenguaje, las ciencias y las artes, para encontrar en ella una conversación amena é instructiva: y le vedamos sin embargo lo mismo que deseamos, porque apenas asoma à sus labios una expresión poco común en boca de mujer, nos apresuramos à llamarla pedante y á hacerla objeto de nuestras burlas.

Quisiéramos, en fin, que fuese la mujer como nos la pinta el deseo, olvidándonos de que no puede ser de otro modo que como nosotros la hacemos.

Si no queremos que abunde y se perpetúe eso modelo, preciso es que hagamos respirar á la mujer otra atmósfera más pura: que la alejemos de la infecta en que hoy la hacemos vivir. Preciso es que cambiemos de conducta y le formemos un ideal nuevo, mostrándole y el sendero por el cual ha de llegar á hacer todo el bien de que es capaz.

Y entonces sabrá la mujer apreciar como sus más caras joyas la constancia, la modestia, la caridad, el candor, la circunspección, la economía, la franqueza, la cortesía, la fidelidad conyugal, la castidad, la cultura y el saber, y en general todas las virtudes que deben adornarla, y que si hoy muchas poseen, lo deben, á una rara energía de carácter, ó á una feliz predisposición para el bien, que les da fuerza para triunfar en lucha tan desigual.

Entonces sabrá despreciar á los necios rezagados que pretendan agradarla con las vulgaridades que hoy son de tanto efecto: podrá fácilmente defender su virtud contra las asechanzas de los seductores de oficio, porque llevarán éstos en la frente un estigma de vergüenza, en vez de la aureola con que hoy se presenta ante la sociedad.

Y para ello, basta educar á la mujer y darle en seguida como complemento la instrucción que sea posible. Así podrá probarse a sí misma, y probarnos a nosotros, que es una mezquina creencia, resto de antiguas preocupaciones, la de la inferioridad absoluta de su sexo; ¡¡¡y podrá comprender toda la importancia de la elevada misión que le está confiada!!!!!!!!!

Hagámoslo, aunque sea por egoísmo, ya que estamos convencidos de que tanto nos interesa personalmente, si para algunos de nosotros nada vale la felicidad de la familia y el porvenir de la patria, que en que van envueltos.

IV

¡Educar é instruir á la mujer!

Me parece ya que oigo repetir estas palabras con tono de admiración, preguntándose alguno si puede perderse más para el sexo débil que lo que por él se hace en el mundo civilizado.

Se dirá que después de haber dejado la mujer de ser, cosa, al padre ó al marido, y de haber adquirido todos los derechos de la personalidad humana, con la gran conquista de la igualdad de ambos sexos, obtenida por la ley evangélica sobre el mundo antiguo, nada y es cierto nada más puede apetecer. arto que esa conquista la acreditan los historiadores y es cierto la defienden los filósofos, la cantan los poetas y hasta la ratifican los legisladores; pero falta mucho para que sea una verdad de hecho, porque no se han dado á la mujer los medios de hacer p que no se han de sus derechos.

Mal comprendida sería la ley evangélica si se creyese tendido crear la igualdad absoluta de los sexos, diferencias de constitución física, intelectual y arando hasta que exigen también diversidad de ocupaciones, porque sería pretender lo absurdo contrariando la naturaleza. Ni se ha propuesto, es cierto, poner término al poder absoluto que ejercía el Jar marido, no ha pretendido a la superioridad relativa á que los dos sexos tienen derecho. Ud. Por el contrario, ha querido que se desarrolle, que los dos giren libremente en su propia esfera y realicen la misión que á cada uno corresponde, muy diferente en los medios de acción, pero una en el fin: el progreso social, el perfeccionamiento de la humanidad. Y esta misma unidad exige el concurso simultáneo de las dos fuerzas, de tal manera que, siendo deficiente ó nula la acción de la una, la obra resulta imperfecta, si no imposible.

Enseñar á los dos sexos todo el alcance de su propia misión: hacerles conocer sus respectivas aptitudes para realizarla y los medios de desarrollarlas: enseñarles á corregirse los defectos y á vencer todos los demás obstáculos que podrían detenerlos en su camino, tal es el objeto de una buena educación.

Aprovechar ese resultado para poner á su alcance y utilizar en sus manos los conocimientos que ofrecen las ciencias y las artes, á fin de que cada individuo de la especie humana ponga su contingente en la obra del progreso, tal es el objeto de la instrucción.

La primera tiene por principal fin formar el carácter del individuo, se dirige al corazón; y por lo mismo debe confiarse á la mujer. La segunda tiene por fin el cultivo de la inteligencia, y por ello corresponde darla, principalmente, al hombre.

V

La naturaleza ha dado á la mujer el instinto de la maternidad, que se despierta en ella desde el momento en que tiene conciencia de que existe. Comienza su influencia desde los primeros años de su infancia cuando en sus inocentes juegos arrulla la muñeca, prodigándole las más dulces palabras y sus más tiernas caricias. Continúa o desarrollándose en progresión ascendente á el par de su sensibilidad, y se manifiesta en el aumento de su ternura, en su compasión hacia todo ser desvalido y por los ajenos sufrimientos, que hace suyos propios y laceran su corazón. Llega á ser esposa y á ser madre, y se opera una revolución en su existencia: ni ve, ni piensa, ni tiene oído más que para atender al débil ser que ha alimentado en su seno, y que con vierte en realidad la ilusión ansiosa que durante muchos meses ha tenido como paralizadas todas sus facultades.

Y por la influencia de ese instinto la novel madre entra en posesión de secretos que nadie le ha enseñado y de que no tenía ni la más ligera idea. Su imaginación, que trabaja sin descanso, le proporciona recursos, que la asombran à ella misma, para mitigar al nuevo ser que arroba sus sentidos, las primeras penas que en la vida sufre, y que sólo son leve indicio de las que el mundo ha de causarle, tal vez cuando ya no exista á su lado la mujer cariñosa que en jugó sus primeras lágrimas. Su inteligencia se despeja; y acrecentándose el caudal de sus conocimientos, percibe con mayor claridad, é infunde en su hijo, objeto para ella de verdadera idolatría, las verdades morales y los principios fundamentales de las ciencias, que todos creemos verdades in- natas, porque no recordamos haberlas aprendido de nuestra madre. Su corazón se purifica, y le da fuerza bastante para reprimir sus pasiones, y hasta para romper con un pasado que no ha sido ejemplar, á fin de evitar al hijo la mayor de las vergüenzas, el dolor de los dolores, no poder venerar, como es debido, á la que le llevó en sus entrañas.

Cuando eso instinto se ha desarrollado libremente, sin las trabas que le oponen el vicio o la absoluta ignorancia, la madre es la única capaz de dar al niño una buena educación. Entonces esta principia en el momento mismo en que el ser humano abre los ojos por primera vez à la luz del día. Tal vez se deposita el germen en la primera mirada amorosa que la madre le dirige, en el primer beso que imprime en sus mejillas, sin que ninguno de los dos se dé cuenta de ello. Ese germen sigue desarrollándose todavía de una manera inconsciente, hasta que el niño está en capacidad de comprender los sencillos, pero sublimes consejos, que el amor desinteresado de su madre le da entre caricias, y que dejan una impresión tan profunda, que se graban en su memoria hasta que baja al sepulcro; de manera que, al salir el niño de la infancia, queda fijada la base de su carácter con tanta firmeza, que difícilmente se cambia en el curso de la vida.

Pero en si con la mirada de la madre se retrata la impureza, si en sus labios palpita aún el beso de un amor ilícito, el germen que depositará en el niño será el del vicio. su corazón está herido por el constante recuerdo del crimen, si su inteligencia está ofuscada por la exacerbación de sus pasiones, no encontrará palabras de amor que dirigir le, no tendrá sanas ideas que inculcarle, ni caricias siquiera se atreverá a prodigarle el niño se verá abandonado á sus propios instintos, y su carácter se formará á su capricho, tendrá mal ejemplo que imitar, y su corazón se habrá corrompido desde la infancia. No es difícil predecir que ese niño será un ser pernicioso á la sociedad, y que su nombre, casi de seguro, habrá de figurar en los anales del crimen.

Si la madre no es haya de una completa ignorancia, pero tiene la desgracia de ser esclava abundará en deseos de educar á su hijo, pero será impotente para ello. No podrá inculcarle sino imperfectamente, la noción del bien: no podrá infundirle aspiración alguna para procurar salir de su triste condición, y la ignorancia de que ha sido víctima hará de él un miembro poco útil á la sociedad, si no lo conduce por la senda del vicio.

Aunque la mujer no sea viciosa o criminal, aunque no sea absolutamente ignorante, porque haya recibido alguna cultura é instrucción, si estas no han sido bien dirigidas, todavía pueden presentársele obstáculos que su amor de madre no puede vencer por sí solo, para la educación de la familia. Si las madres que no aman á sus hijos, sus monstruos que no deben tomarse en cuenta, porque sólo se presentan de tiempo en tiempo, no son pocas, sin embargo, las que creyendo amarlos, por haber recibido una educación extraviada, se extravían al darla a su vez.

No es raro, en efecto, ver madres que confían la lactancia y el cuidado de sus hijos a manos mercenarias, tan sólo por no marchitar su belleza de concurrir á los bailes, al teatro, á In tertulia, o por otros motivos tan frívolos como estos, mujer extraña a quien se con nunca esa confía el niño, es escogida por su conducta ejemplar; y aunque la nodriza deba su maternidad á su vida disoluta, no se toma en cuenta para nada esta circunstancia, olvidándose la madre de que esa mujer advenediza que va á sustituirla en el puesto que la naturaleza le tiene señalado, va à robarle toda su influencia y todos sus derechos sobre el niño, y á aparecer a sus inocentes ojos como una verdadera madre. que así peca contra las leyes santas de la naturaleza, no debe extraviarle recoger el fruto de su frivolidad y negligencia. Crecerá el niño y su amor filial será tan débil, que apenas si lo demostrará como obligado; su respeto hacia su madre será más fingido que real; y faltará en él esa especie de veneración que todo hijo bien educado siente hacia la mujer que le llevo en su seno. La sombra de autoridad que ejerce, será desconocida y despreciada al llegar de la aquel á la edad de las pasiones. Y feliz podrá llamarse esa madre descuidada, si no tiene que derramar lágrimas de sangre al ver al hijo, que no quiso encaminar al bien, marchar por la senda de los vicios hasta precipitarse en el abismo del crimen, maldiciendo tal vez hora en que recibió la existencia, si no del ser que se la dio.

Tampoco es raro que se dé el mismo resultado, cuando la madre, por exceso de cariño, educa á su de manera que se convierte en mor de sus deseos infantiles, que más tarde so obediente esclava del menor de sus llamarán pasiones. del menor Acostumbrado à hacer su voluntad, será orgullo, dominante y grosero; y cuando al entrar en sociedad se convenza de que ésta no la forman sólo madres complacientes, abandonará la compañía de los hombres honrados y buscará sus relaciones entre aquellos que, por haber perdido la conciencia de su dignidad, no tengan inconveniente en adularlo, en soportar sus impertinencias y fomentar más aún su mal carácter, que bien saben explotar. Como el trabajo y toda ocupación honesta le habrán inspirado horror desde su infancia, al consumir la ociosidad hallará a un paso y sus pasiones sus últimos recursos, se amen; y, o el suicidio pondrá fin a su vida, o del crimen la habrá de terminar en un presidio, si, siendo más feliz, no la pierde antes á manos de cualquiera que tenga que vengar una ofensa recibida. No es menos errado el sistema de hacerse la madre temer de su hijo, por su áspero lenguaje y su rigor, que raya muchas veces en crueldad. Principalmente este defecto hace al padre inepto para la educación del niño; y si la madre lo secunda en vez de mediar entre los dos, lograrán infundirle el temor, que es el fruto natural del despotismo, pero nunca el respeto, y menos el cariño, que sólo la rectitud y el amor combinados pueden producir. Si esa conducta no es hija del mal carácter, de un exagerado orgullo, si hay en los padres sana intención, merece indulgencia; mas no por eso deja de ser uno de los más viciados sistemas de educación. Por caminos distintos y hasta opuestos, conduce á idénticos resultados que los anteriores; pues el niño anhela crecer para sacudir el que llama pesado y tengo de la autoridad paterna, procurando mientras llega el día de la libertad, engañar siempre á los autores de sus días para librarse de su cólera; y se amaestra en el arte de mentir y se acostumbra à ocultarlo todo a aquellos, quienes viven creyendo en la perfección de su hijo, hasta que la noticia de su primer escandaloso extravío, abre sus ojos, aunque tarde, á la realidad.

Después de cuanto dejo dicho, no se extrañará que afirme que el padre por sí sólo es impotente para servir de guía á la familia, al menos antes de entrar en la adolescencia los hijos varones, y respecto de las mujeres en ningún tiempo. No se extrañará que repita que debe Barones, y ser la mujer la reina del hogar, debiendo limitarse la acción y vigilancia del marido, a procurar que cumpla con sus deberes de madre, si no quiere sembrar la anarquía y hacer a su descendencia víctima inocente de su importuna intervención. La madre debe tener sola el mérito o la responsabilidad directa, por la buena o mala educación de sus hijos.

Mas para ayudarle á desempeñar con éxito tan delicada misión, para librarla del remordimiento por haber causado, culpable o inocente, la desgracia de la familia, no se debe dejar abandonada á su instinto: debe enseñársele á dominar su pasiones, á corregir sus malos hábitos, para que pueda concentrar su atención en el cumplimiento del deber: preciso es enseñarle á reprimir los excesos de su amor, y à moderar los ímpetus del orgullo o de la cólera, para que pueda enderezar a tiempo las malas inclinaciones del niño, y ser a su vez sus inocentes amiga, depositaria de sus impresiones y de todos secretos. Hasta aquí me he ocupado de la educación del niño, sin distinción de sexo; pero tratándose en especial de la de una hija, la misión de la madre es mucho más delicada aún. Debe tener presente que el desarrollo libre de sus malos instintos, su mal carácter, su falta de moralidad no representarán como en el hombro, el individuo perjudicado, sino la sociedad. El vicio de educación contraído la mujer en la infancia, contagiará á los demás miembros de la familia con por quienes ella se cría, á las personas que frecuenten su trato, à los hombres á quienes su belleza, o sus gracias seduzcan, al que tenga la imprudencia de elegirla por esposa, y será trasmitido á la familia que ella ha de formar, tal vez en larga sucesión de generaciones. Con razón bastante ha dicho Michelet: educar á la sociedad. Educar á una niña es "La madre sentada ante la cuna de su hija debe pensar: Tengo aquí la guerra o la paz del mundo: lo que turbará los corazones, o les dará la tranquilidad y la rica armonía de Dios".

Le sobra razón para decirlo, porque esa niña habrá de cumplir ante todo sus deberes de hija y será la causa de la alegría o del eterno llanto de sus padres; será el consuelo de su vejez o su tormento: habrá de sustituir quizá a su madre en el gobierno del hogar, y será de que entre en él la próspera o la adversa fortuna.

Esa niña habrá de entrar en el mundo, al ser mujer, y ejercerá en él irresistible influencia. Y será la dulce amiga que consuela al hombre en sus penas, o traidoramente le infiltrará el veneno que ha de amargar más su existencia; ya será la tierna amante que mantiene en la senda del honor al hombre que le tributa adoración, que le inspira el deseo de la gloria, que le fortalece para el trabajo, que le reanima en sus horas de desaliento, y le hace soñar en su amor un paraíso; o bien con sus desdenes, su doblez ó su traición, labrará su eterna desventura y le hará hasta odiosa la vida. Esa niña habrá de ser esposa y en sus manos tendrá su propia suerte y la del hombre que la consagre su existencia. Si no ha aprendido el arte del gobierno de la familia para aplicarlo en el hogar que ha de regir, introducirá en él el derroche, la anarquía y pronto habrá disipado el poco ò mucho capital del matrimonio. Si no ha aprendido a corregir sus propios defectos, no podrá enfrenar las pasiones de su no ha adquirido un carácter dulce, compasivo, humilde, esposo, Si no si no ha acumulado en su corazón la riqueza del amor y de la virtud, no sabrá ofrecer al hombre que se la obligado á hacer feliz, un bálsamo que cicatrice las heridas que reciba en las luchas sociales; no sabrá brindarle en sus amorosos brazos un seguro puerto de refugio contra el naufragio en las tempestades de la vida: no podrá infundirle el fuego santo del patriotismo, que sólo se enciende en el hogar. Si su carácter es áspero, dominante, celoso y desconfiado, si ha acumulado en su corazón mucha hiel, mucho veneno, no sabrá curar, sino con fuego, las heridas del esposo; lo hará huir de sus brazos como de un peligroso escollo, le inspirará el odio á la humanidad; y el hogar, paraíso de sus ensueños, será trocado en un infierno, objeto de sus constantes pesadillas.

Esa niña está llamada también a ser madre, sino por la naturaleza. No todos tienen la dicha de haber conocido a su madre o de haberse criado bajo su protección durante sus primeros años. Las víctimas de esa desgracia, tal vez la mayor que puede afligir al ser humano, tienen que ser confiadas en su infancia á una nodriza primero, una bien á una hermana, á una amiga o a otra y después, persona extraña que caritativamente se encarga de darles amparo en su orfandad. Si éstas han de reemplazar, en parte siquiera, a la madre, preciso es que conozcan la grave responsabilidad que sobre ellas pesa: preciso es que tengan bien cultivado el instinto de la maternidad.

Los vicios de educación en el hombre pueden a veces curarse en el infortunio. En la mujer son enfermedad de difícil porque la medicina que podría aplicársele, tiene que luchar con su natural amor propio, el día exagerado por la lisonja. Ni es la adversidad en ella un remedio, porque regularmente significa una caída irreparable. Y por lo mismo, la sociedad, conociendo su impotencia para corregir esos vicios, debe procurar evitarlos.

Y debe también, convencida de que la mujer es árbitra de sus estados de lie, para que sus destinos por la grande influencia que en ella ejerce, educarla para que sepa cumplir sus deberes en todos los estados de la vida, como hija, como amiga, como amante, como esposa y principal agente de moralidad, de civilización y de progreso. Esto sólo puede lograrlo, formando madres de familia.

Para formarlas, elévese ese aprendizaje al rango de honrosísima creándose profesión, más importante, mucho más, que todas las que hasta ahora se han reconocido lo establecimientos, en las madres que ha sabido serlo, y la recibirán las niñas que se encuentren en aptitud de comprender los sagrados deberes que más tarde han de pesar sobre ellas; pensamiento que no es nuevo, pues ya en España se ha ensayado por iniciativa privada, aunque por desgracia, durante corto tiempo. Coadyuve además la prensa, vulgarizando los ejemplos de los buenos modelos, y distribuyendo a manos llenas los tesoros que la ciencia y la experiencia han acumulado; y coadyuve el sacerdote poniendo esos ejemplos y enseñanzas, por medio de la predicación, al alcance de las madres, especialmente de aquellas que por su absoluta ignorancia se encuentran fuera del poderoso influjo de la prensa. Cuando se haya logrado formar madres de familia, podrá decirse con fundamento que se ha resuelto el difícil problema de la educación de la humanidad, por medio de la educación de la mujer.

Resuelto este problema, no será difícil dar á la mujer bien educada la instrucción que necesita

En esta materia no participo de las ideas de los que piensan que. conviene darle la misma instrucción que al hombre: sería sacarla de su centro, debilitar su poder, contrariar su naturaleza. No creo que la mujer deba estudiar á fondo aquellas ciencias que no pueden serle de positiva utilidad, que no han de prestarle gran auxilio para llenar la misión de su sexo. Si la mujer no debe ejercer la abogacía, no necesita profundizar el derecho. Sin conocer esa ciencia, sabe hacer algo más que el Abogado que defiende al autor de un crimen, pues sabe detener el brazo que se dispone á cometerlo: tiene influencia suficiente para inclinar al criminal al arrepentimiento, lo que no puede lograr el Abogado por grande que sea su elocuencia; y sabe arrancar una víctima de manos de un tirano, para lo cual el derecho es impotente.

No necesita profundizar el estudio de la medicina, porque sin conocerla sabe curar las enfermedades del alma y cicatrizar las heridas del corazón; contra las cuales la ciencia nada puede. Si no ha de ejercer las profesiones que con ellas se relacionan, no debe profundizar las matemáticas y las ciencias físicas. Sin estudiar. las sabe construir, mejor que el más hábil ingeniero, el camino que más rectamente la conduce al corazón del hombre, y levantar en su pecho una fortificación que la defienda de los ataques de su enemigo, imposible de destruir aun con los proyectiles más explosivos, ni de tomar por asalto, á menos, que un traidor, que dentro de sus muros se oculte, abra las puertas. Sabe construir en su imaginación los más soberbios castillos, que demuele y reconstruye à voluntad, y que pue. den causar envidia al más célebre arquitecto. Y no hay maquinista capaz de inventar y dirigir motor de tanta fuerza como el sentimiento, con cuyo poderoso impulso la mujer conmueve el mundo. Si no ha de ser viajero o navegante, inútil es para ella hacer estudios profundos de la Náutica y de la Geografía, sin cuyo auxilio puede navegar y viajar, no en frágiles barquillas y en esto pequeño planeta, sino en alas del infinito por mundos desconocidos.

Si no ha de gobernar una nación, no debe profundizar la Política, la Diplomacia, el Derecho Internacional, la Economía, la Estadística. Y en verdad no lo necesita, pues no hay hombre de Estado que gobierne tan sabiamente como una buena madre de familia su pequeño reino, el hogar. En él puede apaciguar las rebeliones de sus súbditos, sin derramar una gota de sangre, sin usar de violencia alguna: puede conjurar, mejor que el más hábil diplomático, la tempestad que amenace turbar la paz, á consecuencia de un conflicto con otro poder igual al suyo que dentro de su reino existe: sin auxilio de las ciencias conoce bien los recursos de sus gobernados y los medios de mejorar su condición, y sabe administrar sus rentas y procurar su incremento, de manera que puede causar envidia al más hábil hacendista. Es, en fin, la forma de su gobierno digna de imitarse en la sociedad, por más que no tenga nombre conocido en la ciencia.

Si ni su débil organismo, ni la sensibilidad de su corazón le permiten ser soldado, ¿para qué ha de estudiar el arte de la guerra? Ni lo necesita, porque su misión es de paz. Si se presenta en los cuarteles, si acude à los campamentos, si presencia las batallas y expone su pecho á las balas, es con el uniforme de la caridad; y puede des. afiar, segura del triunfo, al más valeroso general para que penetre con ella en un hospital á combatir cuerpo á cuerpo una epidemia, el enemigo más terrible de la humanidad.

Hacen mal los que tratan de engañar a la mujer, y halagan su vanidad, pretendiendo hacerla creer que es tan apta como el hombre para ejercer todos los oficios y profesiones que éste puede aspirar. No seré yo quien la niegue la capacidad intelectual; pero no debe olvidarse que ni su organización física, ni los instintos, ni las tendencias, ni los deberes especiales de su sexo, le permiten aquellas profesiones ú oficios que puedan arruinar su belleza, matar su pudor, poner en peligro su virtud o distraerla por completo de la noble y santa misión que la naturaleza le ha confiado.

No concibo que de bien se pretenda convencer a una mujer de que vale menos en ella educar una familia, formando hijos útiles su patria, que defender y ganar el más ruidoso pleito, ¡o hacer! asombrosa curación, o resolver el más complicado problema matemático, astronómico, físico o filosófico, o construir un ferrocarril, ó un palacio, o hacer el viaje más maravilloso, o ganar una sangrienta batalla. Ella dirá, si la lisonja no la ha desvanecido, que desde el trono de su hogar, si lo ocupa dignamente, gobierna el mundo; lo que no ha logrado ni jamás logrará el más grande de los sabios ó el más ambicioso de los conquistadores.

No quiero decir tampoco que se prohíba á la mujer el ejercicio de ninguna profesión. La venida al mundo de seres dotados de verdadero genio, es tan rara, que jamás deben despreciarse, sea cual fuere su sexo: sería criminal condenarlos á la oscuridad. Si la naturaleza ha concedido á alguna mujer dotes especiales para determinada profesión de las que corresponden comúnmente á dos varones, y se siente con tendencia irresistible para adoptarla, ábrasele el templo de la ciencia, y alterne en él con los sabios, que no es la primera vez que lo hace con ventajas al error estará únicamente, de parte de los padres, en violentar la naturaleza, enseñando á la niña á despreciar su propio sexo y à odiar las ocupaciones á que instintivamente se inclina; y de parte del Estado consistiría en la creación de establecimientos especiales de instrucción profesional para la mujer, provocándola así, á proseguir por vanidad propia ó de su familia, una carrera para la cual no tiene ni inclinación, ni aptitudes, perdiéndose tal vez en ella una excelente matrona.

Y mucho menos debe creerse que profeso las ideas de los que consideran bastante para la mujer, por toda instrucción, saber leer, escribir y contar, cuando más le conceden; y menos puedo pensar, como pensaban los romanos, que la mejor matrona era la que más bien sabía manejar el uso.

Debe darse á la mujer la instrucción primaria tan completa como al hombre, comprendiendo además los ramos propios de su sexo, no sólo porque este es alimento necesario para la vida de todo ser que piensa, sino también porque la instrucción que à ella se dé, no será estéril. La mujer, mejor que cualquier maestro, trasmite sus conocimientos á sus hijos; y si su esposo es ignorante, nadie mejor que ella sabrá abrirle el apetito del saber: él, que tal vez había resistido los esfuerzos de sus maestros y contrariado los deseos, de sus padres, tendrá que doblegarse ante los negros de tan amables preceptores, y poco tiempo tardará en aprender cuanto ella sabe. El país, por consiguiente, que logra dar una instrucción siquiera elemental á la mujer, puede jactarse de que no pasará una generación sin que la absoluta ignorancia desconocida dentro de sus límites.

Debe enseñársele además de medicina lo bastante para saber conocer y curar las enfermedades de los niños, y poder atender à la crianza de sus hijos con verdadera ciencia, lo que disminuiría la mortalidad le las criaturas, debido en mucho à la ignorancia de las madres; y también lo bastante para que pueda dar satisfacción con mejor éxito á sus naturales caritativos instintos. Y hasta puede hacer de esa ciencia una profesión, si ha de ejercerla tan sólo con personas de su mismo sexo, en cuyo caso es sin duda alguna, aún más á propósito que el hombre.

Entiéndasele del Derecho, de la Economía Social y doméstica lo necesario para que pueda administrar un caudal y dirigir y manejar los negocios. Al esposo que la suerte le depare, toca completar esta instrucción, dándole la enseñanza concreta que sus especiales ocupaciones exijan, para que pueda sustituirle en su ausencia o después de su muerte. En previsión de tales casos, debe darle cuenta de todos sus negocios, y tenerla al corriente de su movimiento; pues sólo así podrá evitar que el capital que legue à sus hijos, desaparezca como si se convirtiera en humo, quedando éstos reducidos á la miseria, por la falta de capacidad y de tacto en la viuda para administrarlo, o por verse obligada á confiarlo en manos extrañas.

Enséñesele de la poesía, de la pintura, de música, de escultura, cuanto sus aptitudes permitan; pues creo errónea la idea de que la instrucción de la mujer en las bellas artes, por distraerla de los cuidados del hogar, es tan perjudicial para ella como el profundo estudio de las ciencias. El arte es hijo del sentimiento y, por consiguiente, propiedad de la mujer: es constantemente su objeto, su inspiración, y debe saber comprenderlo. Ella es artista por su naturaleza, y la perfección de una cualidad natural, nunca puede ser dudosa. Si en su destino está escrito que ha de ser la esposa de un artista, no será feliz si no sabe apreciarla en cuanto hasta cierto punto egoísta, que A diferencia del sabio, que es cosita para sus trabajos del aislamiento, y por lo mismo le importa poco ser comprendido, el artista es casi siempre vanidoso, amigo de la expansión, de recibir aplausos de quien pueda darlos á conciencia, y necesita de una esposa que pueda admirarle comprendiéndole; y sólo así pueden llegar a la unión moral en el matrimonio, única que hace posible la felicidad doméstica.

Dese á la mujer instrucción religiosa, porque piedad natural y su misma debilidad, la inclinan á buscar en un ser Supremo el amparo que en el mundo no halla; y es preciso dar satisfacción á esta necesidad de su espíritu, procurando á la vez preservarla de los extravíos á que da lugar; aprovéchese la religión para consolidar su moralidad, pero aléjesela con decididos esfuerzos del fanatismo, de las prácticas supersticiosas, y sobre todo de la idolatría, á la que tan fácilmente se inclina, por el poderoso influjo que en ella ejerce la imaginación.

Una mujer que tales conocimientos posen, a quién además, si es posible, se den nociones de literatura y de todas las cuanto más extensas, mejor, podrá ejercer mayor y más vencía en el hombre, y darle la cultura que no se adquiere nunca con el estudio, sino sólo con el trato de una mujer bien educada y verdadera mente instruida.

Cuando la mujer reúne estas dos cualidades, con razón podrás decirse que está para renovarse desde sus cimientos el mundo moral, y que la humanidad habrá dado con esto un paso más agigantado, que con los descubrimientos en las ciencias y en las artes, de que tan orgulloso se muestra nuestro siglo.

Pondré ya fin á mi tarea, no por estar agotada la materia, ¡pues! sobre ella, quien posen una sólida instrucción, podría escribir grandes volúmenes. Mas yo, que no la tengo, temo haber abusado ya demasiado de vuestra atención. Me es inquieta también la idea de que por mala inteligencia de alguno de mis conceptos, se crea lastimado el bello sexo, cuyos enojos tanto temo, por lo mismo que tanto respeto le profeso. Pero si lo que he dicho en su favor no basta como prueba de mi sinceridad, llamo à la memoria, especialmente de mis bellas compatriotas, que entre ellas se encuentra de seguro, la que formará la realidad de mis ensueños y habrá de ser la dulce compañera de mi vida, si hay alguna que se resigne à compartir conmigo su suerte, sometiéndome al suave y tengo del matrimonio.

Y si aún no basta, les recuerdo que entre ellas so encuentra el ser a quien debo, más que la existencia, la educación y la instrucción que pudo procurarme, à costa de incalculables sacrificios y hasta del sudor de su frente, en el desamparo de la viudez y agobiada por la enfermedad y la pobreza. Si tengo ambición y sueños de gloria, es su estímulo más poderoso, la esperanza de ver llegar un día, si mis aspiraciones so realizan, en que oiga, de raciones realizan, en que oiga decir en recompensa de tanta abnegación: Ha llegado hasta allí por haber tenido una buena madre.

Tegucigalpa, 30 de octubre de 1888.

MANIFIESTO

del Jefe del Partido Liberal, al Pueblo Hondureño

HONDUREÑOS:

Ayer ha cesado la dictadura creada el 6 de mayo, al decretarse el estado de sitio en toda la República, con motivo del asalto á los cuarteles de Amapala. Cerca de tres meses y medio ha permanecido el ciudadano hondureño sujeto al militarismo, y mucha debe ser su fuerza de voluntad y patriotismo, si sobreviven en él la conciencia de sus derechos y la suficiente energía para defenderlos.

En Honduras el estado de sitio no significa como en las demás Repúblicas, la simple suspensión de determinadas garantías individua les: significa la suspensión absoluta del imperio de la Constitución, é implica, por lo mismo, la legitimación de la tiranía, la postración de todo un pueblo á los pies de su Gobernante y ejecutores de sus caprichos, convertidos en árbitros de libertad, vida y hacienda.

Si en todas las Naciones deben ser los Gobiernos muy escrúpulos para orear tan anormal situación, con mayor motivo en Honduras, donde tan terribles efectos trae consigo, y tan perniciosa influencia ejerce para el comercio, la agricultura y demás ramos de la industria; sobre todo, contra la tranquilidad pública.

Mas, por el contrario, difícilmente se encuentra otro país donde, como aquí, se abuse tanto de ese terrible poder conferido en mala hora al Gobierno en nuestra Carta Fundamental. Más de siete veces ha sido decretado el estado de sitio en Honduras durante la Administración del actual Gobernante; y, sin embargo, á eso llama la prensa oficial haber mantenido la paz inalterable.

Si algunas veces ha sido justificable tal disposición, refiriéndose á determinado departamento ò localidad, no se puede demostrar que haya sido necesario hacerla extensiva á todo el país.

Cuando ocurrió el suceso de Amapala, pudo el Gobierno haber pensado en el primer momento que estuviesen amenazados los departamentos fronterizos, resolviendo suspender en ellos el imperio de la Constitución; pero no en el resto del país, que permaneció en perfecta tranquilidad. Al convencerse, como se convenció, antes de quince días, de que había sido aquel un suceso aislado y sin trascendencia, por tener buenas pruebas de que el Partido Liberal, que le hacía oposición, ninguna complicidad tenía en él, y por el contrario lo reprobaba, prolongar el estado de sitio fue alterar la tranquilidad pública que en manera alguna peligraba, y fue el mismo Gobierno el verdadero trastornador del orden que el partido se empeñaba en mantener.

Con esa conducta el Partido Liberal cumplía fielmente su programa de procurar, mientras disfrutase siquiera de libertad relativa, las reformas políticas, por medio de una evolución pacífica. Así inició la lucha electoral, en la que todos y cada uno de sus miembros ron de lleno sin tener por único objeto el triunfo, harte prostrar con darnas tan desiguales, sino también el de obligar al pueblo hondureño á tomar interés en la designación del nuevo gobernante y prepararlo a para ulteriores luchas. Y es por eso que, á pesar de tantas arbitrariedades, vejaciones y violencias de que habían sido víctima sus miembros, se limitaba á protestar por la prensa enérgicamente y á buscar por otros medios pacíficos la manera de frustrar los propósitos de los autores de tales atentados, y hasta de volverlos contra ellos.

Tan bien iba en su camino el partido opositor, que en esa lucha, emprendida sin esperanza de éxito, contaba ya con grandes probabilidades de triunfo, gracias al desprestigio que sus desaciertos acarren ban al Gobierno trascendiendo á la candidatura que ha proclamado.

Con tales antecedentes ha debido creerse, y así lo ha creído el pueblo hondureño, y lo ha comprendido toda la prensa centro-americana y aun extranjera, que el mantenimiento de tan anormal situación no ha tenido más objeto que asegurar el triunfo de la candidatura oficial, quitando á la oposición los medios de propaganda y demás recursos legales de que podía disponer.

Así se ha visto la prensa liberal enmudecida, cuando antiguos como periódicos semioficiales y muchos otros nuevos han prodigado sucesos insultos y atroces calumnias contra el partido liberal y su candidato.

Se ha visto la correspondencia violada, sin pretexto de razón de Estado, pues más de una vez se ha divulgado su contenido; y sus conductores, cuando no ha sido confiada al correo nacional, han sido cargados de grillos o cadenas, y quizá gimen aún en las prisiones. El hecho solo de conducir correspondencia para el jefe del Partido o miembros importantes de él, se ha imputado á crimen, sin otro objeto ostensible que el de producir la incomunicación.

Se ha privado de la libertad al ciudadano, con pretexto de delitos cometidos, y, o no se les ha juzgado, o se ha hecho una farsa de proceso que no ha llegado nunca a terminarse, ocurriendo al medio horroroso de los palos contra más de uno de estos desgraciados, de cuyos efectos ha muerto uno de ellos.

Nadie ha podido transitar de un pueblo á otro sin pasaporte, y casi siempre éste se ha negado, cuando se ha creído que se podía tener por objeto trabajos electorales.

El derecho de asociación, estaba restringido al número de seis personas, sin permiso de la autoridad, el cual de seguro habría sido denegado, si se hubiese sospechado que la reunión tenía interés político; y hasta en menor número era peligroso reunirse, porque bien se podía haber tomado como pretexto para un proceso por conspiración.

Se dio una ley reglamentando el estado de sitio, pero fue sin duda para tener el placer de violarla, por más que era creadora de un rudo despotismo militar; siguiendo en esto la costumbre inveterada de convertir la ley en objeto de lujo, y aplicarse sólo como tal el capricho y la arbitrariedad.

Tal es la situación en que ha estado colocado el pueblo hondureño; y la conducta del Gobierno en estas circunstancias merece calificarse de verdadero golpe de Estado, con la sola diferencia, quizá, de que no redunda en beneficio directo del actual presidente, sino del candidato que le inspira completa confianza, y de quien espera, que seguirá su misma política, su mismo sistema administrativo, con todas sus cualidades, sus errores y sus vicios, con todos sus odios y afecciones personales.

El Partido Liberal, á pesar de verse privado de todos sus derechos y garantías, a pesar de ser constantemente molestado con ofensivas desconfianzas y amenazado con la cólera del poderoso, ha querido disminuir, en lo posible, el número de los atentados de la autoridad, observando una conducta prudente, y estoica aunque no servil resignación, á fin de conservar la paz interior; y en varias ocasiones, cuando el peligro de una guerra exterior ha parecido inminente, o por lo menos la repetición de intentonas como la de Amapala, so ha he cho propaganda entre sus miembros, recomendándoles la más absoluta abstención de participar en cualquier movimiento sin plan político, que podría traer por consecuencia la anarquía.

¿Qué ha hecho el Gobierno por su parte para alejar esos peligros? En vez de procurar la unificación del pueblo hondureño, haciéndole desear el mantenimiento del orden establecido, por el goce de sus libertades, envía un comisionado al Gobierno de El Salvador á conjurar la tormenta que creía se cernía sobre sus cabezas, aunque quizá para ello haya sido necesario postrar a las plantas de aquel la dignidad nacional; aunque para ello haya sido necesario hacer promesas imposibles de cumplir, por estar en contradicción con anteriores también indebidos compromisos, o faltar al cumplimiento de estos. Y tal vez se han hecho inútilmente tales sacrificios, porque es imposible infundir la confianza, cuando no se procede rectamente.

HONDUREÑOS: Al escribir estas líneas, cumplo un imperioso deber que me impone in confianza que en mi ha depositado el Partido Liberal al designarme como su jefe. Debo justificar mi conducta y la que el partido ha seguido a indicación mía en Gobierno, para que sea debidamente conocida y juzgada en Honduras y en Centro-América, y la opinión pública hoy, y la historia mañana, pronuncien su fallo imparcial y justiciero. Si he dejado de hacer de, o aconsejar algo que debiera haber hecho o aconsejado para terminar la difícil situación del país, o siquiera para mejorarla, que se me impute á error, pero no se me niegue la más recta intención; justicia que no dudo se me hará al tomar en cuenta que para obrar como he hecho, he tenido que contrariar mi lo podido satisfacer con entera seguridad siguiendo distinto camino. No que habría os hablo, pues, como candidato, sino como ciudadano y jefe del Partido de oposición. Pienso que sin dificultad creeréis que persigo el bien de la patria y no tan solo el mío personal. Si así no fuese, habría aprovechado cualquiera de las varias ocasiones que se me han ofrecido durante la administración del presidente Bográn, para acercarme á él y captarme su confianza, é

284

invoco su testimonio, para que no se considere vana jactancia. Ese era el camino más seguro para llegar algún día al poder. Sin embargo, he preferido mantenerme en la oposición porque creo necesario que la haya en todo país, para despertar y mantener vivo el sentimiento de la patria, principalmente cuando, como en la actualidad, ningún hombre de rectas intenciones y que tenga algún sentimiento patriótico, debe secundar o tolerar siquiera, la política del Gobierno.

He vacilado al levantarse el estado de sitio sobre la conducta que debiera seguirse. Nos ha dejado el Gobierno escasamente veinte días para reanudar los trabajos electorales, tiempo insuficiente para que lleguen las publicaciones, órdenes é instrucciones á los extremos de la República. Puede también creerse, descansando en antecedentes, que la dictadura ha cesado sólo nominalmente; que la libertad del sufragio será coartada; que continuarán las vejaciones para los opositores, y se verán expuestos á todos los peligros.

Tales razones me impulsaban á resolver como más conveniente la absoluta abstención de concurrir los comicios, como una protesta contra la manifiesta imposición del Poder, y como un medio de alejar la sospecha de que por personal interés quiera exponer á tantas vejaciones á los electores que hayan de favorecerme con sus votos.

Pero, he reflexionado que en las actuales circunstancias no tengo derecho de hacerlo. No me ciega el amor propio. Si mi nombre encabeza la oposición, si ha despertado algún interés en la lucha electoral, no se debe á prestigios personales, que pocos puede tener un nombre nuevo. El de cualquier honrado ciudadano habría producido el mismo resultado. La fuerza de la oposición no se debe in persona alguna. Se debe al desprestigio del Gobierno. Se debe á los muchos errores en su administración, á la necesidad palpitante que cada ciudadano siente de un cambio radical, si se quiere contener al país al borde de la completa ruina de que se encuentra amenazado.

El temor puede obligar á muchos à callar, pero ninguno de vos otros dejan de comprender todos los males que afligen á la patria. Llamaré vuestra atención sobre los más notables.

$$***$$

La seguridad, el adelanto, la prosperidad, la vida de toda nación depende de la buena administración de su tesoro, de su legítima y prudente inversión. Honduras cuenta con más rentas que las que exigen sus ordinarias necesidades. En los quince últimos años se han elevado al décuplo, y, sin embargo, su situación financiera es más aflictiva que en los tiempos en que los ingresos apenas alcanzaban a llenar un presupuesto que no llegaba á 300.000.

Va sobre un año que no se paga en general á los empleados sus sueldos; y sobre ocho meses que no se satisface á los contratistas el valor de las especies fiscales que suministran, aun á riesgo de secar la fuente de la producción. Ningún compromiso se cumple, por sagrado que sea, aunque tal falta de cumplimiento hunda el crédito nacional. En el interior del país no hay quien preste al Gobierno cantidad alguna, no bastando que ofrezca la más crecida usura; y en el exterior, pedir un anticipo á nombre de nuestro Gobierno, sería tomado como una ofensa. Ya los han hecho con verdadera liberalidad agentes consulares de la República en España, Francia, Estados Unidos y en alguna otra Nación, y muchos no han logrado ni el reconocimiento del crédito; se ventilan actualmente en las cancillerías española é italiana cuestiones que quizá lleguen a producir por lo menos una gran humillación para Honduras. ¿Yo todo esto será porque no hay fondos para pagar? Basta leer documentos oficiales publicados para convencerse de lo contrario. En ellos aparece mensualmente una cantidad entre cincuenta y cien mil pesos, cuya inversión no se conoce; y las rentas en el último año económico han excedido de la cifra del presupuesto en cerca de medio millón de pesos, y el de gastes sin embargo ha sido cubierto apenas en la mitad de su valor.

A esto agréguese que la deuda interior, que el último de julio de 1890 importaba $ 1.768.791.61, casi se ha duplicado en el que acaban de vencer; y en la nueva deuda figura más de millón y medio de pesos que devenga en general un interés de dos por ciento mensual.

El actual Gobernante al terminar su periodo dejará planteado un problema de muy difícil solución, aun para el mejor intencionado; pero mucho más difícil aún para un sucesor, hechura del actual, que tendrá los mismos empleados, los mismos favoritos, y por consiguiente el mismo ruinoso y viciado sistema para el manejo de los caudales públicos, que hará imposible librar al país de la positiva bancarrota en que se encuentra.

***

Aflige actualmente a Honduras una terrible crisis económica, que está arruinando el comercio, la agricultura y todas las industrias. De ella es causa principal el Gobierno, porque ha retirado y sigue retirando de la circulación enormes cantidades de moneda que entran diariamente, y cuya salida no se ve ni se explica fuera de los gastos de carácter local, de amortización del papel flotante, de los del correo, de la mitad de los del telégrafo, imprenta y oficialidad del ejército, y de algunos otros de menor importancia, que en todo no representan ni la mitad de los ingresos, se ignora en qué se invierte el resto. No se encuentra en las cajas de la Dirección de Rentas, porque la existencia efectiva el último de julio era de unos pocos centavos. Tampoco se encuentra en las del Banco, porque más bien el Gobierno le adeuda enorme suma. Y, sin embargo, la moneda desaparece su necesidad se hace sentir de día en día más y más, hasta el grado de que, con unos pocos miles de pesos disponibles en su caja, cualquier casa de comercio se convertiría en árbitro del mercado, si lograse reunirlos. Toda persona sensata se preocupa del porvenir que nos espera, y prevé para no lejano día la absoluta miseria pública ya privada; prevé que muy pronto podrá decirse, lo que nunca se ha dicho en Honduras, que alguien se muere de hambre.

Necesidad vital para la marcha regular de todo país es la paz; pero aquella que mantiene el estado de derecho y permite el libre desarrollo de sus riquezas naturales, al trabajo honrado ejercerse libremente y al ciudadano vivir tranquilo en su hogar. Es paz fructuosa sólo aquella que procura un Gobierno identificado con el pueblo y Puesto al servicio de los intereses de éste y no de los suyos propios o de quienes le secundan; aquella que permite al Gobernante descansar en el amor del pueblo y no en la fuerza de ejércitos, para poder consagrarse á trabajar por el bien general.

Mas no es esta la paz que ha dado al pueblo hondureño la Administración de los últimos ocho años. Ha confundido con ella el aniquilamiento que produce el despotismo, por el abatimiento del pueblo; pero no ha sido libre de inquietudes. El país que tiene emigrados no puede permanecer tranquilo; y el actual Gobierno ha causado la expatriación de mayor número de ciudadanos que en cualquiera otra época de la historia de Honduras. Las persecuciones

287

directas de que han sido víctima; el rigor y arbitrariedad con que se ha aplicado la ley militar; la violenta exacción de la prestación personal, y en general la falta absoluta desprotección á la libertad, la propiedad y la vida, han despoblado ciudades, villas y aldeas, obligando á millares de hondureños buscar en extraña tierra la tranquilidad que no pue- den tener en la que los vio nacer Esos hombres así lacerados, que no pueden olvidar seres queridos que han dejado abandonados, viven constantemente pensando en hallar los medios de derrocar al Gobierno causante de sus males, y mantienen constantemente amenazada la tranquilidad pública.

También ha olvidado él actual Gobierno otra condición esencial en Centro América para la paz verdadera: la sinceridad en las relaciones con los otros Gobiernos; pues si al estallar una revolución en un país vecino se ofrece apoyo à la vez al Gobierno y a la facción; si mañana en ese mismo país se impulsa otra revolución y en seguida se combate a los revolucionarios, que para su desgracia resultan triunfantes; si en otro país se empuja presas justas o descabelladas, compromete una y otra vez à em de eficaz cooperación, y luego se le abandona en el camino á sus propias fuerzas; si en general se mantiene haciendo honrosas o indebidas promesas, que rara vez cumple, llega el día en que recoge el fruto de su conducta doble, infundiendo desconfianza en todos, y viéndose por todos abandonado, sino por todos hostilizado, y el país sufre las consecuencias de un proceder que siempre ha reprobado.

Una ocasión se presentó al actual presidente para consolidar la paz en Honduras. Cuando en el último noviembre el pueblo hondureño, olvidando sus pasados errores acudió á rodearle ofreciéndole su sangre y su dinero, para librar al país de un mal mayor, debió comprender que para gobernar con la ley, no necesitaba de bayonetas, ¡y pudo reducir la cifra enorme del presupuesto militar para aplicar las economías al progreso del país. Pero debo creer que se encuentra encerrado por los hombres en un círculo de hierro formado por los mismos hombres que le sirven de instrumento, hombres, el cual le es imposible romper, porque esos le es en el peligro, le impidieron primero, recoger el fruto de aquel esfuerzo patriótico, cambiando radicalmente su sistema de Gobierno, y después, lo han empujado á perseguir, viajar y maltratar á los mismos ciudadanos que más contribuyeron á restablecer el orden, ofreciendo al mundo ejemplo de inaudita inmoralidad, al darles por verdugos aquellos mismos hombres cobardes desleales.

Se ha creado, en consecuencia, el despotismo militar; y en vez de reducir la cifra de estos gastos, se ha elevado al triple y al cuádruplo, al elevar en esa proporción las guarniciones, al establecer el odioso sistema de la policía secreta, y tal vez comprará subido precio la lealtad de jefes y oficiales, de importancia relativa, á; quienes se temía.

Y sin embargo, no basta tanto aparato de fuerza para tranquilizar al Gobierno, vive en constante alarmas y constantes precauciones, como si se encontrase acampado al frente del enemigo. No hay duda de que le acusa su conciencia y tome la justicia del pueblo, olvidándose de que está desarmado, y sobre todo de que es un pueblo sufrido y de paciencia á prueba de despotismo, mientras conserve la esperanza de su redención. Mas el Gobierno en sus infundados terrores, acrecentados con secretas miras por sus satélites, llegará según el camino que lleva, para su propia ruina, la del Partido Liberal y la del país, à provocar un conflicto, o á inventarlo, á fin de hogar en sangre la oposición. Caiga sobre sus cabezas, si, tal caso llega, la que por su ceguera sen derramada.

HONDUREÑOS: preciso sería escribir un libro, si hubiese de llamar vuestra atención sobre tantos y tantos errores y vicios de Administración que llevan al país, á paso agigantado, á un abismo, cuyo fondo no se percibe por lo profundo. A la vista están de todos vos. otros, que los sentís, diariamente y clamáis desde lo más íntimo de vuestros pechos por su extirpación.

Pensando en la triste suerte de mi patria, pensando en vuestros sufrimientos, he resuelto, de acuerdo con los hombres más importan del Partido Liberal que he podido consultar, que se continúe la lucha electoral. Preciso es hacer un último supremo esfuerzo para salvar las instituciones y librar á Honduras de su ruina. Donde poder, para escudereales delante de vosotros desafiando las iras del quiera veréis á los con sus cuerpos. Acudid á los comicios y dad vuestros votos por el candidato de vuestras simpatías. Y si por segunda vez se defraudan vuestras esperanzas, si los agentes del Gobierno os quieren impedir votar libremente, si recurren en fin á la violencia, resistid, recordando que son pocos los agentes voluntarios del despotismo: que sus soldados, son como vosotros ciudadanos y vuestros hermanos. Fraternizad con ellos, y probad con vuestra firmeza que no fácilmente se puede hacer burla de un pueblo que tiene conciencia de sus derechos y sabe defenderlos.

Tegucigalpa: 16 de agosto de 1891.

CARLOS ALBERTO UCLÉS

Nació en Tegucigalpa el 4 de agosto de 1854. Es hijo del Licenciado don Martin Uclés y de doña Roberta Soto de Uclés.

Comenzó sus estudios en la Universidad de Honduras y los concluyó en la de Guatemala, en donde obtuvo el título de Doctor en Jurisprudencia y Ciencias Políticas.

Al regresar á Tegucigalpa, fue nombrado por el presidente Doctor don Marco Aurelio Soto, individuo de la Comisión redactora de los Códigos que se promulgaron el 27 de agosto de 1880 y que vinieron á sustituir la legislación española entonces vigente. Fue diputado á la Asamblea que dictó la Constitución Política de 1° de noviembre de aquel año. Ha sido Diputado a varios Congresos ordinarios y Profesor en la Universidad.

Triunfante el Partido Liberal después de grandes esfuerzos, ha procurado aprovechar de diferentes maneras los importantes servicios del Doctor Uclés. Así se vio figurar á éste entre los Constituyentes de 1894, y se le ve hoy ejercer el cargo de Diputado por Tegucigalpa en el actual Congreso, el de individuo de la Comisión nombrada por el Presidente Doctor don Policarpo Bonilla para reformar la legislación que rige, y el de Magistrado de la Corte Suprema de Justicia, que ya había desempeñado plausiblemente de 1885 á 1891.

El Doctor Uclés ha escrito mucho en prosa y en verso; pero es muy descontentadizo y ha arrojado al fuego la mayor parte de sus manuscritos, lo que constituye una sensible pérdida para nuestra literatura.

Es el Doctor Uclés individuo correspondiente de la Academia de Jurisprudencia y Legislación de Madrid y de la Sociedad de Geografía de Lima. En 1889 viajó por los Estados Unidos, Inglaterra, Francia, Italia y España.

En 1890 fundó en Tegucigalpa con don José Antonio López el periódico La Prensa, y en 1895 fue director del Diario de las Sesiones.

INSTITUCIONES

Preciso es confesar que las instituciones no han brillado en estas costumbres no han brillado mucho en Centro América; y es que las verdaderas instituciones están más bien en las costumbres que en las leyes. Países que han vivido entre la anarquía y el despotismo, casi sólo tienen la idea de la fuerza; y no ofreciendo bastantes garantías de orden y libertad, mal pueden arraigar en nuestro suelo la inmigración civilizadora, que todo lo transforma por la virtud del trabajo y la enseñanza democrática.

Acúsase con razón nuestras revueltas, de habernos estorbado el establecimiento de un régimen de derecho: y sin embargo, ¿quién ha ayudado á engendrar tales revueltas sino ese sistema absolutista que viene reinando, en uno u otro Estado, desde la disolución de la antigua República?

Tenemos, es cierto, leyes constitutivas, que corresponden más o menos a nuestro modo de ser social; pero cuando una Constitución se halla escrita en el no en la conciencia del más que letra m el pueblo, nunca será donde el espíritu público no se manifiesta en la opinión, o ésta es impotente, el Gobierno lo es todo; y no habiendo influencia alguna que lo mantenga en sus justos límites, el poder tiende necesariamente, al absolutismo, haciéndose precaria la paz y dudoso todo progreso.

Es evidente que solo un constitucionalismo regular puede dar tranquilidad y asegurar El Progreso constante en estos países. El constitucionalismo significa en Europa la responsabilidad ministerial, y en América la alternabilidad presidencial.

Significa también la sociedad en la contrapeso de los poderes públicos, y aquella continúa intervención de la sociedad en la marcha del Estado, propia de los pueblos que aspiran a realizar el gobierno libre.

Las pequeñas Repúblicas de la América Central han alcanzado ya grado de cultura que les permite gobernarse por sí mismas. Menos difundida estaba la instrucción popular en la época de la Unión, y no obstante, entonces había instituciones, porque predominaba el buen sentido, mientras que ahora sólo queda una apariencia, porque nos van faltando aquellas virtudes cívicas que mantienen á los pueblos en el derecho.

Si nuestros gobernantes hubieran tenido más altas miras, ha muchos años que el constitucionalismo verdadero estuviera implantado entre nosotros. Los pueblos, celosos de su propio interés, habrían comprendido que la libertad no es un don sino una conquista, la cual impone igualmente el ejercicio del derecho como el cumplimiento del deber. Implantadas así las costumbres políticas, el orden legal que- daría definitivamente consolidado.

El indiferentismo en política, de parte de los hombres de bien o ilustrados, ha retardado esta obra, y expuesto nuestras Constituciones á que sean violadas de mil modos, no sólo por el poder gubernamental sino también por el legislativo y judiciario. Contribuye también á este resultado la ausencia de todo sentimiento de solidaridad en los ciudadanos, que olvidan que el derecho es un patrimonio común que deben unidos defender.

Es sin duda á los partidos, que mantienen despierto el interés por la vida pública, y representan un principio de asociación, á quienes toca en primer término velar por las instituciones, las cuales únicamente tienen base cuando es una realidad el sufragio, y reina la opinión.

La escuela y la prensa, sobre todo la independiente, que así sir ven para educar niños como para formar ciudadanos, no deben descuidar su elevada misión. Necesitan estos países sustituir la idolatría de con la fuerza con culto de las ideas. Solamente á esta condición, y practicando con firmeza el sistema parlamentario, podrán ellos llegar su destino, y entrar en el concierto seguramente al cumplimiento de su de aquellas naciones donde siempre se vive à la sombra de la paz, y donde el sol de la libertad nunca se pone.
1890.

LA NOCHE BUENA

¡Ay! Jamás lo olvidaré. Era una noche azul. La campana de la torre dio la oración. Yo estaba inquieto. Los pitos de agua y tamboriles anunciaban una gran fiesta. Toda la gente estaba en las calles, llenas de alegría y de música; y me parecían muy felices los muchachos que pasaban cantando:

"Esta noche es noche buena,
Y no es noche de dormí…"

Un pájaro me aleteaba también en el corazón. La Cosa de hadas se me fingió tu nacimiento. El niño sonreía en su cuna, velado por la Virgen. Casitas suizas, soldados de plomo, inditos de Guatemala: era un mundo en miniatura. Los tres reyes magos venían por Buenavista, trayendo del Oriente diamantes y perlas. En la primavera, tú cogías mariposas, quienes prendías con alfileres, y yo cortaba rosas, con que te hacía ramilletes. Después, éstas se marchitaron y aquellas se murieron. Sólo quedaba el Colegio triste, allá muy lejos. Enfermé de nostalgia, y me volví á mi playa, cual una golondrina á su nido.

***

Cuando entré en tu salita, todo era luz y armonía. El frío invernal era en ella tibio ambiente, y la conversación se vino. Los jóvenes perfumados cortejan a las niñas brillantes. Toda la familia estaba en el hogar: la mamá y la abuelita, el perro con el Mustafá y la gata Mistrís. Y no faltaban el lorito de Puerto Rico y el primo de Marras.

—¿Te acuerdas? Tú cantaste en el piano una romanza:

—Sentada al pie de un sauce.

—Como una flor de lis, parecías de rocío y aurora. Tus compañeras jugaban juegos de prendas, todavía. En un rincón, un viejo criado divertía a los pequeñuelos con cuentos de Navidad o de "Las Mil y una Noches". A las doce, la alegría estalló: era la hora de

294

los buñuelos. Tú estabas pensativa, y yo pensaba en ti. Un momento quedamos á solas, tomé tu mano entre las mías, y mirándome en tus ojos, te dije: Yo te amo. Cuando tú me contestaste: ¿Por qué me lo preguntas? —palpitó una estrella, y se estremecieron las violetas.

***

¿Quién me diera tornar á tus plantas?

La misa del gallo, la dijo el buen cura en la parroquia. Y luego me dormí, entre sueños de oro. Por ti me olvidé de la huerta del Bosque y la lechería del Molino, de aquellos pastorcitos de yeso, que se estaban quietos, y de aquellas muñecas de que bailaban. Y, con cosas ideales, me formé un lindo alcázar de amor.

Entonces, Christmas me dio sus dulces, y Noel su monedita reluciente. Después, una tarde en el mar, el viento se llevó tus hojas se cas, como ilusiones.

—¿Te acuerdas? ¿Cuando volví de aquel país, conocés el país donde florece el naranjo?" —Era también la Noche Buena. Pero un ave negra batía sus alas en el cielo.

¡Y qué pálida estabas! ¡Había pasado tantos años!

Mustafá y Mistris, mis pobres amigos, ya no existían. Quedaba solamente el primo de Marras.

¡Ay, Dios mío! Cuando las rosas se mueren en el alma, ¿por qué no nacen en el cuerpo las margaritas?

DISCURSO

SEÑORES ACADÉMICOS:

Favor tan grato como inmerecido me concedió el Consejo, encargándome contestar al señor Martínez. Qué el poeta y literato guatemalteco reciba de la Academia hondureña cariñosa bienvenida. Sin tiempo para superior trabajo, voy á aventurar algunas palabras sobre el tema de su brillante discurso: Poesía Dramática en la América Latina.

Ni la Épica ni la Lírica son representación cabal de la existencia; aquélla reducida á la narración de un hecho externo, y ésta á la manifestación del íntimo estado del alma. Mas compuesto y realista el drama es la expresión de la belleza de la vida humana. El fondo del drama es la oposición de los caracteres, la lucha de las pasiones y las fuerzas: la forma conceptiva en la acción, la manifestativa, la representación, cuyo arto vario es el maravilloso arte escénico.

Poema y cuadro á la vez, la obra dramática se representa ante un público heterogéneo, crítico, caprichoso, que acude al teatro, más que por la emoción estética, por el placer sensible, y juzga según las impresiones del momento. De esta suerte el drama es el más influyente de los géneros poéticos, verdadera tribuna y escuela de costumbres, si el poeta tiene una lección oral, una y el más popular si el actor encarnando a protagonista, aparece este no como vaga sombra, sino como entidad viva y palpitante. Entonces el espectador se interesa y conmueve, y arrebatada la fantasía, el corazón ríe o llora.

En la ciencia, en la religión, en la historia, en el hombre y en el mundo hay ideales, problemas, pensamientos que constituyen el argumento del drama; mas la creación artística comienza en la acción. El acto heroico de Guzmán el Bueno toma la forma del héroe. El Segismundo de Calderón y el Condenado de Tirso de Molina son pensamientos dramáticos del sueño de la vida y de la desconfianza en la divina justicia, personificaciones imaginadas en la realidad efectiva o posible. Solo que el drama de la historia es asunto de la epopeya: las guerras de César no son de la escena, pero si su muerte, porque el drama es individual.

La dramática, que recibe de la vida movimiento y calor, y luz del arte, se aparta del romanticismo exagerado y del naturalismo moderno. Su secreto consiste en producir la emoción la emoción de la belleza ideal sin tras- pasar los límites del arte. El Calibán de Shakespeare es feo, pero cobra hermosura; el protagonista de los Bandidos de Schiller cobra nobleza. El efecto legítimo procede del carácter estético de la obra, de la fuerza del conflicto, trágico o cómico. El dramaturgo inglés dejó puros modelos en Hamlet, en Otelo y en Macbeth.

Una concepción que combine el elemento psicológico con la objetividad necesaria del drama, una acción verosímil, diestramente conducida, interesante y conmovedora; tal es la obra perfecta. Su belleza suprema es la creación de los caracteres; el personaje ha de ser, á la vez, individual y general. Otelo es la personificación de los celos, don Juan el burlador de Sevilla. No importan las vacilaciones de Segismundo, las dudas de Hamlet, los internos combates de Bruto.

Para desenvolverse cumplidamente, la dramática requiere un desarrollo previo de la épica y la lírica. Ha menester de una vida social y compleja, y de un grado superior de cultura. En vano buscaréis el drama en pueblos de vida uniforme, allí donde el espíritu individual no tiene fuerza ni acción. Es la expresión de una sociedad organizada y reflexiva, que tenga épicas tradiciones, ideales históricos, sentimiento nacional. La primitiva tragedia griega no es más que una rama desprendida de la épica; la comedía nació después, hasta que hubo una vida rica en accidentes que alimentase la sátira. Excepto Sacúntala, el drama es del Renacimiento. No es fruto de la inspiración popular, sino de poetas cultos, Poesía erudita y cortesana fue en Francia la del tiempo de Luis XIV. La dramaturgia inglesa y española se inspiró en sentimientos populares; pero quienes fundaron el Teatro fueron Shakespeare, genio profundo, y Lope de Vega, fecundo ingenio.

Grandeza en el hecho y en los personajes, pasiones violentas, terror patético y catástrofe: he aquí el terror patético y he aquí la tragedia. No es preciso que el protagonista, en quien se concentra la acción, sea una personificación elevada del bien, sometida á un hado implacable. Edipo es víctima de la fatalidad, Orestes de su propio crimen. Poliuto es la virtud y la fe, Hamlet la justicia y la venganza, Macbeth el mal. Se necesita, sin embargo, una gran personalidad, como la del misterioso vengador del Secreto Agravio. Así se inmortalizaron la Atalía de Racine, el histórico Julio César do Shakespeare y el novelesco Ruy Blas de Víctor Hugo.

La tragedia clásica, coreada y dominada por el destino, no es más que una forma dramática de la epopeya: la tragedia romántica, que se inspira en el combate de las pasiones, reproduce n mejor el animado cuadro de la vida. El neoclasicismo de Corneille y Voltaire inspiró a Moratín, Jovellanos, Quintana y Ventura de la Rivas, Gil de Zárate, Larra y Martínez de la Rosa El duque de seguido la bandera del romanticismo triunfante.

En el teatro, como en el mundo, hay e y ridículo, y del dolor trágico se pasa a la cómica risa. Los vicios y ridiculeces de la sociedad se prestan también al arte bello. Moreto en el Lindo don Diego y Cañizares en el Domine Lucas, crearon caracteres inolvidables. Calderón nos interesa todavía con la intriga de la Dama Duende, y Moratín, gran pintor de costumbres, nos encanta con el Sí de las Niñas. Tirso y Rojas, Hartzembusch y Bretón de los Herreros son maestros insignes de la comedía.

Combate que termina de un modo feliz, representación de una acción que conmueve é interesa, en que el conflicto dramático se resuelve armónicamente, tal es el drama propiamente dicho.

En el Mejor alcalde el Rey, de Lope de Vega, la virtud vence y el crimen sucumbe. En Otelo sucumben igualmente el traidor Yago, Otelo infortunado y la inocente Desdémona. El Delincuente Honrado de Jovellanos, es un drama cómico, el alcalde de Zalamea un drama trágico. Así, el drama, psicológico, histórico ó social, que admite todos los elementos de la vida, mezcla de serio y cómico, es el más real de todos los géneros poéticos. Poetas románticos han sido sus principales cultivadores. En nuestros días, Echegaray con el Gran Galeoto estremece la escena.

Dramas mitológicos como el Prometeo encadenado de Esquilo, ò religiosos como el Mágico prodigioso de Calderón; pastoriles como el Aminta de Tasso y el Pastor fiel de Guaraní, simbólicos como el Fausto en Goetheny el Manfredo de Byron, son más bien poemas. Los dramas líricos, ópera y zarzuela, sujetos á las exigencias del canto y la música, son un bastardamente del arte dramático.

El concepto general del drama, y momento en que aparece, explica las dificultades de la obra para el artista literario. Pues aunque

Italia tenga, como tiene, un gran épico, Dante, y América gran lírico, Longfellow; pues, aunque Inglaterra tenga, como tiene, el primer trágico, Shakespeare, Francia el primer cómico, Moliere, y Alemania el primer dramaturgo, Schiller, el teatro español es, sin embargo, el más grande de los tiempos modernos y el más rico del mundo. Cierto que no tiene aquellos arquetipos inimitables de la escena extranjera, personificaciones acabadas de ideas o sentimientos dramáticos; pero en todo es original y nacional. Y como España dio a don Juan y a Byron, dio el Cid a Cornelle, a Beaumarchais el Fígaro, Torquemada a Hugo, y á Schiller don Carlos: el Trovador de García deleita en la también español es.

¿Cómo es entonces que en esta América española no ha florecido, no, la poesía dramática? España dejó en sus venas sangre de Cortés y Pizarro, y en sus labios idioma de Garcilaso y Cervantes, y tal sello imprimió en sus instituciones y costumbres, que el genio americano, español es; á tal punto que América, con una civilización semejante, más parece hoy unida por un istmo á la Madre Patria, que está separada por un Océano. De aquí el que la literatura americana se considere con razón como literatura española. Bello é Irisarri, Baralt y Cuervo, limpiaron, fijaron y dieron esplendor á la hermosa habla castellana.

En América se ha cultivado con éxito la novela. Riva Palacio y Milla sobresalen en el género histórico, Díaz en el de costumbres. Mármol escribió Amalia, con tendencia social o política, e Isaacs, María, bella y sentimental como Graziella. Pero, aparte la forma y la naturaleza distinta de la composición, la novela es más bien un poema que un drama.

No es que América carece de las facultades creadoras del drama, sino que le faltan sus elementos, y el instante no es llegado aún. Ruiz de Alarcón, que nació á la luz de nuestro cielo é hizo la Verdad Sospechosa, poeta español es. La lírica americana se ha levantado á grande altura; mas es casi enteramente subjetiva. Sentidores de amores, con rimas como Becquer, serenatas como Zorrilla, falta á los mil bardos americanos el pensamiento objetivo de Espronceda, Campoamor y Núñez de Arce.

El genio dramático no sólo la lira, ciñe espada. Las empresas de la conquista y las hazañas de la independencia, son propio asunto de la epopeya americana; pero ésta no existe, tal vez por dormir de la Colonia ó el pelear de la República. Olmedo se contentó con su canto á Junín, digno de Bolívar, y Andrade con la Atlántida, digna del porvenir de nuestra raza. España, por el contrario, comenzó su literatura con los poemas del Cid Campeador y del Conde Fernán González, y todavía en la Araucana resonó su clarín épico.

La influencia recíproca del contemplador y el artista determina también la clase del drama. El poeta, subjetivo no gana la escena; el público, ¿quién es y dónde se le encuentra? En América, el vulgo no tiene educación, no tiene aquel sentimiento y gusto por el arte, característico de los pueblos europeos. Allá el teatro es una institución social, aquí un mero divertimiento. El poeta se inspira en la gloria y quiere aplausos.

Por otra parte, dijérase que en estos países americanos falta hasta la materia misma de la obra. El campo familiar es fecundo; pero para costumbres sin originalidad basta la comedía española. Batres y Aycinena tienen el dolor sereno ó la risa cómica; pero no tienen la lucha dramática ni el terror trágico. En España hay leyendas caballerescas, enredos cortesanos, vida galante; en América no hay medio social ni fin heroico. Margarita y Ofelia, Julieta y Elvira son del Mundo antiguo; el Nuevo Mundo es un hombre de bien, 6 un joven que canta siempre: Yo pienso en ti.

Tegucigalpa: 2 de enero de 1890.

APUNTES

sobre la Legislación Penal de Honduras para la "Legislación Penal Comparada"

El Código Penal de esta República fue promulgado por el Presidente don Marco A. Soto, el 27 de agosto de 1880. Una Comisión de legistas, compuesta de don Adolfo Zúniga, don Jerónimo Zelaya y don Alberto Uclés, lo elaboró conforme al modelo de Chile. En 1866 el presidente don José María Medina publicó un Código, que don Carlos Madrid había redactado por el modelo español, y que nunca estuvo vigente. Un Proyecto anterior, de don Inocente Bonilla, don Martin Uclés, don Pio Ariza y don Valentín Durón, que desgraciadamente se ha perdido, no llegó á imprimirse siquiera. A la época de la codificación regían en el país las Siete Partidas de Alfonso X y la Novísima Recopilación de Carlos IV. En España están nuestros antecedentes históricos y jurídicos; pero sobre sus rígidas leyes prevalezcan nuestras libres costumbres. Todo nuestro sistema penal tenía por base el arbitrio judicial, conforme á la famosa ley 8ª, título 31, Partida 7ª.

Comprende el Código los delitos graves, simples delitos y faltas. En éstas sólo se castiga el hecho consumado; en aquéllos, también el hecho frustrado y la tentativa. La conspiración y la proposición sólo son punibles contra el Estado. Entre las circunstancias eximen- tes están la imbecilidad y locura, defensa legítima, necesidad o casualidad, adulterio infraganti, deber y obediencia debida. La edad irresponsable es de diez años en todo caso, y de diez y seis sin discernimiento. Las atenuantes y agravantes se refieren á las circunstancias del hecho y á las relaciones de derecho. La edad menor de años constituye atenuante calificada. Los autores, cómplices y encubridores son responsables criminalmente.

No hay leyes retroactivas, salvo á favor del reo; ni penas infaman- tes. La acción penal es pública, salvo en los casos contra el honor y la honestidad. Los delitos graves se castigan con presidio, reclusión, confinamiento, extrañamiento y relegación mayores, inhabilitación absoluta y especial. Los delitos se reprimen con las mismas penas en calidad de menores, y con las de desterró y su suspensión. Las faltas se corrigen con prisión. En las tres clases son penas comunes la multa

301

y el comiso. En las dos primeras son accesorias la cadena o grillete, la celda solitaria y la incomunicación. La inhabilitación y la suspensión son principales accesorias. La caución y la vigilancia son accesorias preventivas. Las costas, daños y perjuicios son siempre accesorias. La Constitución de 1894 ha borrado del Código la pena de muerte.

Las penas se cuentan desde el día de la captura del reo. Las correccionales duran hasta sesenta días; las menores, hasta tres años; las mayores, hasta diez años. La multa por faltas llega hasta sesenta pesos; por simples delitos, hasta quinientos; por delitos graves hasta dos mil quinientos; y en caso de insolvencia se constituye por reclusión, á día por peso, hasta un año. La caución se regula por la multa, y dura hasta tres años. La cadena y accesorias de esta clase se regulan por las principales, y duran hasta tres años. Las penas que importan privación de libertad llevan consigo inhabilitación ó suspensión. Estas interdicciones comprenden cargos y oficios públicos, derechos políticos y profesiones titulares, necesitando indulto especial. El presidio impone trabajos públicos; la reclusión y la prisión, encierro solamente. El confinamiento y el extrañamiento se cumplen fuera del país; la relegación y el destierro, dentro del mismo. Son aflictivas las penas mayores, y las menores en sus grados máximos. Las costas comprenden tanto las procesales como las personales. La vigilancia del penado se impone judicialmente.

Al delito consumado se aplica la pena que señala la ley; al frustrado, un grado menos; á la tentativa, dos grados menos. Al autor se le aplica la pena en el grado de ley; al cómplice, un grado menos; al encubridor, dos grados menos. En el delito se distinguen siempre la intención y la acción; en la pena hay siempre tres grados: medio, mínimo y máximo, atendiendo á las circunstancias constitutivas, alternantes ò gravantes. La multa se considera como la pena inferior, y se gradúa equitativamente. Al menor de diez y seis años, declarado responsable, se aplica un castigo discrecional. Al menor de veintiún años, se castiga hasta con tres grados menos, bajo el mínimo de ley. Al culpable de varios delitos se imponen todas las penas correspondientes, no pudiendo acumularse por más de veinte años. La ejecución de las penas sólo tiene lugar por sentencia firme, en la forma de ley. Aún no se ha establecido el sistema penitenciario. El Reglamento de Presidios data de 1875.

En el quebrantamiento de la sentencia, el presidio, la reclusión y la prisión se recargan con incomunicación, celda solitaria o cadena; el confinamiento, el extrañamiento, la relegación y el destierro, con presidio o reclusión; la inhabilitación y la suspensión, con reclusión o multa; la vigilancia, con reclusión. Estos recargos se computan dentro de la condena, hasta por mitad de su término. La nueva delincuencia, durante la misma condena, se sobrecarga como reincidencia.

La extinción de la responsabilidad criminal tiene lugar por muerte del reo, cumplimiento de condena, amnistía, indulto, perdón del ofendido y prescripción de delito y de pena. La acción penal prescribe generalmente: en seis meses por faltas: en diez años por simples delitos; en quince años por delitos graves. Exceptúense la injuria y la calumnia, que prescriben en un año. Las penas impuestas por sentencia firme prescriben en igual tiempo que la acción penal. Estos términos comienzan á correr desde el día de la comisión del delito, o de la fecha o quebrantamiento de la sentencia, y se interrumpen por un nuevo delito. La prescripción se declara de oficio. La responsabilidad civil se rige por el Código Civil.

El Código Penal comprende los delitos contra la seguridad exterior o soberanía del Estado, contra su seguridad interior; contra los derechos garantizados por la Constitución, contra la fe pública falsificación, falso testimonio y perjurio); los delitos cometidos por empleados públicos en el desempeño de sus cargos; los cometidos por particulares contra la seguridad y el orden público, el orden de las familias y la moralidad pública; contra las personas y la propiedad, y los cuasidelitos. La vagancia y la mendicidad están en la categoría de delitos. Los delitos electorales y los de imprenta están especialmente penados por las Leyes Constitutivas de 1894.

En cuanto a las faltas, comprende el Código aquellas que son como mínima expresión del delito. Dar las faltas de policía trata el respectivo Reglamento, promulgado en 1888. Estas faltas se castigan administrativamente.[7]

---

[7] Del procedimiento criminal se trata en el Código de Procedimientos, de 1880. Trátase del juicio criminal en general; del sumario y del modo de sustanciar el juicio criminal; de la sentencia, de la apelación y de la casación; del amparo, del

El Código Penal Militar fue también promulgado por el presidente Soto, el 31 de mayo de 1881. Una comisión especial, compuesta de don Enrique Gutiérrez, don Adolfo Zúniga y don Alberto Uclés, lo redactó según el modelo de Italia. Este Código vino á sustituir las Ordenanzas españolas de Carlos III. En él sólo se penan los delitos; las faltas se castigan correccionalmente, La Ordenanza vigente es de la misma fecha que el Código. El Reglamento Militar es de 25 de julio de 1881. En la escala penal no figura la multa. La Constitución de 1894 ha borrado también la pena de muerte de este Código.

Las penas militares de reclusión y cárcel militares, separación del servicio, remoción del grado y suspensión del empleo, no importan indignidad para pertenecer al Ejército; pero sí las de presidio mayor, a degradación y destitución. La reclusión militar se cumple en una fortaleza del Estado; obliga al trabajo y dura de uno á diez años: hasta tres, lleva anexa la suspensión, y después, la separación. La cárcel militar se cumple en un establecimiento de corrección; obliga al trabajo y dura de dos meses á un año, llevando anexa la suspensión o remoción. La separación hace perder el grado, y la remoción hace a descender a simple soldado. La suspensión priva de sueldos y honores, y como principal dura de dos meses á un año. La degradación es pena accesoria, llevándola consigo la destitución y el presidio mayor anarquía.

En las penas a por as militares hay cuatro y cinco grados. Al delito consumado se aplica la pena al frustrado, un tentado, dos o tres grados. Se castiga a los autores ó agentes principales con la pena de ley; á los cómplices con igual pena, ó con dos o tres grados menos, según las circunstancias. La consideración de la menor edad merece tres grados menos. La locura o demencia es circunstancia eximente o atenuante; pero no lo es siempre la fuerza mayor. Las atenuantes imprevistas merecen un grado menos. Los delitos y las penas se extinguen por muerte del reo, cumplimiento de allá condena, indulto, amnistía y prescripción. La acción penal y la pena, por penas menores

---

sobreseimiento, de la fianza en materia criminal y del allanamiento de casas. La prueba se regía por el procedimiento en materia civil. Actualmente hay una Ley Constitutiva de Amparo, de 1891. Existe también el Jurado de calificación para todo delito que no constituya falta, y el de acusación para les delitos de imprenta La Ley del Jurado comenzó á regir el 1. de enero de 1895.

de tres años, y por las mayores de tres y de cinco, prescriben en diez, quince y veinte años, respectivamente.

El Código Militar sólo comprende los delitos militares: traición, al espionaje, enganche; delitos contra el servicio; desobediencia, revuelta, motín é insubordinación; deserción, soborno y abuso de autoridad; actos de violencia en ejecución de orden o consigna; lesiones entre militares, mutilación voluntaria, calumnia y difamación; falsedad, prevaricación é infidencia; corrupción y trasgresiones en el servicio o administración militar; venta, empeño o enajenación de, efectos militares; hurtos, estafas y apropiaciones indebidas; incendio y deterioro de edificios, obras y objetos militares; abusos de divisas y honores militase refieren tanto al tiempo de paz como al de guerra de personas extrañas al ejército se rige según los casos, por la ley común o por la ley militar.

El estado de guerra comprende también delitos comunes á saber: incendio, devastación y homicidio; lesiones y atentados contra la autoridad pública; estupro y otros actos deshonestos; salteamiento, rapiña y saqueo; imposiciones o prestaciones arbitrarias y pillaje; hurto y estufa o fraude: falso testimonio y soborno de testigos. Se comprenden igualmente el motín y la revuelta cometidos por los prisioneros de guerra.[8]

---

[8] En el mismo Código Militar se establece el procedimiento penal. En las disposiciones del tiempo de paz se comprende: 1. La composición de los tribunales militares: jueces de instrucción; tribunales territoriales, de tropas concentradas y de oficiales generales, y Tribunal Supremo de Guerra: 2. la competen- cia: personas sujetas á la jurisdicción militar; reglas generales sobre competencia militar; concurrencia de delitos ordinarios y militares; competencia del Tribunal Supremo de Guerra y atribuciones del ministerio público: 3. Las reglas del procedimiento: instrucción preparatoria y formal; primer procedimiento ante el Tribunal militar; instrucción anterior á los debates; apertura de los debates, celebración y sentencia; procedimiento ante el Tribunal Supremo de Guerra; policía de las audiencias; procedimiento contra reos ausentes, y contra prófugos captura- dos; recursos de casación y revisión, y de casación en interés de la ley.
En las disposiciones del tiempo de guerra se comprende: 1. La composición de los tribunales militares, ordinarios y extraordinarios: 2. La competencia y el procedimiento en tiempo de guerra. Hay también disposiciones generales y transitorias. La Ley Constitutiva del Estado de Sitio, de 1895, limita la competencia los tribunales militares, por delitos comunes, á la traición, rebelión y

Finalmente: el Código de Aduanas, que data de 1882, aunque contiene sanciones penales, no es propiamente una ley penal. La Ley de Contrabando y Defraudaciones Fiscales data de 1888, y sus reformas, de 1893. No hay todavía una ley especial sobre obreros o industriales; ni sobre materias explosivas. Todas las ediciones de los Códigos y leyes vigentes son auténticas: se han hecho en esta capital, en la Imprenta Nacional; y las leyes se encuentran en "La Gaceta". Ninguna exposición, comentario o monografía, se ha publicado hasta ahora sobre la legislación penal hondureña, cuya nota característica no es la extremidad. Nuestra jurisprudencia penal es de un justo medio, y se contiene en las sentencias de la Corte Suprema de Justicia y del Tribunal Supremo de Guerra, insertas en el periódico oficial. En 1892 don Alberto Membreño publicó, en la misma imprenta, un "Repertorio Alfabético de Jurisprudencia" La Asamblea Constituyente de 1894 decretó la reforma de los Códigos, conforme á la nueva Carta Fundamental, y el presidente don Policarpo Bonilla hará la promulgación. El proyecto de Código Penal está ya redacta do, por don Leandro Valladares y don Alberto Uclés, siguiendo el modelo español de 1870. El proyecto de Código Miliar está también redactándose por don Rafael Alvarado y don Dionisio Gutiérrez. Los nuevos Códigos hondureños comenzarán á regir, probablemente, el 15 de septiembre de 1897, aniversario de la Independencia.

Tegucigalpa: 15 de mayo de 1896.

---

sedición; delitos contra la paz, independencia y soberanía del Estado, y contra el Derecho de Gentes.

Actualmente, en tiempo de paz, la justicia militar se administra por los comandantes locales, como jueces de instrucción; por los comandantes de Armas, como jueces de primera instancia; por las Cortes de Apelaciones y por la Corte Suprema de Justicia. En tiempo de guerra, se administra por tribunales militares territoriales o por tribunales militares en campaña, ambos de única instancia; pero en casos excepcionales, sus sentencias se consultan con el Comandante General del Ejército. La Ley de Enjuiciamiento Militar, de 31 de agosto de 1885, asimiló el procedimiento militar al procedimiento común, é hizo personal el fuero real: pero en este punto ha sido derogada por la Constitución de 1894.

JOSÉ ANTONIO LÓPEZ

Nació en Santa Lucía, pueblo situado tres leguas al Oriente de Tegucigalpa, el 22 de marzo de 1850. Es hijo del General don Juan López y de doña Soledad Gutiérrez de López.

El señor López no adquirió título profesional ninguno; pero ha obtenido variados y profundos conocimientos en diferentes ramos del saber los que ha extendido viajando repetidas veces por los Estados Unidos de América, Inglaterra, Francia y España. En una de sus temporadas en este último país, allá por 1880, fue colaborador de "El Globo" de Madrid, periódico de don Emilio Castelar. El señor López pasa consagrado al comercio, que es su ocupación o principal. Con todo, no ha descuidado el cultivo de las letras, y mu ochos artículos de gran interés han salido de su pluma.

En la actualidad reside en Guatemala, delicado empresas comerciales de importancia.

LAS DOS CREACIONES

Todo lo que tiene existencia real, deja, al desaparecer, huellas más o menos profundas. Nada se pierde por completo. El perfume mismo de las plantas, débil y tenue como es, flota en el espacio, desvaneciéndose por grados y descomponiéndose lentamente para entrar en nuevas combinaciones químicas, aun mucho tiempo después que aquellas han sido separadas de sus raíces.

Lo mismo sucede con el pensamiento y con las ideas; su tendencia es á inmortalizarse. Apareciendo estas una vez en el ánimo, su expresión es, al fin y al cabo, inevitable; y cuando de algún modo se expresan las ideas, no quedan perdidas por completo, aunque en la apariencia carezcan de vienen á la mente, que importancia. ¿Quién puede explicar cómo vienen a la mente, qué causas son las que determinan y qué agentes las definen y las caracterizan por completo? En mi opinión, así como en el mundo externo, los agentes químicos, toman elementos de todos los seres, para formar nuevos seres, en el ánimo hay también una especie de alquimia, que toma la esencia de todas las ideas, se las asimila, produciéndole así, nuevas ideas.

El gesto mudo pero expresivo del semblante; la mímica de las manos y de todo el organismo; el grito gutural, la palabra, la corteza del árbol ó la tosca piedra con sus rudos caracteres; los jeroglíficos, el dibujo elemental, la escritura, la música, la pintura, la poesía; el arte, en fin, en todas sus edades y manifestaciones, ha traído encadenado el pensamiento humano, por grados, desde que se despertó en el organismo como imperceptible chispa, hasta que, convertido ya en vasto incendio, despide de sí, dentro del alma, y torrente de luz que alimenta el genio y la sabiduría de carácter más elevado.

Nadie puede decirse autor de una idea. La creación absoluta no pertenece más que a Dios. Cuando se concibe algo, en la mente, no nos damos cuenta de donde lo hemos tomado; pero de seguro lo hemos tomado de alguna parte. Hay en toda concepción, indudablemente, algo original que nos pertenece; pero es esto tan poca cosa, que no merece la pena de ser tomado en cuenta. Los hombres de talento, los grandes genios, son aquellos, que saben dar forma, de manera magistral, á cosas que todos vagamente sentimos y pensamos, pero que no podemos expresar. ¡Con cuánta frecuencia no nos extasiamos delante de un cuadro ó de una estatua sin darnos cuenta de la verdadera causa de nuestro embeleso! Cuántas veces no leemos y volvemos á leer, páginas admirables por su sencillez, por el vigor y naturalidad de su estilo ó por lo nutrido de las ideas, en las cuales imaginamos contemplar á nuestro propio pensamiento, desenvolviéndose y tomando forma ante nuestros ojos, hasta el grado de pensar que las hubiéramos escrito de la misma manera. ¡Vana ilusión! Quienes con sus obras, producen semejante efecto, son verdaderos artistas y escritores. No se les puede imitar. Constituyen en su género, verdaderos tipos.

Todos, sin embargo, al más cual menos, contribuimos en esa obra común y solidaria de la humanidad que constituye el progreso: progreso en la elaboración de la materia, en su aplicación y en sus combinaciones; y progreso en la elaboración del pensamiento, en su clasificación y en sus combinaciones también.

Además del efecto consciente, hay el efecto inconsciente en todas las ideas. Es imposible expresar un pensamiento aislado, definido y bien cerrado por todas sus partes, como no es posible, poner ante los ojos, ningún objeto, que no nos haga recordar otros objetos, con los cuales tiene más o menos analogía. Es así, que al tratar de despertar en las personas con quienes nos ponemos en contacto, ideas que correspondan á las nuestras, no hacemos otra cosa, con esas personas, que aproximarnos en grados diferentes á ceas ideas, y contemplarlas, desde diferentes puntos de vista, mezcladas, más o menos, con otras ideas que con ellas se relacionan. Todos tenemos á la luz misma, como sustancia una é indivisible: y sin embargo, el espectroscopio nos muestra, los muchos matices que entran en su composición.

De aquí que existan tantas y variadas maneras de expresar un pensamiento; diversidad que se complica todavía más, por el acento, por la modulación y por todo lo material que sirve para darle forma, que constituye, aparte de sus circunstancias puramente ideales, un elemento sobrado importante para realzarlo, y para hacerle ver bajo diferentes aspectos. Si no fuera por esta variedad portentosa, no existiría ni la literatura ni el arte. Por esto mismo es, que en todas las épocas en que no se aspira á producir la originalidad, originalidad cuya extensión ya he tratado de señalar, y se echa mano del pobre recurso de la imitación, el arte degenera, poco a poco, en oficio, y la literatura se muere de consunción.

Hay hombres que, a poco de descargar sobre informe pedazo de mármol, unos cuantos golpes de cincel, muestran, á las miradas atónitas, la armonía ideal que se encierra en el alma; armonía que se despierta, perezosa, como de profundo sueño, para tomar forma plástica y vida al conjuro de su poderosa voluntad. Hay otros, que valiéndose de menores signos o de sonidos, dan expresión a sublimes y fecundas ideas, que una vez expresadas, son causa de que aparezcan, aún en espíritus apagados, multitud de nuevas ideas, que no hubieran jamás tomado forma, si esos agentes misteriosos no hubieran venido á evocarlas.

Unos y otros son, indudablemente, los que se llaman hombres de genio; es decir, aquellos que han tenido la fuerza de voluntad, la constancia y la energía, para vencer todos los obstáculos que se oponen á que se despierte de su letargo. Estos hombres, de seguro, han estudiado mucho; y mucho habrán meditado, antes de sorprender el secreto de producir en los demás, las ideas y los sentimientos que poseen en grado superior.

El arte y la literatura forman un acervo común, al que todos llevamos nuestro contingente; los que escriben y los que no escriben, los artistas y los que desconocen las formas del arte. Ese capital que las a generaciones reciben de las que les han precedido en el camino de la vida, se acrecienta siempre y se entrega a que les suceden. No hay medio de eludir semejante obligación. Ella nos ha sido impuesta como una carga, o tal vez, nosotros hemos sido impuestos sobre ella, para hacer realizable nuestro viaje a través de todo el tiempo y de todo el espacio.

Pero en el arte y en las ciencias, no recibimos lecciones sólo de los hombres. Hasta la materia misma se encarga de dárnoslas en ese sentido. Animales en disección eran los libros en que estudiaban Filosofía Leibnitz y Descartes. Aprenden más de perspectiva y coloración los pintores, en los paisajes que contemplan, que con las explicaciones que reciben de sus maestros. Los compositores imitan de las aves, el arquitecto de los bosques; y el poeta de todo roba á la naturaleza cantos, susurros, aromas, atesorando todas esas riquezas en su fantasía, en donde se funden y amalgaman al calor de indomables pasiones, las derrocha más tarde en las que pudieran llamarse bacanales y embriagueces de la inspiración. Honda diferencia existe, sin embargo, entre las ideas que recibíamos de la naturaleza, y aquellas que nos trasmiten los hombres. Las primeras las recibimos sin intermediarios, y, por consiguiente, no se queda una parte de ellas en poder de esos intermediarios, viniendo a parar integras á nuestro poder; mientras que las segundas, o son incompletas o llevan consigo cierto elemento falso y artificial con el cual se mezclan. Diríase estas últimas que son como la luz, recibida á través de un vidrio, que se tiñe del color que tiene.

Ya se deja ver, pues, que hay dos especies de fuerzas creadoras, que varían en sus manifestaciones hasta lo infinito: la fuerza que empuja los seres a su existencia real, y la que se agita en el fondo del que ánimo, dando origen á las ideas. Estas dos fuerzas creadoras, encerradas virtualmente en el cosmos y en el espíritu, se desarrollan, perdurablemente, una al lado de la otra. No parece sino, que en esta labor lenta pero eterna, la materia es la despierta y se ensancha el espíritu.

El calor, la luz y la electricidad, son, indudablemente, los agentes principales que trasforman la materia. Estos poderosos agentes, en eterna acción, tal vez, han despertado en la materia. En la vida se da, de seguro, el pensamiento; y este en constante lucha con cuanto lo rodea, se fortalezco, se aviva y se ensancha, desprendiéndose al fin de la materia, de la cual triunfa y se independiza, quedando, en definitiva, establecido con carácter propio y con verdadera individualidad.

¿Qué sucederá por último? En este fecundo hervidero de la vida; en este revolverse incesante de las ideas y de las humanas, pasiones; en este estrepitoso ruido, producido perennemente por el choque que de los elementos más opuestos, caerá, de pronto, el silencio, como un sudario sobre la tierra? Quedará ésta yerta, como un cadáver, cuando los siglos, amontonándose sobre su disco, la hayan he lado con su soplo de muerte?

¡Ah! No. La tierra puede quedar, al cabo, agotada de tanto producir la vida; puede quedar rodando eternamente en el vacío, condenada à arrastrar una estéril existencia, con el huevo roto de donde ha emprendido su vuelo la crisálida; pero antes el hombre, hecho inmortal por el pensamiento, habrá de elevarse, en alas de la ciencia, á regiones superiores, en busca de una nueva y más fecunda patria.

Enero 22 de 1890.

BIBLIOGRAFÍA

Fray Bartolomé de Las Casas, sus tiempos y su apostolado, por don Carlos Gutiérrez, con un prólogo de Emilio Castelar

Esta es la primera vez que nos toca en suerte la satisfacción de anunciar en un periódico del país, el aparecimiento de una obra completa escrita por un hondureño.

La obra se titula "Fray Bartolomé de las Casas, sus tiempos y su apostolado", y ha sido escrita por don Carlos Gutiérrez.

Como si no fuera ya bastante para recomendarnos su importancia la reputación de que goza su antor, tanto dentro como fuera del país, en el campo de las letras, viene hoy á encarecérnosla Emilio Castelar con un interesante prólogo de veintidós páginas.

Como hondureños, traer honra y renombre es decir, con como amantes de todo lo que puede nuestra pequeña y desgraciada patria, hemos acogido con entusiasmo el libro del señor Gutiérrez, y sentido dentro de nosotros mismos, movimientos de vanidad satisfecha, la rápida revista se encuentra a su frente, llena de los mayores elogios para el autor; revista trazada por la mano de uno de los pocos hombres que tienen hoy el raro privilegio de atraer sobre sí las miradas del mundo, y de cuyos labios ruedan las palabras y van a perderse en la conciencia de todos los pueblos, llenándolos de viril entusiasmo por la libertad y el progreso, de tal suerte, que tiemblan los que de alguna manera se afanan por encadenarlos para satisfacer inicuas y reprobadas ambiciones.

Siempre inspirado, siempre admirable, Castelar, dentro de tan estrechos límites, salta por encima de las generaciones, salva de un golpe los siglos, y su imaginación, que él no puede contener, le arrastra donde nadie antes ha penetrado. De tan prodigiosas alturas domina todos los tiempos y se le aparecen todas las épocas y columbra todos los hombres, y con una sola mirada los conoce, los analiza, los aprecia: toma sus medidas, las pone en libros para que las generaciones más distantes de ellos, no padezcan, al juzgarles, error de óptica, y los conozcan en su verdadera talla histórica, para valernos de un giro conciso.

Sin embargo, tenemos que hacer un cargo, que otros muchos, con mejores títulos, han hecho antes á Castelar. Al hacérselo, tentados estamos á borrar una á una las palabras, á medida que van apareciendo bajo nuestra pluma. Este cargo es su vaguedad.

¿Pero es acaso responsable Castelar por esto que nos hemos atrevido casi a llamar una falta? ¿No es rodeado de vaguedad como se manifiesta todo en la naturaleza, cuando traspasa ciertos límites?

¿Cuándo ha existido nunca una cosa demasiado grande que no fluctúe entre las nieblas vaporosas de la indecisión? Las líneas prolongadas indefinidamente tiemblan trémulas ante nuestra vista que no las puede abarcar en toda su extensión.

Sólo lo reducido, sólo lo pequeño se encuentra encerrado en límites bien perceptibles y precisos: el mar y el espacio, las dos cosas mayores que conocemos, se mezclan á lo lejos en el horizonte, son indeterminados porque carecen de puntos fijos que sirvan de comparación.

Tal se muestra a nuestra consideración Emilie Castelar. La igualdad, o si se quiere, la monotonía de su estilo, siempre elevado; la facilidad con que pasa de un asunto a otro sin que se advierta el menor esfuerzo o movimiento; el ningún punto de comparación, o bajo otra forma, la carencia absoluta de accidentes en ese inmenso océano, para poder medir la vertiginosa carrera de su narrativa, todo esto no puede sino causarnos, a la larga, invencible fatiga, a nosotros, pobre vulgo, que apenas si podemos levantar la frente del, nivel común de la muchedumbre de los hombres anónimos.

Ni una sombra, ni la más ligera nube empaña nunca los hermosísimos y diáfanos paisajes que Castelar se complace con frecuencia, en hacer pasar ante los ojos del lector embelesado.

Leer sus escritos, escuchar sus discursos, produce deslumbramiento: equivale á mirar hacia arriba en un día de calma y de luz percibimos muchas claridades y detrás de esas irradiaciones hay indudablemente mucho que nuestros ojos no lo ven por su imperfección.

Y puesto que nos hemos permitido lanzar una acusación á Castelar, también se la haremos y con más derecho y mayor justicia al señor Gutiérrez.

¿Por qué no dedica el señor Gutiérrez sus talentos, su ilustración poco común y sus amplios recursos, a producir obras que den a conocer a su patria en el extranjero, que le presten brillo, o que ayuden a la formación de una literatura nacional? ¿No creé él por ventura que esta sería la mejor manera de servirla?

A multitud de centroamericanos nos consta el amor entrañable que el señor Gutiérrez tiene por estas Repúblicas. Dado este antecedente, apenas podemos explicarnos, que no le haya ocurrido la idea de escribir libros centroamericanos: esto es, que ocupen sus páginas personajes y asuntos centroamericanos, escritos en estilo eminentemente centroamericano.

Aquí, como el señor Gutiérrez lo conoce, tenemos talentos apropiados para el cultivo de todos los ramos del saber, que si dedicaran su y energía al estudio y la meditación, bien pronto producirían obras dignas de figurar en los escaparates de los sabios y de los hombres de letras de cualquier parte del mundo. Pero, por desgracia, ni estudiamos, ni escribimos, ni meditamos, ni aun siquiera se nos concede talento, porque viviendo engolfados de lleno, no en especulaciones astronómicas como los felices moradores de la isla flotante de Swift, sino en matar gente y en hacer y deshacer gobiernos, sólo nos queda tiempo, después de esto, para atender à las necesidades más prosaicas de la vida, ignorados por completo del arte, de las ciencias y de las letras. Separado de su país, por inmensa distancia, como ha vivido el señor Gutiérrez estos últimos treinta años, ha podido observar tranquilamente lo que pasa en esta parte del mundo, sin que el ruido de nuestras reyertas y el olor acre de la pólvora y la sangre derramada, hayan llegado á enturbiar, ni por un momento, el fondo claro de su conciencia,

¡Con tales circunstancias cuánta autoridad y prestigio no hubieran tenido sus escritos para nosotros, si ellos se hubieran referido den preferencia á contar nuestras desgracias y proponer los medios para remedíarlas! Empero, ha preferido por temor tal vez de que le acometiera á él también, ese vértigo revolucionario que consume á su raza, quedarse tranquilo en su retiro europeo, mientras sus hermanos luchan y mueren todos los días, fatalmente, por algo que no ha aparecido todavía en su país, por ideales que no existen aún en la conciencia de estos pueblos, y que aun después de concebidos necesitan de grandes sacrificios y largos años de sufrimientos para que lleguen á encarnarse en la realidad viviente.

Tócanos hoy, por tales motivos, avanzar nuestras pobres ideas, sobre el libro que ha dado á la estampa en España, con el título que encabeza estas líneas y que tenemos frente á nosotros.

Dos cosas saltan á la vista en la obra del señor Gutiérrez. La porción inmensa de noticias que ha recogido y la precisión lógica con que las ha dispuesto y ordenado, deslizándose la narración tersa, castiza y serena en todo el libro, con dos ó tres excepciones en que hace alto, para referirse, de pasada, á las desgracias y trastornos de sa patria, que al fin y al cabo no han podido menos de solicitar, aunque, por un momento su atención. Al leerla, se mira simplemente á aquel anciano y venerable. Las Casas lleno de fe y celo por su cansa, se contempla al apóstol, poseído de ardimiento sublime, a pesar de los años, moviéndose con la vivacidad de la juventud, tras la corte ó de sus poderosos protectores que la muerte siempre le arrebata, ó en pos de sus desgraciados indios que la crueldad y avaricia de los conquistadores hace desaparecer todos los días a millares.

Y en efecto, tal es la precipitación sorprendente con que desaparece la raza aborigen de América, en aquellos tiempos, que Las Casas lanza terribles anatemas y se desespera, temiendo, con razón, que su noble propaganda no tenga eco ya en el mundo, no existiendo el objeto desgraciado a que la encamina.

En esta época no era el apóstol el perseguido, sino el apostolado, en su parte más esencial, son los fines; y aunque Las Casas era odiado por los conquistadores de América, este odio estaba distraído y no era tan temible, por el deseo ardiente que se había apoderado de cuantos pasaban a América en aquel tiempo, de enriquecerse a toda costa. Así es que a él se le desdeñaba, mientras que á los infortunados indios se les hacía perecer en las entrañas de la tierra, sin alimentos, agobiados de trabajo, para sacar el oro que había de enriquecer a los que se les habían repartido en encomiendas bajo el pretexto de enseñarles las verdades que informan y dan vida a la religión cristiana.

317

Leyendo su vida, tal cual Gutiérrez la describe, de una manera tan animada, oís los ruegos, imprecaciones y amenazas de Las Casas; y tal es la fuerza de sus argumentos y tal el fuego sagrado que consume su alma que, en aquellos tiempos, si bien al decir de Castelar, son tiempos homéricos en que la estirpe humana se agranda y se convierte en estirpe angélica por los prodigios que los hombres llevan a cabo, son, sin embargo, tiempos de los grandes inquisidores, de los verdugos; tiempos en que se desconocen los derechos del hombre y en que Las Casas ni vacila en predicarlos en todos sus discursos y amonestaciones a los personajes más poderosos é influyentes de la Corte, ni estos personajes tan pagados de su propia grandeza, dejan al fin de reconocerlos.

Jamás las ideas de dos hombres habrán concordado en todas sus partes de una manera tan completa, como las del apóstol sevillano y su historiador moderno. El espíritu eminentemente religioso de ambos, en vocación teológica, los distingos casuísticos, todo les asemeja; y a haber sido posible, un cambio, tanto, de tiempos como de circunstancias, creemos con toda sinceridad que el señor Gutiérrez hubiera sido aquel santo y bueno del abate, y Las Casas su brillante apologista. Si alguna diferencia hay entre los dos, es el ánimo inquieto y las tendencias militantes que consumieron la vida del primero.

Sea de esto lo que fuere, el señor Gutiérrez ha producido un libro útil; más que útil, necesario. Las quejas que se le escapan por el olvido injustificable en que está cayendo la memoria del virtuoso apóstol entre sus conciudadanos, conceptúanoslas como muy justas y merecidas.

Mucho dudamos, sin embargo, que en esta época, esencialmente práctica y materialista, en la cual todo se aprecia por sus resultados inmediatos, logre el señor Gutiérrez rescatar del olvido el nombre de Las Casas, sin otros medios que su entusiasmo y su excelente historia. El entusiasmo no logrará encenderlo en el ánimo de las muchedumbres, y la historia que ha escrito solo está destinada á aumentar los tesoros de este género, amontonados en las bibliotecas públicas y á despertar interés entre los americanistas modernos.

Consuélese el señor Gutiérrez, sin embargo, de la aparentemente que está cayendo sobre la memoria de Las Casas. Una gran notoriedad, es como un telescopio de inmensas proporciones, si bien

318

vistas, a través de prisma tan engañador, las cualidades y virtudes se nos aparecen en todo el brillo de su esplendor, también las sombras se proyectan en fantásticas proporciones. Si Las Casas hubiera despertado vivísimo interés entre los contemporáneos; si los sabios hubieran disputado sobre su vida, quién sabe si le sería dada a Gutiérrez hoy, la íntima satisfacción de admirar sin reserva a su héroe favorito. Lo que en su conducta hay de inexplicable hasta la fecha, lo que se nos aparece como una ligera sombra en aquella alma grande, ya hubiera, en este caso, tomado cuerpo y dado en tierra con la reputación del apóstol.

No hemos de terminar esta breve reseña de la obra del señor Gutiérrez, sin antes contradecir dos puntos que él consigna en su introducción.

Estos puntos son, la condenación que haces de las insurrección cubana, y el asegurar que en América existe todavía la esclavitud de los indios, si bien bajo otra forma, que aquella a cuya extirpación se dedicó Las Casas con tan noble como desgraciado anhelo.

Cómo puede el señor Gutiérrez asegurar que "la insurrección cubana debe haber aparecido intempestiva y antipática á todo pensador juicioso y humanitario, tanto en los absurdos fines que ilusoriamente se había propuesto, como en los extraordinarios medios de que se ha valido para sostenerla", cuando él mismo reconoce la justicia que tuvieron los cubanos para levantarse?

En esto se ha quedado muy atrás el señor Gutiérrez del abate Las Casas, a de pesar que ha venido al mundo tres siglos después que aquél, y cuando un enjambre de repúblicas existe hoy en América, para probar que no en vano luchan los pueblos por conquistar libertad y autonomía y que, la sangre derramada por tan justas causas nunca es estéril, ni siquiera cuando aparentemente no produce otros resultados que el exterminio y la miseria.

El abate Las Casas sostenía el principio tan lleno de novedad en su tiempo, de que los pueblos no tienen derecho de oprimir à los pueblos, y el señor Gutiérrez condena la insurrección cubana, que al fin y al cabo, tendía á destruir el último eslabón de la esclavitud de los pueblos en este continente, cualesquiera que fueran los medios de que se valía para eximirlos contra sus enemigos y sin fijarse en el resultado que pudiera, en definitiva, acarrear para Cuba.

¿No hay en esto notable discrepancia, verdadera oposición de ideas? Y no venga ahora el señor Gutiérrez á alegar que la insurrección de la más importante de las Antillas es inconveniente por los pocos medios de que disponía, ó ilusoria por la imposibilidad de llegar a un feliz desenlace, porque, en el fondo, ni hay pocos medios ni hay ilusión ninguna en el propósito de arrancar à Cuba del poder de los españoles. Multitud de pueblos, aquí mismo en América, con menos recursos que los que tuvieron y aún los que tienen los disidentes cubanos, y con menos justicia que estos, se levantaron y supieron conquistar su independencia. Fuera de esto, à nadie se le oculta, que la insurrección cubana no está ni puede quedar nunca vencida. Acuchillada y asesinada en todas partes, descansa para cobrar fuerzas y luchar con mayor energía en ocasión más oportuna.

Estamos conformes con el señor Gutiérrez en que la condición de los pobres indios no es todavía la que pudieran soñar para ellos los filántropos y los políticos mejor intencionados. Todavía se les encuentra sumidos en la más crasa ignorancia y se les lleva á la guerra á pelear batallas que les dejan en el mismo estado, cualquiera que sea su resultado y que no dan otros frutos, por lo regular, que la subida y la caída de Gobiernos que se diferencian sólo en el nombre. Pero de aquí á aquellos trabajos cruentos en las entrañas de la tierra á que los dedican los españoles, ò á aquellos asesinatos en masa à que los conducían por el más leve capricho, hay una distancia, difícil de apreciarse en las circunstancias actuales.

A pesar de esto, en la América Latina, el más desdichado de los indios tiene su propiedad asegurada, sus derechos como ciudadano bien definidos, y ya comienza a brillar para ellos un nuevo día, desde que algunos, y no pocos, han logrado, venciendo grandes dificultades, que les opone aún, el espíritu de la Colonia, no extinguido en todas partes, abrirse paso hasta los puestos más elevados del Estado; y el principio de equidad y de justicia, batallando sin cesar en este continente, les ha quitado gran parte del peso de las guerras que antes se hacía sentir casi exclusivamente sobre su débil raza, abriéndoles por doquiera escuelas primarias á fin de educarlos hacerlos aptos para la y vida republicana.

He aquí los puntos esenciales en que diferimos de las opiniones del señor Gutiérrez, no teniendo sino elogios que discernir para el resto de su libro, que tanto honra á su autor como al país que le vió.

LA VIDA DE TEGUCIGALPA
Costumbres de antaño

Un insigne poeta español ha dicho: "la vida es sueño y el sueño es imagen de la muerte". Esto que es de una exactitud incontestable generalmente hablando, se convierte en axioma tratando de la nuestra. En donde quiera que tomemos por tipo la vida para hacer su estudio, es siempre lo mismo ya sea en países muy avanzados ó en países salvajes, en las brillantes capitales de Europa, o en las soledades inmensas de los bosques de América.

La felicidad, que es la piedra filosofal de la civilización, se encuentra tan abatida en los palacios de mármol como en las humildes chozas de paja: y sin embargo, existe una gran diferencia: espectáculos por espectáculos, nosotros preferimos los de la vieja naturaleza.

No hay armonías que puedan igualarse á las armonías de los bosques: Haydn, Mozart, Weber y Meyerbeer, con sus inagotables torrentes de música, jamás lograrán trasmitir al alma la melancolía y meditación que se despierta en ella al recoger esas notas cadenciosas que la artista sublime de la brisa arranca a las cañas rajadas por el sol.

Los regocijos públicos, los teatros, los bailes, iluminaciones, conciertos, revistas, todo eso pasa con rapidez, dejando un recuerdo doloroso y ahondando cada vez más el vacío que nos separa de la verdadera felicidad.

En medio de la multitud el individuo se empequeñece; las fiestas de la civilización quitan al alma mucho de su esencia, y a fuerza de ruido se quiere ahogar el estertor de la miseria. El hombre se engrandece en la soledad: los espectáculos de la naturaleza dejan algo en su corazón, y del silencio majestuoso de los bosques se destaca en relieve la grandeza del yo.

En los primeros está la expansión del espíritu, la dilatación, máquina neumática que arranca todas las ilusiones. En los segundos, la concentración, el enriquecimiento del alma por la meditación.

¡En los unos multitud los unos la multitud y en los otros Dios!

El zumbido de un insecto —la abeja que atesora la miel en su colmena— el aquilón que lleva en su seno la semilla que más tarde se ha de convertir en fruto, el tembloroso vuelo del pájaro, el rayo de sol abriendo púdicamente el capullo de la flor; todo eso enseña al espíritu estudioso lecciones mucho más útiles y ciertas que las que predican diariamente los eminentes doctores de la Sorbona.

En la bulla tumultuosa de la discusión, en el ruido de las Academias, hay un silencio misterioso que no se puede discernir; de la misma manera que en la soledad de los prados, en las grutas más sombrías y tranquilas de los bosques hay un misterio silencioso que está rodeado de ideas, de ruidos, (perdóneseme la paradoja) que enajenan el alma, de voces medio articuladas que conmueven el corazón.

Pero dejemos á un lado estas consideraciones que tal vez están fuera de lugar, y entremos de lleno en la materia que ha de ocuparnos en el curso de este artículo.

¿Cómo se vive aquí? ¿Qué clase de distracciones tenemos? ¿En qué se ocupa la mayor parte de la gente?

Esto lo vera el curioso lector en las líneas que siguen, advirtiendo desde luego, para tranquilizar á mi modestia, que he preferido presentarme como tipo en propia persona antes que dibujar retratos: ocupación que siempre tiene mucho de odiosa en sí misma. Pero antes de todo, séame permitido decir dos palabras de esta pequeña ciudad.

Indudablemente, nosotros hemos tenido la rara fortuna de nacer en una bonita población, con ocho ó diez mil habitantes, con una bonita iglesia —un buen cura—, bonitas calles constantemente desiertas, o por lo menos la mayor parte del tiempo, un muy regular paseo regularmente abandonado, ni bastante animado para no fastidiarse, ni bastante solitario para entregarse á la meditación; con todos los inconvenientes de una sociedad exigente sin ninguna de sus ventajas; en fin, una cosa sui generis, lo que hace que sea un tanto difícil de describir, viviendo cierto género de vida, como sólo esta rara ciudad de Tegucigalpa puede vivir.

Debo principiar por el principio; es decir, por asegurar que me levanto muy temprano, regularmente a las nueve, cuando no debe de haber muchas horas que pasar esperando esa cosa a que los mortales han dado el nombre de almuerzo; y esto lo hago por dos razones: la primera porque siempre es necesario levantarse, si es que se ha de acostar uno la segunda vez; y la otra, porque, poco más o menos, todo el mundo tiene que cumplir su destino aquí en la tierra, quiero decir, entregarse á las muy complejas impresiones que sugiere entre nosotros esta palabra: ¡Vivir! Apenas me recuerdo, bostezo como un desesperado, me persigno, para que el Supremo Dispensador de todos los beneficios, advierta con una sonrisa de satisfacción que sus criaturas llenan sus deberes en este pequeño rincón de la tierra; en seguida me lavo las manos y la cara, si es que gozo de completa salud; si me siento un poco indispuesto, sólo la punta de los dedos; y cuando estoy atacado al pecho, no me lavo ni cara ni manos, ni me limpio las uñas por quince días.

Después de esto, me traen el café, que lo ponen siempre en frente de mi asiento. Yo no lo noto, porque, o estoy sumergido en profundas cavilaciones, o bostezando como un aburrido. Un cuarto de hora más tarde caigo en la cuenta y comienzo a tomármelo por dosis homeopáticas, lo más despacio que puedo para que me dure. Esto podrá ser pueril, pero es el hecho.

Continúo bostezando y pensando por algún tiempo; repentinamente tomo la más extraña determinación, cojo el sombrero y me lo pongo, me amarro la corbata, comienzo a vivir dentro de una levita y, ¡cosa estupenda! salgo. Entro en la primera tienda que encuentro abierta. Aquí hay un comerciante que perezosamente quita el polvo de los estantes, para que se vuelvan á empolvar de nuevo. Este parece ser nuestro destino. A poco, llegan otros caballeros bostezando. Comienza la conversación que una que otra vez es bastante animada poro que regularmente es como sigue: "¿qué tenemos de nuevo, amigo?". "Nada, que yo sepa", o bien se dice que... "¡Ah!". Esta vez saco mi reloj, son las once, me despido de tan interesante reunión y me voy a almorzar. Todos me dicen: "hasta la vista".

Almuerzo cualquier cosa; es decir, no cualquier cosa, pues siempre son los mismos huevos, frijoles y tortillas, y como ha sido día excepcional, día de correo, tomo el periódico oficial.

Ha circulado mucho, vinieron hasta cuatro ejemplares, ha causado grande impresión: hay un artículo contra los cachurecos ó contra los liberales, quién sabe contra cuál de ellos, (¡Como hacen las mismas cosas y son tan parecidos!) No leo cuatro líneas, sin que al punto me quede dormido; esto debe consistir en que siempre me parece haber leído una cosa semejante. Me recuerdo cuando mis ojos se fijan en estas palabras, escritas en un tipo más grande: "Imprenta del Gobierno", que me parece lo más significativo de todo el periódico.

En la sección legislativa hay decretos que derogan decretos y acuerdos en desavenencia con disposiciones anteriores; es decir, también allí se quita el polvo que ha caído el día anterior, se compone la cama para volver á acostarse.

Voy a tomar la siesta; es de advertir que para mí todo es tomar en este mundo. Lo mismo se toma un chocolate, como un artículo de costumbres, de igual manera se escuchan las palabras del ministerio como un sermón del padre cura.

Tomo la siesta, pues, duermo profundamente hasta que el tambor y el corneta pasan con gran escándalo por la calle. ¡Ya son las cuatro! Lázaro, levántate; otra vez en pie, salgo al corredor y grito: "¡Comidaaaaa!". El criado que es un bribón, se levanta asustado y va restregándose los ojos a poner la mesa.

Ya he dicho que el almuerzo y la comida son siempre iguales: sin embargo, en el invierno hay patastes en la olla, en el verano no hay nada. Después que ha pasado el acontecimiento más importante, como lo es el de la comida naturalmente, levanta el criado los platos, esta vez moviendo las mandíbulas, y yo sospecho que semejante movimiento no debe ser causado sino por una pechuga en el acto de pasar por la laringe.

Vuelvo á sacar el reloj; después de un cuarto de hora de bastante atención y de profundas meditaciones, averiguo que son las cinco. A Comayagüela, me digo, y me pongo frente á un espejo. Me parece que estoy bien. Me voy. En el camino encuentro un amigo; la diferencia consiste en esto "nos vamos".

Hay mucha gente. Los grupos de niñas, vestidas de diversos colores y esparcidas sobre la verde alfombra, parecen flores que esmaltan... ¡Ay, ay, ay! Comienzo a sentir otra vez el maldito sueño. Nos levantamos. Nos vamos. Pasamos por enfrente de las niñas. Nos tocamos el sombrero. Ellas no han podido menos de notar semejante demostración, y unas mueven los labios, (tal vez suspiran), otras la cabeza, y el resto ni la cabeza ni los labios, cierran los ojos, (tal vez duermen.) Me acuerdo que hay un salón que se llama "Tullerías". Entro. ¡Qué bullicio: Dos caballeros juegan al billar: esto se nota por el ruido de las bolas o por una que otra graciosísima ocurrencia de los circunstantes, capaz de hacer morir á fuerza de risa á un cadáver; los demás dormitan en los cojines o hablan a *mesa rocé*.

Hay una docena de estos caballeros que con la pupila fija, miran rodar sobre un tapete encarnado, en medio de un profundo silencio, unos pedacitos cuadrados de marfil blanco con puntitos negros figuro que con igual atención debe haber contemplado Herschel girar las estrellas sobre el ilimitado espacio.

Comienzo a sentir de nuevo el sueño, que para mí es como la aparición de los muertos para Hamlet. Otra vez me voy. Entro a cualquier parte, apenas llego, todo es movimiento... Me preguntan qué tal la salud, y me ofrecen un asiento. Como la salud está buena se suspende la conversación, me siento y comienza esa cosa grave y triste que se llama una visita.

El tiempo pasa así con mucha rapidez. Vuelve a sonar a con gran de escándalo el corneta y el tambor... Son las nueve, a la cama, me digo, y antes de que llegue a mi casa ya estoy dormido; dormido tomo el té y dormido hago otras cosas.

Una o dos veces al año, recibo invitaciones para bailes y para entierros, toda vez que queriendo Dios disponer de la vida de una persona en lugar de mandarle una enfermedad le dice "allí te mando un médico", y cosa natural, apenas llega el médico, se muere la persona.

Cuando concurro á los entierros, llevo una candela de esperma en la mano, y casi nunca sé el nombre del dichoso mortal que ha abandonado este letargo interrumpido que se llama vida, por el sueño eterno de la tumba. Cuando a los bailes, me pongo corbata blanca y frac. Allí se ríen de mi los que no tienen corbata blanca y frac, yo paseándome heroicamente con la mano dentro del pecho, me doy todos los aires de un hombre de estado.

A las doce regularmente todo se ha concluido, y yo me meto en la cama murmurando: "Esta vida es sueño, y el sueño es la imagen de la muerte".

Tegucigalpa: 1878

IMPORTANCIA DE LOS PARTIDOS POLÍTICOS

Entre las fuerzas vivas de un país bien constituido, los partidos políticos vienen á ser como los motores, que comunican impulso á todas ellas; y esas fuerzas y esos partidos en constante ejercicio, se adhieren los unos á las otras, con toda la precisión lógica de la serie, como las ruedas de una complicada máquina, imprimiendo un movimiento regular á la marcha del Estado.

De ahí la importancia de las asociaciones políticas y la necesidad de procurar su organización donde no existen. Los países que no cuentan con los elementos que los partidos políticos traen á la vida do los hechos, se convierten, ó bien en foco de insurrecciones y revueltas perpetuas, o bien en patrimonio exclusivo de una ó más personas, que explotan dichos países, á título de conquista, ó como si les hubieran tocado por juro de heredad. Esta verdad está bien comprobada con los hechos que se suceden diariamente en todos los pueblos.

En Inglaterra, de la que no se puede dejar de hablar cuando se trata de partidos políticos, jamás hay asonadas con carácter político, ni se siente ahí nunca el influjo directo de persona ó personas, aunque éstas ocupen elevado puesto en el Gobierno de la Nación. En Inglaterra, bien visto, la política no obedece ni á influencias del Gobierno ni á la de los gobernados. La política allá arranca de las tradiciones nacionales, de la dilatada historia parlamentaria del país: es un cuerpo de doctrina homogénea, una porción de principios fijos, un encadenamiento de afirmaciones lógicas, un sistema, en fin, completo de círculos que se circunscriben y ensanchan, que giran y se mueven siempre, bajo influencias de una cosa así como de leyes naturales, que no pueden cambiar en ningún sentido, ni los partidos ni los gobiernos del país, por poderosos que ellos sean.

Pero lo que más admira de aquella afortunada nación, no es su marcha majestuosa y reposada, vista desde fuera, sino su complejo y enmarañado organismo interno, donde á la par de las grandes con quistas del día todavía se ven resabios del feudalismo y asperezas que datan de los bárbaros tiempos de Guillermo el Conquistador.

Y en medio de esa aparente confusión ¡cuánta línea divisoria, cuánta valla, cuánta traba para la autoridad, y al mismo tiempo, qué ancha esfera para ejercitarse la acción individual!

Los múltiples, sobrecargados y confusos adornos de la célebre abadía de Westminster y del grandioso palacio del Parlamento, son un débil remedo de lo intrincado y confuso de la Constitución inglesa. Si se miran aquellos monumentos en detalle, no se comprende el orden de su ornamentación. Por doquiera machones que galopan llevando inmensas fábricas, líneas arquitectónicas que se cruzan en distintas partes, medías cañas que se entrelazan formando bosques interminables de piedra, rosetones que saltan y abrillantan la luz cernida por sus vidrios de múltiples colores, capiteles que amenazan caer por lo atrevidos, torrecillas que se destacan, embutidos, bajo relieves, tragaluces, arabescos, encajes sutilísimos de piedra, ¡qué barullo, qué de caprichos fantásticos, qué confusión! Pero contemplados en su conjunto, cuánta armonía, cuanta gracia inimitable, qué grandiosidad!

En la Constitución inglesa hay de todo. Cada época ha dejado incrustada en ella la esencia de está saturada de inglesismo su espíritu; pero de un extremo á otro malo, lo falso, ha desaparecido ó ha caído en desuso; y lo bueno, lo real, prevalece y sigue siendo como el alma de aquella asombrosa estructura. Y no hay parlamento, gobierno o partido político que sea bastante osado á tocarla. La revisión constitucional en Inglaterra es una cosa que nadie la imagina. Dado lo terco del carácter inglés, más fácil sería cambiar curso de los astros en su trayectoria. Jamás un código humano ha sido y es asunto tan fiel de un pueblo entro, como lo es la Constitución inglesa, ni pueblo alguno en la tierra ha tenido y tiene un carácter más acentuado y original que el pueblo inglés.

Pero esta Constitución inglesa tan admirada y tan admirable, no es la obra intencional de nadie: es la obra inconsciente de los partidos políticos que se han disputado el poder de Inglaterra desde los tiempos más remotos.

A raíz de despertarse en Inglaterra interés por los asuntos pertenecientes á la generalidad, el criterio general tomo dos corrientes diferentes, las más naturales, las únicas que deben existir en todo país de vida sana y robusta: la una que conduce hacia delante, que quiere marchar á toda prisa, inquieta por avasallarlo todo y por reformarlo todo: y la otra de un carácter opuesto, cuya influencia se hace sentir para atrás, apegada á la historia, á la tradición, á la leyenda del pasado, y que tiene horror á lo desconocido. Estos dos criterios se conocen en Inglaterra desde luengos años, con los nombres de Whigs y Torys, cuyos equivalentes son los partidos liberales y conservadores de otros países.

Nada de matices, de tintas intermedias, de componendas, cabildeos y transacciones inmorales, existe en Inglaterra con respecto á los partidos políticos. Allí no hay, en el fondo, más que dos, enemigos irreconciliables, los únicos que representan las fuerzas vivas del país y los únicos también necesarios para su existencia y para su engrandecimiento. La Liga Agraria, que ha surgido del problema de Irlanda, desaparecerá cuando se le haya encontrado á éste solución, y no puede considerarse como partido político, de momento que no pretende influir en los asuntos generales del Imperio Británico.

Cuando los partidos políticos se subdividen como sucede en España, donde hay hasta treinta, se convierten en verdadera calamidad nacional, porque ya ellos no discuten bienes para los países, sino preponderancias de sus jefes, que a su vez sólo persiguen fines meramente personales.

En Inglaterra, este movimiento hacia adelante, y el de retroceso, son casi periódicos, como el de las mareas en los mares. El paso de los partidos por el poder, es una cosa que se efectúa indefectiblemente en ciertas y determinadas épocas, en ciertas y determinadas situaciones.

Rebosa el país en riquezas, en actividad, en fuerzas expansivas; viene luego como consecuencia necesaria, el ansia de predominio, de conquistas en lejanos países y de aventuras. Semejantes deseos, sólo puede realizarlos, por su naturaleza, el partido liberal, y el partido liberal sube de prisa hasta el Poder. Ocurren por el contrario descalabros en alguna parte, se desgastan un poco esas fuerzas, se amortigua un tanto la actividad, se sacia el deseo de aventuras, y el partido conservador, siempre á la brecha y atisbando el momento oportuno, derriba en un segundo el edificio liberal y asume las responsabilidades del poder. Ya en el poder, quita, todo lo exagerado y en Inglaterra nunca es mucho que el partido liberal ha traído al Gobierno y al país; y como no puede quitarlo todo, hace suyas algunas cosas, las solidifica y les da condiciones para que puedan resistir á los embates y tropiezos á que están sujetos todos los organismos nuevos en la sociedad y en la naturaleza, donde tienen que ponerse en pugna con la realidad viviente.

De esta manera pasan en Inglaterra los partidos políticos la vida, con lo que constituye la misma vida: con acciones y reacciones. Así se aseguran allí todos los progresos, sin violencias, viniendo por la misma naturaleza de las cosas, y á virtud de venir de ellas son sólidos y no están destinados á desaparecer dejando huecos en la sociedad, que son peligrosísimos cuando se efectúan por el desvirtuamiento repentino de alguna de las partes que componen la serie de relaciones de su existencia.

Ya comprende todo lo ridículo en el empeño de algunos de nuestros gobiernos de Hispano América, queriendo implantar en nuestros países, mejoras que no están en armonía ni con nuestra complexión ni con nuestro medio social; y esto cuando tales empeños son sinceros, que las más de las veces no significan otra cosa que pretextos para divertir la atención pública, de sordas intrigas, de manejos no siempre honrosos, que se pretende mantener ocultos, hasta que den los frutos que de ellos se esperan.

Mientras no existan partidos políticos a quienes los gobiernos teman y respetan, sucederá siempre lo mismo. Lo único que encamina los países por una vía constitucional y pacífica, es la propaganda constitucional y pacífica; y los únicos llamados á establecerla, son los partidos políticos. Los gobiernos no pueden hacer propaganda pacífica, porque cuando los gobiernos se empeñan en hacer propaganda, resulta siempre una imposición.

Me he referido muy por extenso a Inglaterra en este asunto de los partidos políticos, porque tengo para moque, todo cuanto se piensa y se lleva a cabo en aquel privilegiado país, así en procedimientos políticos, administrativos y sociales, como en asuntos prácticos de la vida, sólo merece muy especialmente ser estudiado con detenimiento, no por los pueblos monárquicos de Europa, sino también por las repúblicas de América, que tienen mucho que aprender, en cuanto á libertades y conveniencias públicas, de la monarquía más conservadora y aristocrática del mundo entero. Sin partidos políticos, no es posible el desarrollo de las facultades de un pueblo en el seno de la paz. Por más empeño que se tome en demostrarlo, no es el mismo el interés de los gobiernos y el de los gobernados. Tienen estas dos entidades tendencias divergentes, que sólo pueden armonizarse á virtud de grandes sacrificios de una y otra parte. La afición natural de los gobiernos los lleva a reconcentrar en sí la mayor suma de autoridad y poderío posibles, y la tendencia congénita de los pueblos es á desligarse lo más pronto posible de semejante autoridad, á romper toda imposición, que siempre es dura para el que encima la lleva. De ahí los conflictos, los choques que á cada paso surgen entre gobiernos y gobernados y que sólo concluyen, cuando unos y otros, apreciándose en sus justos términos, se apresuran á hacer sacrificios y concesiones mutuas.

Cada vez que los gobiernos ceden algo de su autoridad, se disfruta de mayor libertad: y cuando los pueblos acallan sus naturales instintos hacia la independencia, se consolida más el orden; y no tomo por el orden la sujeción de un pueblo por medio de las armas, ni por libertad la facultad de hacer cada cual lo que á bien tuviere. La libertad y el orden sólo existen allí donde todas las relaciones sociales tienen aptitud conforme á su naturaleza, y se saben mantener dentro de términos justos y circunscritos.

Pero no es posible ni la libertad ni el orden sin los partidos políticos, porque ellos, que son encarnación de la opinión pública, y organismos activos que crecen y se desarrollan en las luchas por alcanzar el poder, vienen á ser, también, los naturales intermediarios entre las masas de la nación y los gobiernos. A éstos le llevan ráfagas frescas de opinión, salidas del pueblo, que sirven para vigorizarlos, y al pueblo, concesiones arrancadas á cambio de esa opinión o por la fuerza, todas pasando por el tamiz de las discusiones y las luchas, y perdiendo en ellas cuanto tienen de falso, haciendo, por consiguiente, que sen más fácil y natural su ingreso en la categoría de los hechos prácticos y reinantes.

De momento, pues, que no existe uno de los términos que componen la entidad Nación, la vida de ésta puede decirse que no es normal, y queda sujeta, por el mismo hecho, á grandes desnivelaciones. Un día se inclinará del lado del gobierno, y resultará el despotismo: otro, del lado del pueblo, y vendrá como consecuencia lógica, la demagogia, el desenfreno de las muchedumbres. Para encontrar un término medio, que concilie tan opuestas tendencias, se necesitan fuerzas reguladoras, que arrojen su peso donde sen menester. Estas fuerzas sólo pueden estar representadas por los partidos políticos. Los congresos, que muy bien pudieran servir para el caso, á falta de aquéllos, no pueden prestar tan importantes servicios porque, hijos de los gobiernos, bajo cuyo influjo se forman de todos los desprendimientos sociales, carecen de autoridad y de fuerza y de prestigio en la Nación.

En Centro América se ha disfrutado de mayor libertad, y á la par de más orden, cuando los partidos políticos han tenido alguna organización. El despotismo desnudo, la explotación inicua, no han hecho su aparecimiento, sino cuando liberales y conservadores no tenían cohesión alguna, ni bandera, ni jefes reconocidos, que les llevaran á las luchas para disputarse el poder, conquistándolo por procedimientos pacíficos de oposición, los únicos que traen lo más apropiado para todas las situaciones de la vida.

Si se quiere, pues, normalizar la vida de estos palees, dar garantías à la sociedad y tranquilidad á los gobiernos, urge organizar los partidos políticos; no importando mucho, para el caso, los ideales que persigan en la sociedad y los procedimientos de que echen mano para realizarlos. Fórmense los partidos bajo cualquier bandera, busquen sus jefes entre los hombres más sensatos, y en las luchas que no tardarán en entablar para establecer su supremacía, por defectuoso y deficiente que sea el cuerpo de doctrina que informe su conducta, tienen que perder en el camino mucha parte de esa doctrina y que llegar depurados por el fuego del combate à las alturas del poder.

El despotismo, solo, erguido, soberbio, en medio de un pueblo mudo y de rodillas, no puede existir sino en países que no cuentan con la defensa que los partidos políticos establecen contra los avances del poder; y cuando por acaso logran levantar su fatídica cabeza en otros, sólo es por breve tiempo, cayendo destrozado á los embates de esos partidos. Al silencio ominoso del miedo, sucede entonces el ruido de un pueblo ufano que se levanta para sostener consigo mismo luchas, sufriendo, de seguro, caídas y derrotas, pero fecundas para el bien y para la humanidad. *Tegucigalpa, octubre de 1888.*

LA PASCUA

Celebramos en estos momentos la gran fiesta del Orbe Cristiano. Aquella que le trae paz al mundo y reconciliación á todos los hombres; que alegra por igual el hogar del pobre y del rico, y que cubre, por breves instantes, con manto bien tupido, el enjambre de miserias y sobresaltos que forman el tejido diario de la vida.

El año que espira deja al que le sucede, como depósito sagrado, el símbolo de un niño sonriente, en su cuna de paja. De sus labios habrían de resbalar más tarde sentencias capaces de trastornar todos los imperios de la tierra.

¿Cómo estaría hoy el mundo sin la venida de Jesús? No han alcanzado, á todas partes, en grado igual los efectos que se desprenden de sus divinas predicaciones; pero da miedo de pensar cuál sería la suerte de la especie humana, si en el Oriente no hubiera aparecido, hace dieciocho siglos, la doctrina más fecunda para el bien que jamás se haya predicado.

Jesús encarnó esa doctrina do manera irrefragable. Él la predicó con la palabra y la practicó en los hechos. Por ella sufrió crueles persecuciones hasta exhalar su último aliento en ignominioso patíbulo, dejándola, desde entonces, grabada en la historia, con caracteres de fuego y sangre.

¡Cómo se regocijarían, todos aquellos, á quienes las predicaciones de Jesús venían á trastornar en sus cálculos, viéndolo espirar enclavado en una cruz, y á sus pocos adeptos, fugitivos, llevando el espanto marcado sobre su rostro!

¡Ah! por más que la historia se empeñe en demostrarlo, no se aprende nunca la sencilla lección de que no se aniquila, con nada, una idea fecunda que descansa en la verdad cuando surge en la conciencia humana, como no se suprime, á voluntad, una ley de la naturaleza que comienza á ejercitarse!

Y no hay idea más fecunda que la idea de la conservación propia y la idea de la personalidad humana, rodeada de prestigios y respetos. Prestigios y respetos que Jesús hizo efectivos, con sus doctrinas eminentemente humanas y civilizadoras. Antes de él los fuertes y los poderosos se tenían bien olvidado que todos los hombres eran iguales

333

en principio, y que la personalidad humana representa aquí en la tierra la personalidad de Dios.

Si Jesús no lo fue, en concepto de muchos, confesarán sin embargo que mereció serlo. Dios creó el mundo y á todos los seres que lo pueblan, encargando á fuerzas mecánicas la obligación de mantenerlo. Jesús salvó la especie la especie humana de su propia sana y ambición, y le dio leyes eternas para ser gobernada.

Sobra razón, pues, para celebrar, con el regocijo más puro, el aniversario de su nacimiento. A través de los siglos, llegará siempre un día, cada año, en que todos los hombres que pueblan la tierra, abandonando momentáneamente sus cuidados, se acercarán à estrecharse las manos libando las copas y entonando alegres canciones en honra del niño belemita.

Chisporroteará la lumbre en el hogar, y vapores calientes, cargados con el olor de ricas viandas, vendrán siempre à regocijar á los mortales en la Noche Buena de todos los años, encendiendo en el con razón el amor y la amistad.

1890.

ÁNGEL UGARTE

Es hijo de don Miguel Ugarte y de dona Manuela Vega dé Ugarte.
Nació en Tegucigalpa el 10 de septiembre de 1856. En la
Universidad de Honduras hizo sus estudios: y antes de cumplir los
veinticinco años, ya había obtenido el título de Abogado.

Desde 1885 hasta 1894 el señor Ugarte ha permanecido
indistintamente en El Salvador y Guatemala, dedicado al ejercicio de
su profesión.

En 1889 hizo un viaje á los Estados Unidos de América y Europa.
Triunfante la Revolución liberal en 1894,se trasladó á Honduras, y
ha sido uno de los constantes colaboradores que ha tenido el Doctor
don Policarpo Bonilla en su labor administrativa. Figuró como
Diputado en la Asamblea Constituyente que abrió sus sesiones el 11
de julio de ese año; y en la actualidad ejerce el cargo de Magistrado
de la Corte Suprema de Justicia: es individuo de la Comisión
encargada de la reforma de la legislación vigente, y está elaborando
un importante estudio de la cuestión de límites entre Honduras y
Guatemala.

APLICACIÖN DE LAS PENAS

El establecimiento de una nueva legislación esencialmente distinta y aun contraria á la que antes existía, acaricia por lo regular muchas dudas é inconvenientes en su debida interpretación: tal sucederá con los Códigos últimamente emitidos en esta República. Pero esta dificultad sube de punto cuando las leyes no se cambian, sino que se crean, como acontece con el Código Penal. El derecho penal hondureño no ha existido: no ha habido más regla en esta delicada materia que el arbitrio judicial, bastante, de aclarar en cuanto nos sea y contradicciones. Con el fin, de aclarar en cuanto nos sean posible estas dudas, especialmente en la parte que se refiere á la aplicación de las penas, nos permitiremos, sirviéndonos de ejemplos prácticos, exponer los distintos casos que pueden ocurrir, siguiendo el orden de artículos que contiene el IV, Titulo 11 del Código Penal.

I.—Un marido mata á su cónyuge sin que en el hecho concurra ninguna circunstancia atenuante: según el artículo 392 debe imponérsele la pena de muerte: se aplicará pues dicha pena, por prevenir el artículo 53 que á los autores de delito se impondrá la pena que para éste se hallare señalada por la ley, añadiendo que "siempre que la ley designe la pena de un delito, se entiende que la impone al delito consumado".

II. —Un individuo trata de matar á un extraño, y en su lugar y por un error invencible, mata á su hijo, sin concurrir en el delito circunstancias atenuantes ni agravantes: deberá imponérsele la pena de seis años de presidio, término medio del presidio mayor en su grado medio, señalado por el inciso del artículo 394 como máximum de pena para el homicidio simple. Viceversa: un padre trata de matar á su hijo, y mata á un extraño: se aplicará también la pena de seis años de presidio como en el caso anterior. La razón de este procedimiento se encuentra en las reglas y del artículo 4. que dice: "En los casos en que el delito ejecutado ese distinto del que se había propuesto ejecutar el culpable, se observarán las reglas siguientes:

1. Si el delito ejecutado tuviere señalada pena mayor que la correspondiente al que se había propuesto ejecutar el culpable, se impondrá á éste en su grado máximo la pena correspondiente al segundo. 2. Si el delito ejecutado tuviere

señalada pena menor que la que la correspondiente al que se había propuesto ejecutar el culpable, se le impondrá a éste, también en su grado máximo, la pena correspondiente al primero". Y hemos puesto seis años, término medio de este grado, por haber supuesto que el delito no está revestido de circunstancias atenuantes ni agravantes. La regla 3 del mismo artículo es una excepción de la 2ª; dice así:" Lo dispuesto en la regla anterior no tendrá lugar cuando los actos ejecutados por el culpable, constituyeren además tentativa o delito frustrado de otro hecho, si la ley castigare á estos actos con mayor pena; en cuyo caso se impondrá la correspondiente á la tentativa ó al delito frustrado otro, prepara pone asesinado en su grado máximo". Ejemplo: un hombre va rumbo necesario para su propósito, sabe que su víctima pasará de noche por un lugar enteramente solitario y sin ningún medio de defensa: llegada la hora se pone en acecho, espera y cuando el otro se presenta so lanza sobre él, le da de puñaladas por la espalda otro se retira; pero afortunadamente las lesiones no han sido mortales, y el herido se aleja del lugar donde fue é asaltado." Reconocido por los facultativos resulta que las lesiones de las comprendidas son de das en el número 4 del artículo 402. En este caso y de conformidad con la regla citada, no debe aplicarse la pena de presidio menor en su grado mínimo, que es la señalada para esta clase de lesiones, sino la de siete á diez años de presidio, máximum de la prevenida por los artículos 55 y 393 para el asesinato frustrado.

III. Los artículos 55, 56, 5: y 58 determinan las penas que deben imponerse á los autores de crimen o simple delito frustrado ó tentativa de los mismos; á los cómplices y à los encubridores de crimen ó simple delito consumado, crimen ó simple delito frustrado, y tentativa de crimen 6 simple delito. Ejemplos:

1º. En el caso anteriormente expresado bajo el número I en que un marido mata á su cónyuge, otro individuo le ha proporcionado el arma con que se consumó el crimen, y la alejado todas las personas que pudieran estorbarlo: una vez perpetrado éste, el culpable se fuga y es albergado en su casa por un funcionario público con abuso de su carácter de tal: mientras tanto un tercero hace desaparecer el cadáver y todas las señales que pudieran dar indicios sobre el hecho. Deberán imponerse las penas siguientes: al cómplice la inmediatamente inferior a la del autor del delito, es decir, la de presidio mayor en su grado máximo (artículo 55): al encubridor del delincuente la de inhabilitación especial para el cargo ú oficio público que desempeñaba, por el término de diez años (inciso 2. ° del artículo 56); y al encubridor del cuerpo del delito, la de presidio mayor en su grado medio (in- ciso 1. de dicho artículo).

Un individuo fabrica punzones, cuños y cuadrados para la falsificación de moneda: otro le proporciona á sabiendas los recursos y materiales necesarios para esta fabricación; y un tercero ofrece su causa para ocultar al falsificador en sus trabajos. Al estar concluida la obra y cuando se trata de llevar á efecto el fin que se habían propuesto, esto es, la acuñación de moneda falsa, la policía descubre el hecho y se frustra por este motivo. Tenemos; respectivamente un autor, un cómplice y un encubridor del delito frustrado de falsificación. El artículo 182 impone la pena de presidio mayor en sus grados mínimo á medio y multa de quinientos à dos mil pesos al autor de este delito cuando se ha consumado: según la regla establecida por el artículo 55, deberá disminuirse esta pena en un grado, y será, por consiguiente, dado caso de no haber circunstancias atenuantes ni agravantes, la de presidio mayor en su grado mínimo: al cómplice, según el inciso 1. del artículo 56, se le aplicará la pena inmediatamente inferior en grado á esta última, ó sea la de presidio menor en su grado máximo; y al encubridor la de presidio menor en su grado medio (artículo 57). Por lo que hace à la multa, hay razones especiales para no poderla de terminar precisamente, y es la parte en que el Código ha dejado más latitud al prudente arbitrio del tribunal.

Se aplicará, pues, dentro de los límites señalados por el referido artículo 182, habida consideración á la fortuna de los delincuentes, al participio, que cada uno tomó en el delito, y al lucro que debieran reportar de la falsificación, según la magnitud de la empresa.

2. Una persona concibe el proyecto de robar en una casa habitada, introduciéndose á ella de noche y rompiendo al efecto una pared de la misma: no considerándose capaz para llevar a cabo su propósito, pide á otro su cooperación, y este último acepta: ponen manos á la obra; pero habiendo calculado mal el tiempo necesario para concluirla,

acontece que llega el día sin haber logrado aún verificar el rompimiento de la pared: temiendo ser descubiertos se retiran de aquel lugar, y para alejar sospechas de aquellos que pudieran verlos, depositan en poder de un individuo que habita en las inmediaciones, y que conoce sus intentos, los útiles que han servido ya y que deben servir en la noche siguiente para terminar la obra; pero durante el día se des cubre el hecho, y detienen á los culpables. Los tres son reincidentes, circunstancia agravante número 16 del artículo 13. Estando señalada por el artículo 445 la pena de presidio menor en su grado máximo á presidio mayor en su grado mínimo para el robo consumado en casa habitada, con rompimiento de parel ó techos, deberá imponerse al autor de la tentativa la pena de presidio menor en su grado medio, esto es, dos grados menos que el presidio mayor en su grado mínimo, pena que le correspondería como autor del delito consumado, por la circunstancia agravante, antes referida (inciso 1. del artículo 56); al cómplice un grado menos que al anterior, esto es, la de presidio menor en su grado mínimo (artículo 5): y al encubridor un grado nos que á este último, es decir, prisión en su grado máximo (artículo 58).

IV.-El articulo 59 constituye una excepción de los anteriores, por cuanto previene que "las disposiciones generales contenidas en los cuatro artículos precedentes no tienen lugar en los casos en que el delito frustrado, la tentativa, la complicidad o el encubrimiento se halla especialmente penados por la ley", como sucede, por ejemplo, con los delitos de falsedad, ó con el disparo de un arma de fuego, según puede verse en los artículos 110, 178, 192 y 398.

El artículo 60 establece la división de las penas en tres grados, mínimo, medio y máximo, y le acompaña una tabla demostrativa de la extensión de cada grado. Esta tabla es bastante clara y no necesita explicación alguna para su debida inteligencia.

VI.-El artículo 61 dice: "Cada grado de una pena divisible constituye pena distinta". Esta aclaración es muy útil para la aplicación de las reglas contenidas en los demás artículos de este mismo párrafo, y facilita sobremanera la nomenclatura de las penas y la imposición de éstas á cada delito especial.

VII. "En los casos en que la ley señala una pena compuesta de dos ó más distintas, dice el artículo 62, cada una de éstas forma un grado de penalidad, la más leve de ellas el mínimo y la más grave el máximo. Por ejemplo: el artículo 445 previene que al culpable de robo con fuerza en las cosas se le imponga la pena de presidio menor en su grado máximo á presidio mayor en su grado mínimo, si concurrieren las circunstancias allí expresadas. De estas penas la primera se considerará como el mínimum y la segunda como el máximum, practicándose la división, de conformidad con el artículo que más adelante veremos.

VIII. El artículo 63 contiene las cinco escalas graduales en que se resumen todas las penas establecidas en el Código, con sus divisiones y subdivisiones respectivas, y le sigue una tabla de aplicación práctica de los artículos precedentes, conforme las reglas que antes hemos expuesto.

IX. La multa es la única pena que no se encuentra comprendida en las antedichas escalas por aplicarse en todo caso á falta de otra pena, según el artículo 64, que: "La multa se considera como la pena inmediatamente inferior á la última en todas las escalas graduales. Para fijar su cuantía se adoptará la base establecida en el artículo 28, y en cuanto a su aplicación á cada caso especial, so observará lo que prescribe el artículo 73". El referido articulo 28 previene en el inciso 6° que "la cuantía de la inulta, tratándose de crímenes, no podrá exceder de dos mil quinientes pesos; en los simples delitos de quinientos pesos, y en las faltas de sesenta pesos." En cuanto al artículo 78, concede á los tribunales la mayor latitud para su imposición, como veremos después.

El artículo dice así; "Las circunstancias atenuantes ó agravantes se tomarán en consideración para disminuir o aumentar la pena en los casos y conforme a las reglas que se prescriben en los artículos siguientes". Citaremos a continuación el texto de dichos artículos, poniendo al lado de ellos un ejemplo de su aplicación.

Dice el artículo 66: "No producen el efecto de aumentar la pena das circunstancias agravantes que por sí mismas constituyen un delito especialmente penado por la ley o que ésta haya expresado al describirlo o pentatónico le producen aquellas circunstancias agravantes inherentes al delito que sin la concurrencia de ellas no puede cometerse".

La circunstancia del artículo 13, por ejemplo, es una enumeración de delitos que pueden modificará otros algunas veces y en este caso son agravantes; pero como á la vez pueden ser cometidos aislada.

mente, el que se hiciere culpable de ellos, sufrirá las penas especialmente señaladas por el Código para cada uno de dichos delitos.

Las circunstancias 1º y 2º del mismo artículo, se encuentran enunciadas en el artículo 393 al describir el delito de asesinato: por consiguiente, en este delito no pueden ser consideradas como agravantes, por constituirlo ellas mismas y haberse tomado ya en consideración para fijar la pena que debe imponerse al delincuente.

El artículo 398 pena el disparo de arma de fuego contra alguna persona con reclusión menor en sus grados mínimo á medio; no será causa á aumentar la pena el hallarse prohibidas estas armas por los reglamentos de policía, pues esta circunstancia es de tal manera inherente al delito que sin ella no hubiera podido cometerse.

XII. - Articulo 07: "Las circunstancias atenuantes ó agravan consistan en la disposición moral del delincuente, en sus relaciones particulares con él ofendido o en otra causa personal, servirán para atenuar o agravar la responsabilidad de sólo aquellos autores, cómplices ó encubridores en quienes concurran. Las que consistan en la ejecución "material" del hecho o en los medios empleados para realizarlo, servirán para atenuar ó agravar la responsabilidad únicamente de los que tuvieron conocimiento de ellas, antes o en el momento de la acción o de su cooperación para el delito. Un individuo se encuentra para el delito". Ejemplo: en despoblado con tres desconocidos, uno de los cuales le exige la entrega del dinero que lleva consigo: el agredido contesta dando una puñalada al agresor: este último se enfurece y auxiliado por sus compañeros, de los cuales uno se encuentra en estado de embriaguez, no habitual en él, ataca al primero y le da muerte. En esto caso uno de los delincuentes tendrá á su favor la circunstancia atenuante del artículo 12 que dice: la de obrar por estímulos tan poderosos que naturalmente hayan producido arrebato y obcecación: y otro de ellos la de embriaguez no habitual comprendí da en el número 5. del mismo artículo, cuyas circunstancias servirán solamente para disminuir la pena de éstos, pero no la del tercero que obró á sangre fría y en perfecto estado de razón: si á esto se agrega que el último es reincidente, habrá lugar á la agravación de pena en cuanto á él, que no será extensiva á los otros dos. En el mismo caso uno de los delincuentes, hizo uso de armas prohibidas por los reglamentos para la consumación del delito, y otro era hijo del occiso; estas circunstancias se tomarán en cuenta para aumentar tan solo la pena en aquellos en quienes concurrieron, por ser personal la una, y por consistir la otra en los medios empleados para la ejecución del hecho, de los cuales no tenían conocimiento anterior los codelincuentes.

XIII. La pena de muerte ha sido considerada por el legislador hondureño como una necesidad, mientras se establece un buen sistema penitenciario que garantice el debido cumplimiento de las condenas: ha sido señalada para muy pocos delitos, y siempre con el carácter de transitoria; pero á pesar de esto, era preciso dar reglas claras á que los tribunales debieran atenerse para su aplicación, hasta que llegue el día en que quede definitivamente borra dando nuestro Código Penal. El artículo 68 se refiere al caso en que á un delito se ha señalado solamente la pena de muerte: aun en este caso hay lugar más sustituirla por una pena divisible. Dice así; Cuando la ley señala la pena de muerte, y hay dos ó más circunstancias atenuantes ó una muy calificada, y no concurre ninguna agravante, podrá el tribunal aplicar la pena inmediatamente inferior en grado. En el delito de parricidio, por ejemplo, para el cual señala el artículo 392 la pena de muerte, si el agravante es de conducta irreprochable, Pable ha observado anteriormente una con y esto se agrega que no tuvo intención de matar, sino tan solo de herir ó golpear al occiso, circunstancias atenuantes 6. y 8. del ar del artículo 12, habrá lugar a la aplicación del presidio mayor en su grado máximo, pena inmediatamente inferior á la de muerte. En el mismo cas obrado en caso, si el delincuente a su persona, pero no han concurrido todos los requisitos defensa de su necesarios para eximirle le responsabilidad, por haberse excedido en los medios de que pudo por hacer uso para rechazar la agresión, esta circunstancia, dejando por este motivo de ser eximente, ha pasado á ser atenuante muy calificada, y podrá en consecuencia, hacerse la misma disminución de pena que en el caso anterior.

XIV El artículo 69 fija las reglas que deben observarse cuando la ley señala una pena compuesta de la de muerte y un solo grado de otra divisible, por ejemplo, el presidio mayor en su grado máximo á muerte que debe imponerse según el artículo 479, "al que incendiare edificio, tren de ferrocarril, buque u otro lugar cualquiera, causando la muerte de una ó más personas, cuya presencia allí pudo prever". Supongamos que el culpable de este delito es re reincidente: según la regla 1. del citado artículo 69, se le aplicará la pena de muerte. Si no concurre en el hecho ninguna circunstancia atenuante ni agravante, se le impondrá la de diez años de presidio, de conformidad con la regla

2. Si concurre en el delito alguna circunstancia atenuante, por ejemplo, lado no resultar del proceso ningún otro antecedente contra el reo que su espontánea confesión, se aplicará á éste la pena de siete años de presidio (regla 3). La diferencia de penalidad entre este caso y el anterior no está explícita en las reglas á que nos hemos cuales señalan para ambos la pena menor, ósea la de presidio mayor en su grado máximo: pero siendo ésta una pena divisible, deben seguirse respecto de ella las disposiciones generales de aumento ó disminución establecidas para las demás penas del mismo género. Por último, si en el caso propuesto, y subsistiendo la circunstancia atenuante antes mencionada, hubiere obrado el culpable por precio ó promesa remuneratoria, circunstancia agravante 2ª. del artículo 13, el tribunal hará la compensación prevenida por la regla 4. del mismo artículo 69, y si racionalmente se encuentra que son de igual entidad ambas circunstancias, impondrá la venación á ellas, y como si no hubieren concurrido en el delito; pero si el culpable se hallaba en estado de embriaguez al tiempo de recibir el precio y de consumar el delito, cuya embriaguez no es habitual en él, deberá disminuiré la pena anterior y aplicarse la de siete ú ocho años de presidio.

XV. El artículo 70 se ocupa del caso en que la ley señala una pena compuesta de la de muerte y dos grados de otra divisible, como la de presidio mayor en su grado medio à muerte, designada por el artículo 107 para el que conspire contra la seguridad exterior de la República, induciendo à una potencia extranjera á declararle la guerra. La pena de muerte se considera aquí como un grado de divisible, y se rige en su aplicación por las reglas determinadas en el siguiente artículo 71.

XVI. El artículo 71 establece la manera en que debe aplicarse la pena, según las circunstancias atenuantes o agravantes que concurran en el delito, cuando aquella se compone de una sola pena divisible, ó de tres distintas cada una de las cuales forma un grado según lo prevenido en los artículos 60, 61 y 62. El artículo 360, por ejemplo, impone al raptor la pena de presidio menor en cualquiera de sus grados, cuando el robada no gozaba do buena fama. Si en la ejecución de este delito no concurre ninguna circunstancia atenuante 6 agravante, deberá imponerse al culpable, según la regla 1del artículo 1, la pena de presidio menor en su grado medio. Si el delincuente fuere menor de veintiún años, por ejemplo, la pena será de presidio menor en su grado mínimo, según la regla 2. del mismo artículo. Si por el contrario concurriese alguna circunstancia agravante, como la de ejecutarse el delito con auxilio de gente armada o de personas que aseguren ó proporcionen la impunidad, se impondrá al culpable la pena de presidio menor en su grado máximo (regla 3*). Si concurren á la vez circunstancias atenuantes y agravantes, los tribunales las compensarán racionalmente, y graduarán la pena en consideración al número entidad de unas y otras, según la regla que dejamos expuesta en el párrafo XIV. Cuando sean dos ó más y muy calificadas las circunstancias atenuantes, dice la regla 5. del mismo artículo, y no concurra ninguna agravante, los tribunales impondrán la pena inmediatamente inferior à la señalada á en el grado que estimen correspondiente, según el número y entidad de dichas circunstancias. En el caso propuesto si además de ser la aliada por la ley culpable menor de veintiún años, hubiere observado anteriormente una conducta irreprochable, y además, del proceso no resulta otra prueba contra él que su espontánea confesión, deberá imponérsele la pena de prisión en cualquiera de sus grados. La regla G. contiene y que G una declaración tan justa como humanitaria, y que no necesita comentario alguno, señala como máximum de pena la designada por la ley para cada delito, no pudiendo en ningún caso los tribunales aplicar pena mayor, cualquiera que sea el número y entidad de las circunstancias agravantes. "La regla 7es de la mayor importancia en la práctica. Dice así: Dentro de los límites de cada grado, los tribunales determinarán la cuantía de la pena en consideración al número y entidad de las circunstancias agravantes y atenuantes, y á la mayor 6 menor extensión del mal producido por el delito". La pena de presidio menor en su grado mínimo, por ejemplo, que hemos designado para el delito de rapto cuando concurre en el culpable la circunstancia atenuante de ser menor de veintiún años, comprende un tiempo de sesenta y un días à un año; pero la antedicha circunstancia no se presentará siempre de un modo uniforme: entre los diez y seis años, edad en que el culpable se hace acreedor al castigo, y la de veintiuno, medían cinco, y la disminución de la pena deberá hacerse por consiguiente en razón inversa del número de éstos, pudiendo imponerse la de tres, cuatro, seis meses, hasta un año de presidio, según él delo caso en prudente criterio del tribunal. Lo mismo puede decirse do que concurre alguna circunstancia agravante.

XVII. "En los casos en que la pena señala la por la ley, no se componga de tres grados, dice el artículo 2, los tribunales aplicarán las reglas contenidas en el artículo anterior, dividiendo en tres pero los iguales el tiempo que comprenda la pena impuesta, formando un pena grado de cada uno de los tres periodos." No puede ser más sencillo este procedimiento: el artículo 203, por ejemplo, señala la de reclusión menor en sus grados mínimo á medio para el facultativo que librare certificación falsa de enfermedad & lesión con el fin de eximir á una persona de algún servicio público. Esta pena se compone so. lamente de dos grados, y se extiende de sesenta y un días á dos años, es decir, veintidós meses: divididos estos en tres periodos iguales, resulta cada uno de siete meses diez días, siendo por consiguiente de el mínimum de la pena, de sesenta y un días á nueve meses, diez días; el grado medio, de nueve meses once días á un año. cuatro meses, veinte días; y el máximum, de un año, cuatro meses, veintiún días á dos años: una vez practicada esta división, se seguirán, al aplicar la pena, establecidas en el artículo anterior.

XVIII.- El artículo 73 establece que, "en la aplicación de las multas, el tribunal podrá recorrer toda la extensión en que la ley permite imponerlas, consultando para determinar en cada caso en cuan tía, no sólo las circunstancias atenuantes y agravantes del hecho, sino principalmente el caudal ó facultades del culpable". Como quiera, dice el señor Viada y Vilaseca, que la pena de multa no afecta como las demás igualmente á todos, ya que naturalmente para el hombre de mediana fortuna una multa por ejemplo de cincuenta pesos ha de ser un sacrificio más oneroso que para un rico la de quinientos, ha dispuesto muy acertadamente la ley que en la imposición de esta pena, Y dentro de los límites señalados en cada caso, consulten los tribuna no sólo las circunstancias de atenuación y agravación del delito, sí que también y muy principalmente el caudal y facultades del culpable. De este modo se realiza la verdadera igualdad, que consiste en este caso, quizá más que en ningún otro, en tratar desigualmente á los que la fortuna desigualó. Las razones dadas por el ilustrado criminalista español, son en un todo aplicables á las circunstancias de nuestro país, y esto es indudable el motivo que asistió al legislador hondureño, para consignar en el Código Penal, tal como se encuentra, el artículo á que nos hemos referido.

XIX. El artículo 4 es una excepción à la regla 8. del artículo 11. Previene ésta que queda exento de responsabilidad "el que con ocasión de ejecutar un acto licito con la debida diligencia, causa un mal por mero accidente". Si en este caso no concurren todos los requisitos necesarios para eximir de responsabilidad, el hecho será castigado como imprudencia temeraria con las señaladas en el artículo 196.

Habiéndose declarado en el número 3. del artículo 11 que el delitos mayor de diez años y menor de diez y seis es responsable de los que comete cuando ha obrado con discernimiento, el artículo 5 fija el límite de la pena que debe imponérsele en este caso, la cual deberá ser siempre inferior en dos grados por lo menos al mínimum de la señalada por la ley para el delito cometido.

Aun para el mayor de diez y seis y menor de veintiún años se establece por el mismo artículo una disminución de uno, dos ó tres grados de la pena señalada par la ley para el delito. En esta disminución deberá tomarse en cuenta por tribunales, el desarrollo físico del delincuente y las circunstancias que han, intelectual y moral de la ejecución del hecho.

XXI. Siempre que a una de las circunstancias enumeradas en el artículo 11 falte cualquiera de los requisitos exigidos en ellas para eximir de responsabilidad criminal, deberá imponerse al culpable de conformidad con el artículo 76, una pena inferior en uno, dos ó tres grados al mínimum de la señalada por la ley, habida consideración al número de los requisitos que falten ó concurran.

Esta regla no es á todas las circunstancias eximentes, por constar la mayor parte de ellas de hechos indivisibles en que no cabe concurso ni omisión de requisito alguno, como son la imbécildad, la locura. la violencia física, la menor edad de diez años. En los demás casos cuando el hecho no fuere del todo excusable, por carecer de alguna de las condiciones requeridas, se supone revestido de una circunstancia atenuante privilegiada, por decirlo así, y deberá hacerse la disminución prevenida por el artículo citado.

Se exceptúa de esta regla el caso de imprudencia temeraria, previsto especialmente por el artículo 14. frecuente á un delito le acompañen otros,

XXII. Es muy que bien sea modificándole, ya sirviendo de medio para su perpetración, ó ya enteramente desligados entre si. Los artículos 77 y 78 prevén estos diversos casos, y dan reglas precisas para la aplicación de las penas en cada uno de ellos. Si los delitos fueren independientes, serán penados cada uno separadamente sin consideración al otro. Ejemplo: un saltea roba en un camino ú un individuo, y más adelante viene á otro: estos delitos no tienen entre sí más relación que la de su autor, puesto que las víctimas, el objeto, el lugar, todo era diferente: se le impondrán, pues, las penas correspondientes al robo y á las lesiones consumadas. Si ambas condenas pueden cumplirse simultánea. mente, así se ejecutarán: en caso contrario el reo las sufrirá sucesiva. mente principiando por las más graves, o sea las más altas en la escala respectiva; pero las de confinamiento, extrañamiento, relegación y destierro serán siempre las últimas en consideración á su naturaleza especial, y á que conservando el condenado su libertad, en la mayoría de los casos, serían ilusorias las demás. Para mayor claridad, damos á continuación dos listas, la primera de las penas que pueden cumplirse simultáneamente con otras, y la segunda de aquellas en que no pudiendo verificarse este procedimiento, hay que recurrir al orden sucesivo.

PRIMERA

PENAS QUE PUEDEN CUMPLIRSE SIMULTANEAMENTE CON OTRAS

Inhabilitación absoluta para cargos y oficios públicos, derechos políticos y profesiones titulares.

Inhabilitación especial para algún cargo ú oficio público ó profesión titular. Suspensión de cargo ú oficio público o profesión titular.

Multa.

Caución.

Pérdida de los instrumentos o efectos del delito.

Pago de costas.

SEGUNDA

PENAS QUE DEBEN CUMPLIRSE SUCESIVAMENTE

Presidio mayor.

Reclusión mayor.

Confinamiento mayor.

Extrañamiento mayor.

Relegación mayor.

Presidio menor.

Reclusión menor
Confinamiento menor.
Extrañamiento menor.
Relegación menor.
Destierro.
Prisión.

Cuando de un proceso resulta que por la acumulación de delitos hubiere de condenarse al reo á una pena que exceda de veinte años, se reducirá dicha pena á este término, de conformidad con el inciso 3 del artículo 11.

XXIII. En el caso en que un solo hecho constituya dos ó más delitos, ó cuando uno de ellos sen el medio, se impondrá, según el artículo 8; la pena mayor asignada al delito más grave. En el caso, por ejemplo, de que un individuo entra á una casa habitada para cometer un robo, pero encuentra en su camino un sirviente que trata de estorbarle el hecho y á quien da muerte, aunque después consume su propósito, no se le impondrá la pena correspondiente al robo, sino la del homicidio en su grado máximo. Si al disparar contra un sujeto una arma de fuego con intención de matarle, se hiere al mismo tiempo a otro que se encontraba á su lado, se le impondrá igualmente al palpable la pena del homicidio en su grado máximo.

XXIV. Cuando una pena lleva consigo otra accesoria por disposición de la ley, como las de presidio, reclusión, confinamiento, esto, a que va anexa la de inhabilitación absoluta para cargos y oficios públicos y derechos políticos durante el tiempo de la condena, deberán los tribunales, al imponer la primera, condenar también expresamente al reo á la pena accesoria, de conformidad con el artículo 9.)

XXV. Cuando la ley señala una pena superior o inferior en uno o más grados à otra determinada, se tomará dicha pena de la es cala gradual en que se halla comprendida la pena determinada. El artículo 405, por ejemplo, previene que cuando las lesiones corporales fueren cometidas contra un padre, madre, hijo, cónyuge, ó cuando las acompañen las circunstancias enumeradas al describir el delito, la pena deberá aumentarse en un grado: supongamos que las lesiones causadas fueren de las comprendidas en el número 1º del artículo 402, á que debiera imponerse la pena de presidio mayor en su grado mínimo: para aumentarlo en su grado, consultaremos la escala gradual número 1. donde encontramos que la pena inmediatamente superior es la de presidio mayor en su grado medio, la cual deberá aplicarse. Por el contrario, previene el artículo 407 que cuando las lesiones fueren causadas en riña tumultuaria, y no constare quiénes las hubieren causado, se impugnan à todos los que aparezcan haber ejercido cualquier violencia en la persona del ofendido, la pena inmediatamente inferior en grado á la correspondiente á las lesiones causadas: si estas fueren también de las comprendidas en el número 1. del citado artículo 402, se aplicará al culpable la pena de presidio menor en su grado máximo, que es la inmediatamente inferior á la de presidio mayor en su grado mínimo, como puede verse en la misma escala número 1.

Si no hubiere pona superior en la escala gradual respectiva, ó la pena superior fuere la de muerte, se impondrá el presidio mayor en su grado máximo. El artículo 123, por ejemplo, señala la pena de confinamiento ó extrañamiento mayor en sus grados máximos para los caudillos de una sedición: si en este caso hubiere que aumentar la peceña por haberse ejecutado actos de violencia contra la autoridad que trataba de impedir el desorden, en lugar de la pena de muerte que sería la superior á las antedichas, se aplicará la de presidio mayor en su grado máximo.

Faltando pena inferior, se aplicará siempre la multa. Este caso es muy frecuente cuando se trata de castigar el delito frustrado ó la tentativa de algún delito cuando se trata de imponer la pena correspondiente los cómplices y encubridores, en ensayos casos, haciéndose una disminución de tres, cuatro y cinco grados de la pera señalada para el delito, no se encuentra esta en las escalas graduales, reglas para ella establecidas tiene da aplicación de la multa, graduando su cuantía según las reglas para ella establecida.

El inciso último del artículo que termina el párrafo de aplicación de las peñas, no necesita comentario alguno por su mucha claridad.

Al tenor de los ejemplos: podrían encontrarse innumerables que manifestaran de un modo positivo el procedimiento debiera emplearse para cada caso determinado; pero lo que dicho nos parece suficiente para dar una idea general de esta materia: el estudio de ella y la práctica constante ilustrarán debidamente á los tribunales en el exacto cumplimiento de la ley, y á los ciudadanos en el ejercicio de sus derechos.

1881.

E. CONSTANTINO FIALLOS

Don Enrique Constantino Fiallos nació el 2 de julio de 1861. Comenzó sus estudios en la Universidad de Honduras, y después pasó á los Estados Unidos de América, en donde adquirió el título de Ingeniero Civil.

A su regreso á la patria, se dedicó al ejercicio de su profesión, la que justamente goza de una envidiable fama.

En 1889 fue á Washington como Secretario de la Legación que el Gobierno de Honduras le confió al Licenciado don Jerónimo Zelaya. El señor Fiallos ha desempeñado el Ministerio de Fomento en la Administración del Doctor don Policarpo Bonilla.

Fue uno de los comisionados que, en nombre de Honduras, contribuyeron á arreglar la cuestión suscitada por Inglaterra al Gobierno de Nicaragua por la expulsión de Mr. Hatch y de otros súbditos británicos.

Fue uno de los Ministros que el 20 de junio de 1895 celebraron el Pacto de Amapala, al que debe su existencia la República Mayor de Centro América, y en la actualidad ejerce el cargo de Delegado por su país á la Dieta de la misma, que representa la soberanía exterior de las Repúblicas de El Salvador, Honduras y Nicaragua.

El señor Fiallos tiene proyectada, desde ha muchos años, la formación de un mapa general de esta República por comisiones científicas que estudien con detenimiento las diferentes regiones del país; pero una empresa de tamaña magnitud sólo puede acometerse entre nosotros, haciéndose cargo de ella el Gobierno, que es el único puede contar con los medios y los elementos indispensables para su realización. Acaso las circunstancias en que hoy se halla colocado merecidamente el señor Fiallos den ocasión á que su idea se lleve á cabo. Si así sucede, la ciencia y el porvenir de Honduras estarán de plácemes, y el actual Gobierno se habrá hecho una vez más acreedor á la gratitud de los hondureños.

LA IMPORTANCIA DEL AGUA

A la sombra de la paz y bajo los auspicios de una feliz Administración, se trata hoy en Honduras de mejorar el país, de hacerle dar nuevos pasos en la vía del progreso. En Tegucigalpa se agitan ahora cuestiones de vivo interés, concernientes al mejoramiento de la ciudad, cuestiones que es necesario discutir, porque siendo tantas las me joras que debieran hacerse à la población, y careciendo ésta de los fondos necesarios para emprenderlas todas á la vez, surge desde luego la pregunta ¿cuál de estas mejoras merece la preferencia? Me propongo en estas líneas abogar en pro de una que es, á mi juicio, la más grande de todas las demás, y que una vez realizada no sólo serviría de base para llevar á cabo las otras en orden de su importancia, sino que ella por sí sola bastaría para redimir la población de graves males que le amenazan y para asegurarle un porvenir de prosperidad y riqueza: esta mejora capital, ésta necesidad imperiosa es, surtir la población con agua.

Los pueblos como los individuos alcanzan un alto grado, perfección tan sólo mediante el desarrollo armónico de su parte material y de su parte moral. Los antiguos comprendieron esto y lo practica ron: las ciudades más florecientes como Jerusalén, Nínive y Babilonia, poseían costosas obras para abastecer de agua y para obtener el desagüe y limpieza de sus habitaciones y edificios públicos; Roma no habría llegado á ser lo que fue, la Señora del mundo, si sus sabios legisladores no hubieran mandado construir las famosas cloacas que á la fecha sirven á la moderna ciudad. Lo mismo sucede con las grandes ciudades de esta época: ¿creéis que París sería la ciudad que hoy admiráis sino fuera que, como dice Víctor Hugo, "bajo el París visible está otro París oculto, con sus avenidas, sus calles y hasta sus plazas, esto es las cloacas?". Porque es de saberse, y esto conviene aclararlo de una vez, que el agua en una población ejerce una doble acción benéfica: al llegar, pura y transparente, trae á los habitantes el aseo, las comodidades, la salud, la vida; y al salir, sucia y ennegrecida, arrastra las inmundicias, las pestilencias, los agentes destructores de la salud, los gérmenes del cólera, de la disentería, de la fiebre tifoidea; porque como todos saben, hoy día no se atribuyen estas enfermedades á castigos de la Providencia por la perversidad de los hombres o de las mujeres, sino simplemente à causas naturales como el desaseo o la polución de las aguas. Tampoco se cree hoy día que el desaseo del cuerpo indica pureza del alma como lo creían los ermitaños de la Edad Media, como lo creyó San Antonio, que nunca se lavaba los pies; como lo auto Tomás-Beckett, que nunca se cambió el vestido; practicó Santo como opinó San Jerónimo, que alababa el hábito de un ermitaño egipcio de peinarse solo el Domingo de Pascua y dejar podrirse los vestidos sobre su cuerpo. Nosotros más bien creemos que la limpieza se acerca á santidad no sino mi personificación de Dios no es la de un asqueroso ermitaño, sino la de un venerable anciano, vigoroso y aseado. La preservación de la salud es un deber moral y religioso, porque la salud es la de todos. La base de todas las virtudes sociales. Los baños frecuentes son conducentes á la salud, porque al limpiaras dos poros del cuerpo se facilita la transpiración. El agua ejerce un papel importantísimo en la economía animal: tres cuartas partes del cuerpo humano son agua. La polución del agua es más terrible que la del aire, porque los organismos que en ella se encuentran se infiltran desde luego en el cuerpo por el procedimiento de la absorción venosa. Las aguas se contaminan con innumerables organismos microscópicos que se desprenden de los cuerpos orgánicos en estado de descomposición. Hace poco, en un colegio militar cerca de Nueva York, perecieron de fiebre tifoidea cuatro cadetes porque había un gato muerto en el pozo des donde tomaban agua. Pero no es necesario que la causa sea tan palpable: ¡se han visto perecer familias porque usaban agua de un pozo próximo á una caballeriza! quién nos asegura de que en el verano cuando nuestros ríos están tan secos, no baste un caballo muerto, junto con los muchos animales acuáticos que en esa época o perecen, ¿para producir una epidemia general?

Sin embargo, de lo antedicho, ningún cuidado tuviera Tegucigalpa si tan sólo necesitara abastecerse de agua para el consumo ordinario, porque sin hacer uso de pozos o del agua de los ríos, bien pudiera adoptar el método empleado en algunos lugares de Italia, esto es, recoger durante la estación lluviosa el agua que cae del cielo sobre los tecleos de las casas y guardarla, después de filtrada, en reservorios de hierro. Pero, como anteriormente hemos dicho, el agua desempeñar dos oficios a cuál más importantes: hablemos ahora de la segundo que es el purificar el aire de la ciudad no permitiendo que en ella se aniden los excrementos y desperdicios de la población. El efecto de respirar aire impuro es entorpecer las funciones nutritivas del cuerpo, y disminuir la vitalidad natural del individuo hasta hacerlo susceptible de contraer toda clase de enfermedades, y particularmente, aquellas que tienen un mismo origen con la contaminación del aire. Los médicos, mejor que yo, pueden hablaros sobre esto, porque ellos saben por experiencia que de poco les sirve ser más profundos que Hipócrates, cuando sus medicamentos tienen que luchar con dos enemigos tan poderosos que se llaman agua impura y aire impuro.

Examinando la cuestión bajo un punto de vista económico, encontramos que aun á la fecha ya sería pecuniariamente remunerativa. Digamos que Tegucigalpa gasta 100 diarios en jaladoras de agua, o sean 36.500 al año. Supongamos que el agua cueste 880.000, y que los réditos de esta cantidad junto con los gastos le sostenimiento, reparos, etc., asciendan, á 20.000, resulta, pues, que como en cinco años, la empresa habría devuelto el capital y comenzaría á producir utilidades. Dijimos que el agua serviría do base á las otras obras de que Tegucigalpa tiene también necesidad, como son el Mercado, Panteón, Penitenciaría y Escuelas Públicas. ¿Habéis pensado en la cantidad de agua que se gasta en la construcción de un edificio? Construyendo el Mercado, por ejemplo, después de sacada el agua á la población, se economizarían por lo menos 2.000, valor de un par de letrinas y un par de bombas. Pensemos también en los incendios á que continuamente vivimos expuestos sin tener medio de apagarlos. El mismo Mercado, obra de muchos meses, pudiera por eventualidad des aparecer en una sola noche consumido por el elemento devorador. ¿Sabéis que Glasgow economiza 180.000 cada año en jabón desde que usa agua ligera en vez de agua pesada? Pues, en debida proporción, hasta la economía en el jabón, debiéramos tomar en cuenta. Se ha estimado que para cada muerte innecesaria hay treinta casos de enfermedad; de donde resulta que á la pérdida de los elementos que cada muerto poseía de aumentar la riqueza del país, deben añadirse no sólo los gastos de entierro y de duelo en uno o más hogares, y la pérdida causada por la intercepción de los negocios; sino también las expensas en médico y medicinas consiguientes á la enfermedad de 30 personas más.

Además, como muchas de las enfermedades se vuelven crónicas que la trasmiten á la posteridad, fácilmente comprendemos que importancia del agua es incalculable. Por último, el agua es un elemento de civilización de que no debiera carecer una población que tiene las altas aspiraciones de esta capital, que por más que tenga parques centrales y estatuas de bronce y de mármol y hombres distinguidos, no podrá llamarse civilizada mientras se vean mujeres acarreando agua en la cabeza o lavando ropa en las piedras de los ríos, expuestas à la intemperie y con los pies metidos en el agua durante 12 horas consecutivas. ¡¡¡Lejos de negar que es muy justo pagar tributo á los héroes de la ro más me gustaría ver una modesta fuente de agua en la una de nuestras plazas, en vez de las estatuas que las adoran también así se honraría la memoria le aquellos que trabajaron por el bien de su país!!!

Opino, en resumen, que la introducción del agita á todas las otras obras, por urgentes debo preceder es que parezcan: creo que debieron haber precedido aún a construcción del Hospital; creo que, con limpieza y vigilancia, el Panteón, la Penitenciaría" pueden perfectamente aguardar unos pocos años más.

Respecto al mercado, me permito observar que en el local del Jazmín podría construirse en un cortísimo tiempo un económico mercado provisional que, aunque de modesta apariencia, presentaría todas las comodidades apetecibles; y consistiría simplemente en una galera cuadrangular, á la que por vía de ornato pudieran ponérsele persianas del lado de Comayagüela. El todo es suplir la necesidad, pero sin dejar de concentrar todos los fondos, toda la atención à la realización de la sacada del agua.

En conclusión diré: á los ricos, para quienes la salud es el mayor bien de que pueden gozar en la vida y la mejor fortuna que pueden legar á sus hijos, cooperad en la medida que alcancéis par para llevar á cabo una obra tan importante; y á los pobres, quienes la salud es un tesoro, preparad vuestras bendiciones para el Gobierno que os dé agua.

Al publicar estos restos conceptos, tan sólo he abrigado la esperanza de que pueden ser útiles siquiera sea llamando la atención de aquellas personas de influencia que se eso en de su patria, y he desechado la idea de que pueda hagan la injusticia á mi profesión de decir que uno de sus hijos hace encontrarse como un médico demostrar á los habitantes que de cierta forma que salía à traban gravemente enfermos para hacer se pusieran en cura con él vivo y viviré siempre profundamente reconocido de mi padre, y aprovecho esta oportunidad para decírselo en público, que me eligió y que con grandes sacrificios me hizo adquirir, una profesión independiente.

Tegucigalpa, enero 20 de 1880

DISCURSO

incorporación en la Academia de Honduras

SEÑORES ACADÉMICOS

Si, fundándome tan sólo en limitado alcance de mis facultades, me considerara acreedor á vuestra indulgencia, con mayor justicia espero me la otorgaréis al tomar en consideración la sinceridad de los deseos, que me animan á contribuir con mi pequeñísimo contingente al sostenimiento de la Academia Científico Literaria de Honduras; y también la circunstancia de que, inesperadamente y bajo condiciones de ánimo bien desfavorables, me he visto obligado á preparar la disertación que ahora tengo el atrevimiento y el honor de presentaros.

Hace pocos días que, en este mismo salón, escuchasteis, con el placer que se merecía, un discurso académico titulado: Influencia de la Poesía Griega y Romana en la civilización; esta noche me propongo 130 desarrollar, en mi prosaico lenguaje, un tema no menos interesante: "La Ingeniería en sus relaciones con el progreso humano".

He tomado la palabra Ingeniería en su significación moderna, que es ya generalmente aceptada: como ciencia, comprende el estudio de las propiedades mecánicas de la materia y de las fuerzas que la rigen, y como arte es la aplicación de esas propiedades y fuerzas á tan fines útiles al hombre. Como se ve, sus dominios son tan vastos y numerosos los adelantos en ellos obtenidos que, siguiendo la ley de las especialidades de la época presente, ha tenido que subdividirse en diferentes ramos, los cuales todos se encaminan á dominar la materia en servicio del hombre, á procurar á éste el mayor l bienestar en la tierra, haciéndole verdadero dueño, rey absoluto del hermoso planeta en que le colocó la voluntad del Criador. Digo que todos sus ramos se encaminan à ese grandioso fin, porque, aunque el de la Ingeniería de la Guerra aplica el dominio de la materia á fines no útiles sino hostiles al hombre mismo, este ramo, que tan importante ha sido en épocas pasadas y que tan inmenso desarrollo ha recibido, tiene que ir declinando á medida que los otros avancen en su misión pacífica y estrechen los vínculos fraternales del género humano por medio de las relaciones comerciales, sociales é intelectuales, hasta que por último, en no lejano día, figurará únicamente como histórica esa profesión que originó el nombre de la Ingeniería moderna.

Es de esta última que me propongo hablaros, en la confianza de que ante la evidencia de los hechos convendréis conmigo en que la Ingeniería no es, como hasta recientemente se ha creído, inferior en importancia y rango á la Jurisprudencia, la Medicina y todos los demás ramos que entre nosotros de preferencia se han cultivado.

Cuando orgullosos del siglo en que vivimos nos complacemos en pasar revista á los sorprendentes adelantos alcanzados por el hombre en la vía del progreso, invariablemente nos detenemos á contemplar esa multitud de obras magníficas pertenecientes máxima esa con admiración máxima á la Ingeniería, que con justicia se consideran como las más expresivas demostraciones de la grandeza humana.

Esas obras, que vosotros conocéis, se llaman: ferrocarriles, vapores, canales interoceánicos, puentes colgantes, puentes de acero, túneles, acueductos, minas, puertos artificiales, monitores hidráulicos, cables máquinas de vapor, de aire comprimido, de electricidad, etc. Mas como mi propósito es solamente hacer notar las relaciones que estas obras guardan con el progreso en general, no las describiré sino en la parte que me fuere necesaria.

Hace diez años que el gran Mississippi adolecía, permitidme la expresión, adolecía de estrechez de la se había formado *una barra,* que no permitía la entrada de embarcaciones marítimas. El problema era difícil y de entrada de grande importancia para la nación norteamericana: el Congreso llegó á decretar la construcción de un canal, que habría costado quince millones de pesos y diez años de trabajo, por lo menos; pero un ingeniero notable, de esos que hermanando la teoría á la práctica, son, además, capaces de grandes concepciones, propuso que, por la tercera parte de esa suma, y en un tiempo mucho más corto, habilitaría la navegación para los buques del mayor calado: en efecto, con unas cuantas pilastras, formadas de haces de ramas y de piedras, contrajo el cauce, precipitó la corriente y el río mismo arrastró la obstrucción. ese monstruo de los Pocos días después, hasta el "Great Eastern", esos monstruo de los mares que carga 22,500 toneladas y consume 300 de carbón desahogadamente ese día en Nueva Orleans: el lugar de la barra, que antes tenía ocho pies de profundidad, mide, desde más de treinta; y la ciudad, que antes era la undécima en orden á exportación, pasó á ser la segunda, pues los inmensos productos de una región agrícola de treinta mil millas cuadradas, hallan barata salida para abastecer á todos los habitantes del globo, que viven al Oriente de nuestro istmo. Mediante ese sencillo procedimiento, empleado por James Buchanan, se han evitado, también las grandes inundaciones que, con frecuencia, devastaban las fértiles vegas del Mississippi.

Sin detenerse á saborear el éxito de su obra, el ingeniero dirigió en seguida su atención á otra empresa, la más gigantesca quizá que hasta aquí se haya intentado: proyectó la construcción de un ferrocarril interoceánico por el istmo de Tehuantepec, para transportar los buques cargados de la una á la otra orilla del continente americano. Esta obra es, á mi juicio, preferible al canal por Panamá; y si algún día llega á verse realizada, formará la conquista más grande y bien hechora de la Ingeniería, la más deseada por todos los filántropos de todas las naciones del globo.

También el Conde de Lesseps es un genio bien hechor de la humanidad: aparte del Canal de Panamá, y de sus otros grandes proyectos de inundar el Sahara y de construir una vía férrea en el centro te Asia, la apertura de las cien millas de canal en el istmo de Suez, le hacen acreedor á ese título. La comunicación entre el Mediterráneo y el Mar Rojo, que él supo llevar á feliz término, la reducido, casi á su mitad, la distancia entre la India y la Europa occidental, economizando treinta y seis días de peligrosa navegación al derredor del África, y haciendo que los variados prodigo, y todos los exquisitos objetos que rinden los feracísimos valles del de las dos cosechas anuales que apetecemos de la India, la Arabia y el África, pasen directamente desde su cuna á los grandes centros comerciales del mundo.

Obras como las que llevo nombradas, son de importancia universal, y forman las anchas vías de comercio á donde afluyen las vías secundarias pertenecientes á tal o cual nación: Pasando á tratar de las segundas, abordamos un campo tan fecundo para hacer consideraciones dilatadas, que me contentaré con demostrar el aserto siguiente: en todo país el estado de adelanto y prosperidad de los individuos está en relación directa con el desarrollo de sus rías interiores de comunicación.

Tomad, por ejemplo, á los Estados Unidos de Norte-América, esa nación tan admirada, cuyo inaudito progreso los ingenieros se explican quizá más fácilmente que los que no lo son. Tiene tantos canales como la Holanda, y entre ellos el "Erie", que goza de las condiciones únicas de ser el más largo del mundo, y de haber sido construido en el menor tiempo, por el menor costo y con el mayor provecho público que cualquiera otro. Sólo el Estado de Nueva York tiene mil millas de canales, que cuestan más de cien millones de pesos. Hay en los Estados Unidos 150.500 millas de ferrocarril, la mitad casi de lo que hay en el mundo entero: cuestan más de nueve millones de pesos y emplean más de un millón de hombres. El establecimiento de esa inmensa red de canales y caminos implica la construcción de O innumerables obras, como los túneles y puentes, que aisladamente consideradas son verdaderas maravillas de ingenio y de poder. Túneles como el "Hoosic", de dos leguas de extensión, consideran dos trenes á el par, y que después de hechos, pocos consideran el estudio que costaron: penetrar en el corazón de la montaña, una legua o cada lado, llevando en cuenta curvas declives, hasta hacer que por se encuentren precisamente los centros de los, arcos, no es cosa muy trivial. En cuanto à puentes, los hay en Norte-América sin rivales en el mundo ya fijos o levadizos, ya giratorios o colgantes, como los del San Luis, del Niágara, Chicago, de Brooklyn.

A la magnitud de tales obras corresponde un alto grado de perfeccionamiento en las máquinas y en los detalles de construcción, de manera que con la velocidad media de tres minutos por legua, marchan los trenes por esas arterias nacionales llevando en todas direcciones los elementos de la vida material y moral: los productos de la agricultura, los artefactos, las comodidades: los periódicos, los libros, la civilización. De todo lo cual resulta que ese admirable progreso de las Estados Unidos está íntimamente ligado con un admirable desarrollo en las vías interiores de comunicación.

Otro tanto observaréis en las naciones civilizadas de Europa. La Gran Bretaña tiene 4,800 millas de canales navegables, con 40 millas de túneles: para ferrocarriles tiene 140 túneles que suman 300 millas de longitud. La Rusia tiene 1.150 millas de navegación interior para cubrir á San Petersburgo con el Mar Caspio. La Alemania une el Danubio con el Rhin por medio de 108 millas de canal, y entre ella Y el Austria tienen 270 millas de túneles de ferrocarril. La Francia tiene túneles de canal y 260 de caminos de hierro. Entre la Italia y la Saiza está el gran ferrocarril San Gotarlo, con un túnel de más de tres leguas le longitud Italia tiene 16 túneles, entre ellos el de Mont Cenis, casi de igual extensión al anterior: costó 15 millones, y en hacerlo se emplearon 1.200 toneladas de dinamita.

Permitidme ahora hacer una comparación general, que encontraréis muy significativa; en 1871, había en Europa 61,000 millas de ferrocarril.

En América	50.000
En Asia	4.000
En África	500

Suponiendo que, con excepción de América, las proporciones sean iguales á la fecha, pregunto: ¿cuál es el estado de civilización del África? El que corresponde á 500 millas de ferrocarril.

En consonancia con lo expuesto, recuerdo haber leído una observación que me pareció muy justa: qué los habitantes de Marte deben estar muy civilizados, á juzgar únicamente por el gran número de unas fajas casi rectas que nos muestra el telescopio entre los mares, y que parecen ser canales de navegación.

Y no podía ser de otra manera: poco sólida, en verdad, sería la civilización de un país que careciendo de vías de comunicación y de otras obras puramente materiales, no tuviese asegurada en primer lugar la satisfacción de sus más ingentes necesidades; amenazados sus habitantes por el hambre, las poblaciones sin agua, respirando un aire impuro y en peligro de ser consumidas por el fuego; los hombres aislados sin poder servirse de los inventos, de los adelantos de sus semejantes; los gobiernos impotentes para manejar con eficacia á los subordinados y procurarles su mayor bien. Mientras que mediante las obras de la Ingeniería pueden, en todas partes del globo, los pensadores, los sabios, los artistas remontarse, descuidados, en las regiones de lo ideal para volver con sus obras á embellecernos la vida, a refinamos el gusto y los sentimientos estéticos, hacia todo lo elevado, armonioso, lo humanitario y lo sublime.

Las ruinas que hoy estudiamos de las antiguas capitales de la civilización, están atestiguando también que en el tiempo de su apogeo la Ingeniería desempeñó importantísimo papel. Y no es á la Arquitectura á la que me refiero, considerándola como arte de construcción, no es á las ruinas de los templos, palacios ó jardines, á que hago alusión, sino à obras puramente hidráulicas como las modernas que antes he nombrado En esta última década de años ha sido descubierto el túnel descrito por Herodoto para conducir agua á la ciudad de Samos; ese túnel fue construido seis siglos antes de la Era Cristiana, bajo el mismo sistema que los túneles modernos, es decir, comenzando en ambas extremidades hasta encontrarse en el centro, mide 1.170 varas de longitud y tiene varias lumbreras de ventilación.

El lago artificial de Meris en Egipto, que se creía una ficción de los historiadores antiguos, y cuya existencia Voltaire y otros desecharon como imposible en tan primitivos tiempos, se ha demostrado en 1883 ser una espléndida realidad: las aguas del caudaloso Nilo, en sus períodos de grandes avenidas, eran llevadas por dilatado canal á una depresión en el desierto para formar un lago de 160 leguas de circunferencia: en la superficie de ese inmenso lago flotaban escuadras de naves cautivando las veintidós clases de peces que en él había; y en los aterrados de sus bordes, lo mismo que en las orillas del canal, florecían en verde perpetuo la uva y el olivo, símbolos orientales de la abundancia.

Los acueductos de Roma y Atenas no son, en manera alguna, inferiores á las principales obras modernas de su género, los de París, Viena y Nueva York.

Por lo expuesto tal vez se juzgará que yo, parcial o equivocadamente, tomo por causa lo que es un efecto de la civilización, y que la Ingeniería no es más que una buena sirviente del progreso humano, una encargada de ejecutar mandatos y de aplicar los descubrimientos de las demás ciencias; pero muy lejos estoy de abrigar semejante idea: los sumandos que produce la civilización, son muchos y muy difíciles de clasificar en orden la importancia. Lo que sí pretendo es que, a como elemento cooperador antes, ya como consecuencia hoy, la Ingeniería ha sido y será de primordial importancia en la marcha progresiva de la humanidad. Si el facilitar al hombre los medios de su subsistencia material y dejarle así tiempo para ocuparse en el perfeccionamiento de su espíritu, es contribuir á la civilización, la ingeniería ha contribuido: acercar las naciones poco adelantadas á las que lo están más, para que del contacto se aproveche a primeras, es ayudar al progreso, ella ha ayudado: si el suministrar al arte e y á las industria las materias primas, los metales útiles y preciosos extraídos del seno de la tierra, es cooperar, también ella lo ha hecho: si el conocer el planeta que habitamos, su forma, sus dimensiones y superficie, sirve de algo al entendimiento humano, el ingeniero nos ha dado mapas minuciosos de él, y después de pasearse como un gigante por sobre la redondez del globo, nos ha dicho: hay diez millones de metros del Polo al Ecuador, y por último, si el suprimir de entre los hombres la esclavitud, es civilización, la Ingeniería ha contribuido á suprimirla: sustituyendo á los esclavos con el carbón de piedra, el vapor y el agua como fuerzas motrices, ha le gratuito de un número el milagro de dar al mundo el equivalente del trabajo constante y gratuito de un número de esclavos mayor al número de hombres que en él existen; y de esclavos trabajo constante vertido el elemento más abyecto de la humanidad, la clase obrera, en una respetable potencia política y social.

Todas las grandes conquistas cuestan grandes sacrificios, y éstas, aunque pacíficas, han tenido que vencer innumerables da vía hay quienes se opongan á la introducción de nuevas máquinas, porque dicen que éstas les quitan el trabajo que de antaño han ejercido para ganar su subsistencia. Pero la ley del progreso se cumple á dificultades: todo de los miopes opositores, y la loca motiva, personificación simbólica de la Ingeniería, o quizá del siglo XIX, tiene suficiente poder, suficiente calor en sus entrañas para apartar esas preocupaciones, para derretir esos montones de inerte nieve que se oponen á su paso y avanzar triunfante en su misión.

*****

Con mucho a o agrado de parte mía, sectores Académicos, me extendiera más sobre un tema que se presta á tan extensas consideraciones; pero temo cansaros, y voy á concluir diciendo unas pocas palabras á las relaciones entre la Ingeniería y el progreso de Honduras.

Antes que la mía vais á oír, á este respecto, la autorizada voz del señor Doctor don Adolfo Zúñiga: "Sin el riel regenerador, sin el telégrafo, sin la navegación á vapor, sin las instituciones bancarias, siempre seremos esclavos, á pesar de las pomposas declaraciones de derechos y garantías, escritas al lápiz en nuestras constituciones políticas. No podemos llamarnos ciudadanos dignos, mientras no tengamos en abundancia el pan que proporciona el trabajo".

"Redimirnos de la miseria industrial; hacernos entrar en la órbita del comercio del mundo, por medio de las vías de comunicación; elevarnos á todas las ventajas, á todos los goces de la civilización; tal debe ser la tendencia, tal debe ser el programa, tal debe ser la bandera de los gobiernos de hoy".

Ya lo veis, señores Académicos, estamos en el caso de emplear la Ingeniería, no como consecuencia sino como elemento cooperador de la civilización. Mucho en verdad se ha hecho en los diez años transcurridos desde que esas frases fueron escritas: pero no ha sido suficiente, ha faltado el entusiasmo, el convencimiento profundo que se convierte en acción. Y al decir esto no me refiero tanto á los Gobiernos, que habrán hecho lo que han podido, cuanto á la juventud que no so ha penetrado aún de la importancia de la ingeniería: mientras que las cátedras de Jurisprudencia, Medicina, Filosofía y Literatura son muy concurridas en nuestros institutos de enseñanza, las de Agrimensura, Mecánica, Ingeniería Civil, Ingeniería de Minas y Agronomía permanecen desiertas, son puramente nominales.

De ahí proviene la necesidad de emplear extranjeros para obras de carácter nacional; de ahí también lo dificultoso de la existencia para individuos profesionales, porque Médicos y Abogados los tenemos muchos y muy buenos; de ahí también el gran número de aspirantes á la política y á los empleos públicos. Por consiguiente, procuremos desarraigar las inclinaciones antiguas y demostrar á la juventud, encargada del porvenir, que la ingeniería le ofrece en sus diferentes ramos un horizonte halagador; y que como profesión es tan honrosa y útil como las demás y quizá más independiente y más lucrativa que ellas. Encaminemos la juventud en ese sentido, y no tardará en reconocer que es mejor medir tierras que versos, y que hay mucha más poesía en pensar en el baño misterioso de la bien amada de nuestro corazón en su alcoba, en el agua cristalina traída por un acueducto desde la montaña de Jutiapa, que en las imaginarias que de las solitarias tórtolas á orillas del patrio río.

Formemos, señores, bastantes Ingenieros y démosles en ida más grata, constante ocupación: sus obras nos harán la vida en seguirán las industrias, acortarán las distancias dentro y fuera de la República, y por último nos relacionarán, de tal manera, con los Estados vecinos, que la Unión Nacional llegará sin el menor esfuerzo á verse realizada.

Tegucigalpa, 10 de marzo de 1889.

TRINIDAD FERRARI

Nació en Tegucigalpa el 22 de mayo de 1836. Fueron sus padres don José Ferrari, italiano, y doña Mariana Agüero de Ferrari. En Guatemala concluyó sus estudios de Abogado.

De regreso al país, el General don José María Medina, presidente de la República, lo nombró Ministro de Gobernación el 18 de septiembre de 1867, cargo que desempeñó por espacio de un año. Fue Diputado por el departamento de Gracias à la Asamblea Constituyente de 1880.

Después fue sucesivamente Magistrado de la Corte de Apelaciones de la Sección de Tegucigalpa, Rector de la Universidad Central y Magistrado de la Corte Suprema de Justicia.

Actualmente es Magistrado de la Corte de Apelaciones de lo Civil y Decano de la Facultad de Jurisprudencia y Ciencias Políticas.

DISCURSO

De recepción del Académico don J. Antonio López en la Academia, de Honduras

SEÑORES ACADÉMICO

Todos los pueblos que algo valen por el grado de cultura á que han llegado, propenden á ensanchar la vida intelectual, que en su esfera abraza la parte más noble de cuanto constituye el progreso. A impulso de ese sentimiento, y obedeciendo a una necesidad, hija de nuestro adelanto, hemos visto aparecer nuestra Academia, destinada a rendir culto ferviente a las ciencias y á las letras. Prueba de ello es el discurso que el Académico don Antonio López acaba de pronunciar, y sobre el cual, en acatamiento de vuestro mandato, me permitiré hacer algunas consideraciones.

Satisfacción cumplida recibiría, si al hacer el examen de tan discreto discurso, llegase á formular conceptos exactos que confirmen la opinión de los merecimientos del nuevo Académico, que habéis tenido presentes para darle asiento entre vosotros.

Muestra es de buen gusto, señor Académico, el tema escogido y la manera como do habéis desarrollado. Oportuno es en efecto, en los tiempos que alcanzamos, en que la producción literaria yo científica, ha tomado proporciones casi abrumadoras, averiguar si en las bellas artes, en las ciencias y en literatura se puede producir todavía algo original.

La originalidad constituye la aspiración suprema del ingenio: para que una obra merezca ese raro calificativo, necesita tener carácter propio, y no haberse inspirado en ningún modelo: por eso es que la realización de tan excelsa cualidad, sólo es asequibles a las inteligencias superiores, que, de un golpe, intuitivamente, perciben la belleza del mundo ideal, o penetran en las profundidades pasmosas de la naturaleza.

Entrando enseguida á examinar el tema de que me ocupo, cabe preguntar si la humanidad está condenada a girar eternamente un círculo fatal, y si, semejante á los mundos que pueblan el espacio infinito, tiene siempre que volver al mismo punto de partida; o si por el contrario, cumpliendo la ley de la evolución, ella marcha de etapa en etapa, persiguiendo sin descanso el progreso indefinido. En corroboración de lo primero, quizás, señores, podría hacerse notar el hecho de que en literatura y en bellas artes no se ostentan hoy creaciones comparables con la Ilíada y la Odisea, ni cuadros de perfección artística tan acabada como los de y allí, que después de esos modelos no quedó nada concebible para la inteligencia humana, y que exhaustos los fecundos senos de la naturaleza, cegóse para siempre toda fuente de inspiración.

No obstante, y sin desconocer que Grecia y Roma, fijaron magistralmente las leyes que deben presidir a toda concepción llamada a ocupar un puesto perdurable en los altares del arte y de las letras, permitido es creer que nuestra época, lo mismo que las edades venideras, mediante el concurso de especiales circunstancias, y de la comprensión más íntima y más profunda de las cosas, sean también capaces de producir obras, sino del mismo carácter, por la diversidad de los tiempos y del grado de cultura, del mérito intrínseco igual á las que, con sobrado motivo, rindes la humanidad; desde hace siglos, el homenaje de su admiración.

Por otra parte, en las edades clásicas greco-romanas, por la deficiencia del progreso científico, que estaba por decirlo así en sus albores, la mente humana se inclinaba de preferencia a los estudios de mera especulación; y por lo cual debía resultar, como en efecto resultó, mayor poder para concebir los prototipos de lo bello. Aun concediéndose à los antiguos superioridad sobre los modernos, en el concepto expresado, no sería exactos afirmar que los últimos son radicalmente incapaces para elevarse á las cumbres qué escaló la inspiración de los primeros; sino que ensanchados por el hombre moderno los horizontes científicos, que serán tan reducidos para el hombre antiguo, la investigación contemporánea ha tenido que atender, no sólo al cultivo de las bellas artes y de las letras, que formaban antes el único alimento del espíritu, sino también al descubrimiento de la verdad experimental. A lo dicho puede agregarse, que aparte del indiscutible mérito de las obras maestras que nos ha trasmitido la culta antigüedad, milita también en su favor, el irresistible prestigio que el tiempo les comunica. Así, es presumible que para un coetáneo de Homero, la Ilíada no sería el modelo sin rival proclamado a una voz por los modernos: como no es tampoco al pie de las altas montañas que la visual es más favorable para medir su majestuosa elevación.

Demostrado, como lo creo, que nuestra época no es virtualmente inferior a las pasadas en cuanto á poder creador en los dominios de la literatura y las bellas artes, queda por examinar, si en la esfera de las ciencias, tiempos han producido algo original.

Circunscrito el examen a ese punto, paréceme que no se necesita de largos raciocinios para convencer al reacio de que la era moderna no tiene igual en la historia del progreso humano. A la vista están, aun de los menos iniciados en la inmensa labor científica que absorbe al mundo sabio, las portentosas conquistas alcanzadas sobre la naturaleza por el genio del hombre en el curso de pocas centurias. Bastará, en comprobación de mi aserto, recordaros por su capital importancia é incalculable trascendencia en los futuros destinos de la humanidad, la invención redentora de la imprenta, que puso el pan eucarístico del saber al alcance hasta de los más humildes, y dio carácter democrático á las ideas, para que ellas à su vez lo comunicasen á la vida social; el descubrimiento del Nuevo Continente, templo augusto de la conciencia libre, asilo inviolable de todos los credos políticos, tierra prometida del proletario y del industrial, lugar de cita para la reconciliación de todas las razas, y nuevo Sinaí, donde se escribirá con caracteres de luz, el código cosmopolita de la fraternidad ha, mana; la constitución de la Química, matrona de austero semblante, pero llena de encanto en las intimidad de su trato, fuente de vida de las artes industriales, maga ingeniosa, que sin más agente que la acción molecular, nos hace asistir á operaciones dignas, por su inverosímil extrañeza, de los genios ocultos que creó la imaginación del hombre primitivo; la creación de la Paleontología, evocación solemne de un mundo subterráneo, que da verídico testimonio de las diferentes edades de nuestro planeta, y de las formas, para siempre extinguidas, que en cada una de aquellas revistió la vida vegetal y animal; la aplicación del vapor á la locomoción marítima y terrestre, que arrebató á Eolo el dominio de los vientos, aproximó á los pueblos, favoreció el comercio universal, y disminuyó al propio tiempo los riesgos de las borras- cas y tormentas del Océano; la maravillosa comunicación del pensamiento por medio de la electricidad, la que salvando el tiempo, pone al habla á los pueblos antípodas; finalmente, los estudios microbiológicos, de data reciente, que tienen por campo el mundo de lo infinitamente pequeño, mundo apenas entrevisto y que reserva para el sabio contemporáneo, descubrimientos como los que asombraron á los primeros observadores de los astros, que giran silenciosos en las profundidades de lo infinito.

Mas al proclamar la superioridad científica de los modernos, guardémonos de concluir de ese hecho, que los antiguos no hayan poseído al igual de aquellos, el genio de la investigación, pues pronto estarían para desmentirnos las gigantes figuras de Hipócrates, Hiparco y Aristóteles, de Arquímedes y Galeno, precursores ilustres de los Sydenham, Arago y Humboldt, Ampere y Vesale. Juzgando con criterio filosófico, es acertado afirmar que los sabios de la antigüedad hicieron en bien del adelanto de las ciencias cuanto era dable hacer, dadas las épocas en que vivieron. En el desarrollo del saber positivo no puede hacerse prescindencia de la cooperación del tiempo. La adquisición de la verdad experimental y de observación, tiene que ser lenta y laboriosa, requiriendo más que otra cosa, esfuerzo paciente y reflexivo; pues la construcción de las grandes síntesis, o de las hipótesis atrevidas, que, en situaciones oscuras, no pocas veces ponen al sabio en el camino de la verdad que inquiere, obra es de las intuiciones penetrantes del genio.

Además, la manera como se verifica el desenvolvimiento científico, no es obra del acaso, ni dependiente del arbitrio del sabio, sino que obedece al orden jerárquico de las ciencias que constituyen el saber humano, y al principio de subordinación, según el cual, una ciencia superior y más complicada, no puede constituirse antes de que se haya constituido la ciencia inmediatamente inferior y menos complicada; orden de sucesión que no puede alterarse y que lo impone la esencia misma de las cosas, que son objeto de investigación del hombre. Así se explica por qué el saber antiguo, con excepción de las Matemáticas y la Astronomía, constituidas entonces, fue rudimentario en cuanto à las demás ciencias positivas.

Creo, señores, haber cumplido el encargo que, más por razón de disciplina, que, por competencia de mi parte, he aceptado. Vivamente interesado en que esta Corporación recoja los mejores frutos de sur importante labor, no he podido en manera alguna negarme á aceptar la penosa posición en que me he colocado, al ocupar vuestra atención discurriendo sobre un asunto que, por demasiado comprensivo, demanda para su desarrollo aptitudes é instrucción que no me asisten.

Concluyo, pues, haciendo votos para que esta naciente institución realice los altos fines para que ha sido establecida; pues en ello la va honra de la patria y el buen nombre de las letras hondureñas.

Tegucigalpa, 26 de noviembre de 1888.

ALBERTO MEMBREÑO

Nació en Tegucigalpa el 12 de julio de 1859. Sus padres fueron el Licenciado don Carlos Membreño y doña Seferina Márquez.

Hizo en la Universidad de Honduras sus estudios, y los concluyó en muy temprana edad, obteniendo el título de Abogado. Fue durante algún tiempo Juez de Letras del departamento de Tegucigalpa, y después desempeñó el cargo de Subsecretario de Estado en el Despacho de Fomento. En 1887 entró á funcionar como Diputado al Congreso Ordinario, y poco después había celebrado en nombre del Gobierno de Honduras y en unión de don E. Constantino Fiallos con el Representante de Nicaragua la Convención de Duyure, en la cual se deslindó una pequeña parte de la línea divisoria entre ambas Repúblicas.

El señor Membreño hizo un ligero viaje á los Estados Unidos de América, y á su regreso se ha consagrado á escribir obras de alta utilidad é importancia.

En el corto espacio de tres años ha publicado las siguientes: REPERTORIO ALFABÉTICO DE JURISPRUDENCIA, ELEMENTOS DE PRÁCTICA FORENSE EN MATERIA CIVIL Y HONDUREÑIS.

En la primera da á conocer los precedentes establecidos por la Corte Suprema de Justicia y el Tribunal Supremo de la Guerra en sus sentencias y autos acordados, desde 1881, en que se creó el primero de dichos Tribunales, hasta 1891. En la segunda "condensa, merced á un adecuado método, la doctrina del procedimiento, relacionándola, sin dilaciones monótonas ni amplificaciones innecesarias, con el derecho sustantivo correspondiente, buscando para ello la debida correlación en los textos de los Códigos Civil, de Minería y de Comercio". [9]

Y en la tercera da á conocer los vicios de nuestro lenguaje, á efecto de que entre nosotros se mantenga el habla castellana siempre limpia,

---

[9] "Revista General de Legislación y Jurisprudencia", de Madrid. Noviembre y diciembre de 1894.

fija y con esplendor. De esta última obra tiene ya preparada una segunda edición, aumentada y corregida, que en breve saldrá á luz.

Sin perjuicio de sus labores de escritor, el señor Membreño desempeña actualmente, con aplauso general, el cargo de Magistrado de la Corte de Apelaciones de lo Civil de la Sección de Tegucigalpa.

LIGERAS

observaciones sobre el habla castellana en América

Emprendida por los descendientes de Pelayo, en el siglo dieciséis una de las más grandes obras que registra da historia, la conquista de América, imponían, á fuer de vencedores, su idioma á los habitantes de las vastas regiones que iban sometiendo à la dominación de los Reyes de Castilla. Paulatinamente los idiomas de las razas autóctonas que poblaban el Nuevo Continente fueron desapareciendo hasta quedar casi extintos; sin que obstara, para llegar á este resultado, el que en algunos lugares se establecieran cátedras de lenguas indígenas, porque esto sólo servía, por el momento, para hacer más fácil y menos destructora la conquista y no para abrir nuevos horizontes á la civilización, ensanchando la esfera de los conocimientos humanos.

¿Qué tendrían que aprender, supongo, dijeron los conquistadores que acababan de vencer al último baluarte de la media luna en Granada, de estos salvajes de aquende el Océano, á quienes, para poderlos considerar como hombres, fue preciso que un Papa así los declarara? El tiempo se ha encargado de demostrarnos lo final que procedieron aquellos ilustres aventureros destruyendo o relegando al olvido obras tales, que los sabios echan de menos para las resoluciones de tantos problemas sobre América que hoy agitan al mundo científico. Además, había idiomas aquí, como el quichua, que por lo dulce, armonioso y flexible era digno de que se le hubiera cultivado sin mengua de la sonora lengua castellana. Pero los conquistadores, en su mayoría, no eran hombres de letras, sino grandes capitanes: por ello su misión se redujo á aumentar el número de vasallos de los reyes de España; á acrecentar el tesoro de éstos con los metales preciosos que en abundancia se extraían de las minas; y á imponer con el filo de sus espadas la religión que ellos profesaban.

La época de la conquista pasó, y con ella el ardor bélico de los que la emprendieron: los descendientes de los primeros pobladores europeos de estas tierras, por la fuerza natural de los hechos, hubieron de dedicarse á las pacíficas labores propias de la nueva vida que habían adoptado. Las selvas impenetrables, la feracidad de los terrenos, los metales preciosos que, en forma de criaderos, de vetas, ò que en los lechos de los ríos se presentaban al colono, fueron unos de los muchos móviles que lo impulsaron à escoger la profesión que más cuadrara con el medio en que se encontraba. Las modificaciones que el hombre, considerado aisladamente o en sociedad, experimenta, se comunican al idioma, que no es más que un signo necesario para relacionarse los seres entre sí. Así, pues, con la colonia comienza una nueva era del habla castellana en América. La pureza relativa en el lenguaje importado por los primeros inmigrantes en masa, fue perpetuándose más y más en las colonias, á medida que se hacían menos frecuentes las relaciones de éstos con la Metrópoli. De aquí el carácter conservador de las colonias. Asombro causa á los que con más donosura hablan hoy el idioma de Castilla en España, el hallar en las obras de los hispanoamericanos ciertos giros tan castizos y tan propios de la genialidad del idioma de Cervantes, que involuntariamente les recuerdan los escritores del siglo de oro de la lengua. Al lado de este hecho que tendía á estacionar el lenguaje, figuran otros que, indudablemente, condujeron á enriquecerlo. La frecuente comunicación entre el español y el indígena, que en algunos puntos como el Paraguay llegó hasta la fusión de ambas razas; los objetos desconocidos de los primeros inmigrantes, que para servirse de ellos tuvieron que designarlos con el nombre indio; las nuevas relaciones que se iban creando entre los mismos colonos, que les ofrecían, a veces, oportunidad de sacar un término de su acepción propia para aplicarlo a un objeto para el cual no había sido inventado; hasta la falta de conocimiento de la significación de algunas palabras de las lenguas indígenas, contribuyeron a aumentar el caudal de voces del español. Lo que acabo de decir puede comprobarse con algunos ejemplos: *Cancha,* en quichua, significa patio o corral, y entre nosotros designa un espacio de terreno nivelado y cercado; así llamamos cancha de gallos al patio en que tienen lugar estos juegos: para la Academia española esta palabra significa maíz o habas tostados que se comen en la América del Sur. *Teacali o Teurali* es palabra mejicana con que los aztecas designaban sus templos. *Maíz,* término con que nombramos el cereal de que se hacen nuestras tortillas, pertenece á la lengua haitiana. *Pulque* es voz mejicana ó araucana con que se designa una especie de vino de color blanquizco que se obtiene del maguey. El uso de la palabra *rancho* aplicada á las chozas lo explica el Doctor Daireaux, como sigue: "Cuando los españoles desembarcaron en América, naturalmente, pidieron á los indios víveres y contribuciones de toda especie, iban á los grupos de chozas de éstos á exigirlos, de aquí la expresión ir al rancho, que propiamente significaba ir à la provisión, y al mismo tiempo designa el hecho de ir à las chozas: así se arraigó la palabra rancho, conservando el sentido de habitación de pobre aspecto". No menos curioso es el modo como se introdujo la palabra che que frecuentemente usamos los hondureños. Qué nos lo refiera el citado Doctor Daireaux. "*Che* no es mejicano ni colombiano, es pampeano, y especialmente legado por los primeros habitantes del país, los tehuenches. En la lengua india *che* significa hombre. Fuese grande la sospesa de los indios cuando vieron por primera vez à los europeos saltar de sus carabelas vestidos, calzados y montará caballo. No podían creer que fueran hombres como ellos, solo cuando con sus insumos tocaron cuando estos pobres desheredados de la que los que veían eran hombres, otra especie humana, reconocieron entonces exclamaron: "¡Ches! ¡Ches! ¡Hombres, hombres!".

La palabra ha quedado en el idioma argentino como exclamación y como llamada.

Multitud de palabras más podría citar introducidas al español, á semejanza de las precedentes; pero para mí objeto basta con aquellas.

Este trabajo lento, conservador y progresivo á la vez, respecto al idioma, ¡no fue interrumpido durante los tres siglos del régimen colonial en América! Y no podía decirlo. Nuestros principales puertos estaban cerrados y solo de cuando en cuando se relacionaban los colonos con los europeos de la Metrópoli, valiéndose de los buques que enviaba a las Indias Occidentales la Casa de Contratación de Sevilla. Las correrías de los bucaneros en las costas del Atlántico y del Pacifico, con ser momentáneas, nada influyeron en el lenguaje. A los nacientes centros literarios de América además de que tenían muy pocos buenos modelos, les faltaban medios para vacar al estudio de las letras.

Así fue corriendo el tiempo, hasta que, llegada á su término la escisión entre españoles y criollos, éstos se unen á los indígenas y dan el grito de independencia. Comienzan esas guerras gigantescas, dirigidas con tanto acierto por los Bolívares, San Martines, Hidalgos,

Sucres, Páez, Córdovas, Belgranos, O'Higgins, Allendes, Morales y Bravos, cuyas espadas, templadas en los cráteres de nuestros humeantes volcanes, logran, después de grandes sacrificios, dar fin en Ayacucho con la dominación española: el sistema de Gobierno democrático se establece en estas nuevas nacionalidades, y se hace necesario democratizar el idioma: García del Río y Bello, en un tiempo en que hasta la Academia Española se había hecho reformadora, lanzan al público, desde Londres, sus Indicaciones sobre la conveniencia de simplificar uniformar la ortografía en América: libros franceses, mal traducidos al español, se ponen en manos de la juventud en los establecimientos de enseñanza bien presentados en forma de novelas, se leen con avidez en el seno de las familias: los inmigrantes, que de todos los puntos del globo concurren á establecerse en la América libre, introducen, según la nacionalidad de que proceden, sus anglicismos, galicismos, etc., á que bien pronto se les da carta de naturaleza: y si todo esto se une el odio consiguiente entré españoles y americanos, tendremos algunas de las principales causas que produjeron la revolución del idioma en América, á lo menos en los cuarenta primeros baños después de nuestra emancipación política. Creyeron los espíritus superficiales de aquella época, que ya ningún lazo nos unía con España, y que era permitido estropear el lenguaje: y como todo el que rompe las reglas encuentra por desgracia imitadores, llegamos á una anarquía tal, principalmente en materias ortográficas, que los jóvenes no hallábamos á qué atenernos.

La influencia que Bello tuvo en lo que he llamado revolución del lenguaje, merece una explicación que con gusto consigno aquí, como prueba del respeto y admiración que profeso al patriarca de las letras hispanoamericanas. El sabio venezolano, en colaboración con el señor García del Río, propuso las ocho reformas ortográficas, que pueden verse en el tomo primero del Repertorio Americano. Algunas de el en sus publicaciones, como estas reformas nunca las practicó Bello en observa muy bien don Miguel Antonio Caro, y todas ellas las repudió le sus obras didácticas. Bello siempre respetó la autoridad de la Real Academia Española, hasta el grado de que podemos considerarlo más académico que aquella Corporación. Es extraño, pues, oír toda avía á ciertos literatos decir que ellos siguen las doctrinas de don Andrés Bello y no las de la Academia Española.

Nada fue capaz de contener este desbordamiento literario, en que cada uno casi tenia sus reglas peculiares para hablar o escribir. Las gramáticas, que en gran número circulaban, inclusive la de la Real Academia Española, de muy poco servían para volver el idioma á su cauce natural, pues todas ellas se concretaban á exponer unas tantas reglas poco comprensibles para las inteligencias de los jóvenes. Los españoles no dejaron detener, culpa en la crisis del idioma. La polémica entre los literatos Salvá y López. en que se olvidaron las reglas del decoro hasta llegar el último á decirle al primero que al apellido Salvá debería agregársele la sílaba je, se vio en América con gusto, y alentó las ideas reformistas. Sin embargo, el fuego sagrado se conservó en algunos cerebros privilegiados para gloria de nuestra naciente literatura, La Gramática Española para los americanos, de don Andrés Bello, y el Tratado de Ortología y Métrica por el mismo autor; las Cuestiones Filológicas, de don Antonio José de Irisarri; el Diccionario de Galicismos, por don Rafael María Baralt; las Apuntaciones Criticas sobre el lenguaje bogotano, de don Rufino José Cuervo; la Gramática Latina, por Caro y Cuervo y el Tratado del Participio, por el primero de estos autores; la Ortografía y la Ortología del señor Marroquín; la Gramática Práctica de la lengua castellana, por don Emiliano Isaza, etc., se han encargado de hacer guerra sin cuartel los vocablos intrusos o híbridos, como remarcable y cablegrama; á los mal nacidos, tales como presupuestar, subvencionar; à los innecesarios, como secesión; de fijar el verdadero acento à las palabras, de modo que hoy todos escribimos, aunque tal vez no pronunciamos, paraíso, telegrama, Ilíada, ateísmo, medula, Heródoto, etc.: y sobre todo, de apuntar algunos giros galicanos, tales como sentencia condenando, acuerdo concediendo, en vez de sentencia en que se condena, acuerdo en que se concede, para que procuremos extirparlos. eran hombres; anteriormente.

La revolución en el idioma está casi vencida, y lo que falta para coque desaparezca por completo es obra del tiempo. De México á la Patagonia impera la lengua de Castilla, sino en toda su majestad, al menos purgada de muchos de los vicios que en años anteriores se encaminaban á desnaturalizarla. En México, Guatemala, El Salvador,

Colombia, Venezuela y el Ecuador hay Academias correspondientes de la española. Sólo el gran literato don Juan María Gutiérrez, en representación de la Argentina, se negó á reconocer, oficialmente, la autoridad de aquel Ilustrado Cuerpo, no aceptando el nombramiento de académico. Parece que, según el señor Gutiérrez, el rápido progreso del Plata y la afluencia de inmigrantes, darán por resultado la formación de un idioma argentino. Hasta ahora los hechos, nada favorable auguran respecto á la opinión del literato a que me he referido. Si bien es cierto que en las publicaciones oficiales del Plata encontramos garantan, garanten, estos son pequeños lunares que no subsistirán en un país, como el argentino, en cuyos i estable. cimientos de enseñanza se hacen estudios serios sobre literatura y especialmente sobre filología.

Antes de concluir debo hacer una manifestación. Cualquiera que sea el defecto que noten en este trabajo los que tengan la paciencia de leerlo, ruego lo imputen á mi ignorancia involuntaria, alejando la idea de que tengo el nombramiento de individuo de la Academia Científico-Literaria de Honduras. Si los que hoy son mis colegas me han querido honrar con aquel nombramiento, no se debe esto á mis escasas luces, sino á mis deseos fervientes de que en mi amada patria se mantenga el habla castellana siempre limpia, fija y con esplendor.

Tegucigalpa: febrero de 1890

RAMÓN REYES

Nació en Tegucigalpa el 31 de agosto de 1861. Fueron sus padres don Guadalupe Reyes y doña Gervasia Gómez de Reyes.

Hizo sus estudios en la Universidad Central de la República, y en ella obtuvo el título de Licenciado en Jurisprudencia y Ciencias Políticas el 14 de diciembre de 1884.

En diciembre del año anterior había empezado á desempeñar en el Gobierno del General don Luis Bográn, la Subsecretaría de Relaciones Exteriores. Permaneció en ese puesto hasta el 29 de junio de 1885.

El 1º de agosto fundó, en unión del que estas líneas escriben, un Colegio de enseñanza primaria; pero tuvo que separarse del establecimiento en el mes de octubre, con motivo de habérsele obligado á servir como Agente de Policía por el presidente Bográn. A los catorce días, y merced á los trabajos de personas influyentes, se le dio de baja á Reyes en el penoso servicio á que se le había sujetado.

Este atropello y otros muchos de que fue víctima bajo aquel Gobierno, lo determinaron á trasladarse á Costa Rica. Lo hizo así, y algún tiempo después pasó á Nicaragua, en donde fue colaborador del periódico "El Mercado". Debo hacer una manifestación que en León supo que el General don Emilio Delgado se preparaba á invadir á Honduras para derrocar la Administración Bográn. Inmediatamente se le unió, y el 3 de agosto de 1886, en número de cuarenta, se pusieron en marcha los invasores. En pocos días penetraron al país y llegaron al Valle de Comayagua. Derrotados en Lamaní, se dirigieron á El Salvador. En Casa Nueva les dio alcance el ejército del Gobierno, y después de una resistencia vigorosa dejaron el pueblo para acercarse á la frontera. No pudiendo pasar el rio de San Juan, que había crecido mucho las lluvias de la estación, tuvieron que esperar, y esto fue causa de que los vecinos del pueblo de San Antonio del Norte pudieran atacarlos el 26 de agosto por la tarde. Reyes fue herido en el combate, como á las cinco, y falleció á las once de la noche. Sus compañeros se rindieron el siguiente día por la mañana y fueron hechos prisioneros. De ellos fueron fusilados el 18 de octubre en Comayagua el General Delgado y los oficiales Miguel Cortés, Indalecio García y Gabriel Lozano.

Los restos de Reyes reposan hoy en el Cementerio de Tegucigalpa, á donde fueron trasladados por su amante familia en el mes de abril de 1894. Siempre será deplorada su temprana muerte.

LOS GRANDES REVOLUCIONARIOS

VOLTAIRE

En el curso de mi larga vida he observado con frecuencia que los hombres
se parecen, más que á sus padres, à los
tiempos en que viven.

[Palabras de Alí]

Cuando dirigimos una mirada hacia el pasado y contemplamos las
luchas políticas, filosóficas y religiosas en que se vieron empeñados
los hombres de otros tiempos; cuando observamos que la humanidad
sufre catástrofes inevitables, que hunden generaciones enteras, pero
que purifican el pensamiento y reforman las ideas; y cuando
comprendemos que, en la sucesión de los tiempos, hay algunos
períodos de la historia de los pueblos en que se hacen indispensables
las revoluciones humanas, para que, derrocándose las instituciones
viciadas, logre el hombre la consecución de su destino, entonces
movidos por un sentimiento religioso y santo, damos gracias á esa
mano providencial, que rige la marcha de los mundos, y que destinó,
para que libraran las con- tiendas de la vida, á seres de alma colosal.

La aurora del Renacimiento fue augurada por poetas distinguidos
y por filósofos eminentes. La grande obra de la civilización moderna
ha sido sostenida y con consolidada por pensadores de la talla de
Locke y de Bacon, que, elevados á las abstractas regiones de la razón
pura, meditaban y profundizaban todos los inescrutables arcanos de
la vasta Ontología; por filósofos profundos como Descartes,
Montaigne y Pascal, escépticos por sistema y por pensamiento que,
para extirpar de la región de las ideas el espíritu de la tradición y del
dogmatismo, establecían como base de sus elucubraciones la duda
absoluta, para creer en su misma duda, y de allí partir á concebir y
demostrar las grandes é inconcusas verdades del no yo y de lo
absoluto; por críticos terribles como Cervantes y Rabelais; por
publicistas y políticos como Rousseau y Montesquieu, y por todos

aquellos pensadores profundos y revolucionarios audaces que formaron esa obra gigantesca que las generaciones han contemplado asombradas y que se llama **ENCICLOPEDIA.** Pero entre todos ha figurado, en primera línea, por su larga vida de tormentos y de luchas, por su talento luminoso é inmenso y por su crítica demoledora, el célebre **FRANCISCO MARÍA ARUET DE VOLTAIRE.**

Mas no se crea que me propongo escribir una biografía del patriarca de la Filosofía Moderna que, con su inquebrantable fuerza de voluntad, hizo arribar al suelo de la Francia los gérmenes fecundos de la revolución más grande que registra el libro de la historia.

No: el filósofo Condorcet, con el buril de los ingenios, escribió, en los días de las pruebas heroicas y de los supremos dolores, la vida de Voltaire. Únicamente trazaré algunos pálidos rasgos sobre los méritos de aquel grande hombre, para conocimiento de la juventud estudiosa de mi patria, que, sin ser retrógrada, ultramontana, ni fanática, ha dado repetidas y elocuentes pruebas de amar las ideas, el perfeccionamiento y la libertad.

Poco tiempo hace que se inició en este país la revolución intelectual, rasgándose el velo de la escolástica que nos había ocultado el sendero de la verdad; y, á pesar de eso, sólo por las calumnias de sus detractores conocemos al corifeo ilustre de la civilización y de las ideas. No conocemos, ni por su genio, ni por sus obras, al hombre grande que personificó á su siglo, que sentía en su cerebro la ebullición del pensamiento de la especie humana, al genio sobre cuya existencia pensaron todas las injusticias y todos los dolores de sus aciagos tiempos, le que, con el escalpelo de su poderosa crítica, despedazó todos los errores tradicionales que nos legaron generaciones sumidas en el más lastimoso oscurantismo.

Aquel hombre que con su estridente carcajada anonadaba las imposturas de los apóstoles del error, que nació entre el cieno inmundo de sociedades corrompidas y de cortes escandalosas, para elevar á los hijos de su patria á la altura de los pueblos autónomos y libros. ¡Nació en el triste ocaso de una edad que se extinguía; cuando Dante había condenado al infierno de la historia á los malhechores de la humanidad; cuando ya Lutero había sembrado en el corazón de las naciones el germen incorruptible de sus doctrinas y cuan- do ya

Descartes había sondeado los profundos arcanos de la conciencia humana!

Víctor Hugo, el poeta espiritual de nuestro siglo, hablando del Dante, dice que aquel genio terrible *flagelaba con llamas:* así también, parodiando su expresión sublime, podíamos decir que Voltaire con risotadas y sarcasmos á las almas empequeñecidas por el error y corrompidas por el cáncer pestilente de la superstición. "¡Parecía loco!", ha dicho uno de sus más grandes panegiristas, cuando prorrumpía en una resonante carcajada después de lanzar al seno de la sociedad, uno de aquellos escritos revolucionarios, uno de aquellos gritos de la conciencia humana! ¡Parecía loco, pero qué loco tan temible! Era el Erostrato de los modernos tiempos, aplicando la incendiaria tea del raciocinio al envejecido templo de las leyendas y de los dogmas.

Voltaire estaba destinado a demoler, con el formidable ariete de su crítica, el carcomido palacio de la mentira. Es grande edificar con el ejemplo y con la palabra, sociedades donde se respeten y practiquen las máximas augustas de la tuiciones cimentadas en oral y de la virtud de la verdad y en las sociedades: esa es la gloria de Sócrates de Cristo y de Pablo el apóstol; pero cuando las instituciones han desaparecido viciadas por la relajación y la mentira, cuando las prevaricaciones de los hombres rastreros han degradado a las naciones, entonces es también grande y es también sublime extirpar las falsedades y anonadar reputaciones de un día: esa es la gloria del Dante, de Lutero, de Rabelais y de Cervantes; los medros del despotismo y de la teocracia son criminales ante el irremisible fallo de la historia.

Voltaire pulverizaba con sus poderosos análisis y desprestigiaba con su irresistible carcajada. ¡Era el filósofo investigador que anunciaba el advenimiento del reinado de las ideas! ¡Era el pujante cíclope en el inmenso de su genio, preparaba las armas poderosas con que se había de operar la muerte de los mitos, la muerte de! las superticiones, ¡la muerte de las autocracias! ¡Era el más esclarecido vástago de aquella raza de batalladores incansables ron en el alma de los pueblos la simiente inmortal de la reforma! Pero que siembra los retrocados inconsecuentes le acusan de haber predicado doctrinas adversas á las ideas de su tiempo, sin levantar ninguna institución nueva sobre los de las demolidas instituciones. Sin embargo, además de ser injusta, esta acusación no debe dirigirse sólo á él; sino también á Lutero, á Rousseau, á Díderot, á D´Alembert, á Condorcet, en al siglo XVIII, á toda una generación! ¿Cómo hubieran realizado una obra que era la obra titánica de los siglos? Ellos no pudieron menos de coadyuvar á la extirpación de los errores: esa era su misión, y la cumplieron dignamente.

Todos aquellos grandes hombres previeron la catástrofe que se operaría en el seno de las conciencias, miraban entre los pliegues del porvenir, que el mundo antiguo se derrumbaría bajo el peso abruma de tantos absurdos y de tantas necedades; y comprendían, por lo mismo, que las demás generaciones vivirían bajo los benéficos auspicios de la libertad, de la igualdad y de la ley. Por eso el autor inmortal del Edipo, en una de sus cartas al rey de Prusia, le decía: *"Los frailes están desesperados: este es el principio de una gran revolución: se hunde el viejo palacio de la impostura fundado hace 1775 años"*.

Voltaire comprendió perfectamente su azarosa época y preparó sus armas favoritas, que eran la burla, el razonamiento y la diatriba, para presentarse, cuando sonara la hora de las luchas, armado de punta en blanco en el arsenal de los combates. Comprendió que el cisma de Alemania, el racionalismo inglés y la filosofía francesa, harían á las sociedades dar un gran paso en la senda del mejoramiento. El siglo pasado fue un siglo de radicales cambios: entonces recibió el feudalismo el golpe de gracia: las garras del león del absolutismo fueron despedazadas por el Alcides de la revolución, cuando subió al cadalso Luis XVI, allá en la Francia, aquella tierra prometida de las libertades y de las ideas, y cuando se levantó luciente y esplendoroso, en las vírgenes praderas del mundo americano, el estandarte de la democracia, sostenido por las pujantes manos de Washington y de Franklin, de Bolívar y de San Martín: era que ya la especie humana salía del vergonzoso cautiverio á que estuvo reducida durante más de catorce siglos; pero se necesitaban las altas dotes de Voltaire para haber triunfado, después de aquella avenida fecunda de reformas, que había de ocasionar la condenación ó la salvación eternas de m muchos hombres ante la historia.

El filósofo Condorcet, dijo con mucha propiedad: "La vida de Voltaire no es más que la historia de los progresos que debe el arte á su genio; del poder que ejerció sobre las opiniones de su siglo; y de aquella dilatada guerra que desde su juventud declaró á las preocupaciones y que sostuvo dignamente hasta su muerte". Sí; él atacó el fanatismo bajo todas las fases con que se presenta en la sociedad humana: en religión, lo ridiculizaba; en Filosofía, lo combatía y en política, lo despreciaba; y lo despreciaba, porque en aquella dichosa edad, nació también el hombre culminante que estaba destinado á derrocar las viciadas instituciones del poder civil: entonces nació Rousseau.

Voltaire destruyó todos los personajes míticos que han creado las religiones positivas: Moisés, Júpiter, Cristo, Mahoma, salían de su crisol terrible, tales como fueron: genios admirables con cualidades; pero con defectos.

Y todo contribuyó, en el autor del Edipo, a hacer de él aquel combatiendo irresistible que operaría, con sus ideas y con su sarcasmo, el cataclismo de las instituciones falsas: su índole activa, aquel carácter turbulento y agitado, que lo hacía rebelarse contra las injusticias y contra los abusos, la corrupción de las sociedades, ¡la volubilidad de sus tiempos y aun las inconsecuencias de su familia! Como Mirabeau, tuvo un padre que, por intereses miserables, lo despreciara y lo aborreciera; y como Mirabeau, se vio en la necesidad de captarse méritos para debérselo todo á sí propio. ¡Su padre lo despreciaba y su sociedad no lo comprendía! Escribió unos versos que, como no agradaron porque no encerraban las lisonjas viles que entonces se tributaban á los cerdos despreciables de Versalles, le costaron algunos meses de prisión en la Bastilla.

Cuando Mirabeau se hallaba encerrado entre las húmedas paredes de Vicennes, teniendo el libro de Tácito en sus manos, ¡el libro de Tácito! aquellas dolorosas elegías de la decadencia del imperio más grande de los antiguos tiempos, condensaba en su palabra tonante, en aquella palabra poderosa que debía abrazar al mundo, todos los principios y todos los ideales de la revolución. Así también el cantor de Enrique IV, aquel hombre que luchaba con la frivolidad de sus contemporáneos, encerrado entre los muros de la Bastilla, meditaba profundamente todos los móviles y todas las ineludibles consecuencias de la más saludable, de la más práctica de las reformas que se han operado en la sociedad humana: allí meditaba los detalles de la gran revolución que se elaboraba en la mente de los pensadores: allí veía en los vuelos de su poderosa fantasía hundirse los tronos y derrumbarse las catedrales.

Hay sociedades verdaderamente anómalas, verdaderamente incompatibles con los eternos principios de la igualdad y de la ley. Hay sociedades donde se forjan prisiones para el pensamiento, y amenazas perpetuas para las garantías individuales; donde la justicia y el derecho son el patrimonio de hombres estúpidos y miserables; y donde no se puede vivir sino respirando el ambiente de la miseria y de la corrupción. En ese estado se encontraba la sociedad francesa en tiempo de Voltaire: los nobles, el clero y los magnates lo dominaban todo: no había ley, no había derecho, no había justicia: sólo era grande el que nacía al abrigo de las ritualidades religiosas o tras las decoraciones teatrales de una innoble aristocracia: así vivió Voltaire en aquella corte escandalosa, presenciando y sufriendo las arbitrariedades y las injusticias de los potentados. Un día se vio ultrajado cobardemente por el caballero Rohan: buscó amparo en las autoridades, y éstas no le oyeron: buscó aquellas leyes que parecía haber sido escritas para la garantía de los ciudadanos y para el castigo de los perversos, y no las encontró, porque su adversario era uno de esos hombres à quienes elevó al rango de seres inviolables, la injusticia humana. Entonces, despechado y maldiciendo, con el acento supremo de las almas grandes, su sociedad y sus tiempos, se retiró á Inglaterra. Llevaba en su inteligencia todo un mundo de catástrofes en embrión y en su corazón toda la hiel con que se lo habían emponzoñado el infortunio y la arbitrariedad. Pero allí encontró un teatro más ancho para sus elucubraciones filosóficas. En aquella tierra privilegiada de las instituciones sociales donde acababa de cerner su vuelo el genio sombrío de las revoluciones; donde todavía estaba fresca en el patíbulo la sangre de Carlos I; donde se sentían aún las pisadas de Cromwell y se escuchaban los armoniosos versos de Milton; allá recogió todas las ideas que lo habían de guiar en la formación de la nueva escuela, todas las armas incontrastables de la reforma que habían quedado diseminadas en las obras de los filósofos ingleses: Newton que no reconocía en sus investigaciones más guías que el cálculo y la observación: Locke que, antes de morir, había enseñado á sus discípulos su admirable metafísica apoyada en la experiencia: las innovaciones de Bacon, las doctrinas deístas de Shaftesbury, de Bolingbroke y los versos filosóficos de Pope formaban un caudal inmenso de verdades inconcusas que podrían oponerse á los fastidiosos filósofos de la escolástica: eran regueros de luz. que podían guiar á las almas audaces que emprendieran, bajo la egida de las ideas, el azaroso viaje de la edad moderna.

¡Dichosos los hombres que saben comprender hacia donde arrastra el torrente de los tiempos! ¡Gloria á las inteligencias colosales que saben leer, entre las brumas del porvenir, los destinos de la humanidad; ¡que saben seguir con mirada de águila el curso de las ideas, sin quedarse encenagadas entre la escoria y las inmundicias que dejan, al sucumbir, las generaciones! Los hombres que se sacrifican por una idea en épocas de tormentos y de dolores, no mueren por un capricho, no; mueren por las ideas, mueren por el perfeccionamiento. Los hombres que consagran sus días á la meditación, que arrostran por la verdad el odio y la execración de sus contemporáneos, que ponen su talento y su existencia al servicio de la justicia y del progreso; levan. tan con sus actos mismos el pedestal eterno de su gloria.

Voltaire hubiera podido hacerse palaciego, y pasar la vida holgadamente entre los cortesanos de los Borbones. Pero no, él amaba más las bendiciones de las generaciones, que los agasajos de los magnates; temblaba ante la execración de la historia y se reía del odio de sus contemporáneos, deleitaba con frivolidades á los hombres de su tiempo para burlarse después de ellos. Era un hombre verdaderamente caprichoso, verdaderamente extraordinario; como todos los que nacen en el ocaso de las sociedades para hacer la guerra á la opresión, al vicio y á la intolerancia, tenía un genio admirablemente demoledor. Allá en los tiempos en que Roma estaba corrompida, cuando el coloso estaba carcomido por los crímenes y las miserias de los tiempos del Imperio, nació Tácito, que, con la pesadumbre de las almas buenas, debía cantar y narrar á un mismo tiempo en elegiaca, divina historia, la decadencia de la nación más grande de la tierra, nació Juvenal, el poeta cáustico, el poeta terrible que vomitaba en sus versos cólera y bilis contra la corrupción de Roma. Genios de tal naturaleza sólo nacen cuando ya se necesita la renovación de las instituciones, la renovación de las ideas. Pablo el apóstol derrocando el mundo pagano, con su violenta y arrebatadora elocuencia, y Voltaire extirpando los errores de los siglos medios, representan dos grandes fases de la vida humana.

Voltaire, como filósofo, era esencialmente humanitario; trabajó por la consolidación de la libertad, del derecho y del deber, supo sondear todos los arcanos de la razón, todos los misterios del destino: Como historiador comprendió muy bien la lógica de los acontecimientos: supo despejar el campo de los hechos de todas las sombras y de todos los mitos con que lo habían ofuscado los utopistas y los apasionados: cantó la belleza, luchó por la verdad y amó lo bueno: tenía toda la amenidad y todo el talento suficiente para hacer de él el primer poeta de su siglo: su genio era inmenso: los vuelos de su imaginación eran admirables: cultivó todos los géneros literarios que estuvieron á su alcance; pero esa universalidad desmereció su gloria: si hubiera consagrado las fuerzas de su genio colosal á la tragedia, quizá hoy fuera tan grande como el admirable Shakespeare, quizá hubiera sobrepujado á Racine, el filósofo poeta, al picante Moliere y al profundo y deleitoso Corneille.

Voltaire tuvo algunas veces el defecto de llevar su malignidad y su burla hasta la exageración y hasta la blasfemia: ningún verdadero francés le perdona el bochornoso ultraje que hizo á la gloria nacional en la doncella de Orleans. Por eso la inteligente Madame de Staël, con todo el orgullo de su ofendido sexo, dijo: que la *Pucelle D'Orleans* era un crimen de *lesa patria*. Pero fue que Voltaire, como que se acostumbró á mirar en todos los héroes de la Edad Media, ase- sinos y bandoleros, y en todos sus filósofos, necios é impostores; empero, es necesario creer con Leibnitz: Que muchas veces se encuentra oro entre el estiércol de la Escuela.

He aquí, pues, ligeramente delineado el genio de aquel hombre que, después de tantos infortunios, vio triunfar, en el seno de su patria, sus principios y sus tendencias. Tal vez en muchas de sus apreciaciones haya sido exagerado; pero su mayor gloria estriba en sus aspiraciones. Fue uno de los hombres grandes que coadyuvaron al triunfo definitivo de la razón: tenía alma de filósofo, corazón de artista y conciencia de ciudadano. Voltaire, Rousseau, Diderot: he aquí las inteligencias de fecunda inspiración, que prepararon en el terreno de las ideas la gran revolución francesa, Voltaire lucho por la verdad; era el gran maestro de la especie humana. Juan Jacobo luchó por las instituciones, era el gran civilizador del pueblo. Y Diderot, rehabilitando á la razón, paso las primeras piedras de la Enciclopedia. Ellos educaron con sus doctrinas, los más sublimes operarios de la revolución. Diderot formó á Danton; Robespierre era el grande admirador de Rousseau; y Mirabeau tenía en sus oraciones el nervio, la fecundidad y la violencia de Voltaire. Con tales batalladores y con tales precedentes, la renovación social era indiscutible. Se había llegado a una época en que todo pasaba por el crisol de la razón. Los tiempos de los dogmas, de los mitos y de los misterios, habían pasado ya. Las farsas del Vaticano, sus ceremonias y sus ritualidades, eran insoportables ante la conciencia de los pensadores. Era que los siglos de la fe ciega y del fanatismo insolente, se habían hundido en la tenebrosa noche del pasado. Los espíritus venían predispuestos, con tres siglos de antelación, á la controversia y al escepticismo. Los escritores católicos han calificado siempre como subversivos y contra. producentes los cambios del Renacimiento, han acusado á los filósofos de haber pretendido la destrucción de toda moral y de toda religión. Pero no, ellos fueron los intérpretes de las ideas de su tiempo. La gloria irrefutable que tienen, es haber comprendido la evolución social que se operaba. La hipocresía y la mala fo con que fueron precedidas las doctrinas religiosas en los siglos medios, habían encolerizado las naciones. Todos los errores cometidos por el catolicismo, desde los absurdos de nacen hasta las aberraciones de Trento, obligaron à los pensadores á creer que no había una sola verdadera, entre todas las doctrinas del catolicismo; pero no se puede negar que hubo católicos virtuosos que quisieron, de buena fe, el engrandecimiento de la especie humana; que hubo sacerdotes verdaderamente cristianos, no; en la historia del catolicismo se levantan algunas figuras eminentes que, por su sabiduría y sus virtudes, se atraerán siempre las simpatías de los hombres imparciales. Pero es igualmente cierto que la mayor parte de ellos llegaron á creer que la humanidad era un rebaño destinado para en patrimonio; que podían esquilmar lastimosamente á las ovejas para satisfacer sus odios, sus rencores y sus brutalidades.

Los crímenes perpetrados en los tiempos de Alejandro VI, de Clemente V y de Gregorio VII, habían llegado á exasperar los ánimos. En el corazón de los pueblos, después del terror que entorpece y paraliza, viene el espíritu de cólera y de venganza, ¡y ay de los que provocan la justa cólera de las naciones! Los pensadores, los legisla dores y los poetas, fueron los grandes operarios de su tiempo. Los materiales de su obra los encontraron en los principios inalienables de la ciencia y en las tendencias de la sociedad. Si éstas no hubieran minado ya hacia la reforma: Lutero, Calvino, Voltaire y todos los reformadores hubieran muerto en la hoguera, así como muchos años antes habían sucumbido Savonarola, Juan Huss y Jerónimo de Praga. Persecuciones desapiadadas como las de los Albigenses y de los judíos, hubieran exterminado á los filósofos: á los pontífices y á los frailes no les faltaba voluntad; pero los tiempos de Domingo de Guzmán, de Simón de Monfort y de Valdés, habían pasado para no volver jamás. El poder de la Iglesia ya era un cadáver que despedía nocivos miasmas: los pontífices y los frailes rabiaban como unos posesos; pero su cólera brutal contra el torrente de las ideas era inútil: era como el furor del monarca persa contra las olas del Helesporto. Los castigos de que aun disponía la Iglesia, sólo eran eficaces para irritar; pero no para destruir. La lucha se trabó de una manera terrible entre la fe y la razón, entre las ritualidades y las ideas, entre los teólogos y los filósofos; y el triunfo estaba irremisiblemente de parte de los últimos.

La historia de la humanidad tiene sus leyes: los hombres y las ideas influyen inmensamente en el destino de la ciencia y en el perfeccionamiento de la especie humana: ayer todos maldecían y execraban á Voltaire, porque veían en él un trastornador insensato del orden social: era que no comprendían su genio: era que no comprendían sus tendencias y sus doctrinas: era que, aferradas las inteligencias á las viejas tradiciones, odiaban y maldecían todo lo que fuera adverso á ellas. Los fariseos sacrificaron à Cristo porque veían en él la personificación de una nueva obra, y la muerte tristísima de la religión mosaica: proscribieron su doctrina, porque desprestigiaba los absurdos, porque flagelaba airadamente la hipocresía y porque quería la exaltación de la virtud y del espíritu.

Los reformadores fueron también odiados; pero ese odio estúpido los engrandecerá ante el criterio de las generaciones. Ellos destruyeron el torpe fanatismo y predicaron la libre religión de las ideas. Los reformadores del siglo XVIII triunfaron; y los trofeos de sus victorias no están manchados con la sangre de las hecatombes de Provenza. El teatro de sus luchas no está alumbrado por las sombrías hogueras de la Inquisición. Voltaire y Rousseau son inmortales: el primero, reía de compasión ante una sociedad que bamboleaba. El segundo, llevaba marcada en su semblante la sublime nostalgia de la oprimida humanidad. Ambos sufrieron, ambos lucharon y ambos arrostraron la maldición de sus contemporáneos; pero sus ideas rigen hoy la marcha de los pueblos. La historia de la humanidad tiene sus leyes: son ineludibles, son incontrastables. Los que las comprenden y respetan, recibirán los aplausos y las bendiciones de las gentes. Los que las profanan y desprecian, arrojan una mancha horrible sobre sus nombres, se acarrean la execración de las generaciones, y la reprobación imparcial de la historia.

EDUARDO MARTÍNEZ LÓPEZ

Nació el 28 de marzo de 1867 en Ojojona, pueblo situado seis leguas al Sur-Oeste de Tegucigalpa. Es hijo de don Atiliano Martínez, agricultor, y de doña Francisca López de Martínez.

Comenzó sus estudios en Tegucigalpa, fue á continuarlos á la Universidad de San Salvador y los concluyó en la de Guatemala, en la que obtuvo el título de Licenciado en Leyes en 1894. Durante su permanencia en El Salvador y Guatemala colaboró en "El Repertorio Salvadoreño", "La Universidad", "La Unión", "La Juventud Salvadoreña" y "El Ateneo Centro Americano"; y en San Salvador fundó sucesivamente "El Ochenta y Nueve" y "La Razón Libre".

A su regreso á Honduras ha colaborado en "La Juventud Hondureña" y en otros periódicos.

En la actualidad el señor Martínez López es Magistrado de la Corte de Apelaciones de lo Criminal de la sección de Tegucigalpa.

El señor Martínez López vive consagrado á estudios serios y trabajos útiles. Su última obra es un interesante mapa telegráfico de Honduras.

EL CLERO Y LA MASONERÍA

A la sombra funesta del árbol de negras hojas de la ignorancia, comenzó a desarrollarse esa planta parásita que se llama Clero. Le vimos tomar ensanche cuando, para desgracia de la humanidad, las antorchas que la civilización antigua había prendido comenzaban á languidecer.

Era la época triste de los siglos medios. Vino la edad moderna con sus reformas, con sus invenciones, con su nuevo espíritu. Necesario era poner coto á los grandes abusos consumados á la sombra de ese árbol encubridor, y el hacha de las nuevas ideas comenzó á trabajar en la ardua tarea de dar en tierra con él. Pero ya sus raíces se habían agarrado en lo profundo de la conciencia humana, y, aunque las ramas se cortaban, el árbol retoñaba con más lozanía.

Asombra ver cómo entre las tinieblas puede llegar a nacer y puede desarrollarse institución como la del Clero. La razón se resiste a creer, a pesar de la fidelidad de la historia, todos los hechos que ésta nos refiere sobro la vida de tan maléfica institución.

Creyó el Clero que le era posible ahogar por completo las civilizaciones, que no era ley el progreso, que el sueño de la humanidad sería eterno y que él sería dictador perpetuo del corazón del hombre: creyó que todos sus milagros y todas sus extravagancias iban a obtener el pase de los siglos venideros: creyó que el tribunal de los pueblos iba siempre a fallar de conformidad con sus doctrinas; que sobre la diadema de los reyes, y bajo el solio de las Repúblicas, sus mitras y sus palios iban á levantarse eternamente, á cien codos de altura: creyó que él había pronunciado la última palabra de la ciencia, del progreso y de la libertad; que su Dios sería el Dios de las generaciones venideras; que al pie de sus altares se postrarían a orar todas las gentes, y que bajo su templo recibirían el bautismo de la civilización todas las edades.

No llegó á presagiar que la última palabra de hoy es mañana un error; que Dios es indefinible, y que, por más que agucemos nuestros ingenios jamás podremos llegar á penetrar el gran misterio de la divinidad. Ha sido necesario remover hasta lo más profundo de la conciencia, por medio de la enseñanza, para poder cortar algunas raíces del árbol funesto; pero en vano: ¡han retoñado!

Preciso sería tronchar el protector de la ignorancia, para que muera el árbol parásito del clero; y el de la ignorancia, es árbol milenario congénito á la raza de la humanidad.

Si volviese a la vida Cristo, se quedaría asombrado al ver cómo el clero ha interpretado su religión de mansedumbre y caridad; cómo, después de su muerte, su religión basada en los principios de la más sana moral, religión de tolerancia, de amor y de perdón, trocóse en dictadura de conciencia.

Proclamóse adulterada por los sicarios de la verdad; conminóse con la hoguera, el puñal y la excomunión; desprestigióse con el mal ejemplo y enlodóse con la impúdica avaricia. Recuérdense, sino, las llamas, los asesinatos, las violencias, las profanaciones, los parricidios, las guerras asoladoras y los tormentos de la inquisición. Confírmenlo, sino los Cardenales Tomás de Torquemada y Lucero, Juan VIII, o sea Juana la papisa, Juan XXII, Alejandro VI.... Pio IX y otros muchos más monstruos del Pontificado, que han deshonrado la religión hasta el grado de hacerla odiosa. Pero lo que nos extraña, es que los sucesores de San Pedro sean los que, con escándalo para la moral, hayan sido y sigan siendo los que más la desacreditan; pues consta que son los que viven más entregados á la lujuria; á la glotonería, á la avaricia y á toda corrupción; vicios que sostienen a costa del sudor de millones de fieles infelices; que, por sostener el lujo de maldad de estos sibaritas, se quedan á veces ¡sin un pan para sus hijos!

En vista de tantos duelos y exterminios, cual aparición divina del purísimo fondo del cielo de la conciencia; surgió el arco iris de una santa alianza.

Era la Masonería!

La Masonería que basada en los principios de Jesús, es toda caridad; es toda amor. Ella respeta á Dios y no admite entre sus miembros al ateo descarnado, al ladrón, al asesino, al embustero, al borracho, al tramposo.

Ella se inclina ante los hombres y obedece sus leyes, da pan al necesitado, viste al desnudo, consuela al desgraciado; protege al peregrino y trata a todo hombre como Hermano. Ella no se sostiene por impuestos, como lo hace el Clero; ella no pide limosna, sino que la da; ella no excomulga; ella no interviene en la política; ella nunca ha hecho una San Bartolomé ni unas vísperas sicilianas; nunca ha inventado una Inquisición: su presencia en la sociedad es muy simpática; desde su lejano y humilde albergue, cumple sin ostentación, con su santo ministerio. La Masonería es puramente cosmopolita, y sus fines son tan nobles y generosos, que hace el bien sin investigar las creencias religiosas del necesitado.

En tanto que el Clero ha azotado á la humanidad con sus Cruzadas, aprovechándose de la debilidad de algunos reyezuelos; en tanto que el Clero piedra; en tanto que él asienta sus sandalias sobre sangre del pueblo; en tanto que demuele los fundamentos de la sociedad, la Masonería, la austera Masonería, imperturbable y serena, continua en su marcha evangélica y divina, llevando el estandarte de la libertad del pensamiento y de la tolerancia, en una mano, y el de la ciencia en la otra.

Y no está muy lejano el día en que el Clero, después de haber hecho una guerra a muerte a la Masonería durante tanto tiempo, se dará por vencido humillado, y a la vez arrepentido; y entonces la masonería, sin recordar los agravios inferidos y sin ejecutar venganza alguna le tenderá su brazo fraternal y le perdonará sus faltas á nombre gran Arquitecto del Universo.

Contenido

www.ingramcontent.com/pod-product-compliance
Lightning Source LLC
Chambersburg PA
CBHW020414150626
46554CB00014B/1168